本書爲

2017年國家社會科學基金重點項目
“出土戰國文獻匯釋今譯暨數據庫建設”（17AYY014）

和

教育部
“古文字與中華文明傳承發展工程”

的研究成果之一

本書獲2020年度國家出版基金資助

出土戰國文獻匯釋今譯叢書（第一批）

主　編　張玉金

睡虎地秦墓竹簡匯釋今譯（上、下卷）	張玉金　等　著
嶽麓書院藏秦簡（貳）匯釋今譯	張玉金　李明茹　著
放馬灘秦簡《日書》匯釋今譯	張玉金　黃　瑩　著
新蔡葛陵楚簡匯釋今譯	張玉金　溫鑫妮　著
龍崗秦簡匯釋今譯	吳辛丑　張　晨　著
周家臺秦墓簡牘等三種匯釋今譯	吳辛丑　林　慧　著

語言服務書系·出土戰國文獻匯釋今譯叢書

周家臺秦墓簡牘等三種匯釋今譯

吳辛丑　林　慧　著

暨南大學出版社
JINAN UNIVERSITY PRESS
中國·廣州

圖書在版編目（CIP）數據

周家臺秦墓簡牘等三種匯釋今譯/吳辛丑，林慧著 .—廣州：暨南大學出版社，2022.12
（語言服務書系. 出土戰國文獻匯釋今譯叢書）
ISBN 978－7－5668－3279－5

Ⅰ.①周… Ⅱ.①吳…②林… Ⅲ.①簡（考古）—彙編—荆門—秦代②竹簡文—注釋③竹簡文—譯文 Ⅳ.①K877.5

中國版本圖書館 CIP 數據核字（2022）第 024751 號

周家臺秦墓簡牘等三種匯釋今譯
ZHOUJIATAI QINMU JIANDU DENG SAN ZHONG HUISHI JINYI
著　者：吳辛丑　林　慧

出 版 人：張晉升
項目統籌：杜小陸
策劃編輯：杜小陸　黄志波
責任編輯：亢東昌
責任校對：蘇　潔　林　瓊　陳皓琳
責任印製：周一丹　鄭玉婷

出版發行：暨南大學出版社（511443）
電　　話：總編室（8620）37332601
營銷部（8620）37332680　37332681　37332682　37332683
傳　　真：（8620）37332660（辦公室）　37332684（營銷部）
網　　址：http://www.jnupress.com
排　　版：廣州良弓廣告有限公司
印　　刷：深圳市新聯美術印刷有限公司
開　　本：787mm×1092mm　1/16
印　　張：18
字　　數：392 千
版　　次：2022 年 12 月第 1 版
印　　次：2022 年 12 月第 1 次
定　　價：109.80 圓

總　序

出土戰國（包括秦代，下同）文獻共有9種，即戰國金文、戰國簡牘文字（包括郭店楚簡、上博楚簡、信陽楚簡、望山楚簡、九店楚簡、包山楚簡、葛陵楚簡、清華竹簡、五里牌楚簡、仰天湖楚簡、楊家灣楚簡、夕陽坡楚簡、曹家崗楚簡、香港中大竹簡、曾侯乙墓竹簡、睡虎地秦簡、放馬灘秦簡、周家臺秦簡、龍崗秦簡、里耶秦簡、嶽麓秦簡、北大秦簡、睡虎地秦牘、青川秦牘、嶽山秦牘）、戰國帛書、戰國玉石文字、戰國漆木文字、戰國貨幣文字、戰國封泥文字、戰國璽印文字、戰國陶文。

對於出土戰國文獻的整理研究，目前已經取得了許多研究成果：

一、戰國金文整理研究的成果

如中國社會科學院考古研究所編《殷周金文集成》（1984—1994），劉雨、盧岩編著《近出殷周金文集錄》（2002），鍾柏生等編《新收殷周青銅器銘文暨器影彙編》（2006），劉雨、嚴志斌編著《近出殷周金文集錄二編》（2010），吳鎮烽編著《商周青銅器銘文暨圖像集成》（2012）、《商周青銅器銘文暨圖像集成續編》（2016）和《商周青銅器銘文暨圖像集成三編》（2020），等等。

二、戰國簡牘文字和帛書整理研究的成果

楚簡方面的成果如河南省文物研究所編《信陽楚墓》（1986），湖北省荆沙鐵路考古隊編《包山楚簡》（1991），湖北省文物考古研究所、北京大學中文系編《望山楚簡》（1995），商承祚編著《戰國楚竹簡彙編》（1995），荆門市博物館編《郭店楚墓竹簡》（1998），湖北省文物考古研究所、北京大學中文系編《九店楚簡》（2000），陳松長編著《香港中文大學文物館藏簡牘》（2001），馬承源主編《上海博物館藏戰國楚竹書》（2001—2012），河南省文物考古研究所編著《新蔡葛陵楚墓》（2003），李學勤主編《清華大學藏戰國竹簡》（2010—2020），張顯成主編《楚簡帛逐字索引》（2013），陳偉等《楚地出土戰國簡冊（十四種）》（2016），

等等。

楚帛書方面的成果如饒宗頤、曾憲通編著《楚帛書》(1985)，李零《長沙子彈庫戰國楚帛書研究》(1985) 和《楚帛書研究（十一種)》(2013)，饒宗頤、曾憲通《楚地出土文獻三種研究》(1993)，陳茂仁《楚帛書研究》(2010)，等等。

曾簡方面的成果如湖北省博物館編《曾侯乙墓》(1989)，蕭聖中《曾侯乙墓竹簡釋文補正暨車馬制度研究》(2011)，蔣艷《曾侯乙墓簡文注釋》(2011)，等等。

秦簡牘方面的成果如睡虎地秦墓竹簡整理小組編《睡虎地秦墓竹簡》(1990)，湖北省荆州市周梁玉橋遺址博物館編《關沮秦漢墓簡牘》(2001)，中國文物研究所、湖北省文物考古研究所編《龍崗秦簡》(2001)，甘肅省文物考古研究所編《天水放馬灘秦簡》(2009)，朱漢民、陳松長主編《嶽麓書院藏秦簡》(2010—2020)，湖南省文物考古研究所編著《里耶秦簡》(2012—2017)，王輝、王偉編著《秦出土文獻編年訂補》(2014)，張顯成主編《秦簡逐字索引》(增訂本) (2014)，陳偉主編《秦簡牘合集》(2014)，等等。

三、戰國玉石文字和漆木文字整理研究的成果

如趙超《石刻古文字》(2006)，吳鎮烽編著《商周青銅器銘文暨圖像集成》(2012) 中的有關部分，等等。

四、戰國貨幣文字整理研究的成果

如汪慶正主編《中國歷代貨幣大系・先秦貨幣》(1984)，黃錫全《先秦貨幣研究》(2001)，馬飛海主編《中國歷代貨幣大系・秦漢三國兩晉南北朝貨幣》(2002)，等等。

五、戰國封泥文字和璽印文字整理研究的成果

如孫慰祖主編《古封泥集成》(1994)，莊新興編《戰國鉨印分域編》(2001)，傅嘉儀編著《秦封泥匯考》(2007)，陳光田《戰國璽印分域研究》(2009)，吳振武《〈古璽文編〉校訂》(2011)，王偉《秦璽印封泥職官地理研究》(2014)，等等。

六、戰國陶文整理研究的成果

如高明編著《古陶文彙編》（1990），王恩田編著《陶文圖錄》（2006），袁仲一、劉鈺編著《秦陶文新編》（2009），等等。

由上述看來，前人和時賢在出土戰國文獻整理研究方面已經取得了許多成果。不過，以往的研究存在以下兩個問題：一是大都是按材料的不同分類分頭進行的，還沒有看到對於出土戰國文獻的綜合整理研究成果；二是不同的學者在釋文方面寬嚴不一，對於同一個古文字有不同的釋文，對於同一個詞語有不同的解釋，對於同一句句意也有不同的理解。這給漢語史研究者以及相關學科的學者帶來極大的不便。

漢語史學者以及相關領域的研究者急需展示出土戰國文獻的綜合整理研究成果，這個成果要能夠囊括目前已經整理發表的全部出土戰國文獻資料；釋文方面要寬嚴一致；對於同一個古文字要有同樣的釋文，對於同一個詞語要有一致的解釋；對詞語要有簡明的訓釋，對句意要有準確的翻譯；對於古文字學者們的異說要有簡明的介紹。"出土戰國文獻匯釋今譯叢書"的出版，正是因應了學術界的這個需求。

本叢書的總體框架是：

一是摹本：對於所選取的出土戰國文獻，在原始資料的基礎上做出摹本，以方便讀者閱讀。

二是釋文：採各家之長，寫出釋文。用現代標點，對所做出的釋文加以斷句。若有異說，簡明列出。

三是匯釋：對其中的疑難字詞加以注釋。若有異說，簡明列出。

四是今譯：把出土戰國文獻譯成現代漢語，供讀者參考。若有不能翻譯的，則存疑。

本叢書在學術思想、學術觀點、研究方法等方面均有創新。

在學術思想上，本叢書認爲出土戰國文獻整理研究不但是古典文獻學、古文字學的重要研究內容，而且對於其他以出土戰國文獻爲材料進行研究的學科而言都具有基礎性意義。因爲研究對象具有獨特性——用古文字書寫，所以不僅要用文獻注釋學的理論方法進行研究，還要用古文字學的理論方法進行考察；不僅要有文獻整理能力，還要具備古文字的考釋能力以及音韻學、訓詁學、詞彙學、語法學、歷史學、文化學等方面的理論知識，這是學術思想方面的特色和創新。

在學術觀點上，本叢書認爲許多學者對出土戰國文獻的研究，在文字考釋、詞語訓詁、語句通釋等方面往往有分歧，因此要有對不同說法的統一檢驗標準。本叢書認爲，對於異說的檢驗要以四個標準進行，即形、義、音、法。所謂形，即看一種考釋是否符合古文字的字形，在字形上是否說得通；所謂義，即看一種考釋是否經得起詞彙學理論知識的檢驗，是否符合上下文的文義；所謂音，即是否經得起音韻學理論知識的檢驗；所謂法，即是否經得起語法學理論知識的檢驗。如果從這四個方面來檢驗，都說得通，就應該是比較好的考釋，就可以採信。對於古文字考釋的異說從形、義、音、法四個方面進行檢驗，這是學術觀點方面的創新。

在研究方法上，本叢書不僅運用古文獻注釋方法（標點、注釋、今譯，特別是匯釋以往的各種異說），還運用古文字考釋法（形體分析法、假借破讀法、辭例推勘法、歷史比較法、文獻比較法）以及訓詁方法（以形索義法、因聲求義法、比較互證法）、古漢語詞彙學研究方法、古漢語語法學研究方法，這是研究方法方面的特色。

本叢書的出版，不僅對於古文字學、戰國文字學研究有價值，對於漢語史學以及需利用古文字材料的各門學科有學術價值，對於相關學科的教學和普及也有應用價值。

張玉金

2022 年 2 月 28 日

目錄 contents

凡　例

一、本書選取周家臺等三種秦墓簡牘爲主要研究對象，在原秦簡圖版、《關沮秦漢墓簡牘》（湖北省荆州市周梁玉橋遺址博物館編，中華書局2001年版）、《青川縣出土秦更修田律木牘——四川青川縣戰國墓發掘簡報》（《文物》1982年第1期）的基礎上，分爲《周家臺秦墓簡牘匯釋今譯》《郝家坪秦墓木牘匯釋今譯》《嶽山秦墓木牘匯釋今譯》三部分，綜合分析秦簡釋文校訂與字詞注釋方面的研究成果，試圖就秦簡釋文句讀與字詞意義作進一步分析考證，與傳世文獻記載相結合，並與放馬灘秦簡、里耶秦簡、馬王堆漢墓帛書等出土材料互補互校，從釋文校訂與字詞訓釋兩方面作出系統的整理與分析。

二、本書資料收錄截止日期是2020年4月1日。

三、本書釋文校訂部分每條字詞體例大致按照以下順序：①原簡文；②整理者材料；③各家匯釋按文章發表時間先後排列；④撰者今按，包括與其他簡牘相似例子進行比較分析。

四、校補中的字詞校改符號說明：

1. □：簡牘中無法補出的殘缺字或不可辨識的字，釋文中一律以□標出，一個□表示一字。

如：餔時浚兒，夕市時□□，日入雞，雞（周家臺秦簡Q3_3_367NH）

2. ☑：簡牘中殘缺過甚、不能定其字數者，釋文中一律以☑標出。

如：猜始。十月戊子齊而牛止，司命在庭□☑（周家臺秦簡Q3_3_365NH）

3. （　）：（　）內爲今日通讀的文字，（　）前一字爲通假字、異體字、古字等。

如：甲子旬，戌亥爲狐（孤），辰巳爲虛，道東南入。（周家臺秦簡Q3_3_355NH）

4. 〈〉：〈〉前爲訛字，〈〉內爲改正後的正確字。

如：辛丑〈酉〉（周家臺秦簡Q3_1_28NH）

5. 〖〗：表示其中的文字是據上下文意補入，或據今本補入的。

如：〖甲寅　癸丑〗。壬子治鐵官。辛亥。庚戌。己酉（周家臺秦簡Q3_1_16NH）

6. 【】：表示根據殘畫或文意可以確定者。

7. 原簡符號：盡量保留原簡中有的符號，主要有 =、一、丨、■、●、∠、⌊ ⌋。

五、秦簡釋文以《關沮秦漢墓簡牘》（湖北省荆州市周梁玉橋遺址博物館編，中華書局2001年版)、《江陵嶽山秦漢墓》發掘報告等爲底本，對照其圖版，互校不同版本的釋文，參考諸家的成果，秦簡中提示分篇、分章、分條的墨點、墨團照錄，作出嚴釋隸定的釋文。

六、注釋內容包括人名、地名、官名等詞義解釋。匯釋盡可能收錄各家意見，所錄成果以字詞考釋的文章爲主，與字詞考釋無關的而與研究周家臺秦簡相關的文章也在本書收集參考範圍，一些明顯重複無價值的意見概不收錄。字頭下所引簡(牘)文多以各批秦簡整理者隸定的釋文爲參考，注釋中字(詞)頭下先引述整理者原釋文、注釋，簡號均居釋文後，再附加學者們的匯釋。各家的觀點依照論著發表時間的先後順序，作者名字後面加括號和頁碼表明論著發表的時間和所見頁碼。本書注釋商榷的目的是結合最新研究成果對秦簡釋文進行釋讀，並與其他簡牘的注釋進行對比研究。

七、各家說法之後爲撰者的按語，是撰者對秦簡字詞注釋內容所作的取捨、探討和補證。按語後根據簡文內容，相應補充與其他簡牘字詞句的比較結果，比較內容以文本形式呈現。

八、在字詞考釋過程中，涉及字形的，均以原圖版爲主。

周家臺秦墓簡牘匯釋今譯

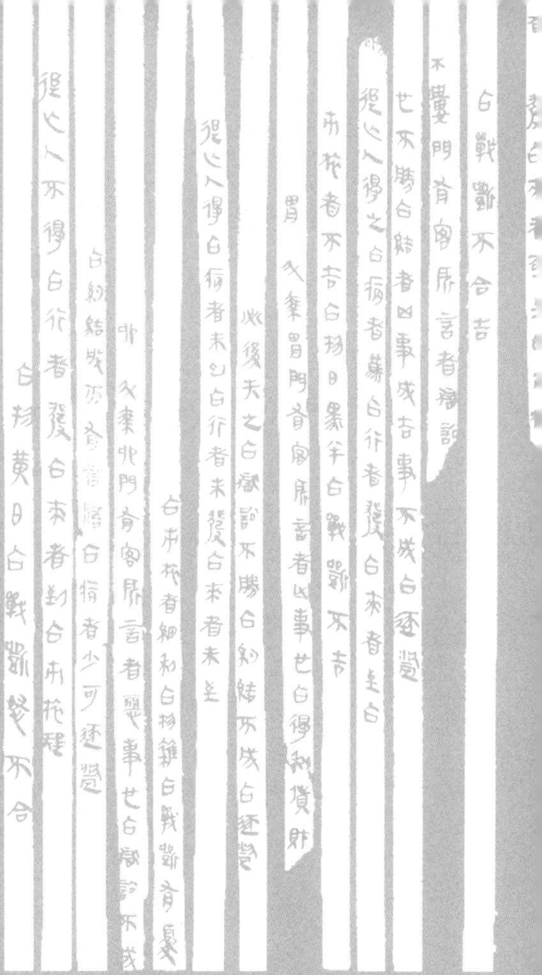

概　述

1992 年 11 月到 1993 年 6 月，湖北省文物工作者在荆州市沙市區關沮鄉發掘了蕭家草場 26 號漢墓和周家臺 30 號秦墓。墓地位於荆州市沙市區關沮鄉清河村太湖港東岸，西距郢城遺址 1.7 公里。對於墓主身份，據發掘簡報稱，該墓下葬年代應略晚於睡虎地 11 號秦墓，暫定爲秦代，但也不能絕對排除該墓年代的下限晚到西漢初年的可能性。發掘報告根據出土的秦始皇三十四年質日簡和秦二世元年牘所記墓主生前的有關活動，結合墓葬形制、隨葬器物並對比睡虎地 11 號秦墓，判斷出周家臺 30 號秦墓墓主的死亡年齡在三十至四十歲之間，其生前官秩低於睡虎地 11 號秦墓墓主，應當是略低於縣令使的低級吏員。據木牘文字推測，墓主生前是一位負責賦稅收繳工作的小吏，曾在南郡官署供職，作爲郡守或郡丞的隨從人員參與或協助工作，可能是佐史一類的南郡官署屬吏。

周家臺秦簡共有竹簡 389 枚，木牘 1 枚，記載了包括歷史、地域、中醫、藥學、天文、日書、曆譜等諸多内容。整理者將之分成甲、乙、丙三組。甲組 242 枚，乙組 75 枚，兩組皆爲長簡，規格基本相同，簡長 29.3 至 29.6 釐米，寬 0.5 至 0.7 釐米，厚 0.08 至 0.09 釐米。丙組爲 70 枚短簡，規格差異較大，簡長 21.7 至 23 釐米，寬 0.4 至 1 釐米，厚 0.06 至 0.15 釐米。簡文皆墨書隸體，均書于篾黄面，只有一枚簡例外（篾青書有標題）。除白簡外，每簡最少一字，最多 43 字，總計 5 300 餘字。甲組内容爲二十八宿占、五時段占、五行占及秦始皇三十六年、三十七年月朔日干支及月大小等；乙組内容爲秦始皇三十四年（前 213 年）全年三百八十四天（含九月三十天）的全年日干支；丙組内容有醫藥病方、祝由術、擇吉避凶占卜及家事等。後來整理者又依據内容將簡分爲一、二、三組，分别擬篇題爲《曆譜》《日書》《病方及其他》。夏德安（2007）提出周家臺竹簡抄本包括曆譜在内可看作公元前 3 世紀數術文化的具體實例，是一個獨特的文本材料集合體，具有極高的研究價值。周家臺秦簡亦是存世最早、目前研究較少的醫藥簡。

周家臺 30 號秦墓還出土了木牘 1 枚，牘長 23 釐米、寬 4.4 釐米、厚 0.25 釐米，正背兩面墨書，頂頭分欄横排書寫，共 149 字，内容爲秦二世元年（前 209 年）曆譜，正面書二世元年十二個月的月朔日干支及月大小，背面書該年十二月份的日干支等，被稱爲二世元年木牘。該牘正面墨書在風格上與《日書》簡 245 至 257、《曆譜》後段等字跡相近，其點畫最大特色是出鋒明顯，左右分出的兩筆尤其尖鋭；横畫起筆及行筆仍持秦文傳統；尖筆出鋒多是左向的短筆畫。該牘背面文字非一人一次書就，至少顯現出三種墨跡風格，應爲三人非一時書寫。

《病方及其他》簡出自多人之手、來源不一的特點正是該組簡多樣書寫風格的原因。其中窄簡字小、排列緊密、書寫工謹，寬簡正相反，字大而疏散，寫得比較草率；寬簡最大的字徑可達 1.5 釐米，一枚簡上滿行只書十餘字；窄簡最小的只有 0.3 釐米，一枚簡滿行可寫 33 字，《病方及其他》寬簡大字甚至超過了龍崗 M6 木牘中的字徑。《病方及其他》字勢體態多種多樣，有平正的，也有左向或右向斜欹的，大幅度向右傾斜的是簡 324、簡 335，極似龍崗簡那種斜勢；簡 355 至 360 筆畫粗厚、收筆處不顯鋒角，另一些簡則筆畫精細、尾筆出鋒芒；還有字體演化層面上的差別，比如簡 340 至 344 雖簡率而爲，卻存有很多篆構（左、衺、繘、池、心等字），有些字波勢不顯，點綫短小，有些字則拉出長畫並含波磔。

自周家臺秦簡公佈以來，不同領域的專家學者們在各自擅長的領域進行了研究，包括文字考釋、秦簡文字字形、歷史、地域、中醫、藥學、天文、日書、曆譜、書法等諸多方面，成果豐富。湖北省荊州市周梁玉橋遺址博物館（以下簡稱“周梁玉橋博物館”）在《文物》1999 年第 6 期發表《關沮秦漢墓清理簡報》，對竹簡作有初步介紹。2001 年，中華書局出版《關沮秦漢墓簡牘》，發表全部簡牘的照片和簡牘釋文與考釋。2010 年，“秦簡牘的綜合整理與研究”項目課題組對現存荊州博物館的周家臺 30 號秦墓竹簡拍攝了紅外影像。2014—2016 年，武漢大學簡帛研究中心和荊州博物館合作，開展綜合整理與研究，完成周家臺 30 號秦墓出土的全部簡牘釋文與注釋修訂工作。

關於秦簡釋文校訂的研究。彭錦華（1999）對周家臺秦簡《曆譜》篇的釋文作了校訂與考釋。劉信芳（2002）從朔日晦日干支指出簡文所記有誤。劉國勝（2009）提出周家臺秦簡應是以三十六年曆日爲主，周家臺《曆日》簡的排日，是順六十甲子次序，起於“壬子”，止於“辛亥”。程鵬萬（2006）對“第 80（正）—91 號竹簡繫於秦王政十一年”的觀點提出了疑問。程少軒（2013）展開討論了《日書》與《卅六年日》的編排關係的一些細節問題。李國強（2016）針對周家臺秦簡《祠先農》中涉及的祭祀活動及其中所蘊藉的宗教、政治與技術等背景作了綜合研究。

關於秦簡字詞注釋的研究。王貴元（2009）針對整理者未釋或已釋卻尚待商榷的釋文進行了討論，糾正了“齊約”（應爲剪削之義）等的釋字問題。劉金華（2007）主要輯錄了周家臺秦簡第 309—325 號簡中的一些醫方類殘簡。方勇、侯娜（2015）指出，周家臺秦簡《病方》第 309—310 號簡中的“腸辟”與泄瀉不同。呂亞虎（2008）提出秦、漢兩代臘祭的時間並不相同。曹方向（2009A）指出了整理者未作說明的注釋。林雅芳（2009）討論了“造”“治”等詞語的意義。李豐娟（2011）通過對周家臺秦簡字詞集釋，討論了七個疑難字詞，如“白衣”“齊約”“三腏”“有造”等。謝妍、沈澍農（2019）通過病名命名特點及對病名類別的分析來窺見當時人們對疾病的認識角度和深度，總結了以主要病症描述命名、以“病” + 部位命名、以病因命名、隱含病因病機的病名，從而對其中的早期病名有了更深的認識。

本次整理在華南師範大學出土文獻语言研究中心的統一籌劃、指導下進行。本書收錄周家臺30號秦墓出土全部簡牘，2枚竹籤不錄。簡牘圖版採用《關沮秦漢墓簡牘》使用的照片，竹簡分作《三十四年質日》《日書》《病方及其他》三部分，沿用整理者的編號，《二世元年日》木牘單列於最後。有關竹簡分類、分篇整理和排序的變動，在釋文前的校補說明中交代。

一、三十四年質日

【釋文】

〖■十月	■十二月丁酉〗	■二月丙申	■四月	■六月	■八月	
戊戌[1]		宿競（竟）陵[19]。	乙未	甲午	癸巳	Q3_1_1NH
〖乙亥〗[2]	戊戌	丁酉宿井韓（韓）鄉[20]。	丙申	乙未	甲午	Q3_1_2NH
〖庚子〗	己亥	戊戌宿江陵[21]。	丁酉	丙申	乙未	Q3_1_3NH
〖辛丑	庚子	己亥	戊戌	丁酉	丙申〗[3]	
〖壬寅〗	辛丑	庚子	己亥	戊戌	丁酉	Q3_1_4NH
〖癸卯〗	壬寅	辛丑	庚子	己亥	戊戌	Q3_1_5NH
甲辰	癸卯	壬寅	辛丑	庚子	己亥	Q3_1_6NH
乙巳	甲辰	癸卯	壬寅	辛丑	庚子	Q3_1_7NH
丙午	乙巳	甲辰	癸卯	壬寅	辛丑	Q3_1_8NH
丁未	丙午	乙巳	甲辰	癸卯	壬寅	Q3_1_9NH
戊申	丁未	丙午	乙巳	甲辰	癸卯	Q3_1_10NH
己酉	戊申	丁未起江陵[22]。	丙午	乙巳	甲辰	Q3_1_11NH
庚戌	己酉	戊申宿黃郵[23]。	丁未	丙午	乙巳	Q3_1_12NH

辛亥	庚戌	己酉宿競（竟）陵。	戊申	丁未去左曹[37]，坐南廥[38]。	丙午	Q3_1_13NH
壬子	辛亥	庚戌宿都鄉[24]。	己酉	戊申	丁未	Q3_1_14NH
癸丑	【壬】子	辛亥宿鐵官[25]。	庚戌	己酉	戊申	Q3_1_15NH
〖甲寅	癸丑〗	壬子治鐵官。	辛亥	庚戌	己酉	Q3_1_16NH
乙卯	甲寅	癸丑治鐵官。	壬子	辛亥就逮□陵[39]。	庚戌	Q3_1_17NH
丙辰	乙卯	甲寅宿都鄉。	癸丑	壬子	辛亥	Q3_1_18NH
丁巳	丙辰守丞登、史豎、除到[5]。	乙卯宿競（竟）陵。	甲寅	癸丑	壬子	Q3_1_19NH
戊午	丁巳守丞登、□史□、□之□□[6]。	丙辰治競（竟）陵。	乙卯	甲寅	癸丑	Q3_1_20NH
己未	戊午	丁巳治競（竟）陵。	丙辰	乙卯	甲寅	Q3_1_21NH
庚申	己未	戊午治競（竟）陵。	丁巳	丙辰	乙卯	Q3_1_22NH
辛酉	庚申	己未治競（竟）陵。	戊午	丁巳	丙辰	Q3_1_23NH
壬戌	辛酉嘉平[7]。	庚申治競（竟）陵。	己未	戊午	丁巳	Q3_1_24NH
癸亥	壬戌	辛酉治競（竟）陵。	庚申	己未	戊午	Q3_1_25NH

甲子	癸亥	壬戌治競（竟）陵。	辛丑〈酉〉[36]	庚申	己未	Q3_1_26NH
乙丑	甲子	癸亥治競（竟）陵。	壬戌	辛丑〈酉〉	庚申	Q3_1_27NH
丙寅	乙丑史但毄（繫）[8]。	甲子治競（竟）陵。	癸亥	壬戌	辛丑〈酉〉	Q3_1_28NH

〖■〗十一月丁卯	■正月丁卯嘉平視事[9]。	■三月乙丑治競（竟）陵[26]。	■五月甲子	■七月癸亥	■九月癸亥[40]	Q3_1_29NH
戊辰	戊辰	丙寅治競（竟）陵。	乙丑	甲子	甲子	Q3_1_30NH
己巳	己巳	丁卯宿□[27]上。	丙寅	乙丑	乙丑	Q3_1_31NH
庚午	庚午	戊辰宿路陰[28]。	丁卯	丙寅	丙寅	Q3_1_32NH
辛未	辛未	己巳宿江陵。	戊辰	丁卯	丁卯	Q3_1_33NH
壬申	壬申	庚午到江陵。	己巳	戊辰	戊辰	Q3_1_34NH
癸酉	癸酉	辛未治後府[29]。	庚午	己巳	己巳	Q3_1_35NH
甲戌	甲戌	壬申治[30]。	辛未	庚午	庚午	Q3_1_36NH
乙亥	乙亥	癸酉治。	壬申	辛未	辛未	Q3_1_37NH
丙子	丙子	甲戌	癸酉	壬申	壬申	Q3_1_38NH
丁丑	丁丑	乙亥	甲戌	癸酉	癸酉	Q3_1_39NH
戊寅	戊寅	丙子	乙亥	甲戌	甲戌	Q3_1_40NH
己卯	己卯	丁丑	丙子	乙亥	乙亥	

庚辰	庚辰	戊寅	丁丑	丙子	Q3_1_41NH 丙子
辛巳	辛巳	己卯	戊寅	丁丑	Q3_1_42NH 丁丑
〖壬〗午④	壬午	庚辰	己卯	戊寅	Q3_1_43NH 戊寅
癸未	癸未	辛巳賜㉛。	庚辰	己卯	Q3_1_44NH 己卯
甲申	甲申	壬午	辛巳	庚辰	Q3_1_45NH 庚辰
乙酉	乙酉	癸未奏上㉜。	壬午	辛巳	Q3_1_46NH 辛巳
丙戌	丙戌	甲申史𢿾（徹）行㉝。	癸未	壬午	Q3_1_47NH 壬午
丁亥	丁亥史除不坐掾曹⑩。從公⑪，宿長道⑫。	乙酉	甲申	癸未	Q3_1_48NH 癸未
戊子	戊子宿迣贏邑⑬北上蒲。	丙戌後事已㉞。	乙酉	甲申	Q3_1_49NH 甲申
己丑	己丑宿迣離涌西⑭。	丁亥治競（竟）陵。	丙戌	乙酉	Q3_1_50NH 乙酉
庚寅	庚寅宿迣□□郪北⑮。	戊子	丁亥	丙戌	Q3_1_51NH 丙戌
辛卯	辛卯宿迣羅涌西⑯。	己丑論脩、賜。	戊子	丁亥	Q3_1_52NH 丁亥
壬辰	壬辰宿迣離涌東。	庚寅	己丑	戊子	Q3_1_53NH 戊子
癸巳	癸巳宿區邑⑰。	辛卯	庚寅	己丑	Q3_1_54NH 己丑
甲午	甲午宿競（竟）陵。	壬辰	辛卯	庚寅	Q3_1_55NH 庚寅

					Q3_1_56NH
乙未	乙未宿尋平[18]。	癸巳	壬辰	辛卯	辛卯
					Q3_1_57NH
丙申		甲午并左曹[35]。	癸巳	壬辰	壬辰
					Q3_1_58NH
■後九月大[41]。	●戊戌	●甲辰	●庚戌	●丙辰	
					Q3_1_59NH
癸巳	己亥	乙巳	辛亥	丁巳	
					Q3_1_60NH
甲午	庚子	丙午	壬子	戊午	
					Q3_1_61NH
乙未	辛丑	丁未	癸丑	己未	
					Q3_1_62NH
丙申	壬寅	戊申	甲寅	庚申	
					Q3_1_63NH
丁酉	癸卯	己酉	乙卯	辛酉	
					Q3_1_64NH

【匯釋】

①〖■十月戊戌■十二月丁酉〗：整理者：“十月戊戌”“十二月丁酉”均已殘缺，現據第6號簡干支欄“甲辰”補出。陳偉主編（2016：186）：第1號簡貳欄“■十二月丁酉”據第16號簡壹欄“甲寅”、貳欄“癸丑”補充。《史記・封禪書》：“秦以冬十月爲歲首。”今按：《晉書・律曆志下》：“暨于秦漢，乃復以孟冬爲歲首。”秦曆推行《顓頊曆》，以十月爲歲首（一年之始），輪至次年九月爲年末。歲首十月同樣稱爲十月，不改稱一月或正月。端月（即一月或夏曆正月，不改爲四月）是立春之月，二十四節氣起點，爲始皇帝避諱改爲端月。

②〖乙亥〗：第2號簡以及“庚子”“壬寅”“癸卯”均已殘缺，根據前後簡補足。

③〖辛丑　庚子　己亥　戊戌　丁酉　丙申〗：整理者：此處缺少一簡，疑爲脫簡。陳偉主編（2016：186）：嶽麓書院秦簡《三十四年質日》第4號簡中的日干支與整理者所疑的脫簡吻合。今按：根據第1號簡和上簡可知，此爲六個月前後日干支的排列順序，疑爲“辛丑”“庚子”“己亥”“戊戌”“丁酉”“丙申”。

④〖壬〗午：**有兩說：一、第一個“壬午”爲“壬午”**。整理者說。**二、第一個“壬午”釋爲“〖壬〗午”**。今按：《上博簡・周易》中的“九四：貞吉，〖悔亡，震用伐〗”。根據原簡文圖版，可看出“壬”是根據上下文義與殘存痕跡補入的。

⑤丙辰守丞登、史豎、除到：整理者斷作“丙辰守丞登、史豎、除。到”，疑因簡文以小字雙行書寫。今按：簡文應斷爲“丙辰守丞登、史豎、除到”。第一，守丞，輔助郡守縣令的主要官吏。《史記・陳涉世家》載：“攻陳，陳守令皆不在，獨守丞與戰譙門中。”又據《漢書・百官表》：“縣令、長，皆秦官，掌治其縣。……皆有丞、尉，秩四百石至二百石，是爲長吏。百石以下，有斗食、佐史之秩，是爲少吏。大率十里一亭，亭有長。十亭一鄉，鄉有三老、有秩、嗇夫、遊徼。”“登”則爲人名。第二，周家臺秦簡第20號簡“丁巳守丞登、□史□、□之□□”中“之”亦有“到”之義，如《漢書・高后紀》：“足下不急之國守藩，乃爲上將將兵留此，爲諸大臣所疑。”顏師古注：“之，往也。”第19—20號簡疑是墓主到兩地協理工作的記載。因此，簡文應釋爲“丙辰守丞登、史豎、除到”。趙平安（2005）：第19、20號簡，丙辰和丁巳下的記事文字分兩行書寫，第49號簡“丁亥”下的文字轉到干支上倒書，均係預先留空補足所致，說明記事文字是後來寫上去的。

除：**有兩說：一、擢升。**于洪濤（2013）：“除”有擢升之義，不應斷開“除到”。丞，縣丞。顯然“守丞”不具有暫時性，是一種固定性的稱謂。**二、人名。**陳偉主編（2016：186）：“丙辰守丞登、史豎、除到”，疑“除”爲人名，第49號簡所記“史除”。今按：“除”應爲人名。根據上下簡文“……。到達”的句式與句意，而“除到”不應斷讀，簡文守丞有三位“登、史豎、除”。依據《周家臺秦墓發掘報告》記載“墓主生前於南郡官署機構中供職時，曾一度作爲郡守或郡丞的隨從人員到竟陵縣署等機構參與或者協理其治理工作……墓主生前的官秩應當是略低於縣令史的低級官吏”和《二世元年日》木牘的背壹“以十二月戊戌嘉平，月不盡四日。十二月乙卯□到”，可知墓主生前是一位負責收稅繳稅登記的吏官。

⑥□史□：陳偉主編（2016：186）：“史”上一字，右邊疑爲“犬”旁，乃“獄”字。下一字不清，應爲人名。“史□”下有鈎識，恐是用來間隔、提示人名，即其下一字是另一獄史之名。

丁巳守丞登、□史□、□之□□：整理者斷作“丁巳守丞登、□史□□之□□”。陳偉主編（2016：186）：簡文是說守丞登與二位獄史前往某地。今按：簡文應釋爲“丁巳守丞登、□史□、□之□□”，“□史□”與“□之□□”應斷開。第一，第19號簡“丙辰守丞登、史豎、除到”中的“守丞登”爲職位與人名，下有鈎識。第20號簡“丁巳守丞登、□史□、□之□□”相對應，“□史□”爲人名。第二，“之”，即往，朝某方向走，到……去。《廣雅》：“之，適也。”

⑦嘉平：**臘祭、臘月。**整理者：臘日。陳偉主編（2016：186）：《史記・秦始皇本紀》：“三十一年十二月，更名臘日曰‘嘉平’。”今按：亦爲臘祭、臘月的別稱。

⑧史但：**官職、人名。**整理者：根據第19號簡“守丞登”爲職位、人名，“史但”亦爲官職、人名。

毄：拘禁。整理者讀爲“繫”，拘禁。《禮記・月令》：“孟夏之月斷薄刑，決小罪，出輕繫。”

⑨正月丁卯：**有三説：一、正月朔日的干支爲“丙寅”。**整理者：按上月十二月晦日“乙丑”的干支順序排，此處正月朔日的干支當爲“丙寅”而不是“丁卯”，故簡文的正月干支應當全部後移一天，且爲大月。劉信芳（2002）推測原簡曆譜在第28號簡與第29號簡之間脱去一簡，脱去的這一隻簡應在第二欄寫“丙寅”，第六欄上寫“壬戌”。**二、月朔日有不一致。**陳偉（2012）認爲嶽麓書院秦簡“七月甲子小”與周家臺秦簡或有不同，可能是同時存在的不同版本，里耶秦簡多爲官府文書，其曆日應具有官方性質。周家臺秦簡《三十四年質日》所代表的當是民間流行的版本。陳偉主編（2016：187）：嶽麓書院秦簡《三十四年質日》簡30寫作“正月丁卯小”，與本篇“正月丁卯”朔及月長29日相合。不過，兩冊《三十四年質日》的月朔日、月大小彼此也有不一致的地方。**三、誤將連大月放在七、八月。**李學勤（2003）推測周家臺三十四年曆譜衹供私人記事使用，誤將連大月放在七、八月。

今按：按照第27號簡十二月最後一天“乙丑　甲子”干支順序，此處應爲“丙寅”。嶽麓書院秦簡《三十四年質日》寫作“正月丁卯小”，與此簡“正月丁卯”大小月一致，疑與當時記事來源即官府與民間有關。根據《中國先秦史曆表·秦漢初朔閏表》，整理者校改後的是將原簡正月和九月的朔日後移（見表3），劉信芳（2002）將正月、二月連小月，七月朔日是癸亥，七、八月爲連大月（八月晦日壬戌原簡省記）；十一月朔日是丁卯，十一、十二月爲連大月（十二月晦日丙寅原簡省記），然而同一年不會出現兩組連大月（見表4）。

表1　周家臺秦簡三十四年質日表

Q3_1_1NH	■十月戊戌	■十二月丁酉	■二月丙申	■四月乙未	■六月甲午	■八月癸巳
Q3_1_2NH	乙亥	戊戌	丁酉	丙申	乙未	甲午
Q3_1_28NH	丙寅	乙丑	甲子	癸亥	壬戌	辛酉
Q3_1_29NH	■十一月丁卯	■正月丁卯	■三月乙丑	■五月甲子	■七月癸亥	■九月癸亥
Q3_1_30NH	戊辰	戊辰	丙寅	乙丑	甲子	甲子
Q3_1_57NH	乙未	乙未	癸巳	壬辰	辛卯	辛卯
Q3_1_58NH	丙申		甲午	癸巳	壬辰	壬辰
Q3_1_59NH	■後九月大	●戊戌	●甲辰	●庚戌	●丙辰	
Q3_1_60NH	癸巳	己亥	乙巳	辛亥	丁巳	
Q3_1_61NH	甲午	庚子	丙午	壬子	戊午	
Q3_1_62NH	乙未	辛丑	丁未	癸丑	己未	
Q3_1_63NH	丙申	壬寅	戊申	甲寅	庚申	
Q3_1_64NH	丁酉	癸卯	己酉	乙卯	辛酉	

表 2　周家臺秦簡二世元年日表

Q3_4_1ⅠNH	十月乙亥小
Q3_4_1ⅡNH	十一月甲辰大
Q3_4_1ⅢNH	十二月甲戌小
Q3_4_1ⅣNH	端月癸卯大
Q3_4_1ⅤNH	二月癸酉小
Q3_4_1ⅥNH	三月壬寅大
Q3_4_1ⅦNH	四月壬申小
Q3_4_2ⅠNH	五月辛丑大
Q3_4_2ⅡNH	六月辛未小
Q3_4_2ⅢNH	七月庚子大
Q3_4_2ⅣNH	八月庚午小大
Q3_4_2ⅤNH	九月己亥大

表 3　整理者所校訂的周家臺秦簡秦始皇三十四年曆譜

月名	朔日	晦日	大小	日數
十月	戊戌	丙寅	小	廿九
十一月	丁卯	丙申	大	三十
十二月	丁酉	乙丑	小	廿九
正月	丙寅	乙未	大	三十
二月	丙申	甲子	小	廿九
三月	乙丑	甲午	大	三十
四月	乙未	癸亥	小	廿九
五月	甲子	癸巳	大	三十
六月	甲午	壬戌	小	廿九
七月	癸亥	壬辰	大	三十
八月	癸巳	辛酉	小	廿九
九月	壬戌	辛卯	大	三十
後九月	壬辰	辛酉	大	三十

表 4　劉信芳所校訂的周家臺秦簡秦始皇三十四年曆譜

月名	朔日	晦日	大小	日數
十月	戊戌	丙寅	小	廿九
十一月	丁卯	丙申	大	三十
十二月	丁酉	丙寅	大	三十
正月	丁卯	乙未	小	廿九
二月	丙申	甲子	小	廿九
三月	乙丑	甲午	大	三十
四月	乙未	癸亥	小	廿九
五月	甲子	癸巳	大	三十
六月	甲午	壬戌	小	廿九
七月	癸亥	壬辰	大	三十
八月	癸巳	壬戌	大	三十
九月	癸亥	辛卯	小	廿九
後九月	壬辰	辛酉	大	三十

視事：**就職治事，多爲政事言**。整理者：治事。《左傳·襄公二十五年》："饗諸北郭，崔子稱疾，不視事。"

⑩坐掾曹：**有兩說：一、釋爲"椽"**。整理者釋"掾"爲"椽"。坐，坐罪。唐玄應《一切經音義》卷二："坐，罪也。謂相緣罪也。"**二、釋爲"掾"**。方勇（2012）徑釋"掾"。今按：釋"掾"不變。"坐"，應爲處理公務。第一，"坐"，非定罪之義。"坐"字同出現在《三十四年質日》第 13 號簡"丁未去左曹，坐南廥"，根據墓主人的身份可知，作爲郡守或郡丞的隨從人員參與或協助工作，經過所協理的區域，不應爲"坐罪"義，第 13 號簡大意爲"丁未日離開左曹，掌管在南邊的存放草料的房舍"。因此根據前後兩簡"坐"字意義，第 49 號簡的大意應爲"丁亥日史除不在官署內處理公務，跟從某位官員，宿於萇谷"。陳偉主編（2016：187）："除"，人名。"坐"，指坐曹治事。里耶秦簡 8－138＋8－174＋8－522＋8－523"行先道旁曹始，以坐次相屬"，可參看。第二，"曹"，古代官署內分科辦事的單位。掾曹，猶掾史，古代分曹治事，故稱。

⑪從公：**"公"，執政大臣的爵稱。跟從某位官員**。陳偉主編（2016：187）：疑爲主官尊稱。里耶秦簡 8－167＋8－194＋8－472＋8－1011 稱縣丞爲"丞公"。今按：第一，此簡大意爲"丁亥日史除不在官署內處理公務，跟從某位官員，宿於萇

谷”。第二，“從”字義即跟從，跟隨。《詩·邶風·擊鼓》：“從孫子仲，平陳與宋。”第三，“公”，西周爲執政大臣的最高爵稱。成王時有周公、召公、畢公等。陳偉主編（2016）疑爲主官尊稱。《班簋》記載：“王令毛伯更虢城公服。”嶽麓書院秦簡《三十四年質日》中的“庚申，江陵公歸”，整理者疑爲江陵縣公。此簡疑同。

⑫宿長道：此三字倒書在“丁亥”日之上。整理者：“宿長道”倒書，表示此三字當屬於正月丁亥日這一欄。陳偉主編（2016：187）：“宿長道”倒書，應當是欄內寫不下移至欄外寫完，並採取倒書形式以提示文字所屬。嶽麓書院秦簡《三十四年質日》簡33戊辰日下記“騰與廷史治傳舍”，其中“治傳舍”三字倒書，其處理方式與“宿長道”相同。

長道：**地名，疑爲萇谷。有兩說：一、疑爲長川**。黄錫全（2009）根據王先謙《漢書補注》認爲：沔陽界有長夏港，疑長道或即長川、長夏。**二、疑爲萇谷**。郭濤（2012）：長道或是劉昭《續漢志》注引《荆州記》“縣東三里餘有三湖，湖東有水，名萇谷”的“萇谷”。今按：第一，春秋時楚地有“荒谷”，又名“萇谷”。《水經注·沔水篇》：“江陵西北，有紀南城……三湖合爲一水，東通荒谷。荒谷東岸有冶父城。《春秋傳》曰：‘莫敖縊於荒谷，群帥囚於冶父’，謂此處也。”《左傳·桓公十四年》有“莫敖縊於荒谷”亦謂此處也。上述六朝時的史料可以互相補充，明確指出“荒谷”（《荆州記》稱“萇谷”）是水名，其東岸就是冶父城，在郢都附近。劉昭補注引《荆州記》：“（江陵）縣東三里餘有三湖，湖東有水，名萇谷，又西北，有小城，名曰冶父。《左傳》曰：‘莫敖縊於荒谷，群帥囚於冶父。’縣北十餘里，有紀南城，楚王所都。”《荆州府志》卷十六《江防》“金堤”條：“《水經注》：‘江陵城地東南傾，故緣以金堤，自靈溪始。靈溪在城西，見《山川》。桓溫令陳遵造，遵善於防工，使人打鼓，遠聽之，知地勢高下，依傍創築，略無差失。”從上述可知“荒谷”（即萇谷）位於江陵縣東三里，在郢都旁，亦可得出“萇谷”爲水名，東岸爲冶父城，在郢都附近。第二，長、萇音近。高亨、董治安《古字通假會典》認爲，長、萇可通假，音近。並從上下簡文可知，墓主從正月二十一日丁亥“起江陵，宿長道”至三月六日庚午“至江陵”，墓主的工作主要以江陵縣一帶爲中心。郭濤（2012）：“長道”的“道”可能爲秦南郡東部江漢平原的重要官道。何爲官道?《中國楚商》第一卷：“秦漢時期，中國實現了統一，社會生產力得到了進一步發展，爲發展交通運輸，拆除了各諸侯國的關隘城塹。公元前二二〇年，即秦始皇二十七年，全國實行車同軌，開始修築馳道，湖北境内的主要陸路運輸綫，納入全國陸路交通網，隨後，修築東西兩條官道，東路自許昌而下至鄂州，西路自南陽經襄陽、荆門至江陵，時爲中原地區和古代帝都通往長沙、嶺南諸郡的重要干道。隨後，又開鑿了運糧漕河，如沙洋至沙市的大漕河，並發展了其他水道商路。東漢時期，因建立水軍需要，在武昌白沙洲建立船塢，造船業興起。”第三，“宿長道”不按順序，倒過來書寫，或是欄內無法書寫及已寫滿。

⑬泄：**疑爲“東赤湖”。有三説：一、疑爲縣名。**王俊梅（2008：50）説。**二、疑爲“東赤湖”。**郭濤（2012）：或指文獻所記江陵縣附近的“東赤湖”，是今荆州“長湖”的東面部分。**三、疑爲政區名。**陳偉主編（2016：188）：看簡文，“泄”恐應是政區名。今按：“泄”，疑爲“東赤湖”。“東赤湖”位於荆江一帶，據《水經注》載，東赤湖、西赤湖、昏官湖、女觀湖和離湖等組成荆門一帶地表徑流，湖沼水域進一步擴大爲一連貫荆江湖群。《水經注·沔水篇》載：“沔水又東南與揚口合，水上承江陵縣赤湖。江陵西北有紀南城……城西南有赤坂岡，岡下有瀆水，東北流入城，名曰子胥瀆，蓋吳師入郢所開也，謂之西京［赤］湖。又東北出城，西南注於龍陂。陂，古天井水也，廣圓二百餘步，在靈溪東江堤內……陂水又逕郢城南，東北流謂之揚水。又東北，路白湖水注之。湖在大港北，港南曰中湖，南堤下曰昏官湖。三湖合爲一水，東通荒谷……春夏水盛，則南通大江，否則南迄江堤，北逕方城西，方城即南蠻府也。又北與三湖會，故盛弘之曰：南蠻府東有三湖，源同一水，蓋徙治西府也。宋元嘉中，通路白湖，下注揚水，以廣運漕。揚水又東，歷天井北……揚水又東北流，東得赤湖水口，湖周五十里，城下陂池，皆來會同……揚水又東，入華容縣，有靈溪水，西通赤湖水口……揚水又東北，與柞溪水合。水出江陵縣北，蓋諸池散流，咸所會合，積以成川……柞溪又東注船官湖，湖水又東北入女觀湖，湖水又東入于揚水。”

贏邑：**地名，在今荆州市沙市區內。**整理者：地名，屬於泄。郭濤（2012）：當是沿揚水所設之邑。今按：“贏邑”在今荆州市沙市區內。《水經注·沔水篇》：“揚水又東北流，東得赤湖水口，湖周五十里，城下陂池，皆來會同。湖東北有大暑臺，高六丈餘，縱廣八尺，一名清暑臺，秀宇層明，通望周博，遊者登之，以暢遠情。”清暑臺位於東赤湖東北部。《游居杮録》卷十：“至三湖，常有十餘里蓮花相接，真眾香國。望水中遠林近樹，皆如黑汁點成，淋漓秀潤。據《水經注》所云，清暑臺、章華臺，皆在此湖中。宗少文輟衡山之游，隱于三湖，亦此地也。”郭濤（2012）：“贏邑”乃揚水接赤湖的位置。“揚水”，《水經注·沔水篇》：“沔水又東南，與揚口合。水上承江陵縣赤湖……又東北……揚水又東，歷天井北……揚水又東北流……揚水又東，入華容縣……揚水又東北與柞溪水合……揚水又北，逕竟陵縣西，又北納巾、吐柘，柘水即下揚水也……揚水又北，注於沔，謂之揚口，中夏口也。”根據江陵縣地形圖，江陵地區主要爲西北高東南低，水道以東南方向流動，揚水由江陵地區附近流入沔水。根據“揚水又北，逕竟陵縣西，又北納巾、吐柘，柘水即下揚水也”，揚水或在漢水的西面，東南流入沔水。因此，“贏邑”應在今荆州市沙市區內。

⑭離涌：**地名，屬於泄。**整理者説。

離：**爲離湖。**郭濤（2012）：“離”與“離湖”有關。《水經注·沔水篇》云：“水東入離湖，湖在縣東七十五里。”離湖在楚容城（今監利縣荒湖毫口），是楚國偉大詩人屈原寫作《離騷》的地方。今按：“離”，爲離湖。同治《監利縣志》：“楊家河，在縣西北。瀉江陵三湖之水入離湖，歷黃歇口注乾溪與漢合流。”廣爲人知的是監利縣内的“容城八景”之一“離湖讀騷”。

涌：爲涌水。郭濤（2012）：涌水在今監利縣西北，四湖總干渠是其遺跡。今按：“涌”，古水名，指涌水。約起今湖北荆州市沙市區南，分江水東流，下流仍入江。《説文》：“一曰涌水。在楚國。”段注：“《左傳・莊十八年》：閻敖遊涌而逸，楚子殺之。杜曰：涌水在南郡華容縣。華容，今湖北荆州府監利縣地。涌水在今江陵縣東南。自監利縣流入夏水支流也。《水經》曰：江水又東南，當華容縣南，涌水入焉。酈云：水自夏水南通於江，謂之涌口。”久湮，酈道元著《水經注》時已不能詳其徑流。涌水流入夏水支流，《九章・哀郢》：“民離散而相失兮，方仲春而東遷。去故鄉而就遠兮，遵江夏以流亡。出國門而軫懷兮，甲之鼂吾以行。發郢都而去閭兮，怊荒忽其焉極……過夏首而西浮兮，顧龍門而不見……淼南渡之焉如……惟郢路之遼遠兮，江與夏之不可涉。”從《哀郢》即知“夏水”近郢都，與“江水”臨近相通。《讀史方輿紀要》云：“夏水出江陵縣東南二十五里，稱大馬長川，東流入監利縣境内曰魯洑江，東北入沔陽州界，爲長夏河，過沙口，又東北曰柴林河，至直埠，入漢水。”胡渭《禹貢錐指》（卷上）對“過三澨至於大別，南入於江”注釋道：“今沔陽州南長夏河，即夏水也。自監利縣流逕州南四十里，與潛江縣分水，又東北，注于漢。堵口，今失其處，蓋爲水所湮也。”

⑮□□鄅：**有兩説：一、未釋出**。原釋文未釋出。**二、“□□”爲“離涌”**。陳偉主編（2016：188）：其上二字，看墨痕似是“離涌”。今按：第一，“宿迣□□鄅”中的“□□”根據墨痕疑似“離涌”，可與第51號簡中的“離涌”墨痕相對照。第二，“離涌”，整理者：地名，因“離”“羅”音近，視“離涌”“羅涌”爲一地，屬於迣。《水經注・沔水篇》云：“水東入離湖，湖在縣東七十五里。”同治《監利縣志》：“楊家河，在縣西北。瀉江陵三湖之水入離湖，歷黄歇口注乾溪與漢合流。”

⑯羅涌：**今爲羅湖臺市**。郭濤（2012）：《讀史方輿紀要・湖廣四・荆州府江陵縣》“赤湖”條載：“東湖，在府東五里，廣袤數十里，爲一郡之勝。其相連者曰羅湖，今爲羅湖臺市。”今按：如《讀史方輿紀要》所載，羅湖與東湖相連，今爲羅湖臺市。長湖之形成，始於南宋後期孟珙之擴建“三海”工程。在明中期文獻中，江陵東北境一帶的湖泊面積還不是很大。據《大明一統志》卷六十二荆州府“山川”欄所記江陵縣的湖泊唯有赤湖與東湖，其中東湖“在府城東五里，廣袤數十里，爲一郡勝槩”。《讀史方輿紀要》卷七十八荆州府江陵縣下稱，與東湖相連者有羅湖、柘林湖（在羅湖東五里）、白沙湖（近沙市）。這幾個湖泊均在江陵城東，距江陵城較近，顯然非今長湖之所在。東湖、羅湖，到清初已基本淤成平地。順治《江陵志余》卷三《志水泉》“東湖”條：“百年以來漸成畎畝，侵假化爲荆榛矣。”“羅湖”條：“在東五里，已爲田，尚有羅湖臺巋然如舊。”柘林、白沙二湖則仍存在。“柘林白沙湖”條：“在東十里，多產漁利。秋冬之際，蘆人魚子氾濫其間。”先秦時“羅湖”爲雲夢澤湖泊的組成之一。《戰國策・楚策》鮑彪注“雲夢”：澤名，在南郡華容。吳師道補注：雲在江北，今玉沙、監利、景陵等縣是也；夢在江

南，今公安、石首、建寧等縣是也。《爾雅》：“十藪，楚有雲夢。”郭璞注：“巴丘湖也，即今洞庭矣。”《中國歷史地圖集》中“雲夢”位於湖北安陸南部。今雲夢一帶南北分別與長江、漢水相接，西部接連荆江三角洲上的長江分流夏水與涌水，與古代安陸縣境内屬相連。

⑰區邑：**整理者：地名。**

⑱尋平：**整理者：地名。**黄錫全（2009）：可能在潛江市龍灣鎮一帶。上列秦簡“甲午宿竟陵”“乙未宿尋平”“丙申宿□□”“丁酉宿井韓鄉”“戊戌宿江陵”，是竟陵到江陵中間因爲相關事務又到過三個不同的地方（非同一方向）。今按：“丙申宿□□”中“□□”，根據字跡，疑爲“竟陵”縣。江陵縣東面有天井臺，楊守敬《水經注疏》“臨際水湄，遊憩之佳處也”，可能與“井韓鄉”有關。由此可知，“尋平”離竟陵縣不遠。秦朝竟陵縣在今潛江市西北部。乙未後的行程目標爲竟陵縣西南方向的江陵縣。由此推測“尋平”位於竟陵縣與江陵縣之間。

⑲競陵：**整理者：地名。**“競”通“竟”，競陵，即竟陵，在今湖北省潛江市西北。趙平安（2005）認爲“宿竟陵”應是指宿於該縣的傳舍。今按：“竟陵”爲古縣名，秦置，在今湖北潛江西北，東晉移治今潛江西南，梁末併入霄城。

⑳井韓鄉：**有三説：一、井韓鄉。**整理者釋爲“韓”，考釋：井韓鄉，地名。《説文》訓“韓”爲“井垣”。若按前一日“宿競（竟）陵”，後一日“宿江陵”推算，“井韓鄉”的地理位置應在上述兩地之間。**二、天井臺。**黄錫全（2009）：可能是在江陵縣東的天井臺。**三、約在今監利縣以北。**郭濤（2012）説。今按：初一丙申日寄宿竟陵，初三戊戌日宿於江陵縣，可推“井韓鄉”的地理位置可能在竟陵縣和江陵縣兩地之間。竟陵縣，秦始置，乃南郡十八縣之一，在今湖北省天門市。江陵縣，隸屬今湖北省荆州市，位於湖北省中南部，地處江漢平原腹地、長江中游荆江北岸。

㉑江陵：**今湖北省中南部荆州市荆州區境内。**整理者：爲楚舊都郢，南郡治，地處江漢平原腹地、長江中游荆江北岸。

㉒起：**出發。**《墨子·公輸》：“子墨子聞之，起于魯。”

起江陵：**從江陵縣出發。**

㉓黄郵：**地名。郵，傳遞文書的驛站。**黄郵見於《水經注》卷三十一：“棘水又南逕新野縣，歷黄郵聚。世祖建武三年，傅俊、岑彭進擊秦豐，先拔黄郵者，謂之黄郵水。大司馬吴漢破秦豐於斯水之上。其聚落悉爲蠻居，猶名黄郵蠻。”大意爲“棘水又往南流經新野縣，流過黄郵聚。世祖建武三年（27），傅俊、岑彭進攻秦豐，首先攻下的就是黄郵，這條水就叫黄郵水；大司馬吴漢也在這條水上大破秦豐。那個地區的聚落都是蠻人所居，現在還叫黄郵蠻”。今按：“棘水又往南流經新野縣，流過黄郵聚”中的新野縣是今河南省南陽市下轄縣，位於中原經濟區西南門戶、豫鄂兩省交界地帶。根據丁未日從江陵縣出發，己酉宿于竟陵縣的記載，可知第12號簡的黄郵縣非《水經注》所載“黄郵”。

㉔都鄉：**有兩説：一、縣名。**陳偉主編（2016：189）：看簡文，應屬竟陵縣。

二、地名。今按：應爲地名。《隸釋·漢濟陰太守孟鬱修堯廟碑》："成陽仲氏屬都鄉高相里。"猶"坊廂"，即古代城市區劃，城中曰坊，近城曰廂，因以"坊廂"泛指市街。

㉕鐵官：**古代官名，負責鐵礦開採和冶煉的官府機構**。《管子·海王》："今鐵官之數曰：'一女必有一鍼一刀，若其事立。'"郭沫若等集校："鐵官之職疑春秋末年已有之。"

㉖乙丑：張培瑜（2007）：簡文"三月乙丑、五月甲子、七月癸亥"這幾個朔日干支有錯誤，應當移後一天。陳偉主編（2016：189）：嶽麓書院秦簡《三十四年質日》中"三月丙寅小、五月乙丑小、七月甲子小"，與張培瑜校改相合。今按：十干的"甲、丙、戊、庚、壬"和十二支的"子、寅、辰、午、申、戌"相配，十干的"乙、丁、己、辛、癸"和十二支的"丑、卯、巳、未、酉、亥"相配。此簡的朔日干支有誤。但是第29號簡中的"正月丁卯"，在嶽麓書院秦簡《三十四年質日》寫作"正月丁卯小"，與此簡"正月丁卯"大小月不一致。疑與當時的記事來源即官府與民間有關。疑"三月乙丑"亦與此有關。

㉗□：陳偉主編（2016：189）疑爲"潦"。今按：根據簡文，右半部疑爲"尞"，本義爲燃燒木材祭祀天神。引申有鮮明之義。左邊疑爲"人"旁，意義卻同"潦"，雨水也。《曲禮》釋文亦曰：雨水謂之潦。因此"□"非"僚"，即古代對一種奴隸或差役的稱謂。

㉘路陰：**地名**。即墓主人生前公務外出的留宿地之一。根據行程記錄，此地在秦代竟陵和江陵兩縣之間，靠近江陵。

㉙後府：**作者所任職的官署機構**。

㉚壬申治：趙平安（2005）：是"治後府"省略。今按：上簡中出現"後府"。治，治理。賈誼《论积贮疏》："民不足而可治者，自下及今未之尝闻。"

㉛賜：有兩說：**一、賞賜脩、賜**。趙平安（2005）：指"論脩賜"，義爲根據操作進行賞賜。**二、論罪脩、賜**。整理者：釋爲論罪之義。脩、賜皆爲人名。今按：賜，人名。第53號簡中的"脩賜"中有鈎識，脩、賜應如整理者所認爲的人名。壬申、癸酉後面的"治"應是"治後府"的省略。"奏上"，應是指奏記。辛巳後面的"賜"應爲"論修賜後事已"，指治理後府的事完結。

㉜奏上：**向公府等長官陳述意見的文書**。趙平安（2005）：指奏記。

㉝㣅：**此處爲人名**。整理者：古同"徹"。

㉞後事已：**有兩說：一、後府之事**。整理者釋"後事"爲後府之事。**二、完畢**。陳偉主編（2016：189）：已，完畢。《漢書·蘇武傳》："劍斬虞常已。"

㉟左曹：**縣下屬的官署機構**。此簡中的"左曹"應與部門相關。

并左曹：**或是與另一人同時主持左曹**。陳偉主編（2016：189）說。

㊱辛丑：整理者："辛酉"筆誤。以下第27號簡與第28號簡中"辛丑"同。陳偉主編（2016：189）：據嶽麓書院秦簡《三十四年質日》，此說可信。今按：應爲"辛酉"。十干的"甲、丙、戊、庚、壬"和十二支的"子、寅、辰、午、申、

戌”相配，十干的“乙、丁、己、辛、癸”和十二支的“丑、卯、巳、未、酉、亥”相配，共配成六十組，用來表示年、月、日的次序，周而復始。

㊲去：**離開所在的地方到別處，與“來”相對。**

㊳廥：**存放草料的房舍。**整理者：《說文》：“芻稾之臧也。”段注：“《天官書》：其南眾星曰廥積。如淳《漢書》注曰：芻稾積爲廥也。史記正義曰：芻稾六星在天苑西，主積稾草者。”

南廥：**在南邊存放草料的房舍里。**

㊴逮：**有三說：一、釋爲“建”。**整理者說。**二、傳喚義。**陳劍（2011B）改釋。嶽麓書院秦簡《三十四年質日》44/0720“滕會逮監府”、60/0600“爽會逮江陵”與第17號簡“辛亥就逮□陵”中“逮”字用法相似。**三、釋爲“逮”。**陳偉主編（2016：190）：“就逮”似與會逮相似，爲往就訊問義。今按：疑爲“逮”，就，趨向。《易・乾》：“水流濕，火就燥。”會逮，依據文書接受逮捕。《漢書・淮南王劉安傳》：“群臣可用者皆前繫，今無足與舉事者。王以非時發，恐無功，臣願會逮。”顏師古注：“會謂應逮書而往也。”逮，逮捕。

㊵九月癸亥：整理者：按照簡文七月癸亥、八月晦日“辛酉”的干支順序排序，九月的朔日干支當爲“壬戌”，而不是“癸亥”，故簡文中九月日干支當全部移後一天。陳偉主編（2016：190）：嶽麓書院秦簡《三十四年質日》記“九月癸亥小”，九月晦日應爲“辛卯”。

㊶後九月大：整理者：此月爲這一年的閏月。秦以閏月置於歲末，稱後九月。黄一農（2001）：後九月衹能是壬辰朔，第58號簡末的“壬辰”兩字應爲衍文。劉信芳（2002）：第58號簡第六欄“壬辰”的“壬”字和“辰”字分別被塗以一粗筆。陳偉主編（2016：190）：嶽麓書院秦簡《三十四年質日》記“後九月壬辰小”。今按：舊曆一年較回歸年相差約10日21時，故須置閏，即三年閏一個月，五年閏兩個月，十九年閏七個月。每逢閏年所加的一個月叫閏月。最初放在歲末，稱“十三月”或“閏月”；後加在某月之後，稱“閏某月”。《書・堯典》：“期，三百有六旬有六日，以閏月定四時成歲。”秦代和西漢初期使用的顓頊曆，以十月爲歲首，把九月作爲年終，閏月就放在九月之後，而稱爲“後九月”。到了西漢初制定太初曆時，把閏月分插在一年的各月，並規定以沒有中氣的那幾個月作爲閏月，月序仍用上個月的月序，只要稱其爲“閏某月”，這一置閏規則在採用平氣的曆法中是最合理的。到清代的時憲曆時，則改用定氣注曆。從《詩經》可得出商周曆法的不同，以歲首而論，周人以建子（舊曆十一月）爲歲首，商人以建丑（舊曆十二月）爲歲首，夏人以建寅（舊曆一月）爲歲首。周人以十月爲年終，以十一月爲歲首，多見於詩篇，而尤詳于《豳風・七月》，此詩是滅商前後之詩，由此可見，滅商之前，周人已有曆法。又古代閏月，其初皆“歸馀于終”，有“十三月”。商代自祖甲之後，始年中置閏，漸成定式；而周初仍有十三月。

通過以上補證與分析可探究出“三十四年質日”正月二十一日至三月六日墓主具體行程大致如下：

正月二十一日　丁亥江陵出發，宿長道（萇谷）。
正月二十二日　戊子宿迣、贏邑北、上蒲。
正月二十三日　己丑宿迣、離涌西。
正月二十四日　庚寅宿迣□□郵北。
正月二十五日　辛卯宿迣、羅涌西。
正月二十六日　壬辰宿迣、離涌東。
正月二十七日　癸巳宿區邑。
正月二十八日　甲午宿競（竟）陵。
正月二十九日　乙未宿尋平。
二月一日　　　丙申宿競（竟）陵。
二月二日　　　丁酉宿井韓（韓）鄉。
二月三日　　　戊戌宿江陵。
…………
二月十二日　　丁未起江陵。
二月十三日　　戊申宿黄郵。
二月十四日　　己酉宿競（竟）陵。
二月十五日　　庚戌宿都鄉。
二月十六日　　辛亥宿鐵官。
二月十七日、十八日　壬子、癸丑治鐵官。
二月十九日　　甲寅宿都鄉。
二月二十日　　乙卯宿競（竟）陵。
二月二十一日至二十九日　　丁巳、戊午、己未、庚申、辛酉、壬戌、癸亥、甲子治競（竟）陵。
三月一日至二日　　乙丑、丙寅治競（竟）陵。
三月三日　　　丁卯宿□上。
三月四日　　　戊辰宿路陰。
三月五日　　　己巳宿江陵。
三月六日　　　庚午到江陵。

【今譯】

〖■秦曆歲首十月戊戌日	■秦曆十二月丁酉日〗	■秦曆二月	■秦曆四月	■秦曆六月	■秦曆八月
		丙申日宿於竟陵縣的傳舍。	乙未日	甲午日	癸巳日

Q3_1_1NH

〖乙亥日〗	戊戌日	丁酉日 宿江陵縣 旁的井韓鄉。	丙申日	乙未日	甲午日	Q3_1_2NH
〖庚子日〗	己亥日	戊戌日宿於 江陵縣 的傳舍。	丁酉日	丙申日	乙未日	Q3_1_3NH
〖辛丑日	庚子日	己亥日	戊戌日	丁酉日	丙申日〗	
〖壬寅日〗	辛丑日	庚子日	己亥日	戊戌日	丁酉日	Q3_1_4NH
〖癸卯日〗	壬寅日	辛丑日	庚子日	己亥日	戊戌日	Q3_1_5NH
甲辰日	癸卯日	壬寅日	辛丑日	庚子日	己亥日	Q3_1_6NH
乙巳日	甲辰日	癸卯日	壬寅日	辛丑日	庚子日	Q3_1_7NH
丙午日	乙巳日	甲辰日	癸卯日	壬寅日	辛丑日	Q3_1_8NH
丁未日	丙午日	乙巳日	甲辰日	癸卯日	壬寅日	Q3_1_9NH
戊申日	丁未日	丙午日	乙巳日	甲辰日	癸卯日	Q3_1_10NH
己酉日	戊申日	丁未日從江 陵縣出發。	丙午日	乙巳日	甲辰日	Q3_1_11NH
庚戌日	己酉日	戊申日 宿黃郵縣 的傳舍。	丁未日	丙午日	乙巳日	Q3_1_12NH
辛亥日	庚戌日	己酉日 宿於竟陵 縣的傳舍。	戊申日	丁未日 離開左曹， 掌管在南邊 的存放草料 的房舍。	丙午日	Q3_1_13NH

壬子日	辛亥日	庚戌日 宿於竟陵縣都鄉的傳舍。	己酉日	戊申日	丁未日
癸丑日	【壬】子日	辛亥日 宿於鐵官。	庚戌日	己酉日	Q3_1_14NH 戊申日
〖甲寅日〗	〖癸丑日〗	壬子日 在鐵官處理公務。	辛亥日	庚戌日	Q3_1_15NH 己酉日
乙卯日	甲寅日	癸丑日 治理鐵官。	壬子日	辛亥日 前往□陵縣接受訊問。	Q3_1_16NH 庚戌日
丙辰日	乙卯日	甲寅日 宿於都鄉的傳舍。	癸丑日	壬子日	Q3_1_17NH 辛亥日
丁巳日	丙辰日 守丞登、史豎、除三位官員到達。	乙卯日 宿於竟陵縣的傳舍。	甲寅日	癸丑日	Q3_1_18NH 壬子日
戊午日	丁巳日 守丞登與兩位獄史□史□、□到□□。	丙辰日 治理竟陵縣的事務。	乙卯日	甲寅日	Q3_1_19NH 癸丑日
己未日	戊午日	丁巳日 治理竟陵縣的事務。	丙辰日	乙卯日	Q3_1_20NH 甲寅日
庚申日	己未日	戊午日 治理竟陵縣的事務。	丁巳日	丙辰日	Q3_1_21NH 乙卯日

辛酉日	庚申日	己未日 治理竟陵縣的事務。	戊午日	丁巳日	丙辰日	Q3_1_22NH
壬戌日	辛酉臘日	庚申日 治理竟陵縣的事務。	己未日	戊午日	丁巳日	Q3_1_23NH
癸亥日	壬戌日	辛酉日 治理竟陵縣的事務。	庚申日	己未日	戊午日	Q3_1_24NH
甲子日	癸亥日	壬戌日 治理竟陵縣的事務。	辛丑日	庚申日	己未日	Q3_1_25NH
乙丑日	甲子日	癸亥日 治理竟陵縣的事務。	壬戌日	辛丑日	庚申日	Q3_1_26NH
丙寅日	乙丑日 史但被拘。	甲子日 治理竟陵縣的事務。	癸亥日	壬戌日	辛丑日	Q3_1_27NH
〖■〗 秦曆十一月 丁卯日	■秦曆 正月 丁卯臘日 就職治事。	■秦曆 三月 乙丑日 治理竟陵縣的事務。	■秦曆 五月 甲子日	■秦曆 七月 癸亥日	■秦曆 九月 癸亥日	Q3_1_28NH
戊辰日	戊辰日	丙寅日 治理竟陵縣的事務。	乙丑日	甲子日	甲子日	Q3_1_29NH
己巳日	己巳日	丁卯日 宿於□上。	丙寅日	乙丑日	乙丑日	Q3_1_30NH
						Q3_1_31NH

庚午日	庚午日	戊辰日 宿於路陰。	丁卯日	丙寅日	丙寅日 Q3_1_32NH
辛未日	辛未日	己巳日 宿於江陵縣的傳舍。	戊辰日	丁卯日	丁卯日 Q3_1_33NH
壬申日	壬申日	庚午日 到達江陵縣。	己巳日	戊辰日	戊辰日 Q3_1_34NH
癸酉日	癸酉日	辛未日 治理後府。	庚午日	己巳日	己巳日 Q3_1_35NH
甲戌日	甲戌日	壬申日 治理後府。	辛未日	庚午日	庚午日 Q3_1_36NH
乙亥日	乙亥日	癸酉日 治理後府。	壬申日	辛未日	辛未日 Q3_1_37NH
丙子日	丙子日	甲戌日	癸酉日	壬申日	壬申日 Q3_1_38NH
丁丑日	丁丑日	乙亥日	甲戌日	癸酉日	癸酉日 Q3_1_39NH
戊寅日	戊寅日	丙子日	乙亥日	甲戌日	甲戌日 Q3_1_40NH
己卯日	己卯日	丁丑日	丙子日	乙亥日	乙亥日 Q3_1_41NH
庚辰日	庚辰日	戊寅日	丁丑日	丙子日	丙子日 Q3_1_42NH
辛巳日	辛巳日	己卯日	戊寅日	丁丑日	丁丑日 Q3_1_43NH
〖壬〗午日	壬午日	庚辰日	己卯日	戊寅日	戊寅日 Q3_1_44NH
癸未日	癸未日	辛巳日 論罪脩、賜。	庚辰日	己卯日	己卯日 Q3_1_45NH
甲申日	甲申日	壬午日	辛巳日	庚辰日	庚辰日 Q3_1_46NH

乙酉日	乙酉日	癸未日 奏記。	壬午日	辛巳日	辛巳日 Q3_1_47NH
丙戌日	丙戌日	甲申日 史⿱徼力出行。	癸未日	壬午日	壬午日 Q3_1_48NH
丁亥日	丁亥日 史除不在官署內處理公務，跟從某位官員，宿於萇谷。	乙酉日	甲申日	癸未日	癸未日 Q3_1_49NH
戊子日	戊子日 宿於江陵附近的東赤湖、贏邑縣的北部和上蒲。	丙戌日 治理後府之事完畢。	乙酉日	甲申日	甲申日 Q3_1_50NH
己丑日	己丑日 宿於江陵附近的東赤湖、離涌的西邊。	丁亥日 治理竟陵縣的事務。	丙戌日	乙酉日	乙酉日 Q3_1_51NH
庚寅日	庚寅日 宿於江陵附近的東赤湖、□□鄀縣北邊。	戊子日	丁亥日	丙戌日	丙戌日 Q3_1_52NH
辛卯日	辛卯日 宿於江陵附近的東赤湖、羅湖、涌水的西邊。	己丑日 論罪脩、賜。	戊子日	丁亥日	丁亥日 Q3_1_53NH

壬辰日	壬辰日 宿於江陵 附近的東 赤湖、離涌 的東邊。	庚寅日	己丑日	戊子日	戊子日	Q3_1_54NH
癸巳日	癸巳日 宿於區邑縣。	辛卯日	庚寅日	己丑日	己丑日	Q3_1_55NH
甲午日	甲午日 宿於竟陵 縣的傳舍。	壬辰日	辛卯日	庚寅日	庚寅日	Q3_1_56NH
乙未日	乙未日 宿於尋平縣。	癸巳日	壬辰日	辛卯日	辛卯日	Q3_1_57NH
丙申日		甲午日 與另外一名 官員同時 主持左曹。	癸巳日	壬辰日	壬辰日	Q3_1_58NH
■後九月 每月三十天	●戊戌日	●甲辰日	●庚戌日	●丙辰日		Q3_1_59NH
癸巳日	己亥日	乙巳日	辛亥日	丁巳日		Q3_1_60NH
甲午日	庚子日	丙午日	壬子日	戊午日		Q3_1_61NH
乙未日	辛丑日	丁未日	癸丑日	己未日		Q3_1_62NH
丙申日	壬寅日	戊申日	甲寅日	庚申日		Q3_1_63NH
丁酉日	癸卯日	己酉日	乙卯日	辛酉日		Q3_1_64NH

二、日 書

繫 行[1]

【釋文】

八月[2]，角、Q3_2_131 Ⅰ NH亢[3]。Q3_2_132 Ⅰ NH

九月，抵（氐）、Q3_2_133 Ⅰ NH房[4]。Q3_2_134 Ⅰ NH

十月，心、Q3_2_135 Ⅰ NH尾、Q3_2_136 Ⅰ NH箕[5]。Q3_2_137 Ⅰ NH

十一月，斗[6]、Q3_2_138 Ⅰ NH牽牛[7]。Q3_2_139 Ⅰ NH

十二月，婺女、Q3_2_140 Ⅰ NH虛、Q3_2_141 Ⅰ NH危[8]。Q3_2_142 Ⅰ NH

【匯釋】

①繫行：整理者將本篇簡稱爲“二十八星宿”占，並指出第244號簡末“毄（繫）行”爲第133—244號簡的標題。陳偉主編（2016：200）徑以“繫行”爲篇題。關於“毄（繫）行”，參看第244號簡注釋。

②整理者：自本簡至第154號簡列有十二月名及各月所值的星宿，這與西漢星占術中式之天盤上的十二月將表示法基本相同，即表示十二月將所值二十八星宿的分置情況。陳偉主編（2016：200）：放馬灘秦簡日書乙種簡167—178有一篇大體相同的文字，其在各星宿後標有星分度。

表5是周家臺秦簡和天水放馬灘秦墓簡牘第167—178號簡朔日及其後幾天對應的星宿名，表6列出的是每月朔日對應的星宿名。

表5　周家臺秦簡和天水放馬灘秦墓簡牘第167—178號簡朔日對應星宿名

	周家臺秦簡	天水放馬灘秦墓簡牘
八月	角，亢。	角十二，亢十二。
九月	抵（氐），房。	抵（氐）十七，房五。
十月	心，尾，箕。	心十、十二，尾九，箕十一。
十一月	斗，牽₌（牽牛）。	斗三。
十二月	婺₌（婺女）虛，危。	虛十四。

（续上表）

	周家臺秦簡	天水放馬灘秦墓簡牘
正月	營=（營宮），東辟（壁）。	營=（營宮）廿，東壁十三。
二月	奎，婁。	奎十五，婁十二。
三月	胃，卯（昴）。	胃十四、十三，昴十五。
四月	畢，此（觜）觿（巂），參。	畢十五，此觿六，參九。
五月	東井，輿鬼。	東井。
六月	柳，七星。	柳□□，七星十三。
七月	張，翼，軫。	張□□，翼十三，軫十五。

表 6　每月朔日對應星宿名

八月	九月	十月	十一月	十二月	正月	二月	三月	四月	五月	六月	七月
角	抵	心	斗	婺	營	奎	胃	畢	東	柳	張

③角：**星宿名，角宿。爲二十八宿之一，蒼龍七宿的第一宿。**整理者：《開元占經·東方七宿占》引《石氏星經》曰：“角二星。”《吕氏春秋·圜道》：“月躔二十八宿，軫與角屬，圜道也。”《康熙字典》：“又星名。《韻會》：東方七宿之首，蒼龍之角十二度。《爾雅·釋天》：壽星，角亢也。注：列宿之長。又《博雅》：大角謂之棟星。《史記·天官書》：大角者，天王帝廷。”在現代的星座組織系統中，角宿屬於室女座，其中較亮的角宿一和角宿二分别是一等和三等星。黄道就在這兩顆星之間穿過，因此日月和行星常會在這兩顆星附近經過，古籍上稱角二星爲天關或天門，也是這個原因。《楚辭·天問》：“角宿未旦，曜靈安藏?”王逸注：“角亢，東方星。”洪興祖補注：“此言角宿未旦者，指東方蒼龍之位耳。”

亢：**星宿名，亢宿。爲二十八宿之一，蒼龍七宿的第二宿，由室女座的四顆星組成。**整理者：《開元占經·東方七宿占》引《石氏星經》曰：“亢四星。”簡文“亢”字下隱有筆畫，係誤寫字修改未淨所致。亢宿的上面是大角星，它和角宿的兩顆星形成牛頭的樣子，由於它最亮，所以古法的角宿從它算起，把大角作爲二十八宿的開始。之後因其伸入亢宿，故稱。古人把東方七宿聯結起來，想象成龍的形狀，亢宿是龍頸。《爾雅·釋天》：“壽星，角亢也。”《宋史·天文志三》：“亢宿四星，爲天子内朝，總攝天下奏事。”

今按：**先秦時期的天文學家把天空中可見的星分成二十八組，叫二十八宿，又稱爲二十八星或二十八舍，東南西北四方各七宿。**最初是爲比較日、月、金、木、水、火、土的運動而選擇的二十八個星官，作爲觀測時的標記。“宿”的意思和黄道十二宫的“宫”類似，表示日月五星所在的位置。唐代，二十八宿成爲二十八個天區的主體，這些天區仍以二十八宿的名稱爲名稱。和三垣的情況不同，作爲天區，二十八宿主要是爲了區劃星官的歸屬。二十八宿從角宿開始，自西向東排列，與日、月視運動的方向相同。東方蒼龍七宿是角、亢、氐、房、心、尾、箕；北方玄武七宿是斗、牛、女、虛、危、室、壁；西方白虎七宿是奎、婁、胃、昴、畢、觜、參；南方朱雀七宿是井、鬼、柳、星、張、翼、軫。

④柢：**星宿名，氐宿。爲二十八宿之一，蒼龍七宿的第三宿，由天秤座的四顆星組成。**整理者："搋"，考釋說：通"氐"。《開元占經·東方七宿占》引《石氏星經》曰："氐七星。"方勇（2012：340）徑釋爲"柢"。因它在角宿和亢宿的下面，好像植物的根一樣，所以又名"天根"。古人把東方七宿聯結起來，想象成龍的形狀，氐宿是龍胸。

房：**星宿名，房宿。爲二十八宿之一，蒼龍七宿的第四宿。**整理者：《開元占經·東方七宿占》引《石氏星經》曰："房四星，鉤鈐二星。"房宿，古時以爲主車馬，故稱之爲天駟、房駟。《宋史·天文志三》："房宿四星，爲明堂，天子布政之官也，亦四輔也。下第一星，上將也；次，次將也；次，次相也；上星，上相也。南二星君位，北二星夫人位。"

⑤心：**星宿名，心宿。爲二十八宿之一，蒼龍七宿的第五宿，有星三顆，由天蠍座的三顆星組成。**整理者：《開元占經·東方七宿占》引《石氏星經》曰："心三星。"其主星亦稱商星、鶉火、大火、大辰。心宿二又稱"大火""火"。《詩·豳風·七月》"七月流火"的"火"即指心宿二。古人把東方七宿聯結起來，想象成龍的形狀，心宿是龍心。《宋史·天文志三》："心宿三星，天之正位也。"

尾：**星宿名，尾宿。爲二十八宿之一，也叫"天雞"。蒼龍七宿的第六宿，由天蠍座的九顆星組成。**整理者：《開元占經·東方七宿占》引《石氏星經》曰："尾九星。"古人把東方七宿聯結起來，想象成龍的形狀，尾宿和箕宿都是龍尾。

箕：**星宿名，箕宿。爲二十八宿之一，蒼龍七宿的末一宿，有星四顆。**整理者：即人馬座的四顆亮星。古人把它們聯結起來，想象成簸箕的形狀，而把斗宿的六顆星想象成舀酒的斗形。當箕宿和斗宿同時出現在南方天空的時候，箕宿在南，斗宿在北。《詩·小雅·大東》："維南有箕，不可以簸揚；維北有斗，不可以挹酒漿。"就是指的這二宿。古人把東方七宿聯結起來，想象成龍的形狀，箕宿和尾宿都是龍尾。

⑥斗：**星宿名，斗宿。爲二十八宿中玄武七宿的第一宿。**整理者：《開元占經·北方七宿占》引《石氏星經》曰："南斗六星。"清朱駿聲《說文通訓定聲·需部》："北斗七星，南斗六星，又天市垣小斗五星，皆象斗形，故以爲名。"

⑦牽牛：**星宿名。爲二十八宿之一，玄武七宿的第二宿，又稱牛，有星六顆。**整理者：二字合文。《開元占經·北方七宿占》引《石氏星經》曰："牽牛六星。"《宋史·天文志三》："牛宿六星，天之關梁，主犧牲事。"鄭文光、席澤宗《中國歷史上的宇宙理論》第四章："牽牛即牛宿……每年八九月黃昏時經過中天，而畢宿和昴宿要到二月才於黃昏時經過中天。兩組恒星恰好處於遙遙相對的位置。"

⑧婺女：**星宿名，即女宿，又名須女、務女。爲二十八宿之一，玄武七宿的第**

三宿，有星四顆。《禮記·月令》：“（孟夏之月）日在畢，昏翼中，旦婺女中。”《史記·天官書》：“婺女，其北織女。”司馬貞索隱：“務女。《廣雅》云：‘須女謂之務女，是也。一作婺。’”晉左思《吳都賦》：“婺女寄其曜，翼軫寓其精。”李善注：“《漢書》：‘越地，婺女之分野。’”

虛：**星宿名。爲二十八宿之一，玄武七宿的第四宿，也稱玄枵**。整理者：《開元占經·北方七宿占》引《石氏星經》曰：“虛二星。”虛宿，由寶瓶座的一顆星和小馬座的一顆星組成。這兩顆星一上一下如連珠，在女宿的東南方。古人把北方七宿聯結起來，想象成龜蛇的形狀，虛宿和危宿、營宿、壁宿是龜身。

危：**星宿名。爲二十八宿之一，玄武七宿的第五宿**。由寶瓶座的一顆星和飛馬座的兩顆星組成，上一星高，旁二星下垂，像蓋屋的樣子。整理者：《史記·天官書》：“危爲蓋屋。”司馬貞索隱引宋均：“危上一星高，旁兩星隋下，似乎蓋屋也。”

【今譯】

八月排爲角宿、Q3_2_131ⅠNH亢宿。Q3_2_132ⅠNH

九月排爲抵（氐）宿、Q3_2_133ⅠNH房宿。Q3_2_134ⅠNH

十月排爲心宿、Q3_2_135ⅠNH尾宿和Q3_2_136ⅠNH箕宿。Q3_2_137ⅠNH

十一月排爲斗宿、Q3_2_138ⅠNH牽牛宿。Q3_2_139ⅠNH

十二月排爲婺女宿、Q3_2_140ⅠNH虛宿和Q3_2_141ⅠNH危宿。Q3_2_142ⅠNH

【釋文】

正月，營宮、Q3_2_143ⅠNH東辟（壁）①。Q3_2_144ⅠNH

二月，奎、Q3_2_145ⅠNH婁②。Q3_2_146ⅠNH

三月，胃、Q3_2_147ⅠNH卯（昴）③。Q3_2_148ⅠNH

四月，畢、Q3_2_149ⅠNH此（觜）觿（巂）、Q3_2_150ⅠNH參④。Q3_2_151ⅠNH

五月，東井、Q3_2_152ⅠNH【輿】鬼⑤。Q3_2_153ⅠNH

六月，柳、Q3_2_154ⅠNH七星⑥。Q3_2_131ⅡNH

七月，張、Q3_2_132ⅡNH翼、Q3_2_133ⅡNH軫⑦。Q3_2_134ⅡNH

辰、乙、卯、甲、寅、丑、癸、子、壬、亥、戌、辛、酉、庚、申、Q3_2_135ⅡNH

未、丁、午、丙、巳⑧。Q3_2_136ⅡNH

【匯釋】

①營宮：**有兩説：一、釋爲“營室”**。簡文作“營=”，整理者考釋：《開元占經·北方七宿占》引《石氏星經》曰：“營室二星，離宮六星。”《周禮·考工記·輈人》：“龜蛇四斿，以象營室也。”鄭玄注：“營室，玄武宿，與東壁連體而四星。”《詩·鄘風·定之方中》：“定之方中，作于楚宮。”朱熹集傳：“定，北方之宿，營室星也。此星昏而正中，夏正十月也。於是時可以營制宮室，故謂之營室。”陳劍

（2011A）：₌屬省代符，仍釋作“營室”。**二、釋爲“營宮”**。陳偉（2003）：“營宮”凡三見，均合文。

東辟：**星宿名，即壁宿。爲二十八宿之一，因在天門之東，故稱東壁**。整理者讀爲“東壁”，“辟”通“壁”，考釋說：《開元占經·北方七宿占》引《石氏星經》曰：“東壁二星。”《禮記·月令》：“（仲冬之月）日在斗，昏東壁中。”宋孫奕《履齋示兒編·正誤·東壁東井南箕北斗》：“二十八宿以四方爲名者，唯井、壁、箕、斗四星而已。離宮在南則壁在室東，故稱東壁。”

②奎：**星宿名。爲二十八宿之一，西方七宿的第一宿，有星十六顆**。因其形似胯而得名，古人多因其形亦似文字而認爲它主文運和文章。整理者：《開元占經·西方七宿占》引《石氏星經》曰：“奎十六星。”

婁：**星宿名。爲二十八宿之一，西方七宿的第二宿，由白羊座的三顆星組成**。整理者：《開元占經·西方七宿占》引《石氏星經》曰：“婁三星。”古人把西方七宿聯結起來，想象成虎的形狀，婁宿和胃宿、昴宿、畢宿是虎身。

③胃：**星宿名。爲二十八宿之一，西方七宿的第三宿**。整理者：《開元占經·北方七宿占》引《石氏星經》曰：“胃三星。”《释名》：“胃，围也，围受食物也。”《史记·天官書》：“胃为天仓。”

卯：**星宿名。爲二十八宿之一，西方七宿的第四宿，處於西方四宿的中央，由金牛座的七顆星組成**。整理者：通“昴”。《書·堯典》“日短星昴，以正仲冬”和《詩·召南·小星》“嘒彼小星，惟參與昴”中的“昴”，就是指昴宿。昴宿中有一個小星團，近代叫作“昴星團”，俗稱“七姊妹星團”。

④畢：**星宿名。爲二十八宿之一，西方七宿的第五宿**。古人以爲主兵主雨，故亦借指雨師。整理者：《開元占經·西方七宿占》引《石氏星經》曰：“畢八星。附耳一星。”《宋史·天文志四》：“畢宿八星，主邊兵弋獵。”

此觿：**星宿名。觜宿，爲二十八宿之一，西方七宿的第六宿，由獵戶座的三顆星組成**。整理者：《淮南子·天文》作“觜巂”。《開元占經·西方七宿占》引《石氏星經》曰：“觜巂三星。”三星像鼎足的樣子，在参宿的右肩。古人把西方七宿聯結起來，想象成虎的形狀，觜宿是虎頭、虎須。

參：**星宿名。爲二十八宿之一，西方七宿的最末宿，即獵戶座的七顆亮星**。整理者：《開元占經·西方七宿占》引《石氏星經》曰：“参三星。”今按：参宿中的三顆星光亮耀目，並且連成一綫，《詩·唐風·綢繆》：“綢繆束薪，三星在天。”即指的這三顆星。参宿和心宿二（大火）亦即商星，在天球上遙遙相對，兩者不同時出現，故古人常用“參商”比喻親友不能會面。唐杜甫《贈衛八處士》：“人生不相見，動如参與商。”古人把西方七宿用想象的綫連接起來，形似老虎，参宿是虎的前肢。

⑤東井：**星宿名，井宿。爲二十八宿之一，因在玉井之東，故稱**。整理者：《開元占經·南方七宿占》引《石氏星經》曰：“東井八星，鉞一星。”《禮記·月令》：“仲夏之月，日在東井。”《史記·張耳陳餘列傳》：“漢王之入關，五星聚東

井。東井者，秦分也，先至必霸。”唐楊炯《渾天賦》：“週三徑一，遠近乖於辰極；東井南箕，曲直殊於河漢。”

輿鬼：**星宿名。爲南方朱鳥七宿之一。**整理者：《開元占經·南方七宿占》引《石氏星經》曰：“輿鬼五星。”《呂氏春秋·有始》：“南方曰炎天，其星輿鬼、柳，七星。”高誘注：“輿鬼，南方宿。秦之分野。”《史記·天官書》：“輿鬼，鬼祠事；中白者爲質。”宋李石《續博物志》卷一：“《周官》天星皆有分野……東井、輿鬼，雍州。”

⑥柳：**星宿名。爲南方朱鳥七宿的第三宿，也叫“天相”“八臣”。**在鬼宿的東南，由長蛇座的八顆星組成。整理者：《開元占經·南方七宿占》引《石氏星經》曰：“柳八星。”古人把南方七宿聯結起來，想象成鳥的形狀，柳宿是鳥喙、鳥頭、鳥觜。

七星：**星宿名。爲二十八宿之一，南方朱鳥七宿的第四宿，有星七顆。**整理者说。《禮記·月令》：“季春之月，月在胃，昏七星中。”孫希旦集解：“七星，南方朱鳥之第四宿。”

⑦張：**星宿名。爲二十八宿之一，南方朱鳥七宿的第五宿，有星六顆，在長蛇座內。**整理者：《開元占經·南方七宿占》引《石氏星經》曰：“張六星。”又稱鶉尾。

翼：**星宿名。爲二十八宿之一，南方朱鳥七宿中的第六宿，爲驚蟄節子初三刻的中星。**整理者：《開元占經·南方七宿占》引《石氏星經》曰：“翼二十二星。”今按：後世藝人所祀之神亦名“翼宿星”，又名“小兒星”“老郎星”。神像作白面兒童狀，而帶微鬚。

軫：**星宿名。爲二十八宿之一，南方朱鳥七宿的最末一宿，由烏鴉座的四顆星組成。**古人把南方七宿聯結起來，想象成鳥的形狀，軫宿是鳥尾。

⑧整理者：所列十二地支、八天干（無戊、己），與下面綫圖（一）中心部位的二十個干支排列順序相同。在綫圖（一）中可以看出，這二十個干支是以東方地支“辰”爲起點，逆時針方向旋轉佈列的。

【今譯】

正月排爲營宫宿、Q3_2_143 I NH東辟（壁）宿。Q3_2_144 I NH

二月排爲奎宿、Q3_2_145 I NH婁宿。Q3_2_146 I NH

三月排爲胃宿、Q3_2_147 I NH卯（昴）宿。Q3_2_148 I NH

四月排爲畢宿、Q3_2_149 I NH 此（觜）觿（巂）宿和 Q3_2_150 I NH 参宿。Q3_2_151 I NH

五月排爲東井宿、Q3_2_152 I NH【輿】鬼宿。Q3_2_153 I NH

六月排爲柳宿、Q3_2_154 I NH七星宿。Q3_2_131 II NH

七月排爲張宿、Q3_2_132 II NH翼宿和Q3_2_133 II NH軫宿。Q3_2_134 II NH

以東方地支“辰”爲起點，逆時針方向旋轉佈列爲“辰日、乙日、卯日、甲日、寅日、丑日、癸日、子日、壬日、亥日、戌日、辛日、酉日、庚日、申日、

Q3_2_135Ⅱ NH未日、丁日、午日、丙日、巳日”。Q3_2_136Ⅱ NH

【釋文】

圖一[①]156－181NH

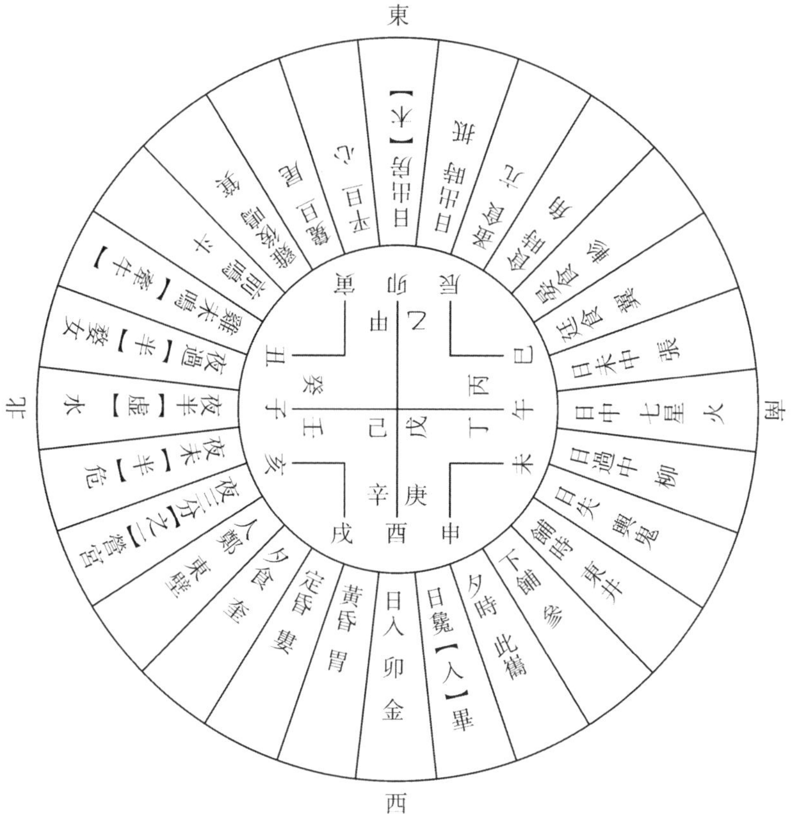

【匯釋】

①圖一：整理者：此圖以兩個大小不等的同心圓構成。在大圓外側的上、下、左、右，分别標以“東”“西”“北”“南”，表示四方。在大小兩圓之間的圓環部分，用二十八條直綫分割成二十八塊扇面，每塊扇面由内向外書有文字，從内容看，可以分爲内、中、外三圈。内圈順時針方向依次記有二十八個時稱，這種將一天時間平分爲二十八個時分的“一日分時之制”，乃是迄今爲止關於二十八時稱的最早記載。中圈逆時針依次列有二十八宿名。外圈在上、下、左、右四個方位標有木、金、水、火，與大圓外所書“東”“西”“北”“南”相對應。《淮南子·天文》云：“東方木也……其日甲乙；南方火也……其日丙丁；中央土也……其日戊己；西方金也……其日庚辛；北方水也……其日壬癸。”圓環中的内、中、外三圈文字排列參差不齊，可以看出其書寫次序是以扇面爲單位由内向外，而並不是按内、中、外

分圈書就的。在圈中央的小圓内繪有“╬”圖形，以北向十二地支中的“子”爲起點，按照其順序分佈於圖形四面的十二個端點，其間内側記有除“戊”“己”以外的八天干，“戊”“己”則記於中心部位。《淮南子·天文》云：“子午、卯酉爲二繩，丑寅、辰巳、未申、戌亥爲四金鉤。”所謂“二繩”係指位於圖形中心互相垂直交叉的二綫；所謂“四鉤”則指圖形四角所示的“└”。《漢書·百官公卿表》顔師古注：“甲、乙、丙、丁、庚、辛、壬、癸皆有正位，唯戊、己寄位耳。”古代星占所用之式由天、地兩盤構成。天盤在地盤之上可以旋轉，以斗柄指向。《淮南子·天文》云：“天道曰圓，地道曰方。”“天圓地方，道在中央。”本圖列有十天干、十二地支、二十八宿及東、北、西、南四個方向等，與漢式地盤的基本内容相同，與安徽阜陽汝陰侯墓出土的西漢初年式盤和甘肅武威出土的東漢初年式盤也基本相似。彭錦華、劉國勝（2001）：這28個時稱是用來對應綫圖二十八星宿的，不具有等分一日時間的效用，不能視爲當時對一日時間的記時制度。

【釋文】

食時[1]	角		
蚤（早）食[2]	亢		
日出時[3]	抵（氐）		
日出	房	【木】	東
平旦	心		
䨲（纔）旦[4]	尾		
雞後鳴	箕		
前鳴[5]	斗		
雞未鳴	【牽牛】		
夜過〖半〗[6]	婺女		
夜半	【虚】	水	北
夜未【半】[7]	危		
夜三分【之一】[8]	營宫		
人鄭（定）[9]	東壁[10]		

【匯釋】

①食時：**此處對圖一中文字内容的轉寫，有兩説：一、“夜半”起首。**整理者釋文是以與“北”“子”“虚”相對應的“夜半”起首。**二、“食時”起首。**陳偉主編（2016：203）：本簡首、尾兩段簡文皆是將角宿記在最前，今以與角宿相對應的“食時”起首。

一日十時制：**指日中、食時、平旦、雞鳴、夜半、人定、黄昏、日入、晡時和日昳。**《左傳》昭公五年載：“日之數十，故有十時，亦當十位。自王已下，其二爲公，其三爲卿。日上其中，食日爲二，旦日爲三。”杜預集解：“日中當王，食時當公，平旦爲卿，雞鳴爲士，夜半爲皂，人定爲輿，黄昏爲隸，日入爲僚，晡時爲僕，日昳爲臺。隅中日出，闕不在第，尊王公，曠其位。”

②蚤：**通“早”，早晨**。彭錦華、劉國勝（2001）：讀爲早晚之早。《儀禮·士相見禮》“問日之早晏”，注：“古文早作蚤。”簡文“食時”意指一日之中用早飯的那段時間，“蚤食”“晏食”分别指食時前、後的一段時間。陳偉主編（2016：203）：《淮南子·天文訓》：“至于曾泉，是謂蚤食。至于桑野，是謂晏食。”今按：蚤，《詩·豳風·七月》：“二之日鑿冰沖沖，三之日納于淩陰，四之日其蚤，獻羔祭韭。”朱熹集傳：“蚤，蚤朝也。”《孟子·離婁下》：“蚤起，施從良人之所之。”

③日出時：**時段名稱，是比“日出”稍晚的時刻。**

④毚：**太陽剛淺露出地表前後一小段時間**。整理者：即纔，初，方始。毚旦，天剛亮。

⑤前鳴：**前脱一“雞”字，爲“雞前鳴”的省寫**。整理者説。陳偉主編（2016：203）：簡文“前鳴”也可能是“雞前鳴”的省寫。今按：“前鳴”前脱一“雞”字。“雞鳴”即雞叫，常指天明之前。《詩·鄭風·風雨》：“風雨淒淒，雞鳴喈喈。”

⑥夜過半：**“夜半”之後的一小段時間**。整理者：簡文未見“半”字，有可能原本寫有的“半”字完全殘泐，也有可能是漏寫了“半”。

⑦夜未半：**“夜半”之前的一小段時間**。

⑧夜三分之一：**即夜少半**。整理者：《夏侯陽算經》卷一曰：“二分之一爲中半，三分之二爲太（大）半，三分之一爲少半，四分之一爲弱半，此漏刻之數也。”陳偉主編（2016：203）：簡文“之”字殘泐，僅剩一横筆。今按：少半，古謂三分之一，後謂不到一半。《管子·海王》：“終月，大男食鹽五升少半。”《史記·項羽本紀》：“漢有天下太半。”裴駰集解引三國吳韋昭曰：“凡數三分有二爲太半，一爲少半。”

⑨鄭：**讀爲“定”**。整理者：“人鄭”即“人定”，當在夜深安息之時。《後漢書·來歙傳》曰：“臣夜人定後，爲何人所賊傷，中臣要害。”王先謙集解：“《通鑑》胡注：‘日入而群動息，故中夜謂之人定。’惠棟曰：‘杜預云：人定者，亥也。’”睡虎地秦簡《日書》乙種簡156上有“人定”時稱。

⑩壁：整理者釋爲“辟”，讀爲“壁”。陳偉主編（2016：203）：簡文本作“壁”。

【今譯】

與角宿相對應的是“食時”，即一日之中用早飯的那段時間，“食時”起首。

與亢宿相對應的是“蚤（早）食時”，即食時前的一段時間。

與抵（氐）宿相對應的是“日出時”，即比“日出”稍晚的時刻。

與房宿相對應的是“日出”，即太陽出現的時刻。

與心宿相對應的是“平旦”，即清晨。

與尾宿相對應的是“毚（纔）旦”，即太陽剛淺露出地表前後一小段時間。

與箕宿相對應的是“雞後鳴”，即雞叫後的一小段時間。
與斗宿相對應的是“前鳴”，即天明之前。
與牽牛宿相對應的是“雞未鳴”，即雞叫前的一小段時間。
與婺女宿相對應的是“夜過半”，即半夜之後的一小段時間。
與虛宿相對應的是“夜半”，即半夜，相當於後來的子時。
與危宿相對應的是“夜未半”，即半夜之前的一小段時間。
與營宮宿相對應的是“夜三分之一”，即夜晚少半。
與東壁宿相對應的是“人鄭（定）”，即夜深安息之時。

【釋文】

夕食①	奎		
定昏②	婁		
黄昏	胃		
日入	卯（昴）	金	西
日毚（纔）【入】③	畢		
夕時	此（觜）巂④		
下餔⑤	參		
餔時	東井		

【匯釋】

①夕食：**夜晚吃飯的一段時間**。彭錦華、劉國勝（2001）：居延漢簡稱作“夜食”。

②定昏：**指天將黑的時候**。彭錦華、劉國勝（2001）：又見於馬王堆帛書《陰陽五行》。放馬灘秦簡《日書》依次記有“昏”“夜莫”兩時稱，相當於簡文“黃昏”與“定昏”。今按：夜莫，即莫夜，夜晚。《易・夬》：“莫夜有戎，勿恤。”定昏，天將黑的時候。《淮南子・天文訓》：“至於虞淵，是謂黃昏；至於蒙穀，是謂定昏。”

③日毚入：**太陽剛進入地表的一段時間**。

④巂：**有兩說：一、讀爲“觜”**。整理者：“觿”。**二、簡文本釋爲“巂”**。陳偉主編（2016：204）說。今按：應爲“巂”。觿，《說文・角部》：“佩角，鋭耑可以解結。”“巂”，燕的別名。《說文・隹部》段注：“巂，巂周，燕也。”

⑤下餔：**申后五刻，即下午五時三刻**。彭錦華、劉國勝（2001）：又見於馬王堆帛書《陰陽五行》和居延漢簡，指晚飯隨後的一段時間。陳偉主編（2016：204）：“餔”亦作“晡”。今按：下餔，同“下晡”。《漢書・天文志》餔作“晡”。《說文・食部》：“餔，日加申時食也。”唐玄應《一切經音義》卷十四引《三蒼》曰：“餔，夕食也。”

【今譯】

與奎宿相對應的是“夕食”，即夜晚吃飯的一段時間。

與婁宿相對應的是“定昏”，即天將黑的時候。

與胃宿相對應的是“黄昏”，即日已落而天色尚未黑的時候。

與卯（昴）宿相對應的是“日入”，即太陽落下去的時候。

與畢宿相對應的是“日毚（纔）入”，即太陽剛進入地表的一段時間。

與此（觜）巂宿相對應的是“夕時”，即日落的時候。

與參宿相對應的是“下餔”，即申后五刻，指下午五時三刻。

與東井宿相對應的是“餔時”，即午後三時至五時，傍晚。

【釋文】

日失（昳）①	輿鬼		
日過中	柳		
日中	七星	火	南
日未中②	張		
廷食③	翼		
晏食④	軫		

【匯釋】

①失：**太陽過午西斜**。整理者：同“昳”，日昃也，午後日偏斜。陳偉主編（2016：204）：《書・無逸》“自朝至于日中昃”，孔傳：“從朝至日昳不暇食。”孔穎達疏：“昃亦名昳，言日蹉跌而下，謂未時也。”今按：昳，太陽偏西。《史記・天官書》：“昳至餔，爲黍；餔至下餔，爲菽。”

②日未中：**未到正午的前一段時間**。彭錦華、劉國勝（2001）：放馬灘秦簡《日書》及馬王堆帛書《陰陽五行》記有“東中”“西中”，居延漢簡中記作“日東中”“日西中”，可能分别與簡文“日未中”“日過中”相近。

③廷食：**有兩説：一、早飯完後**。彭錦華、劉國勝（2001）：與居延漢簡所見“食坐”時稱相當。疑“廷”讀爲停，廷食謂早飯停畢。**二、工作時間**。陳松長（2005）：“廷食”可能就相當於今天所常説的“辦公時間”。

④晏食：**晏食所表示的時間爲食時之末，約當酉時之初**。整理者：晏，晚也。吴小強（2000：279－280）：“晏”譯爲晚上，“安”不與“晏”同。《淮南子・天文訓》：“日至於曾泉，是謂蚤食；至於桑野，是謂晏食。”或指寅後二十五刻。《素問・標本病傳論》：“脾病……十日不已，死，冬人定，夏晏食。”王冰注：“人定，謂申後二十五刻。晏食，謂寅後二十五刻。”

【今譯】

與輿鬼宿相對應的是“日失（昳）”，即太陽過午西斜的一段時間。

與柳宿相對應的是“日過中”，即過了正午的一段時間。

與七星宿相對應的是“日中”，即正午時分。

與張宿相對應的是“日未中”，即未到正午的前一段時間。

與翼宿相對應的是“廷食”，即早飯停畢後的辦公時間。

與軫宿相對應的是“晏食”，即晚飯時間。

【釋文】

角：斗乘角①，門有客，所言者急事也。獄訟②，不吉。約結③，成。逐盜、追亡人，得。占病者，已④。占行者，未發。占來者，Q3_2_187NH 未至。占〖市旅〗者⑤，不吉。占物⑥，黄、白。戰斵（鬬），不合⑦。Q3_2_188NH

〖亢〗：斗乘亢，門有客，所言者行事也⑧，請謁事也⑨，不成。占獄訟，不吉。占約結，不成。占逐盜、追亡人，Q3_2_189NH 得之。占病者，篤⑩。占行者，不發。占來者，不至。占市旅，不吉。占物，青、赤。占戰斵（鬬），不合，·不得⑪。Q3_2_190NH

【匯釋】

①斗：**北斗七星，這裏指北斗斗柄。**清朱駿聲《說文通訓定聲·需部》：“北斗七星，南斗六星，又天市垣小斗五星，皆象斗形，故以爲名。”

乘：**覆加，指向。**李孝定《甲骨文字集釋》：“乘之本義爲升爲登，引申之爲加其上。許訓覆也，與加其上同義。”朱湘蓉（2012：162）：《說文》：“乘，覆也。”段注：“加其上曰乘。”可知二十八宿占中斗柄的指向是通過上、下盤的疊加得到的，故“乘”可釋爲“指向”。

斗乘角：**整理者：天盤上北斗斗柄指向地盤上二十八星宿的角位，**這是式占法則所要求遵循的。

②獄訟：**其前脫“占”字，爲“占獄訟”的省寫。**整理者：據文例，“獄訟”之上脫一“占”字。陳偉主編（2016：204）：本篇有關二十八宿占驗的文字中，有多處占問事項之前未見“占”字，也可能是省寫。今按：根據第 225—228 號簡，“占獄訟”之上是否爲省寫仍需進一步考訂，“占”字脫去在此四簡中亦有出現。第 225—226 號簡：“此（觜）巂：斗乘此（觜）巂，門有客，所言者錢財事也。獄訟，解。約結，不成。占病者，已。占行者，發。占來者，亟至。占市旅，吉。占物，黄、白。占亡，不得。占戰斵（鬬），不合。”亦有第 227—228 號簡：“〖參〗：【斗乘】參，門有客，所言者急事也。獄訟，解。占約結，不吉。占逐盜、追亡人，不得。占病者，〖□。占行〗【者】，未發。占來者，未至。市旅，不吉。占物，黄、白。戰斵（鬬），不合。”

③約結：**結盟，訂約。**《漢書·匈奴傳贊》：“約結和親，賂遺單于，冀以救安邊境。”整理者：指雙方定約。陳偉主編（2016：204）：《荀子·王霸》：“約結已定，雖覩利敗，不欺其與。”

④病：**生病，動詞**。

已：**治愈**。陳偉主編（2016：204）：病愈。今按：《山海經・西山經》："其上有木焉，名曰文莖，其實如棗，可以已聾。"

⑤市旅：**行走販賣的商人**。整理者：商販。《考工記・總序》："通四方之珍異以資之，謂之商旅。"鄭玄注："商旅，販賣之客也。"陳偉主編（2016：204）：《呂氏春秋・仲秋》"來商旅"高誘注："旅者，行商也。"《左傳》襄公十四年"商旅於市"，孔穎達疏："旅，亦是商。"今按：流動經商的人，古文獻多用作名詞。《周易・復・象傳》："商旅不行，後不省方。"

⑥物：**顏色**。整理者：《周禮・春官・保章氏》"以五雲之物辨吉凶"，鄭玄注："物，色也。"孫詒讓正義："凡物各有形色，故天之雲色，地之土色，牲之毛色，通謂之物。"曾磊（2013）："占物"對應的應該是某時段某一事物的顏色變化。至於是什麼事物的顏色，在具體的占卜中各有所指。今按：《說文》："物，萬物也。牛爲大物，天地之數，起於牽牛。"《詩・小雅・無羊》："三十維物，爾牲則具。"毛傳："異毛色者三十也。""物"之本義爲雜色牛。

⑦合：**交戰**。整理者：合戰。《史記・龜策列傳》云："命曰首仰足肣，有内無外。占病，病甚不死；……行者，不行；來者，不來；擊盜，不見；……請謁、追亡人，不得。"其中的占項多與本條占辭類同。陳偉主編（2016：205）：《史記・天官書》："金、木星合，光，其下戰不合，兵雖起而不鬭。"

⑧行事：**疑指外出辦事**。陳偉主編（2016：205）說。今按：《周易・乾・象傳》："终日乾乾，行事也。"《韩非子・外储说左上》："故人行事施予，以利之爲心，則越人易和；以害之爲心，則父子離且怨。"

⑨請謁：**請托求見**。整理者：《左傳・隱公十一年》："無寧茲許公復奉其社稷，唯我鄭國之有請謁焉，和舊昏媾，其能降以相從也。"杜預注："謁，告也。"《韓非子・孤憤》："則修智之士不事左右，不聽請謁矣。"

⑩篤：**病重**。整理者：《史記・范雎蔡澤列傳》："昭王彊起應侯，應侯遂稱病篤。"

⑪不得：**不會獲得**。陳偉主編（2016：205）：字前有點狀標識，類似的情況也見於第204號簡"不勝"之前。似指另外一種占驗結果。

【今譯】

角宿：天盤上北斗斗柄指向地盤上二十八宿的角宿，門外來客，（來客）所説的事情是急事。（占卜）訟事案件，不吉利。（占卜）結盟，會成功。（占卜）追逐偷竊財物的人、逃亡者，可以捕捉到。占卜生病的人，治愈。占卜出行的人，還沒有啟程。占卜從遠方來的人，Q3_2_187NH還沒有到達。占卜〖商販〗，不吉利。占卜顏色，黃、白爲佳。（占卜）戰鬬，不會交戰。Q3_2_188NH

〖亢宿〗：天盤上北斗斗柄指向地盤上二十八宿的亢宿，門外來客，（來客）所説的事情是關於外出辦事的事情，請求謁見的事，不能完成。占卜訟事案件，不會吉利。占卜結盟，不會成功。占卜追逐偷竊財物的人、逃亡者，Q3_2_189NH可以捕捉到。占卜生病的人，病情會加重。占卜出行的人，不能啟程。占卜從遠方來的人，不能到達。占卜行走販賣的人，不會吉利。占卜顔色，青、赤爲佳。占卜戰鬬，不會交戰，·不能有擒獲。Q3_2_190NH

【釋文】

〖抵（氐）：斗乘〗抵（氐）①，門有客，所言者憂病事也。占獄訟，不解②。占約結，相抵亂也③。占逐盜、追亡人，得之。占病者，篤。Q3_2_191NH〖占行〗【者】，不發。占來者，亟至。占市旅，不吉。占物，青、黄。占戰斲（鬬），不吉。Q3_2_192NH

〖房：斗乘〗房，門有客，所言者家室事，人中子也，多昆弟④。占獄訟，解。占約結，成⑤。占逐盜、追亡人，得之。占病⑥，少Q3_2_193NH〖□。占行者，……占來〗【者】⑦，未至。占市旅，吉。占物，白。占戰斲（鬬），不【合】。Q3_2_194NH

【匯釋】

①抵：**擠義。有兩説：一、通“氐”**。整理者：“搋（氐）：斗乘”，考釋通“氐”。**二、徑釋爲“抵”**。方勇（2012：340）説。今按：整理者：“搋”古同“抵”。《玉篇·手部》：“搋，擠也。”《集韻·薺韻》：“抵，《説文》：‘擠也。’或作搋。”《大戴禮記·夏小正》：“昆小蟲抵蚳。”顧風藻集解：“謂以手擠排之。”

②解：**解決**。朱湘蓉（2012：166）：有免除、解除的意思。《漢書·孔光傳》：“（淳于）長犯大逆時，迺始等見爲長妻，已有當坐之罪，與身犯法無異。後乃棄去，於法無以解。”顔師古注：“解，免也。”今按：因是占卜訟事案件，“解”應爲解決、消除之義。《韓非子·難二》：“仁哉文王！輕千里之國而請解炮烙之刑。”《周易·繫辭下》：“故惡積而不可揜，罪大而不可解。”

③抵亂：**抵讕，拒不承認**。整理者釋“抵”爲“搋”，考釋“搋”通“抵”，“亂”通“讕”，即抵讕，拒不承認。今按：《漢書·文三王傳》：“王陽（佯）病抵讕，置辭驕嫚。”顔師古注：“抵，距也。讕，誣諱也。”章炳麟《新方言·釋言》：“《説文》：‘讕，抵讕也。’今謂自食前言，自隱前事爲抵讕。”

④昆弟：**同父母而後生的男子**。《左傳·僖公二十四年》：“我請昆弟仕焉。”

⑤成：**成功**。《詩·大雅·靈臺》：“庶民攻之，不日成之。”

⑥病：**爲“病者”省寫**。整理者：據文例，“病”字之下脱一“者”字。今按：根據上下文例，應爲省寫，因原簡“占病”下並無“者”字任何標識或空缺。

⑦〖□。占行者，……占來〗【者】：整理者：據文例及文字的位置間距，上一簡“少”字之後應爲一“可”字，本簡“未”字之上亦缺損“行者”這一占項，可按次補出“可”“占”“行”“者”“占”“來”六字，在所補出的第四字“者”字之下還空缺一至二字，釋爲“可。占行者，〼；占來〗【者】”。今按：根據原秦

簡圖版，字跡殘缺處已很難確定是否第四字“者”字之下空缺一至二字，因此簡文應釋爲“少〖□。占行者，……占來〗【者】”。

【今譯】

〖抵（氐）宿：天盤上北斗斗柄指向地盤上二十八星宿的〗抵（氐）宿，門外來客，所説的事情是憂愁痛苦的事情。占卜訟事案件，不能解決。占卜結盟，雙方抵讕，拒不承認。占卜追逐偷竊財物的人、逃亡者，可以捕捉到。占卜生病的人，病情會加重。Q3_2_191NH〖占卜出行的〗【人】，不能啟程。占卜從遠方來的人，很快就到達。占卜行走販賣的人，不吉利。占卜顔色，青、黄爲佳。占卜戰鬭，不吉利。Q3_2_192NH

〖房宿：天盤上北斗斗柄指向地盤上二十八星宿的〗房宿，門外有來客，所説的事情是家庭和家眷的事情，是家裏排行居中的兒子，多親密的兄弟。占卜訟事案件，可以解決。占卜結盟，會成功。占卜追逐偷竊財物的人、逃亡者，可以捕捉到。占卜生病（的人），較少發病Q3_2_193NH〖□。占卜出行的人，……占卜從遠方過來的〗【人】，還沒有到達。占卜行走販賣的人，吉利。占卜顔色，白色爲佳。占卜戰鬭，不會【交戰】。Q3_2_194NH

【釋文】

〖心：斗乘心，門有客，所言者〗……□樹、賞賜事【也[①]。占】〖獄訟，□〗[②]。約結，成。逐盜、追亡人，不得。Q3_2_195NH〖占病者〗，【少可[③]。占】行者[④]，已發。占來者，亟至。占市旅，吉。占物，赤、黄。戰斲（鬭），不合。Q3_2_196NH

〖尾：斗〗【乘】尾，門有客，所言者吉事也。占獄訟，勝。占約結，成。占逐盜、追亡人，得之。占病者，已。占行者，Q3_2_197NH已發。占來者，亟至。占市旅，吉。占物，青、黄。占戰斲（鬭），勝，不合。Q3_2_198NH

【匯釋】

①樹、賞賜事：**有兩説：一、原釋文連讀**。整理者説。**二、應斷開**。陳偉主編（2016：205）：“賞賜”屬所言事由之一。今按：根據原秦簡圖版，“樹”前有殘缺。根據釋文文意，“樹”與“賞賜事”分指兩事，不能連讀，應斷開。

②□：整理者：按文字的位置間距，“占”字下缺損三字，據文例，當可補爲“獄”“訟”“□”。

③少可：**猶“小可”，疾病稍愈**。王羲之《與人書》：“吾小可，當自力蕪湖迎汝。”陳偉主編（2016：205－206）説。

④【占】行者：整理者：按文字的位置間距，簡首缺損三字，據文例當補出“占”“病”“者”三字。在缺損的“者”字之下還殘存三字的左半部分，根據殘存筆畫補爲“少”“可”“占”。

【今譯】

〖心宿：天盤上北斗斗柄指向地盤上二十八星宿的心宿，門外有來客，來客所說的事情〗……□關於樹、賞賜的事情。【占卜】〖訟事案件，□〗。（占卜）結盟，會成功。（占卜）追逐偷竊財物的人、逃亡者，不能捕捉到。Q3_2_195NH〖占卜生病的人〗，【病情稍愈。占卜】出行的人，已經啟程。占卜從遠方來的人，很快就到達。占卜行走販賣的人，吉利。占卜顏色，赤、黃爲佳。占卜戰鬬，不會交戰。Q3_2_196NH

〖尾宿：天盤上北斗斗柄指向地盤上二十八星宿的〗【角位】尾宿，門外有來客，來客所說的事情是吉利的事情。占卜訟事案件，會勝利。占卜結盟，會成功。占卜追逐偷竊財物的人、逃亡者，可以捕捉到。占卜生病的人，可以治愈。占卜出行的人，Q3_2_197NH已經啟程。占卜從遠方來的人，很快就到達。占卜行走販賣的人，吉利。占卜顏色，青、黃爲佳。占卜戰鬬，勝利，不會交戰。Q3_2_198NH

【釋文】

箕：斗乘箕，門有客，所言者急，善事成，不善不成。占獄訟，急，後解。占約結，不成。占逐盜、追亡人，得而復Q3_2_199NH失之[①]。占病者，篤。占行者，不發。占來者，亟至。占市旅者，自當[②]。占物，黃、青。占戰斲（鬬），不合。Q3_2_200NH

斗：斗乘斗，門有客，所言者末事[③]、急事也。占獄訟，不勝。占約結，不成。占逐盜、追亡人，得。占Q3_2_201NH病者，篤。占行者，已發。占來者，未至。占市旅，不吉。占物，白。占戰斲（鬬），不合。Q3_2_202NH

【匯釋】

①而：**連詞，表轉折關係，相當於“卻”“然而”。**

②自當：**行商不賺不賠。**整理者說。

③末事：**非根本的、不重要的事情。**整理者說。

【今譯】

箕宿：天盤上北斗斗柄指向地盤上二十八宿的箕宿，門外有來客，來客所說的事情是急事，好的事情能成功，不好的事情不成功。占卜訟事案件，緊急，之後可以解決。占卜結盟，不會成功。占卜追逐偷竊財物的人、逃亡者，能捕捉到卻會再次Q3_2_199NH失去他們。占卜生病的人，病情會加重。占卜出行的人，不能啟程。占卜從遠方來的人，很快就到達。占卜行走販賣的人，不賺不賠。占卜顏色，黃、青爲佳。占卜戰鬬，不會交戰。Q3_2_200NH

斗宿：天盤上北斗斗柄指向地盤上二十八星宿的斗宿，門外有來客，來客所說的事情是非關根本、不重要的事情和急事。占卜訟事案件，不會勝利。占卜結盟，不會成功。占卜追逐偷竊財物的人、逃亡者，可以捕捉到。占卜Q3_2_201NH生病的人，病情會加重。占卜出行的人，已經啟程。占卜從遠方來的人，還沒有到達。占卜行走販賣的人，不吉利。占卜顏色，白色爲佳。占卜戰鬬，不會交戰。Q3_2_202NH

【釋文】

牽牛：斗乘牽牛，門有客，所言者請謁、獄訟事也。占獄訟，不勝。占約結，凶事成，吉事不成。占逐盜、追亡人，Q3_2_203NH得之。占病者，死。占行者，發而難[①]。占來者，未至。占市旅者，不吉。占物，白、黑半。占戰斲（鬬），勝之，·不勝。Q3_2_204NH

婺女：斗乘婺女，門有客，所言者憂病事也。占獄訟，不吉。占約結，不成。占逐盜、追亡人，不得。占病Q3_2_205NH者，篤。占行者，不發。占來者，未來。占市旅，不吉。占物，白。占戰斲（鬬），不吉。Q3_2_206NH

〖虛〗：斗乘虛，門有客，所言者虛故事[②]，不害[③]。占獄訟，解。占約結，不成，成[④]。占逐、追亡人[⑤]，弗得。占病者，已。占Q3_2_207NH行者，已發。占來者，未至。占市旅者，不吉。占物，白、黑半。占戰斲（鬬），不合。Q3_2_208NH

〖危：斗〗【乘】危，門有客，所言者危行事也[⑥]。占獄訟，疑[⑦]。占約結，不成。占逐盜、追亡人，弗得。占病者，篤。占Q3_2_209NH〖行者〗，已發。占來者，亟至。占市旅者，自當。占物，雜白[⑧]。占戰斲（鬬），吉。Q3_2_210NH

【匯釋】

①而：**此處爲連詞，表轉折關係，相當於“卻”“然而”**。

②虛：**假的，不真實的**。整理者：《史記·孟嘗君列傳論》：“世之傳孟嘗君好客自喜，名不虛矣。”這裏使用“虛”字，可能與本條處於虛宿有關。第209號簡講“危行事”與此類似。

故事：**舊事**。整理者：《廣韻·暮韻》：“故，舊也。”《楚辭·招魂》：“魂兮歸來，反故居些。”王逸注：“故，古也。”

③不害：**沒有妨害**。整理者：《左傳·桓公六年》：“謂其三時不害而民和年豐也。”

④成：**成功**。整理者：“成”字下有重文符號。此句可讀作“占約結，不成，成”，與第204號簡“勝之，不勝”同例。今按：此句可讀作“占約結，不成，成”，大意爲“占卜結盟，不能成功，成功”，與第204號簡“占戰斲（鬬），勝之，·不勝”同例，大意爲“占卜戰鬬，勝利，·不勝利”。今疑此是另一種占卜結果。

⑤占逐：據文例，“逐”字下脫一“盜”字。整理者說。今按：根據原秦簡圖版字跡，“逐”字下未有“盜”字字跡，應是脫一“盜”字，非另一種占卜結果。

⑥危行：**帶有風險的行爲**。整理者：《易·震》：“《象》曰：震往來厲，危行也。”孔穎達疏：“‘危行也’者，懷懼往來，是致危之行。”

⑦疑：**有兩說：一、結果不明**。朱湘蓉（2012：167）：用作占語的“疑”是指

吉凶不定。**二、滯礙義。**陳偉主編（2016：206）：疑讀爲“礙”。今按：應爲“疑”。第一，根據原秦簡圖版字跡，確爲“疑”。第二，字跡“疑”字前爲“占獄訟”，占卜訴訟案件，“疑”，本指懷疑，不相信。《周易·乾·文言傳》：“或之者，疑之也。”引申爲“懷疑，疑問”。《禮記·坊記》：“夫禮者，所以章疑別微。”孔穎達疏：“疑，謂是非不決。”此外，“礙”，指隔閡，阻礙。俞樾《諸子平議·管子二》：“疑，當讀爲礙。《廣雅·釋言》曰：‘礙，閡也。’旁通而不礙，言無隔礙也。”

⑧雜白：**有兩說：一、“雜”“白”應斷開。**整理者：二字用頓號，考釋“雜”，雜色。**二、“雜白”可連爲一詞。**陳偉主編（2016：206）：《爾雅·釋鳥》：“鼯鼠，夷由。”郭璞注：“狀如小狐，似蝙蝠，肉翅。翅尾項脅毛紫赤色，背上蒼艾色，腹下黃，喙頷雜白。”今按：“雜白”當爲一詞，指白色雜有其他顏色。

【今譯】

牽牛宿：天盤上北斗斗柄指向地盤上二十八宿的角位爲牽牛宿，門外來客，來客所說的是請托求見的事情和案件訟事的事情。占卜訟事案件，不能勝利。占卜結盟，災禍的事情能成功，吉利的事情不能成功。占卜追逐偷竊財物的人、逃亡者，Q3_2_203NH能捕捉到。占卜生病的人，死亡。占卜出行的人，已經啟程但遇到困難。占卜從遠方來的人，沒有到達。占卜行走販賣的人，不吉利。占卜顏色，白、黑參半爲佳。占卜戰鬭，勝利，·不勝利。Q3_2_204NH

婺女宿：天盤上北斗斗柄指向地盤上二十八宿的角位爲婺女宿，門外來客，來客所說的是憂愁痛苦的事情。占卜訟事案件，不吉利。占卜結盟，不能成功。占卜追逐偷竊財物的人、逃亡者，不能捕捉到。占卜生病的Q3_2_205NH人，病情加重。占卜出行的人，不能啟程。占卜從遠方來的人，沒有過來。占卜行走販賣的人，不吉利。占卜顏色，白色爲佳。占卜戰鬭，不吉利。Q3_2_206NH

〖虛〗宿：天盤上北斗斗柄指向地盤上二十八宿的角位爲虛宿，門外來客，來客所說的是不真實的舊事，沒有妨害。占卜訟事案件，可以解決。占卜結盟，不能成功，成功。占卜追逐偷竊財物的人、逃亡者，不能捕捉到。占卜生病的人，治愈。占卜Q3_2_207NH出行的人，已經啟程。占卜從遠方來的人，沒有到達。占卜行走販賣的人，不吉利。占卜顏色，白、黑參半爲佳。占卜戰鬭，不會交戰。Q3_2_208NH

〖危宿：天盤上北斗斗柄指向地盤上二十八宿的〗【角位】爲危宿，門外來客，來客所說的是帶有風險性的事情。占卜訟事案件，結果不明。占卜結盟，不能成功。占卜追逐偷竊財物的人、逃亡者，不能捕捉到。占卜生病的人，病情加重。占卜Q3_2_209NH〖出行的人〗，已經啟程。占卜從遠方來的人，很快就到達。占卜行走販賣的人，不賺不賠。占卜顏色，白色中摻雜其他顏色爲佳。占卜戰鬭，吉利。Q3_2_210NH

【釋文】

〖營宮：斗乘〗營宮，門有客，所言者分楬事也[①]，不成。占獄訟，勝。占約結，有後言語[②]。占逐盗、追亡人，得之。占Q3_2_211NH〖病者〗，【少】可。占行者，不發。占來者，未發。占市【旅】，吉。占物，白、黑半。占戰斲（鬬），不合。Q3_2_212NH

〖東壁：斗乘東壁，門有客，所〗【言】者善事也。占獄訟，勝。占約結，成。占逐盗、追亡人，不得。占病者，已。占行者，未發。Q3_2_213NH〖占來者〗，未至。占市旅，吉。占物，青、黑。占戰斲（鬬），不合。Q3_2_214NH

【匯釋】

①楬：**作標誌用的小木椿。**整理者：《周禮·秋官·蠟氏》："若有死於道路者，則令埋而置楬焉。"鄭玄注引鄭司農曰："楬，欲令其識取之，今時楬櫫是也。"

②後言語：**背後的議論。**整理者：《尚書·益稷》："汝無面從，退有後言。"

【今譯】

〖營宮宿：天盤上北斗斗柄指向地盤上二十八宿的角位〗爲營宮宿，門外來客，來客所說的是做了標記的事情，不能完成。占卜訟事案件，勝利。占卜結盟，有人會背後議論。占卜追逐偷竊財物的人、逃亡者，可以捕捉到。占卜Q3_2_211NH〖生病的人〗，【稍微】可以治愈。占卜出行的人，不能啟程。占卜從遠方來的人，沒有啟程。占卜【商販】，吉利。占卜顏色，白、黑參半爲佳。占卜戰鬬，不會交戰。Q3_2_212NH

〖東壁宿：天盤上北斗斗柄指向地盤上二十八宿的角位爲東壁宿，門外來客，來客所〗【說的是】好事。占卜訟事案件，勝利。占卜結盟，成功。占卜追逐偷竊財物的人、逃亡者，不能捕捉到。占卜生病的人，治愈。占卜出行的人，沒有啟程。Q3_2_213NH〖占卜從遠方來的人〗，沒有到達。占卜行走販賣的人，吉利。占卜顏色，青、黑爲佳。占卜戰鬬，不會交戰。Q3_2_214NH

【釋文】

〖奎：斗乘〗奎，門有客，所言者惡事也。占獄訟，不吉。占約結，成。占逐盗、追亡人，得之。占病者，劇[①]。占行Q3_2_215NH者，【□】發[②]。占來者，亟至。占市旅，不吉。占物，黃、赤。占戰斲（鬬），不合，吉。Q3_2_216NH

〖婁：斗〗【乘】婁，門有客，所言者獄訟事、請謁事也。不勝[③]。占結者[④]，凶事成，吉事不成。占逐盗、Q3_2_217NH追亡人，得之。占病者，篤。占行者，發。占來者，至。占市旅者，不吉。占物，白、黑半。占戰斲（鬬），不吉。Q3_2_218NH

【匯釋】

①劇：**同"劇"。**整理者說。"劇"，《說文》："務也。"段注："務者，趣也，

用力尤甚者。”

②【□】發：整理者：據文例及文字的間距，“者”字之下衹空缺一字，參照第 187 號、第 190 號、第 196 號等同項簡文，所空缺的一字應爲“未”或“不”或“已”，由殘筆看，“已”字可能性大。今按：同整理者說。

③整理者：據文例，在“不勝”之前脱去“獄訟”這一占項。

④整理者：“占”字下脱一“約”字。

【今譯】

〖奎宿：天盤上北斗斗柄指向地盤上二十八宿的角位〗爲奎宿，門外來客，來客所說的是不好的事情。占卜訟事案件，不吉利。占卜結盟，成功。占卜追逐偷竊財物的人、逃亡者，可以捕捉到。占卜生病的人，病情加劇。占卜出行的Q3_2_215NH人，【□】啟程。占卜從遠方來的人，很快就到達。占卜行走販賣的人，不吉利。占卜顏色，黃、赤爲佳。占卜戰鬬，不會交戰，吉利。Q3_2_216NH

〖婁宿：天盤上北斗斗柄指向地盤上二十八宿的〗【角位】爲婁宿，門外來客，來客所說的是案件訴訟的事情和請求托見的事情。不能勝利。占卜結盟，不好的事情可以成功，好的事情不能成功。占卜追逐偷竊財物的人、Q3_2_217NH逃亡者，可以捕捉到。占卜生病的人，病情加重。占卜出行的人，啟程。占卜從遠方來的人，到達。占卜行走販賣的人，不吉利。占卜顏色，白、黑参半爲佳。占卜戰鬬，不吉利。Q3_2_218NH

【釋文】

胃：斗乘胃，門有客，所言者凶事也。占得利、貨財，必後失之[①]。占獄訟，不勝。占約結，不成。占逐盜、Q3_2_219NH追亡人，得。占病者，未已。占行者，未發。占來者，未至。占市旅者，細利[②]。占物，雜。占戰斲（鬬），有憂。Q3_2_220NH

卯（昴）：斗乘卯（昴），門有客，所言者惡事也。占獄訟，不成。占約結，成而有言語[③]。占病者，少可。逐盜、Q3_2_221NH追亡人[④]，不得。占行者，發。占來者，到。占市旅，疑。占物，黃、白。占戰斲（鬬），怒，不合。Q3_2_222NH

【匯釋】

①得利、貨財：**獲得利潤、利益。有兩說：一、斷作“得利、貨、財”**。整理者說。**二、“貨財”可作一詞**。陳偉主編（2016：207）：“貨財”一詞習見。《漢書・文三王傳》：“然會漢家隆盛，百姓殷富，故能殖其貨財，廣其宮室車服。”今按：陳說是。貨財，《禮記・曲禮上》：“貧者不以貨財爲禮，老者不以筋力爲禮。”睡虎地秦墓竹簡《法律答問》：“可（何）如爲大誤？人戶、馬牛及者（諸）貨材（財）直（值）過六百六十錢爲大誤，其它爲小。”

必：**副詞，必定**。《字彙・心部》：“必，定辭。”

226號簡，不能確定本占項應書在“病者”占項之前。

【今譯】

畢宿：天盤上北斗斗柄指向地盤上二十八宿的角位爲畢宿，門外來客，來客所說的是很多讓他緊急焦慮的事情。占卜案件訟事，勝利。（占卜）按規定結盟的，成功。占卜追逐偷竊財物的人、逃亡者，可以捕捉到。占卜生病的Q3_2_223NH人，病情加重，但不會死亡。占卜出行的人，啟程。占卜從遠方來的人，很快就到達。占卜行走販賣的人，吉利。占卜顏色，黃、白爲佳。占卜戰鬬，勝利，不會交戰。Q3_2_224NH

此（觜）巂宿：天盤上北斗斗柄指向地盤上二十八宿的角位爲此（觜）巂宿，門外來客，來客所說的是關於錢財的事情。（占卜）案件訟事，解決。（占卜）結盟，不能成功。占卜生病的人，治愈。占卜出行的人，啟程。占卜從遠方過來的Q3_2_225NH人，很快就到達。占卜行走販賣的人，吉利。占卜顏色，黃、白爲佳。占卜逃亡者，不能捕捉到。占卜戰鬬，不會交戰。Q3_2_226NH

【釋文】

〖參〗：【斗乘】參，門有客，所言者急事也。獄訟，解。占約結，不吉。占逐盗、追亡人，不得。占病者，Q3_2_227NH〖□。占行〗【者】[①]，未發。占來者，未至。市旅，不吉。占物，黃、白。戰斲（鬭），不合。Q3_2_228NH

〖東井〗：斗乘東井，門有客，所言者家室、請謁事也。占獄訟，不吉。占約結，不成。占逐盗、追亡人，得。Q3_2_229NH〖占〗病者[②]，篤。占行[③]，不發。來者，不至。市旅，不吉。占物，黃、白。占戰斲（鬭），不合。Q3_2_230NH

【匯釋】

①〖□。占行〗【者】：根據原秦簡圖版上下文例及殘缺文字的位置間距，“未”字之前可補四字，即“□”“占”“行”“者”，在所補的“占”字之上衹空缺一字，爲“已”或“篤”或“死”或“劇”。本簡與第234號“〖占病者，□〗。占行者，未發。占來者，不至。占市旅，不吉。占物，青、赤。占戰斲（鬭），不吉”同項簡文所空缺的前半部分“占行者”亦同。整理者說。

②整理者：據文例及文字的位置間距，“病”字之上應當補足一個“占”字。

③整理者：據文例，“行”字之下脫一“者”字。

【今譯】

〖參宿〗：【天盤上北斗斗柄指向地盤上二十八宿的角位】爲參宿，門外來客，所說的是急事。占卜訟事案件，解決。占卜結盟，不吉利。占卜追逐偷竊財物的人、逃亡者，不能捕捉到。占卜生病的人，Q3_2_227NH〖□。占卜出行的〗【人】，沒有啟程。占卜從遠方來的人，沒有到達。占卜行走販賣的人，不吉利。占卜顏色，黃、

白爲佳。占卜戰鬬，不會交戰。Q3_2_228NH

〖東井宿〗：天盤上北斗斗柄指向地盤上二十八宿的角位爲東井宿，門外來客，來客所説的是家庭的事情和請求托見的事情。占卜案件訟事，不吉利。占卜結盟，不成功。占卜追逐偷竊財物的人、逃亡者，可以捕捉到。Q3_2_229NH〖占卜〗生病的人，病情加重。占卜出行的人，不能啟程。（占卜）從遠方來的人，不能到達。（占卜）商販，不吉利。占卜顏色，黄、白爲佳。占卜戰鬬，不會交戰。Q3_2_230NH

【釋文】

〖輿鬼：斗〗【乘】輿鬼，門有客，所言者獄訟、請謁事也。占獄訟，不解。占約結，不成。占逐盜、追亡人，Q3_2_231NH〖□〗。【占】病者[①]，死。占行者，不發。占來者，不至。占市旅，不吉。占物，赤、黑。占戰斲（鬬），吉。Q3_2_232NH

〖柳：斗乘柳，門有客〗，【所】言者憂病事也。占獄訟，毄（繫）留[②]，不吉。占約結，不成。占逐盜、追亡人，不得。Q3_2_233NH〖占病者，□〗。占行者，未發。占來者，不至。占市旅，不吉。占物，青、赤。占戰斲（鬬），不吉。Q3_2_234NH

【匯釋】

①【占】病者：根據原秦簡圖版上下文例及殘缺文字的位置間距，"病"字之上當可補足"占"一字，釋爲"〖□〗。【占】病者，死。占行者，不發。占來者，不至。占市旅，不吉。占物，赤、黑。占戰斲（鬬），吉"。

②繫留：**獄訟被拴牢。**整理者：被拘留。陳偉主編（2016：207）：繫，《一切經音義》卷十四"繫閉"注引顧野王云："拘束也，留滯也。"整理者之説似與有關。然而張家山漢簡《奏讞書》案例十八記云："駐主，遝未來，獄留須駐。""獄留盈卒歲，不具斷。"繫留，疑指繫獄久拖不決。睡虎地秦簡《日書》甲種簡44："繫，久不已。"今按：繫，《禮記・禮器》："三月繫，七日戒，三日宿，慎之至也。"鄭玄注："繫，繫牲於牢也。"《禮記・月令》："（孟夏之月）斷薄刑，決小罪，出輕繫。"

【今譯】

〖輿鬼宿：天盤上北斗斗柄〗【指向地盤上二十八宿的角位】爲輿鬼宿，門外來客，所説的是案件訟事和請求謁見的事情。占卜訟事案件，不能解決。占卜結盟，不能成功。占卜追逐偷竊財物的人、逃亡者，Q3_2_231NH〖□〗。【占卜】生病的人，死亡。占卜出行的人，不能啟程。占卜從遠方來的人，不能到達。占卜行走販賣的人，不吉利。占卜顏色，赤、黑爲佳。占卜戰鬬，吉利。Q3_2_232NH

〖柳宿：天盤上北斗斗柄指向地盤上二十八宿的角位爲柳宿，門外來客〗，【所】説的是憂愁痛苦的事情。占卜案件訟事，會被拘留，不吉利。占卜結盟，不成功。占卜追逐偷竊財物的人、逃亡者，不能捕捉到。Q3_2_233NH〖占卜生病的人，□〗。占卜出行的人，沒有啟程。占卜從遠方來的人，不能到達。占卜行走販賣的人，不

吉利。占卜顏色，青、赤爲佳。占卜戰鬭，不吉利。Q3_2_234NH

【釋文】

〖七星：斗乘七星，門有〗【客】，所言者家室、故事也。問獄訟，勝。占約結，成。占逐盜、追亡人，得。占病者，已。占Q3_2_235NH〖行者，□□。占〗【來】者①，不至。占市旅者，自當。占物，青、黄。占戰斲（鬭），不合。Q3_2_236NH

〖張：斗〗【乘】張，門有客，所言者變治事也②。占獄訟，勝。占約結，成。占逐盜、追亡人，得之。占病Q3_2_237NH【者】，篤。占行者，發。占來者，亟至。占市旅，吉。占物，青、黄。占戰斲（鬭），勝。Q3_2_238NH

【匯釋】

①〖行者，□□。占〗【來】者：根據原秦簡圖版上下文例及殘缺文字的位置間距，“者”字之上當可補足六字，即“行”“者”“□”“□”“占”“來”，在所補的第二字“者”字之下應空缺二字，爲“未發”或“不發”或“已發”，整理者説。今按：第236號簡與第187號簡“角：斗乘角，門有客，所言者急事也。獄訟，不吉。約結，成。逐盜、追亡人，得。占病者，已。占行者，未發。占來者”的“者，未發”、第190號簡“得之。占病者，篤。占行者，不發。占來者，不至。占市旅，不吉。占物，青、赤。占戰斲（鬭），不合，・不得”的“者，不發”、第196號簡“〖占病者〗，【少可。占】行者，已發。占來者，亟至。占市旅，吉。占物，赤、黄。戰斲（鬭），不合”的“者，已發”等同项簡文相比較，根據上下文例，原秦簡圖版中所空缺的一字字跡應爲“行”“者”“□”“□”“占”“來”。由殘缺筆跡可看出，此處“者”字之下應空缺二字，爲“未發”“不發”或“已發”。

②治事：似指處理公務。《史部・呂太后本紀》：“左丞相不治事。”簡文“變治事”疑指工作變動。又疑“變”或通作“辯”。辯治，治理。《淮南子・泰族訓》：“蒼頡之初作書，以辯治百官，領理萬事。”整理者説。

【今譯】

〖七星宿：天盤上北斗斗柄指向地盤上二十八星宿的角位爲七星宿，門外〗【來客】，來客所説的是家庭的事情和舊事。詢問訟事案件，勝利。占卜結盟，成功。占卜追逐偷竊財物的人、逃亡者，可以捕捉到。占卜生病的人，治愈。占卜Q3_2_235NH〖出行的人，□□。占卜〗【從遠方過來的】人，不能到達。占卜行走販賣的人，不賺不賠。占卜顏色，青、黄爲佳。占卜戰鬭，不會交戰。Q3_2_236NH

〖張宿：天盤上北斗斗柄〗【指向地盤上二十八星宿的角位】爲張宿，門外來客，來客所説的是公務處理的事情。占卜案件訟事，勝利。占卜結盟，成功。占卜追逐偷竊財物的人、逃亡者，可以捕捉到。占卜生病的Q3_2_237NH【人】，病情加劇。占卜出行的人，啟程。占卜從遠方來的人，很快就到達。占卜行走販賣的人，吉利。占卜顏色，青、黄爲佳。占卜戰鬭，勝利。Q3_2_238NH

【釋文】

翼：斗乘翼，門有客，所言者行事也。占獄訟，已。占約結，成。占逐盜、追亡人，得。占病者，有Q3_2_239NH瘳[①]。占行者，已發。占來者，亟至。占市旅，吉。占物，青、黄。占戰斲（鬬），不合。Q3_2_240NH

軫：斗乘軫，門有客，所言者宦御若行者也[②]。占獄訟，解。占約結，成。占逐盜、追亡人，不得。占病者，Q3_2_241NH已。以有求，不得。占行者，已發。占來者，亟至。占市旅，吉。占物，黄、白。占戰斲（鬬），不合。Q3_2_242NH

求斗术曰[③]：以廷子爲平旦而左行[④]，斀（數）東方平旦以雜之[⑤]，得其時宿，即斗所乘也。Q3_2_243NH

此正月平旦毄（繫）申者[⑥]，此直引也。今此十二月子日皆爲平宿右行[⑦]。·毄（繫）行[⑧]。Q3_2_244NH

【匯釋】

①瘳：**病愈**。《説文·疒部》："疾瘉也。"《詩·鄭風·風雨》："既見君子，云胡不瘳。"朱熹注："瘳，病愈也。"

②宦御：**任官**。整理者説。

若：**或**。《儀禮·公食大夫禮》："魚腸胃倫膚若九，若十有一，下大夫則若七若九。"

③求斗术曰：以下簡文爲操作"二十八宿"占之方法。整理者：此占法二十八宿與干支對應關係，類似反映古人宇宙觀的式盤。

今按：式盤上，各元素按照相對固定的位置並依據陰陽五行理論排列，模擬宇宙所形成的一套完整的時空坐標體系，通過周家臺秦簡的二十八宿占卜圖可以得知宇宙間時辰與萬事萬物的運動轉化情况。

二十八宿配日法，又名"二十八宿紀日法"，是最早發現的星宿紀日法（詳見表7），具有重要的文獻研究價值。古代陰曆根據氣候的變化，劃分五天爲"一候"，三候爲"一氣"，全年"二十四氣"。二十八天爲月缺月圓一次。閏月，《書·堯典》："期，三百有六旬有六日，以閏月定四時成歲。"農曆三年一閏，五年兩閏，十九年七閏，每逢閏年所加的一個月叫閏月，是一種曆法置閏方式。睡虎地秦簡《日書》甲種83背肆—94背貳："入正月二日（旬）一日心。入二月（旬）九日直心。入三月（旬）七日直心。入四月旬五日心。入五月旬二日心。入六月旬心。入七月八日心。入八月五日心。入九月三日心。入十月朔日心。入十一月二旬五日心。入十二月二日三日心。"睡虎地秦簡《日書》乙種95貳—106貳："入正月二日一日心。入二月九日直心。入三月七日直心。入四月旬五日心。入五月旬二日心。入六月旬心。入七月八日心。入八月五日心。入九月三日心。入十月朔日心。入十一月二旬五日心。入十二月二日三日心。"

表7　二十八宿紀日年曆表

	正月	二月	三月	四月	五月	六月	七月	八月	九月	十月	十一月	十二月
初一	營宿	奎宿	胃宿	畢宿	参宿	柳宿	張宿	角宿	氐宿	心宿	斗宿	須宿
初二	壁宿	婁宿	昴宿	觜宿	鬼宿	星宿	翼宿	亢宿	房宿	尾宿	女宿	虚宿
初三	奎宿	胃宿	畢宿	参宿	柳宿	張宿	軫宿	氐宿	心宿	箕宿	須宿	危宿
初四	婁宿	昴宿	觜宿	井宿	星宿	翼宿	角宿	房宿	尾宿	斗宿	虚宿	營宿
初五	胃宿	畢宿	参宿	鬼宿	張宿	軫宿	亢宿	心宿	箕宿	牛宿	危宿	壁宿
初六	昴宿	觜宿	井宿	柳宿	翼宿	角宿	氐宿	尾宿	斗宿	須宿	營宿	奎宿
初七	畢宿	参宿	鬼宿	星宿	軫宿	亢宿	房宿	箕宿	牛宿	虚宿	壁宿	婁宿
初八	觜宿	井宿	柳宿	張宿	角宿	氐宿	心宿	斗宿	須宿	危宿	奎宿	胃宿
初九	参宿	鬼宿	星宿	翼宿	亢宿	房宿	尾宿	女宿	虚宿	營宿	婁宿	昴宿
初十	井宿	柳宿	張宿	軫宿	氐宿	心宿	箕宿	須宿	危宿	壁宿	胃宿	畢宿
十一	鬼宿	星宿	翼宿	角宿	房宿	尾宿	斗宿	虚宿	營宿	奎宿	昴宿	觜宿
十二	柳宿	張宿	軫宿	亢宿	心宿	箕宿	女宿	危宿	壁宿	婁宿	畢宿	参宿
十三	星宿	翼宿	角宿	氐宿	尾宿	斗宿	須宿	營宿	奎宿	胃宿	觜宿	井宿
十四	張宿	軫宿	亢宿	房宿	箕宿	女宿	虚宿	壁宿	婁宿	昴宿	参宿	鬼宿
十五	翼宿	角宿	氐宿	心宿	斗宿	須宿	危宿	奎宿	胃宿	畢宿	井宿	柳宿
十六	軫宿	亢宿	房宿	尾宿	女宿	虚宿	營宿	婁宿	昴宿	觜宿	鬼宿	星宿
十七	角宿	氐宿	心宿	箕宿	須宿	危宿	壁宿	胃宿	畢宿	参宿	柳宿	張宿
十八	亢宿	房宿	尾宿	斗宿	虚宿	營宿	奎宿	昴宿	觜宿	井宿	星宿	翼宿
十九	氐宿	心宿	箕宿	女宿	危宿	壁宿	婁宿	畢宿	参宿	鬼宿	張宿	軫宿
二十	房宿	尾宿	斗宿	須宿	營宿	奎宿	胃宿	觜宿	井宿	柳宿	翼宿	角宿
廿一	心宿	箕宿	女宿	虚宿	壁宿	婁宿	昴宿	参宿	鬼宿	星宿	軫宿	亢宿
廿二	尾宿	斗宿	須宿	危宿	奎宿	胃宿	畢宿	井宿	柳宿	張宿	角宿	氐宿
廿三	箕宿	女宿	虚宿	營宿	婁宿	昴宿	觜宿	鬼宿	星宿	翼宿	亢宿	房宿
廿四	斗宿	須宿	危宿	壁宿	胃宿	畢宿	参宿	柳宿	張宿	軫宿	氐宿	心宿
廿五	女宿	虚宿	營宿	奎宿	昴宿	觜宿	井宿	星宿	翼宿	角宿	房宿	尾宿
廿六	須宿	危宿	壁宿	婁宿	畢宿	参宿	鬼宿	張宿	軫宿	亢宿	女宿	箕宿
廿七	虚宿	營宿	奎宿	胃宿	觜宿	井宿	柳宿	翼宿	角宿	氐宿	尾宿	斗宿
廿八	危宿	壁宿	婁宿	昴宿	参宿	鬼宿	星宿	軫宿	亢宿	房宿	箕宿	女宿
廿九	營宿	奎宿	胃宿	畢宿	井宿	柳宿	張宿	角宿	氐宿	心宿	斗宿	須宿
三十	壁宿	婁宿	昴宿	觜宿	鬼宿	星宿	翼宿	亢宿	房宿	尾宿	女宿	虚宿

（续上表）

	正月	二月	三月	四月	五月	六月	七月	八月	九月	十月	十一月	十二月
卅一	奎宿		畢宿		柳宿		軫宿		心宿		須宿	

④廷：**此處義爲正值，以求得諸官所值日時。**整理者：《後漢書·郭太傳》注引《蒼頡》："直也。"

左行：**如左旋、左周。**整理者：左周而行，即逆時針方向旋轉。今按：左行，如左旋、左周。《淮南子·天文訓》載："欲知天道，以日爲主，六月當心，左周而行，分而爲十二月，與日相當，天地重襲，後必無殃。星，正月建營室，二月建奎、婁，三月建胃，四月建畢，五月建東井，六月建張，七月建翼，八月建亢，九月建房，十月建尾，十一月建牽牛，十二月建虛。"左旋，朝左手方向或逆時針方向旋轉，是古時人們對於日月星辰東升西落現象的詮釋。《淮南子·地形訓》中有八極："自東北方，曰方土之山，曰蒼門；東方曰東極之山，曰開明之門；東南方曰波母之山，曰陽門；南方曰南極之山，曰暑門；西南方曰編駒之山，曰白門；西方曰西極之山，曰閶闔之門；西北方曰不周之山，曰幽都之門；北方曰北極之山，曰寒門。凡八極之雲，是雨天下；八門之風，是節寒暑；八紘、八寅、八澤之雲，以雨九州，而和中土。"上述可爲印證。

⑤雜：**圓周環繞。**整理者：合也。陳偉主編（2016：208）：周匝。《淮南子·詮言訓》："以數雜之壽，憂天下之亂。"高誘注："雜，匝也，人生於子，從子至亥爲一匝。"今按：結合簡文"以廷子爲平旦而左行，數（數）東方平旦以雜之，得其時宿，即斗所乘也"，以及周家臺秦簡二十八宿占卜盤根據運動轉化得知宇宙間時辰與萬事萬物的情況，"雜"應爲環繞轉化之義。《易·繫辭下》："《恒》，雜而不厭。"王引之《經義述聞·周易下》："雜當讀爲匝。匝，周也，一終之謂也。"

⑥毄：**考釋爲星占家用來稱謂北斗斗柄指向的術語。**"繫"，睡虎地秦簡《日書》甲種簡47正壹："十月招搖繫未，玄戈繫尾。"整理者說。

⑦今此十二月子日皆爲平宿右行：**有兩說：一、"平""宿"之間斷讀。**整理者說。王輝（2014）也認爲"今此十二月子日皆爲平，宿右行毄（繫）行"，"平、宿"之間斷讀。**二、"平""宿"之間不斷讀。**陳偉主編（2016：208）：此處文意不明晰，姑不斷讀。今按：不斷讀。第一，"子"乃地支第一位，若釋爲"子日皆爲平"無法得知"平"字意義，"子日"爲何爲平？第二，"平""宿"之間無法得出是否意義斷裂或聯繫的結論，應不斷讀。

⑧毄行：**斗柄指向的運轉方法。**整理者："繫行"二字之上有墨點，表明此二字爲第131號簡至本簡一段簡文的標題。以上簡文所論應即《漢書·藝文志》兵陰陽家所說"斗擊"。陳偉主編（2016：208）：行，似指"左行""右行"。今按：根據上簡內容，此處爲"二十八宿"占之方法，應爲轉化方向。

【今譯】

翼宿：天盤上北斗斗柄指向地盤上二十八宿的角位爲翼宿，門外來客，來客所說的是出行的事情。占卜訟事案件，解決。占卜結盟，成功。占卜追逐偷竊財物的人、逃亡者，可以捕捉到。占卜生病的人，Q3_2_239NH治愈。占卜出行的人，已經啟程。占卜從遠方來的人，很快就到達。占卜行走販賣的人，吉利。占卜顏色，青、黄爲佳。占卜戰鬬，不會交戰。Q3_2_240NH

軫宿：天盤上北斗斗柄指向地盤上二十八宿的角位爲軫宿，門外來客，來客所說的是任官或出行的事情。占卜案件訟事，解決。占卜結盟，成功。占卜追逐偷竊財物的人、逃亡者，不能捕捉到。占卜生病的人，Q3_2_241NH治愈。有求助之事，不能解決。占卜出行的人，已經啟程。占卜從遠方來的人，很快就到達。占卜行走販賣的人，吉利。占卜顏色，黄、白爲佳。占卜戰鬬，不會交戰。Q3_2_242NH

關於操作“二十八宿”占之方法：以日廷圖的地支開始逆時針方向旋轉，旋轉至東方平旦以循環爲一周，從子至亥爲一匝，得到和這些時刻對應的“二十八宿”，就是天盤上北斗斗柄指向地盤上二十八宿的角位方向。Q3_2_243NH

正月里寅時的北斗斗柄指向，是諸官所值日時。今日此天干地支纪日法下十二月中的某一天，都是平宿（文意不清，無法譯出）朝右方向旋轉。·用來指稱北斗斗柄指向的運轉方法。Q3_2_244NH

戎磨日（一）

【釋文】

|▥ |▥ |▥ |▥ |▥ ①Q3_2_131ⅢNH

此所謂戎磨日殹（也）②。從朔日始虧（數）之，晝當Q3_2_132ⅢNH一日。直一者，大㣲（徹）③。直周者，小㣲（徹）。直周中三Q3_2_133ⅢNH晝者，窮（窮）。·入月一日、七日、十三日、十九日、廿五日，大Q3_2_134ⅢNH㣲（徹）。·入月二日、六日、八日、十二日、十四日、十八日、廿日、廿Q3_2_135ⅢNH四日，廿六日、卅日，小㣲（徹）。·入月三日、四日、五日、九日、Q3_2_136ⅢNH十日、十一日、十五日、十六日、十七日、廿一日、廿二日、廿Q3_2_137ⅡNH三日④、廿七日、廿八日、廿九日，窮（窮）日。Q3_2_138ⅡNH

【匯釋】

①|▥：**有三說：一、每組“|▥”可分解成“一”“□”“⦀”三個部分。**整理者：整條圖符由五組“|▥”組成，從其後的簡文內容看，所謂“一者”指“一”，“周者”指“□”，“周中三晝者”指“|▥”中間的“⦀”。每組圖符表示六天，整條圖符即表示全月三十天。**二、“周中三晝”應當視爲“⊟”“⌸”“▤”三種形式。**胡平生、李天虹（2004：302）：六天爲一日“一”，二日“□”，三日“⊟”，四日“⌸”，五日“▤”，六日“□”，而且“直周”的“□”形應當出現兩次，周而復始。

陳偉主編（2016：209）認同胡平生的說法。簡文“周”指整個“□”形圈，“周中三畫”指“□”中的三個“一”，“□”在算日時當重複一次。**三、“直周者”的“周”應當理解爲半周。**龍永芳（2005）：“直周者”指由“□”拆解成的“└”和“┐”。“丨□□□”的圖符應爲“一”“└”“一”“=”“三”“┐”。孔慶典（2011：307）有類似的看法，認爲簡文中“畫當一日”應爲“每畫當一日”，即一個“丨□□□”由六畫組成，一畫代表一日，合計六日。夏德安（2007）認爲“丨□□□”代表的六天的“畫”分別是“□”外上方的一條水平綫、“□”的上、下兩邊各一條綫以及“□”內的三條水平綫，指出敦煌寫本和印刷曆日中也出現了第131Ⅲ號簡的圖表形式。

今按：同意胡平生、李天虹（2004：302）和陳偉主編（2016：209）的說法。以上學者的共同之處在於承認五個圖符是當時“戎磨日”的繪圖方法，一個圖符爲六天，五個圖符象征全月三十天。在如何組合上產生了分歧，龍永芳（2005）：“直周者”的“周”應當理解爲半周，圖形拆解法將“□”拆解成“└”和“┐”，若是拆解爲“一”和“⊔”呢？胡平生、李天虹認爲“周”，環繞也，周而復始，不應拆解。“丨□□□”，每六日有一個大徹日，兩個小徹日，三個窮日共六日。“周中三畫”中“□”並不違背原意，周而復始，一周爲“□”。綜上所述筆者認爲，“戎磨日”圖符的六畫分別爲“一”“□̄”“日̄”“目̄”“目̄”“目̄”。“□”在算日時當重複一次，分別代表“大徹”“小徹”“窮”“窮”“窮”“小徹”。表8中便是從朔日開始，逐一排定一個月中的三十天對應的日曆名稱與圖符：

表8　周家臺秦簡第131—144號簡所記曆日與圖符

日序	初一	初二	初三	初四	初五	初六	初七	初八	初九	初十
曆日	大徹	小徹	窮	窮	窮	小徹	大徹	小徹	窮	窮
圖符				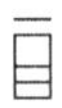			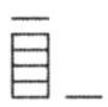	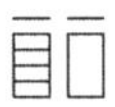	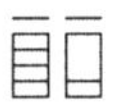	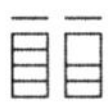
日序	十一	十二	十三	十四	十五	十六	十七	十八	十九	二十
曆日	窮	小徹	大徹	小徹	窮	窮	窮	小徹	大徹	小徹
圖符	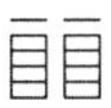	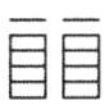			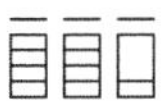	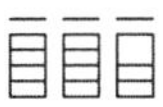			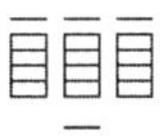	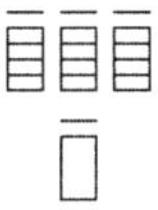

（续上表）

日序	廿一	廿二	廿三	廿四	廿五	廿六	廿七	廿八	廿九	三十
曆日	窮	窮	窮	小徹	大徹	小徹	窮	窮	窮	小徹
圖符	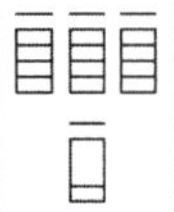	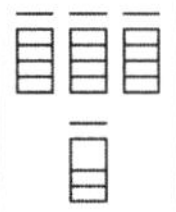	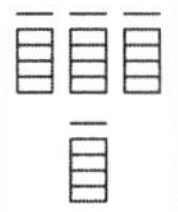	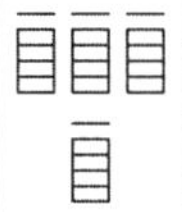	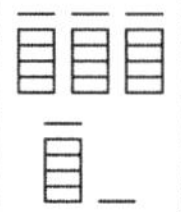	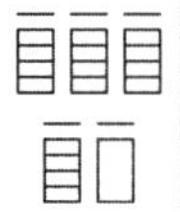	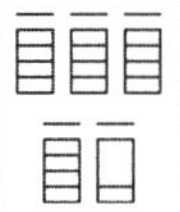	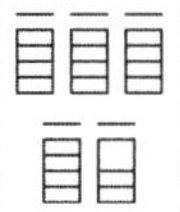	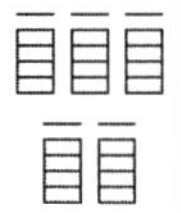	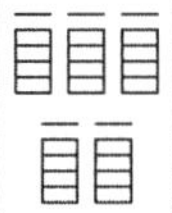

②戎磨日：**有三說：一、“戎磨日”爲數術家推定日之吉凶所用。**“磨”疑爲“曆”，讀爲“曆”。整理者：“戎磨日”的使用即將一月三十天的日時平均劃分爲五個單元時間，每個單元時間爲六天，按照相同的規定順序，劃分爲“大徹”“小徹”“窮”三類。劃分程序與兩漢時期的“建除”“反支”“血忌”等忌日一樣。**二、“戎”或作“大”，“天曆”即曆法。**龍永芳（2005）：《漢書·藝文志》中有“天曆”“大曆”。《史記·太史公自序》：“五年而當太初元年，十一月甲子朔旦冬至，天曆始改，建於明堂，諸神受紀。”“大曆”即官修的曆法。**三、“戎磨日”所占事項多爲軍事部分。**孔慶典（2011：315－316）：可視爲最早由軍事占卜而來，“戎”很可能是指兵車。今按：建除，即古代數術家以天文中的十二辰，分別象徵人事上的建、除、滿、平、定、執、破、危、成、收、開、閉十二種情況。後因以“建除”指根據天象占測人事吉凶禍福的方法。《淮南子·天文訓》：“寅爲建，卯爲除，辰爲滿，巳爲平，主生；午爲定，未爲執，主陷；申爲破，主衡；酉爲危，主杓；戌爲成，主少德；亥爲收，主大德；子爲開，主太歲；丑爲閉，主太陰。”“反支”，即古數術星命之說，以反支日爲禁忌之日。“血忌”，即舊俗指忌諱見血的日子，逢該日不殺牲。漢王充《論衡·譏日》：“如以殺牲見血，避血忌、月殺，則生人食六畜，亦宜辟之。”“戎”不僅是古代兵器的總稱，也有“大”義，《書·盤庚上》：“乃不畏戎毒于遠邇。”蔡沈集傳：“戎，大。”因此“”不能確定是一個車身的簡化圖形。

殹：**句尾語氣詞，相當於“也”“兮”。**

③㣝：**同“徹”，順利，通達。**《字彙·力部》：“㣝，古撤字。”整理者：又見於睡虎地秦墓簡牘《日書》乙種簡62。劉樂賢（2003：125）：馬王堆3號漢墓帛書《出行占》記載大㣝日、小㣝日、大窮日、小窮日，其中大㣝日和周家臺秦簡《日書》的大㣝日期完全一致，二者關於小㣝日及窮日的日期卻有區別。

④廿三：整理者：簡137末的“一”與第138號簡貳欄第一字“二”合爲“三”字，即讀爲“廿三”，係抄寫者誤分。

【今譯】

|▥ |▥ |▥ |▥ |▥ Q3_2_131ⅢNH

此處所說的是戎磿日。從舊曆每月初一日開始計算，一月頭六日的周中三畫Q3_2_132ⅢNH各當一天，表示三種不同性質的日子（吉利、不吉利）。|▥中“□”外上方的“一”爲初一，大㪤（徹）。直周“|▥”爲初二，小㪤（徹）。直周內三畫Q3_2_133ⅢNH第一個“一”爲初三，窮；第二個“一”爲初四，窮；第五個“一”爲初五，窮。·凡是進入每個月第一日、第七日、第十三日、第十九日、第二十五日，爲大Q3_2_134ⅢNH㪤（徹）。·凡是進入每個月第二日、第六日、第八日、第十二日、第十四日、第十八日、第二十日、第二十Q3_2_135ⅢNH四日，第二十六日、第三十日，爲小㪤（徹）。·凡是進入每個月第三日、第四日、第五日、第九日、Q3_2_136ⅢNH第十日、第十一日、第十五日、第十六日、第十七日、第二十一日、第二十二日、第二十Q3_2_137ⅡNH三日、第二十七日、第二十八日、第二十九日，爲竆（窮）日。Q3_2_138ⅡNH

【釋文】

·凡大㪤（徹）之日[①]，利以遠行，絕邊競（境）[②]，攻毄（擊）。亡Q3_2_139ⅡNH人不得。利以舉大事[③]。Q3_2_140ⅡNH

·凡小㪤（徹）之日，利以行作[④]，爲好事[⑤]，取（娶）婦、嫁Q3_2_141ⅡNH女，吉。氏（是）謂小㪤（徹），利以䌛（羈）謀[⑥]。Q3_2_142ⅡNH

·凡竆（窮）日，不利有爲殹（也）。亡人得。是謂三Q3_2_143ⅡNH閉[⑦]。Q3_2_144ⅡNH

【匯釋】

①大㪤（徹）之日：與下簡的小㪤（徹）之日、**竆**（窮）日分別代表圖符的各種筆畫，表示三種不同性質的日子（吉利、不吉利）。

②絕：**釋“絕”爲“過”**。整理者：《荀子·勸學》：“假舟楫者，非能水也，而絕江河。”楊倞注：“絕，過。”

競：**通“境”**。

③大事：**有三說：一、泛指重大或重要之事**。晏昌貴（2002）說。**二、所占事項多爲軍事部分**。孔慶典（2011：315－316）：“戎磿日”，可視爲最早由軍事占卜而來，“戎”很可能是指兵車。**三、似爲兵役之屬**。陳偉主編（2016：210）：九店楚簡《日書》簡28“以祭、大事、聚眾”。整理者引《禮記·月令》“仲春之月……毋作大事”，鄭玄注：“大事，兵役之屬。”

今按：重大事情或軍事占卜之事。《禮記·月令》：“仲春之月……毋作大事，以妨農之事。”整理者注：“大事，《國語·周語上》：‘民之所急在大事。’注：‘大事，戎、祀也。’”“大事”在秦簡《日書》中亦常見，如九店楚簡《日書》簡34：“小事果成，大事又（有）慶。”九店楚簡《日書》簡37下：“凡五子，不可以作大事。”九店楚簡《日書》簡38下：“凡五卯，不可以作大事。”睡虎地秦簡甲13正貳：“秀日，利以起大事。”睡虎地秦簡甲155正：“祭祀、嫁子、作大事，皆可。”睡虎地秦簡甲61背：“毋（無）氣之徒而動，終日，大事也；不終日，小事也。”睡虎地秦簡乙14：“利以結言，不可以作大事，利以學書。”睡虎地秦簡乙24正壹：“成、決光之日，利以起大事、祭、家（嫁）子，吉。”

④行作：**勞作、作爲**。睡虎地秦簡《日書》甲種簡9：“不可以行作。”劉樂賢（1994：26）指出“行作”是勞動的意思。今按：《商君書・墾令》：“聲服無通於百縣，則民行作不顧，休居不聽。休居不聽，則氣不淫；行作不顧，則意必壹。”

⑤好事：**值得稱道、於世有益的事**。陳偉（2003）：《史記・天官書》講到金星徵候時說：“其色大圜黃滜，可爲好事。”清人王元啓云：“按好事和好之事，如通使、會盟皆是。”

⑥羈（羈）：**托人（做事）。有兩說：一、讀爲“奇”**。整理者釋爲“羈”，古音同。**二、通假爲“寄”**。方勇（2009A）：表示托人代爲做什麼事情的意思。睡虎地秦簡《秦律十八種》簡188：“有事請殹，必以書；毋口請；毋羈（羈）請。”整理者在此釋爲“寄”。今按：此簡的“羈”應讀爲“寄”。

謀：**說媒**。整理者未釋。方勇（2009A）：此字應讀爲“媒”字。《說文》：“謀也。謀合二姓也。”段注：“《周禮》‘媒氏’注曰：‘媒之言謀也，謀和異類使和成者。’”

羈謀：**讀爲“寄媒”。即意爲託人說媒。方勇說。**

⑦閉：**停止**。整理者說。

三閉：**在“窮日”期間停止一切作爲。**

【今譯】

・凡是在大㪉（徹）之日，有利於出門遠行，越過邊關通境，進攻打擊。不能捕捉到Q3_2_139 Ⅱ NH逃亡者。有利於舉行重要的事情。Q3_2_140 Ⅱ NH

・凡是在小㪉（徹）之日，有利於進行勞動，可以做通使、會盟等於世有益的事情，娶媳婦，嫁Q3_2_141 Ⅱ NH女兒，吉利。這說的是小㪉（徹）之日，有利於託人說媒。Q3_2_142 Ⅱ NH

・凡是在竆（窮）日，不利於有所作爲。可以捕捉到逃亡者。是說要在竆（窮）日Q3_2_143 Ⅱ NH停止一切作爲。Q3_2_144 Ⅱ NH

產子占

【釋文】

產子占Q3_2_145 Ⅱ NH

東首者貴①，Q3_2_146 Ⅱ NH南首者富，Q3_2_147 Ⅱ NH西首者壽，Q3_2_148 Ⅱ NH北首者北②。Q3_2_151 Ⅱ NH

【匯釋】

①東首：**有兩說。一、某種占驗結果。**陳偉主編（2016：210）說。**二、嬰兒生下時頭的方向。**整理者說。今按：頭朝東。《禮記・喪大記》："疾病……寢東首於北牖下。"孔穎達疏："以東方生長，故東首鄉生氣。"《禮記・玉藻》："君子之居恒當戶，寢恒東首。"當時人認爲命運不但受生育時辰年月影響，如睡虎地秦簡《日書》甲種簡146正貳有"庚寅生子，女爲賈，男好衣佩而貴"，簡150—151"人字，其日在首，富難勝也。夾頸者貴，在奎者富"；還與生產時嬰兒頭部朝向有關，如睡虎地秦簡《日書》乙種簡74—76"生東鄉（向）者貴，南鄉（向）者富，西鄉（向）者壽，北鄉（向）者賤"。東鄉（向）即"面向東"。古代以東爲上方、尊位。《論語・鄉黨》："疾，君視之，東首，加朝服拖紳。"邢昺疏："病者常居北牖下，爲君來視，則暫時遷鄉南牖下，東首，令君得南面而視之。"

貴：**社會地位高。**《玉篇・貝部》："貴，高也，尊也。"

②北：應讀爲"鄙"，卑賤。"北"上古音爲幫母職部，"鄙"亦爲幫母職部，語音相近。整理者：《左傳》昭公十六年"夫猶鄙我"，杜預注："鄙，賤也。"

今按：頭朝北，自古認爲象征死人。古禮中入葬的屍體須頭向北邊，即代表達禮也。《禮記・檀弓下》："葬於北方，北首，三代之達禮也。"

【今譯】

占卜生產孩子Q3_2_145ⅡNH

嬰兒生下時頭朝東的身份尊貴，Q3_2_146ⅡNH嬰兒生下時頭朝南的充實富裕，Q3_2_147ⅡNH嬰兒生下時頭朝西的健康長壽，Q3_2_148ⅡNH嬰兒生下時頭朝北的身份低賤。Q3_2_151ⅡNH

吏①

【釋文】

	朝	莫食	日中	日失（昳）時	日夕時② Q3_2_245NH
亥	有後言③	不言④	令復見之。	怒言⑤。	請後見。 Q3_2_246NH
子	告，聽之。	告，不聽⑥。	有美言⑦。	復好見之⑧。	有美言。 Q3_2_247NH
丑	有怒。	有美言。	遇怒。	有告，聽。	有惡言。 Q3_2_248NH
〖寅〗⑨	有得怒⑩。	說（悅）⑪。	不得言⑫。	不得言。	有告，聽。 Q3_2_249NH
〖卯〗	有請命，	說（悅）。	告，聽之。	請謁，聽。	有怒。 Q3_2_250NH

【匯釋】

①**關於《吏》篇，有兩說：一、釋本篇爲“五時段”占。**整理者考釋：睡虎地秦墓簡牘《日書》甲種類似内容標題爲“吏”，甘肅天水放馬灘秦簡也有相似内容。本篇竹簡簡首殘缺文字較多，故根據它們在出土時的位置，同時參考睡虎地秦簡《日書》甲種同類簡文相關的占辭内容來排定簡序。第245—248號簡原有的編連順序清楚，可以肯定本篇是以“亥”作爲十二地支的起始，這與睡虎地秦簡《日書》甲種同類簡文以“子”起始有所區别，疑係原簡抄寫時所用底本散亂所致。陳偉主編（2016：211）：今參照睡虎地秦簡《日書》甲種自題定名。**二、供官吏查閲的資料。**劉樂賢（1994：201）：《日書》“吏”篇採用的是十二地支紀日法，逐一敘述每一日哪一段時間求見長官，提出請求會有什麽結果。吴小強（2000：119）：《日書》“吏”篇是爲下級官吏指點迷津，講述在十二地支所配的每天何時晉見長官最吉利或不吉利，提出請求等會有什麽結果。上級官吏情緒表現主要有“怒”“不悦”“不怡”“悦”等。下級官吏晉見長官時出現的情景主要有“告，不聽”“告，聽之”“造，許”“有美言”等。

②朝、莫食、日中、日失（昳）時、日夕時：**即古代一日之五個時段。**整理者：睡虎地秦簡《日書》甲種“吏”篇寫作“朝”“晏”“晝”“日虒”“夕”五個時段，與此相類同。今按：鄭玄注《尚書大傳》“日之朝”“日之中”“日之夕”：“平旦至食時爲日之朝，隅中至日跌爲日之中，晡時至黄昏爲日之夕。”《左傳·昭公元年》記載：“君子有四時，朝以聽政，晝以訪問，夕以修令，夜以安身。”一日分爲四個時段：朝、晝、夕、夜。《國語·魯語（下）》：“諸侯朝修天子之業命，晝考其國職，夕省其典刑，夜儆百工，使無慆淫，而後即安。卿大夫朝考其職，晝講其庶政，夕序其業，夜庀其家事，而後即安。士朝受業，晝而講貫，夕而習復，夜而計過無憾，而後即安。自庶人以下，明而動，晦而休，無日以怠。”《淮南子·天文訓》：“禹以爲朝、晝、昏、夜。”

一日四時制圖

莫食：**莫，“暮”的古字。**睡虎地秦簡《日書》甲種97背—101背：“旦。暮食。日中。市日。暮市。”孔家坡秦簡159貳—171貳：“旦。晏食。日中。日昳。夕日。”天水放馬灘秦簡乙種25壹—34壹：“旦。晏食。日中。日昳。夕日。”香港中文大學藏簡84：“旦。晏食。日中。日昳。夕。”尚民杰指出，睡虎地秦簡五時段的排列遵循著對應關係，以“日中”居中，“日中”之前與之後相對應。孔家坡簡出現“暮市”，由《周禮·司市》“夕市，夕時而市”的“夕市”得名。天水放馬灘秦簡《日書》中“暮食”與“日昳”相對，“平旦”與“夕”相對，“平旦”指清晨，“夕”即傍晚，日暮。劉樂賢在分析睡虎地秦簡《禹須臾》中“□時”與“市日”的關係時指出，古人在使用五時段進行占卜，對相鄰時段的區分不會過於嚴格。

日中：**正午，亦指從天亮到正午的半天時間。**《左傳·昭公元年》：“叔孫歸，曾夭御季孫以勞之。旦及日中不出。”楊伯峻注：“季孫以旦至叔孫家，候至中午，叔孫仍不出戶接見。”《荀子·議兵》：“贏三日之糧，日中而趨百里。”

日失（昳）時：**指太陽偏西。**《書·無逸》“自朝至于日中昃”，孔傳：“從朝至日昳不暇食。”孔穎達疏：“昃亦名昳，言日蹉跌而下，謂未時也。”

日夕時：**傍晚。**《詩·王風·君子于役》：“日之夕矣，羊牛下來。”

③有後言：**有兩說：一、背後的議論。**整理者說。放馬灘秦簡《日書》“吏”篇寫作“有求，得後言”，語句較完整。睡虎地秦簡《日書》“吏”篇亦有“後言”。吳小強（2000：116）：指背後議論。**二、密言、密謀。**王子今（2003：307）：指下級官吏面見長官時相互有所密謀。今按：指背後訾議。《書·益稷》：“汝無面從，退有後言。”

④不言：**不答覆下級官吏。**睡虎地秦簡《日書》“吏”篇寫作“不詒”“不言”。“不詒”，整理者讀爲“不怡”。陳偉主編（2016：212）：疑讀“不治”，不處理、不答覆之義。睡虎地秦簡《日書》甲種162正壹—162正貳：“午，朝見，不詒（怡）。晏見，百事不成。”睡虎地秦簡《日書》甲種159正肆—159正伍：“日虒見，不言，得。夕見，有告，聽。”

⑤怒言：**（得到）不好的答覆。**睡虎地秦墓簡牘《日書》甲種166正肆—166正伍中寫作“有惡言”，同“怒言”。“惡言”，指無禮、中傷的言語，報告後得到不好的答覆。《禮記·祭義》：“是故惡言不出於口，忿言不反於身。”

⑥告：**上報，報告。**睡虎地秦墓簡牘《日書》甲種161正肆—161正伍：“日虒見，有告，不聽。夕見，請命，許。”《史記·孟嘗君列傳》：“（齊王）使人至境候秦使。秦使車適入齊境，使還馳告之。”

聽：**審察，斷決，治理。**《周禮·秋官·小司寇》：“以五聲聽獄訟，求民情：一曰辭聽，二曰色聽，三曰氣聽，四曰耳聽，五曰目聽。”《荀子·王霸》：“相者，論列百官之長，要百事之聽。”楊倞注：“聽，治也。要取百事之治考其得失也。”

⑦有美言：**得到好的答覆。**天水放馬灘秦墓簡牘《日書》“吏”篇寫作“得美言”，“有”“得”同義。“美言”，指美好的言詞。漢揚雄《法言·寡見》：“良玉不

彫，美言不文。”

⑧復：**又，再**。睡虎地秦簡《日書》甲種 166 正叁—166 正伍：“晝見，令復見之。日虒見，有惡言。夕見，令復見之。”

好：**猶善**。《書・洪範》：“汝弗能使有好于而家，時人斯其辜。”曾運乾正讀：“好，猶善也。”《詩・小雅・何人斯》“作此好歌”，鄭玄箋：“好，猶善也。”

⑨〖寅〗：整理者：本簡及第 250 號簡簡首殘缺地支，參照睡虎地秦簡《日書》甲種簡 159—160 簡文占卜内容排定，分别補足“寅”“卯”。

⑩有得怒：**大發雷霆**。整理者斷爲“有得，怒”。陳偉主編（2016：212）：睡虎地、放馬灘秦簡《日書》“吏”篇寫作“有奴（怒）”“有言，怒”。今按：睡虎地秦簡《日書》甲種 162 正肆—162 正伍：“日虒見，有告。禺（遇）奴（怒）。夕見，有後言。”

⑪説：**通“悦”**。整理者：《詩・召南・草蟲》：“説怿女美。”《詩・北风・靜女》：“宣王説之。”

⑫不得言：**没有答覆**。睡虎地秦簡《日書》甲種“吏”篇 159 正壹—159 正伍寫作“不言得”：“寅，朝見，有奴（怒）。晏見，説（悦）。晝見，不得，復。日虒見，不言，得。夕見，有告，聽。”整理者斷爲“不言，得”。劉青（2010：12）疑是“不得言”的誤寫。

【今譯】

吏

	早晨	上午時段	正午	太陽偏西時候	傍晚
					Q3_2_245NH
亥日	長官會在背後議論你。	不處理、不答覆。	下令讓你再去見一次。	報告後會受到長官的指責。	請求之後下令讓你再去見一次。
					Q3_2_246NH
子日	報告有關事宜，長官會認真聽從。	報告有關事宜，長官不會聽從。	得到長官的誇獎稱贊。	再次友善接見。	得到長官的誇獎稱贊。
					Q3_2_247NH
丑日	長官將對你大發脾氣。	得到長官的誇獎稱贊。	遇到長官大發雷霆。	報告有關事宜，長官會認真聽從。	受到無禮、中傷的批評。
					Q3_2_248NH

〖寅日〗	遇到長官大發雷霆。	長官心情愉悅。	沒有答覆。	沒有答覆。	報告有關事宜，長官會認真聽從。 Q3_2_249NH
〖卯日〗	向長官請求指示，允許。	長官心情愉悅。	報告有關事宜，長官會認真聽從。	請示申請有關事項，長官會認真聽從。	長官將對你大發脾氣。 Q3_2_250NH

【釋文】

辰[1]	告，不聽。	告，聽之。	請命，許。	有告，遇怒。	請謁，許。 Q3_2_251NH
〖巳〗	【不】說（悅）。	告，聽之。	告，不聽。	有告，遇怒。	後有言[2]。 Q3_2_252NH
〖午〗	【許】[3]。	百事不成。	告，聽之。	有造，惡[4]。	說（悅）。 Q3_2_253NH
〖未	有〗【美】言[5]。	令復之[6]。	有惡言。	說（悅）。	不治[7]。 Q3_2_254NH
〖申	□〗【怒】。	得語[8]。	不說（悅）。	有後言。	請謁，許。 Q3_2_255NH
〖酉〗[9]					……遇惡。 Q3_2_256NH
〖戌〗			……說（悅）。	有言，聽。	有惡言。 Q3_2_257NH

【匯釋】

①辰：整理者：第 251 號簡至 255 號簡原有編連順序清楚，部分殘缺文字，依據文例或占辭內容補足。

②後有言：第 246 號簡作“有後言”。

③許：整理者根據殘斷簡位置空間及殘字筆畫補足。

④有造：**有三說：一、致送義。**整理者引《孟子·離婁下》趙岐注：“致也。”**二、申請批報義。**劉樂賢（1994：200）：釋“造”通“告”。吳小強（2000：116）：釋爲“提出專項申請批告”。王子今（2003：307）：“造”通“告”，有建議的含義，並不是一般簡單的匯報。章炳麟《新方言·釋言》：“‘造’之言告也。”

三、**答覆義**。陳偉主編（2016：213）：簡文“有造”前一字“惡”，似指不好的答覆。今按：同王子今先生的解釋。“造”的意義之一有造就、成就之義。《詩・大雅・思齊》：“肆成人有德，小子有造。”毛傳：“造，爲也。”鄭玄箋：“子弟皆有所造成。”根據簡文上下意義，“惡”似指無禮、中傷的言語。“造”疑爲有意義的建議，但是有不好的答覆。如《說苑・尊賢篇》載：“齊桓公設庭燎，爲士之欲造見者。”齊桓公招賢納士是因爲賢士可帶來好的治國建議，而不單是申請批告，睡虎地秦簡《日書》甲種 162 正肆：“日虒見，造，許。”

⑤有美言：整理者根據殘字筆畫及文例，補上“未”字後“有美”二字。

⑥令復之：第 246 號簡爲“令復見之”。睡虎地秦墓簡牘《日書》甲種 166 正叁—166 正伍：“晝見，令復見之。日虒見，有惡言。夕見，令復見之。”可見“令復之”是“令復見之”的省略。

⑦不治：**不處理、不答覆**。林雅芳（2009：112）：“治”可能是詒（怡）在傳抄中的誤寫。陳偉主編（2016：213）：放馬灘秦簡《日書》吏篇寫作“不聽”，均是不治理的意思。今按：睡虎地秦墓簡牘《日書》甲種 162 正壹—162 正貳：“午，朝見，不詒（怡）。晏見，百事不成。”睡虎地秦墓簡牘《日書》甲種 159 正肆—159 正伍：“日虒見，不言，得。夕見，有告，聽。”

⑧得語：**批准同意，“語”疑指報告的意思**。陳偉主編（2016：213）：睡虎地、放馬灘秦簡《日書》吏篇分別寫作“得語”“許”，可見“得語”即得言，許可報告的意思。今按：《論語・鄉黨》：“食不語，寢不言。”朱熹集注：“答述曰語，自言曰言。”

⑨〖酉〗：整理者：本簡與 257 號簡共有三段殘簡，其中有兩段爲簡尾，其上分別有“遇惡”和“有惡言”。對照睡虎地秦墓簡牘《日書》甲種 166 正肆—166 正伍“有惡言”的相關占辭，故將第 256 號簡排在本段第 257 號簡的尾端，“遇惡”二字簡尾則排定在該簡之前的第 256 號簡的尾端。另外一段殘簡，其上簡文與睡虎地秦簡《日書》甲種同類簡文有別。根據其上所殘留的中間一道連綫痕跡的位置，以及其寬度與第 257 號簡相一致的情況，我們認定它係“有惡言”簡尾的上一部分，因兩段之間有殘缺，故不能相結合。

【今譯】

	早晨	上午時段	正午	太陽偏西時候	傍晚
					Q3_2_245NH
辰日	報告有關事宜，長官不會聽從。	報告有關事宜，長官會認真聽從。	請求指示，允許。	有前來稟告的事情，遇到長官大發雷霆。	請示有關事項，長官會認真聽從。
					Q3_2_251NH

〖巳日〗	【不】心情愉悦。	報告有關事宜，長官會認真聽從。	報告有關事宜，長官不會聽從。	有前來稟告的事情，遇到長官大發雷霆。	長官會在背後討論你。Q3_2_252NH
〖午日〗	【允許】。	各種事務不能成功。	報告有關事宜，長官會認真聽從。	提出專項申請報告，不好的答覆。	心情愉悦。Q3_2_253NH
〖未日	得到〗長官的【誇獎稱贊】。	下令讓你再去見一次。	受到無禮、中傷的批評。	心情愉悦。	不處理、不答覆。Q3_2_254NH
〖申日	□〗【遇到長官大發雷霆。】	長官批准同意。	心情不愉悦。	長官會在背後討論你。	請示有關事項，長官允許。Q3_2_255NH
〖酉日〗					……遇到長官大發雷霆。Q3_2_256NH
〖戌日〗			……心情愉悦。	報告有關事宜，長官會認真聽從。	受到無禮、中傷的批評。Q3_2_257NH

五　行①

【釋文】

□【己】②、壬、癸。Q3_2_258NH

〖甲乙木〗，【丙丁】火③，戊己土，庚辛金，壬癸水。Q3_2_259NH

【匯釋】

①五行：整理者根據出土時的位置，將第258號簡與第259號簡排在“二十八宿”占與“五時段”占之後，第258號簡與第259號簡內容涉及五行與天干，並認爲可能與其後的綫圖存在一定的聯繫。龍永芳（2007）在討論第259號簡時列舉了《病方及其他》中的第363號簡所記“有行而急，不得須良日。東行越木，南行越火，西行越金，北行越水，毋須良日可也”，此兩簡敘及十天干與五行及方位相配。

陳偉主編（2016：214）：第259號簡内容是清楚的十天干與五行搭配，可視爲獨立的一篇。第258號簡上端殘，僅存三天干名，具體内容不詳，也可能是單獨的簡牘，與第259號簡内容相關。兩簡前、後的“吏”“孤虛（一）”“戎磨日（二）”諸篇内容涉及見人、戰鬬、求盜等外出行事之類。因此暫且列在同篇。

今按：《病方及其他》第363號簡與“【已】、壬、癸”“〖甲乙木〗，【丙丁】火，戊已土，庚辛金，壬癸水”可能是相關的天干五行内容，也可能是與“吏”“戎磨日（二）”相關的出行擇日及五行内容。

②已：整理者根據圖版殘留筆畫釋出。

③〖甲乙木〗，【丙】：原釋文補釋出。

【今譯】

☐【已】、壬、癸。Q3_2_258NH

〖甲陽木，乙陰木〗，【丙陽火，丁】陰火，戊陽土，已陰土，庚陽金，辛陰金，壬陽水，癸陰水。Q3_2_259NH

孤虛（一）

【釋文】

【以】[1]孤虛[2]循[3]求盜所道入者及臧（藏）處。Q3_2_260NH

【匯釋】

①【以】：**有兩説：一、“以”字之上缺一或二字。**整理者：簡文或釋爲“☐以孤虛循求盜所道入者及臧（藏）處”。**二、“以”字之上不缺字。**陳偉（2003）：比照第261號、第263號、第264號等保存較好的竹簡，其上也可能不缺字。

今按：根據原圖版簡文，以上不缺字。第一，根據第261號“|▥| |▥| |▥| |▥| |▥|”、第263號“入月，鼜（數）朔日以到六日，倍（背）之。七日到十二日，左之。十三日以到十八日，鄉（向）之。十九日以到廿四日，右之。廿五日”、第264號“以到卅日，復倍（背）之”等保存較好的竹簡，其上不缺字，第260號簡文或是完整的。第二，根據簡文大意，“【用】孤虛（各旬的“虛”）法順著盜賊進入的方位找到偷盜者和所竊馬牛的藏處方位”，句意明確。第三，本簡與第355—360號簡孤虛（二）“甲子旬，戌亥爲狐（孤），辰巳爲虛，道東南入。甲戌旬，申酉爲狐（孤），寅卯爲虛，從西南入。甲申旬，午未爲狐（孤），子丑爲虛，從南方入。甲午旬，辰巳爲狐（孤），戌亥爲虛，從西北入。甲辰旬，寅卯爲狐（孤），申酉爲虛，從南方入。甲寅旬，子丑爲狐（孤），午未爲虛，從北方入”相聯繫，不存在缺字情況。

②孤虛：**古代方術用語，即計日時，以十天干順次與十二地支相配爲一旬。**整理者：《史記·龜策列傳》：“竹外有節，理中有空虛。松柏爲百木長，而守門閭。

日辰不全，故有孤虛。”裴駰集解：“甲乙謂之日，子丑謂之辰。甲子旬中無戌亥，戌亥爲孤，辰巳即爲虛。”劉樂賢（2005）：所謂“以孤虛循求盜所道入者及臧（藏）處”，就是以各旬的“虛”定盜者的進入方位，以各旬的“孤”定盜者或其所竊馬牛的藏處方位。

今按：以十天干順次與十二地支相配爲一旬，所餘的兩地支稱爲“孤”，與孤相對者爲“虛”。古時常用以占卜推算吉凶禍福及軍事作戰之成敗。戰國至秦朝使用的是旬孤虛，十日爲旬，六甲旬共六十日，以干支紀日，所以旬孤虛是指每一旬中的孤虛日，實即日孤虛。孤虛又叫“六甲孤虛”，使用時主要與方向相配，是一種普通的擇吉術。孤虛亦爲天時之屬。《孟子注疏》卷四上，孟子曰：“天時不如地利，地利不如人和。”趙岐注：“天時謂時日、支干、五行、旺相、孤虛之屬。”正義：“云五行、旺相、孤虛之屬者，五行：金、木、水、火、土是也。金旺在巳午未申酉，木旺在亥子丑寅卯，水旺在申酉戌亥子，火旺在寅卯辰巳午，土旺在申酉戌亥。孤虛者，蓋孤虛之法，以一畫爲孤，無畫爲虛，二畫爲實，以六十甲子日定東西南北四方，然後占其孤虛實，而向背之，即知吉凶矣。”敦煌文書一雜抄占卜書，其中一段有“推孤虛法，推亭亭白奸法”存24行：“推孤虛法。以徵明臨太歲、天魁爲孤，太沖、天罡爲虛也。搖光。正月建，從子丑擊午未……右十二月孤虛，千人已上用之。”“推旬孤虛法。……甲子旬從戌亥擊辰巳……右旬孤虛，百人已上用之。”“推日孤虛法。……右件。日孤虛，十人已上用之。推時孤虛法。今時後二辰爲孤，從擊之必勝。”

③循：順著。循，行顺也。《說文》：“循道而趋。”

【今譯】

【用】孤虛（各旬的“虛”）法順著盜賊進入的方位找到偷盜者和所竊馬牛的藏處方位。Q3_2_260NH

戎磨日[①]（二）

【釋文】

|□□□| |□□□| |□□□| |□□□| |□□□|[②] Q3_2_261NH

☐【日[③]：鼛（數）】從朔日始，曰徼（徹）、周、窺（窮）、窺（窮）、周、徼（徹），徼（徹）、周、窺（窮）、窺（窮）、周[④]。Q3_2_262 Ⅰ NH

☐【日】直窺（窮），得。直周，復環（還）之[⑤]。直徼（徹），不得，·已[⑥]。Q3_2_262 Ⅱ NH

入月[⑦]，鼛（數）朔日以到六日，倍（背）之[⑧]。七日以到十二日，左之。十三日以到十八日，鄉（向）之。十九日以到廿四日，右之。廿五日Q3_2_263NH以到卅日，復倍（背）之。Q3_2_264NH

以此見人及戰斲（鬭）皆可。Q3_2_265NH

【匯釋】

①整理者：本圖符與簡 131 Ⅲ所繪的“|□□□”相近似，二者都是由五組圖符組成。每組圖符都是表示每月中的六天，整條圖符代表全月三十天。但二者又有所區別，本組圖符是將前面的“|□□□”中“周中三畫者”減少一畫，而在“|□□□”之下增加一畫，成爲“|□□□|”圖符。參看第 131 Ⅲ號簡注釋。

②|□□□|：整理者：圖符由五組“|□□□|”組成，疑簡首“日”字之上所缺即“戎磨”二字。

③〼【日】：**以下簡爲第二個圖符的解說簡文，前有缺簡，爲大徹、小徹、窮日的計算方法。**

④徹（徹）、周、窴（窮）、窴（窮）、周：**應斷開。**整理者：“窴（窮）”字後有重文符號，下文“徹（徹）”“窴（窮）”二字下亦有重文符號。此句應爲“徹（徹）周窴（窮），窴（窮）周徹（徹），徹（徹）周窴（窮），窴（窮）周……日直窴（窮），得；直周，復環直；直徹（徹），不得。”陳偉主編（2016：215）：簡文應讀作“徹（徹）、周、窴（窮）、窴（窮）、周”，已約略寫滿一簡，簡 262 下半“日直”以下另爲一簡，上部已殘去。今按：六甲窮日，即古代以干支紀日，干支末一天爲癸亥，認爲這一日不吉利。《資治通鑑》漢光武帝建武元年：“明日，癸亥，匡等以六甲窮日，不出，禹因得更治兵。”“徹（徹）”“窮”字下雖有重文符號，但“徹（徹）、周、窴（窮）”分別爲“徹（徹）日”“周日”“窴（窮）日”，應斷開。

⑤環：**疑讀爲“還”，返回。**

⑥已：**另一種占驗結果。**參看簡 190“得之。占病者，篤。占行者，不發。占來者，不至。占市旅，不吉。占物，青、赤。占戰斲（鬭），不合，·不得”中“不得”的注釋。

⑦入月：**進入每月……日。**整理者：根據上下簡釋文，自此至第 265 號簡是選擇行爲方向的方法。

⑧倍：**通“背”，背對，背向。**《周髀算經·卷下》：“倍正南方。”注：“倍猶背也。”

【今譯】

|□□□| |□□□| |□□□| |□□□| |□□□| Q3_2_261NH

〼【戎磨日：計算】從舊曆每月初一日開始，爲徹日、周日、窮日、窮日、周日、徹日，徹日、周日、窮日、窮日、周日。Q3_2_262 Ⅰ NH

〼【戎磨日】在窮日，完成。在周日，再次循環。在徹日，不能完成，·結束。Q3_2_262 Ⅱ NH

進入每月初一日數到初六日，向相反的方向。第七日至第十二日，向左邊的方向。從第十三日至第十八日，向相對的方向。從第十九日到第二十四日，向右邊的方向。從第二十五日Q3_2_263NH到第三十日，再次向相反的方向。Q3_2_264NH

將這種規律運用在與人見面和戰爭軍事中都可以。Q3_2_265NH

三十六年置居[1]

【釋文】

圖二[2]Q3_2_266NH—Q3_2_308N

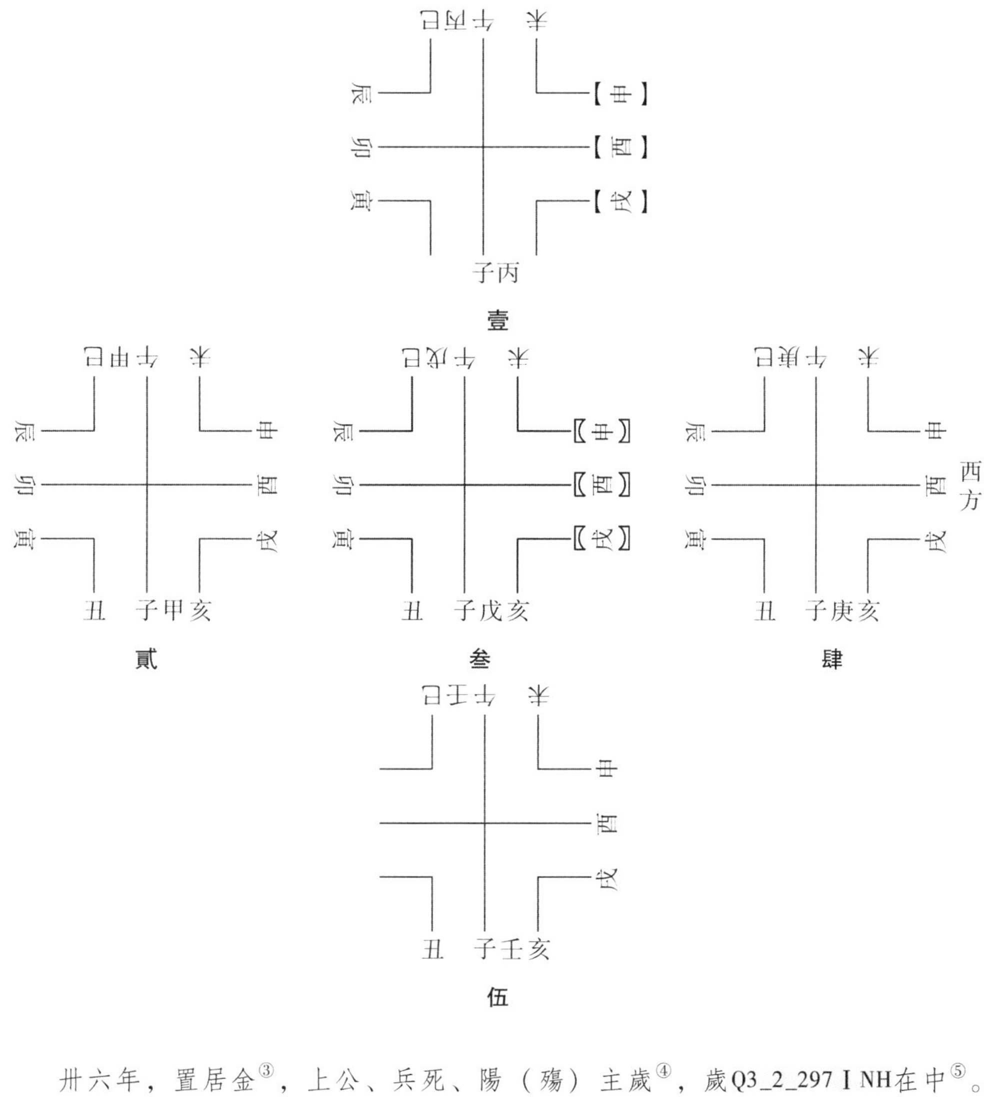

卅六年，置居金[3]，上公、兵死、陽（殤）主歲[4]，歲Q3_2_297ⅠNH在中[5]。Q3_2_298ⅠNH

置居火[6]，筑（築）囚、行、炊主歲[7]，歲爲下。Q3_2_299ⅠNH

☑〚置居水〛，……□主歲。Q3_2_300ⅠNH

置居土，田袜（社）、木並主歲[8]。Q3_2_301ⅠNH

置居木，里祙（社）、冢主歲⑨，歲爲上。Q3_2_302 Ⅰ NH

【匯釋】

①三十六年置居：**有五說：一、五個“非”形綫圖爲相聯繫的整體。**整理者：本篇包含五幅“非”形綫圖和兩段文字，上列壹—伍綫圖中子午旁分別標有丙、甲、戊、庚、壬，組成丙子丙午、甲子甲午、戊子戊午、庚子庚午、壬子壬午，“非”形綫圖上的十個干支乃十歲之歲首。**二、十個干支是《淮南子·天文訓》所述“簡易曆法”十年週期的年首。**陶磊（2003：42）：五個綫圖在子午之旁分別標有庚、丙、壬、戊、甲，組成庚子庚午、丙子丙午、壬子壬午、戊子戊午、甲子甲午。**三、與孤虛有關。**胡平生、李天虹（2004：303）：這五個“非”形綫圖可能也是配合式盤用以擇日占貞吉凶的。**四、與“主歲”的神靈之間的對應有關。**夏德安（2007）：“非”形綫圖分別代表“五子”，即甲子、丙子、戊子、庚子、壬子，似說在特定的一年裏，“五子”和“五行”相應決定“歲”的運行方位，其中“歲”的含義還不確定。在甲組抄本中，簡 297 壹說明這種對應關係適用於三十六年。**五、與秦始皇三十六年刑德的日徙有關。**劉國勝（2011）：“非”形綫圖上的“甲子”“丙子”“戊子”“庚子”“壬子”“甲午”“丙午”“戊午”“庚午”“壬午”與馬王堆漢墓帛書《刑德》甲篇有關漢高祖十一年刑德日徙的內容中用來指示刑德所徙日期的十個干支日相同，推測五個“非”形綫圖上所標的十個干支日可能與秦始皇三十六年刑德的日徙有關。陳偉主編（2016：217）以“三十六年置居”作爲篇題。

②非形綫圖：整理者指出，第 266 號簡“西方”應是標示非形綫圖的方位；第一幅“非”形綫圖的“丙子”左側在第 290 號簡原脫一“丑”字，右側在第 284 號簡原脫一“亥”字，右側在第 281 號簡可根據殘筆補足“申”“酉”“戌”；第三幅“非”形綫圖的右側在第 281 號簡可根據殘筆補足“申”“酉”“戌”；第五幅“非”形綫圖的右側在第 293 號簡可根據文意由上而下原脫有“辰”“卯”“寅”。《禮記·月令》中將五祀分置於四季之中，分別與五行相對應：“春氣木，祀戶；夏氣火，祀灶；中央土，祀中霤；秋氣金，祀門；冬氣水，祀行。”

③置：**有兩說：一、爲置神。**陶磊（2003：42）說。**二、爲“德”的通假字。**劉國勝（2011）說。今按：“置”，通“德”。《荀子·賦》：“功被天下而不私置者與！”本段簡文爲置神在五年中的位置，由不同的神主歲，歲有高下之分，遵循著五行徙所不勝的規則移徙。天水放馬灘秦簡《日書》第 308 號簡上：“凡甲申乙酉，絕天氣，不可起土攻，不死，必亡。直之所在主歲。”天水放馬灘秦簡《日書》第 347 號簡上：“□□年，刑直（德）并在土。刑徙所勝直（德），直（德）徙所不勝刑，五歲而復并於土。”

④上公：**有兩說：一、民間祭祀對象。**整理者：與下文“兵死”等同。**二、西方太白星精。**晏昌貴（2002）：傳說古有五行之官，封爲上公，祀爲貴神。《史記·天官書》：“太白，大臣也，其號上公。”

兵死：**死於戰事者。**整理者：包山楚簡卜筮祭禱記錄簡 241 有“思攻解於祖與兵死”語，可參考。

陽：**夭死者**。整理者：當讀“殤”。下文“歲”字下有重文符號，全句應讀作：“陽主歲，歲在中。”

⑤歲：**年景，一年的農業收穫**。《左傳·昭公三十二年》：“閔閔焉如農夫之望歲。”孔家坡漢簡日書“歲”篇431貳—432貳：“戊己朔，黃啻主歲，邑主行沒。黃禾爲上，赤中，白下，有風雨，兵起。”劉國勝（2011）：孔家坡漢簡日書“主歲”篇431貳—432貳中“邑主”與周家臺秦簡第301—302號簡“里袜（社）”“田袜（社）”似相當，所云天下有“兵起”“小旱”“民多疾”“水不大出”等也顯然是講穀物收成情況。

⑥置居火：**置神在火位**。《禮記·月令》：“春氣木，祀戶；夏氣火，祀灶；中央土，祀中霤；秋氣金，祀門；冬氣水，祀行。”將五祀分置在四季當中，分別與五行相對應。“置居火”時期爲“行、炊主歲”，運行規律與《禮記·月令》中有相同之處。

⑦行：**路神**。《儀禮·聘禮》“釋幣于行”，鄭玄注：“行者之先，其古人之名未聞……今時民春秋祭祀有行神。”胡培翬正義：“謂古有始教行之人，後遂祀爲道路之神，其名未聞也。”炊：**竈神**。整理者：即“竈”。與上文“行”同見於《禮記·曲禮下》五祀。

⑧田袜：**官社之外由農民另外共立的私社**。整理者：“袜”即“社”。楊華（2006）：《漢書·五行志》臣瓚注：“舊制二十五家爲一社，而民或十家五家共爲田社，是私社。”今按：《孝經》：“社者，土地之主，土地廣博，不可遍敬，故封土以爲社而祀之，報功也。”《世說新語·方正篇》劉孝標注引《孝經》稱：“社者，土也，廣博不可備敬，故封土以爲社而祀之，報功也。”《周禮》：“二十五家置一社，但爲田祖報求。”《詩·大雅·綿》：“乃立塚土，戎醜攸行。”曰：“以禦田祖，以祈甘雨。”

木：**神木**。包山楚簡第249號簡：“又（有）祟，見於絕無後者與漸木立，以其古（故）敓（說）之。”

⑨里袜（社）：**鄉里之社從官社中分離**。《禮記·祭法》所云：“王爲群姓立社，曰大社；王自爲立社，曰王社；諸侯爲百姓立社，曰國社；諸侯自立爲社，曰侯社；大夫以下成群立社，曰置社。”鄭玄注：“大夫以下，謂下至庶人也。大夫不得特立社，與民族居。百家以上則共立一社，今時里社是也。”里社乃百姓自行籌集祭品，“各自裁以祠”。

冢：**有兩說：一、墓**。整理者：通“塚”。《玉篇·土部》：“塚，墓也。”**二、或指大社**。陳偉主編（2016：218）：《詩·大雅·綿》：“迺立冢土，戎醜攸行。”毛傳：“冢土，大社也。”今按：“冢”應爲“王爲群姓立社”的大社。《爾雅·釋詁上》：“冢，大也。”

【今譯】

三十六年，置神在金位，民間祭祀對象西方太白星精、死於戰爭者、夭死者主歲，一年中種植的穀物Q3_2_297NHⅠ在中。Q3_2_298ⅠNH

置神在火位，建造被拘禁的地方、行神、炊神主歲，一年中種植的穀物在下。Q3_2_299ⅠNH

☐〖置神在水位〗，……主歲。Q3_2_301ⅠNH

置神在土位，農民另外共立的私社和神木並列主歲。Q3_2_301ⅠNH

置神在木位，祭祀土地神的处所和大社並列主歲，一年中種植的穀物在上。Q3_2_302ⅠNH

【釋文】

甲子，其下有白衣之最①，黔Q3_2_297ⅢNH首疢疾②。Q3_2_298ⅢNH

丙子，其下有旱。Q3_2_299ⅢNH

戊子，其下有大敗。Q3_2_300ⅢNH

庚子，其下有興③。Q3_2_301ⅢNH

壬子，其下有水④。Q3_2_302ⅢNH

【匯釋】

①白衣：**有兩說：一、指古代給官府當差的人**。整理者：《漢書·龔勝傳》："尚書使（龔）勝問（夏侯）常，常連恨勝，即應曰：'聞之白衣，戒君勿言也，奏事不詳，妄作觸罪。'"顔師古注："白衣，給官府趨走賤人，若今諸司亭長掌固之屬。"**二、即"白衣之會""白衣之遇"，指帝王或其配偶之喪**。陳偉（2003）：馬王堆漢墓帛書《五星占》說："凡五星五歲而一合，三歲而遇。其遇也美，則白衣之遇也；其遇惡，則下……"《漢書·天文志》有"白衣之會"。今按：古有"白衣會"之說，即昴星爲著名之星團，其星氣如雲非雲，似煙非煙，望之如白氣，故稱。後世星象家附會成爲有凶災之徵兆。《史記·天官書》："昴曰髦頭，胡星也，爲白衣會。"《漢書·天文志》："凡五星，歲與填合則爲内亂，與辰合則爲變謀而更事，與熒惑合則爲飢爲旱，與太白合則爲白衣之會，爲水。"亦可謂帝室有喪，公卿素服而朝。《後漢書·皇后紀下·靈思何皇后》："董卓令帝出奉常亭舉哀，公卿皆白衣會，不成喪也。"李賢注："有凶事素服而朝，謂之白衣會。""白衣"若釋爲給官府當差的人，與後文"黔首疢疾"無關。因此整理者對"白衣"之注恐有誤。

②疢疾：**有兩說：一、指百姓憂患**。陳偉（2003）說。**二、泛指疾病**。林雅芳（2009：51）：《左傳·襄公二十三年》："季孫之愛我，疢疾也。"今按：《說文·疒部》："疢，熱病也。"《周禮·考工記·弓人》："老牛之角紾而昔，疢疾險中。"鄭玄注："牛有久病則角裹傷。"

③興：**軍事戰爭**。整理者：指"軍興"。《左傳·哀公二十六年》："大尹興空澤之士千甲，奉公自空桐入，如沃宮。"杜預注："興，發也。"

④整理者：以上列甲子至壬子，疑與《古五子》有關。古五子謂甲子、丙子、戊子、庚子、壬子。干支相配六十年間有五個子年，故稱。《漢書·律曆志上》："日有六甲，辰有五子。"顔師古注："六甲之中唯甲寅無子，故有五子。"劉向曰："分六十四卦，著之日辰，自甲子至於壬子，凡五子，故號曰五子。"《史記·天官書》："木星與土合，爲内亂，饑，主勿用戰，敗。水則變謀而更事。火爲旱。金爲白衣會若水。"《正義》引《星經》亦云："凡五星，木與土合爲内亂，饑。與水合爲變謀，更事。與火合爲旱。與金合爲白衣會也。"

【今譯】

甲子日，其下面將是帝王或其配偶之喪，黑色的Q3_2_297ⅢNH熱病使得百姓憂患。Q3_2_298ⅢNH

丙子日，其下面將是有大旱。Q3_2_299ⅢNH

戊子日，其下面將是在競爭和軍事對抗中遭受慘重的失敗。Q3_2_300ⅢNH

庚子日，其下面將是有軍事戰爭。Q3_2_301ⅢNH

壬子日，其下面將是有水災。Q3_2_302ⅢNH

三十六年日

【釋文】

〖壬子〗① 六月大 八月壬子(一)⑫

Q3_2_77NH

癸丑 四月大

Q3_2_75NH

甲寅 二月大

Q3_2_73NH

乙卯 十二月大

Q3_2_71NH

〖十月丙〗【辰】大②

Q3_2_69NH

〖丁巳〗

〖戊午〗③

〖己未〗

〖庚申〗

〖辛酉〗

〖壬戌〗

癸亥

Q3_2_116NH

甲子[4]

Q3_2_92NH

乙丑

Q3_2_93NH

〖丙寅〗
丁卯

Q3_2_94NH

戊辰

Q3_2_95NH

己巳

Q3_2_96NH

〖庚午〗
辛未食人米四斗、魚米四斗[5]。

Q3_2_97NH

〖壬申〗
〖癸酉〗
〖甲戌〗
九月乙亥大

Q3_2_91NH

七月丙子大

Q3_2_89NH

五月丁丑大

Q3_2_87NH

三月戊寅大

Q3_2_85NH

〖正〗月己卯大

Q3_2_83NH

〖十一月庚辰〗大[6]

Q3_2_81NH

辛巳 九月小[13]

Q3_2_79NH

壬午 七月大

Q3_2_78NH

〖癸〗未[7] 五月小

Q3_2_76NH

〖甲申〗[8] 三月小

Q3_2_74NH

〖乙酉〗 正月【小】[10]

Q3_2_72NH

十一月丙戌小

Q3_2_70NH

丁亥

Q3_2_98NH

戊子

Q3_2_99NH

己丑

Q3_2_100NH

庚寅

Q3_2_101NH

辛卯

Q3_2_102NH

壬辰

Q3_2_103NH

癸巳

Q3_2_104NH

〖甲午〗
乙未

Q3_2_105NH

丙申

Q3_2_106NH

丁酉

Q3_2_107NH

戊戌

Q3_2_108NH

己亥

Q3_2_109NH

庚子

Q3_2_110NH

辛丑

Q3_2_111NH

壬寅

Q3_2_112NH

癸卯

Q3_2_113NH

甲辰

Q3_2_114NH

乙巳

Q3_2_115NH

八月丙午小

Q3_2_90NH

六月丁未小　　　　　　　　　澤[11]

Q3_2_88NH

四月戊申小

Q3_2_86NH

二月己酉小

Q3_2_84NH

十二月庚戌小

Q3_2_82NH

十月辛亥小

Q3_2_80NH

卅六年日[9]

Q3_2_80NH反

▨□□[14]

Q3_2_117NH

▨□□

Q3_2_118NH

▨□□　　　　　　此中牀[15]

Q3_2_119NH

▨□□

Q3_2_120NH

▨□□

Q3_2_121NH

▨□□

Q3_2_122NH

▨□□

Q3_2_123NH

▨□□

Q3_2_124NH

▨□□

Q3_2_125NH

▨□□

Q3_2_126NH

▨□□

Q3_2_127NH

☐□□

Q3_2_128NH

☐□□ □□□[16]

Q3_2_129NH

☐□□

Q3_2_130NH

【校記】

（一）今根據周家臺秦始皇三十四年曆譜與張培瑜《中國先秦史曆表·秦漢初朔閏表》對照，“六月”和“八月”應寫在同一簡中。

【匯釋】

①第75號簡、第77號簡和之後的簡牘按照雙月的順序。

壬子：簡牘內缺失，整理者補充説明。

②十月丙辰：**四字殘缺**。“辰”字仍有部分筆畫。本簡“十月丙辰”是根據簡70“十一月丙戌小”推斷得出。

③丁巳、戊午：程鵬萬（2006）補釋。陳偉主編（2016：222）：今釋文中有12個無簡號的日干支，均爲程鵬萬（2006）補釋，它們應該是第117—130號簡所缺失的14支“首端殘端簡”。

④甲子：第92號簡至第116號簡均爲日干支。整理者：原有的編連順序混亂，故暫按六十甲子次序排列，內容爲日干支下記事，爲曆譜。

⑤食人米四斗、魚米四斗：**有三説：一、疑記録給予養魚人的糧食之事**。整理者説。**二、屬於十月辛未日所注的事情**。劉國勝（2009）説。**三、人、魚恐均爲人名**。陳偉主編（2016：222）説。今按：人、魚不應爲人名，恐爲關於養魚行業的糧食記録。

⑥十一月庚辰：**五字已殘缺，“辰”字殘留部分筆畫**。根據第82號簡“十二月庚戌小”推算，十一月的朔日干支應爲“庚辰”。

⑦癸未：根據簡78“壬午七月大”，簡76中五月朔日干支當補足爲“癸未”。

⑧甲申：根據本簡三月朔日干支當補足爲“甲申”。

⑨卅六年日：整理者：“卅六年日”書寫在本簡篾青的一面，應當是此簡之前11枚竹簡所書十二個月曆譜的標題，標明此曆譜即秦始皇三十六年曆譜。在本簡篾黄的一面簡首書有秦始皇三十七年“十月辛亥小”五字，前一年曆譜的標題與後一年曆譜的歲首同書於一枚簡的兩面，可以看出秦始皇三十六年、三十七年這兩年的曆譜原來就是依次編連在一起的。劉國勝（2009）：《秦始皇三十六年曆日》《秦始皇三十七年曆日》儘管有兩年的曆日，但應是以三十六年曆日爲主。第80號簡處在全篇之末，收卷後能見“卅六年日”的標題。從書寫、閲讀的角度分析，三十六年曆日在前，三十七年曆日在後，六十甲子日干支與三十六年曆日諸月份書寫配合

得更緊密，而三十七年曆日不排除是利用三十六年曆日干支標注出諸月份的可能。

⑩正月小：**有兩説：一、爲秦始皇三十六年正月朔日干支**。整理者：本簡上端殘缺，可以推斷出其上書有三字，識爲“正月小”三字的右半部。**二、圖版屬誤貼照片**。劉信芳（2002）、程鵬萬（2006）均指出報告圖版的第 72 號簡的貼圖有誤，其下段實爲《日書》第 257 號簡下段重復誤貼，上段則無字，與釋文無法對照。陳偉主編（2016：223）：從《周家臺三〇號秦墓竹簡編排順序號與出土登記號對照表》看，第 72 號簡是由出土號爲乙 39 上、甲 177 上的兩枚殘片組成，而圖版第 72 號簡處貼的圖是甲 177 上（無字）、甲 177 下號（有“有惡言”三字）兩枚殘片。經與原整理者核實，書有“正月小”三字的小片簡正是乙 39 上號殘片。第 72 號簡的準確貼圖應當上段貼乙 39 上，下段貼甲 177 上。

⑪澤：**水匯聚處**。《書・禹貢》：“九川滌源，九澤既陂。”《禮記・月令》：“（仲冬之月）山林藪澤，有能取蔬食田獵禽獸者，野虞教導之。”整理者：在“六月丁未小”下記有“澤”，疑指這一月本地因雨水積聚而形成水患。

⑫八月壬子：整理者：根據第 79 號簡九月朔日爲辛亥推算，八月當爲小，因之，簡文當脱一“小”字。但對照《中國先秦史曆表・秦漢初朔閏表》，八月朔日干支應爲“辛亥”，八月月大，有三十天，兩者相差一天。劉國勝（2009）認爲本簡中“六月”和“八月”寫在同一簡中，並不是依次相連。因爲《三十六年日》中出現了“七月大”，其他單月均爲小月，使得第六欄的“八月”朔日干支在簡上的位置退後了一行，而落在了“六月”所在的簡上。孔家坡《漢景帝後元二年曆日》也出現類似的簡牘，因此疑《秦始皇三十六年、三十七年曆日》全篇的用簡數量可能是六十支。今按：同劉國勝（2009）觀點，“六月”和“八月”寫在同一簡中，並不是依次相連。周家臺秦始皇三十四年（前二一三年）曆譜根據與張培瑜《中國先秦史曆表・秦漢初朔閏表》的對照，歲首放在十月“〖十月戊戌〗”，曆譜七月朔日干支與其相差一日外，八月晦日干支爲辛酉，“六月”和“八月”應寫在同一簡中，但不是依次相連。

⑬九月小：應是“九月大”筆誤。程鵬萬（2006）説。

⑭☑□□：整理者推斷並非空白簡，第 117 號簡上的簡文應是曆譜中的日干支，每枚簡首缺損二字。

⑮此中牀：當屬二月或三月某日下的記錄。“牀”，《説文》：“牀，安身之坐者。”《釋名・釋牀帳》：“人所坐臥曰牀。牀，裝也，所以自裝載也。”

⑯□□□：整理者釋作“□喝�”，認爲本簡的上段殘片與下段殘簡的結合處能吻合，其上殘存三字爲日干支下記事。陳偉主編（2016：223）：三字處於第二欄，當屬十二月或正月某日下的記錄。今按：因字形缺損過甚，文字不能釋出。

【今譯】

〖壬子〗　　六月大　　八月壬子

Q3_2_77NH

癸丑　　　　　　　　　　　　　　　　四月大

Q3_2_75NH

甲寅　　　　　　　　　　　　二月大

Q3_2_73NH

乙卯　　　　　　　　十二月大

Q3_2_71NH

〖十月丙〗【辰】大

Q3_2_69NH

〖丁巳〗
〖戊午〗
〖己未〗
〖庚申〗
〖辛酉〗
〖壬戌〗
癸亥

Q3_2_116NH

甲子

Q3_2_92NH

乙丑

Q3_2_93NH

〖丙寅〗
丁卯

Q3_2_94NH

戊辰

Q3_2_95NH

己巳

Q3_2_96NH

〖庚午〗
辛未養魚人的糧食記錄，四斗米

Q3_2_97NH

〖壬申〗
〖癸酉〗
〖甲戌〗
九月乙亥大

Q3_2_91NH

七月丙子大

Q3_2_89NH

五月丁丑大

Q3_2_87NH
三月戊寅大
Q3_2_85NH
〖正〗月己卯大
Q3_2_83NH
〖十一月庚辰〗大
Q3_2_81NH
辛巳 九月小
Q3_2_79NH
壬午 七月大
Q3_2_78NH
〖癸〗未 五月小
Q3_2_76NH
〖甲申〗 三月小
Q3_2_74NH
〖乙酉〗 正月【小】
Q3_2_72NH
十一月丙戌小
Q3_2_70NH
丁亥
Q3_2_98NH
戊子
Q3_2_99NH
己丑
Q3_2_100NH
庚寅
Q3_2_101NH
辛卯
Q3_2_102NH
壬辰
Q3_2_103NH
癸巳
Q3_2_104NH
〖甲午〗
乙未
Q3_2_105NH
丙申
Q3_2_106NH

丁酉
Q3_2_107NH
戊戌
Q3_2_108NH
己亥
Q3_2_109NH
庚子
Q3_2_110NH
辛丑
Q3_2_111NH
壬寅
Q3_2_112NH
癸卯
Q3_2_113NH
甲辰
Q3_2_114NH
乙巳
Q3_2_115NH
八月丙午小
Q3_2_90NH
六月丁未小 水聚匯處
Q3_2_88NH
四月戊申小
Q3_2_86NH
二月己酉小
Q3_2_84NH
十二月庚戌小
Q3_2_82NH
十月辛亥小
Q3_2_80NH
卅六年日
Q3_2_80NH反
▨□□
Q3_2_117NH
▨□□
Q3_2_118NH
▨□□ 此中坐臥
Q3_2_119NH

☒□□ Q3_2_120NH

☒□□ Q3_2_121NH

☒□□ Q3_2_122NH

☒□□ Q3_2_123NH

☒□□ Q3_2_124NH

☒□□ Q3_2_125NH

☒□□ Q3_2_126NH

☒□□ Q3_2_127NH

☒□□ Q3_2_128NH

☒□□ □□□ Q3_2_129NH

☒□□ Q3_2_130NH

三、病方及其他

已腸辟

【釋文】

取肥牛膽盛黑叔（菽）中①，盛之而係（繫）縣（懸）陰所②，乾。用之，取十餘叔（菽）置鬻（粥）中而歙（飲）之，已腸辟③。不已，Q3_3_309NH 復益歙（飲）之④。鬻（粥）足以入之腸⑤。Q3_3_310NH

【匯釋】

①牛膽：**藥物名**。整理者：《本草綱目》卷五十：“氣味苦，大寒，無毒……除心腹熱渴，止下痢。”

叔：**通“菽”，豆類總稱**。黑菽：**黑豆**。古醫方多以黑色者即黑豆入藥。《本草綱目》卷二十四：“黑大豆：……煮汁，解礜石、砒石、甘遂、天雄、附子、射罔、巴豆、芫青、斑蝥、百藥之毒及蠱毒。入藥，治下痢臍痛。沖酒，治風痙及陰毒腹痛。牛膽貯之，止消渴。”

中：**有兩說：一、滿**。方勇、侯娜（2015）：“中”爲“滿”義。**二、裏面**。整理者：內，裏面。《說文・丨部》：“中，內也。”今按：“中”應爲內義。《易・坤》：“象曰：黃裳元吉，文在中也。”高亨注：“中，猶內也。”

盛黑叔（菽）中：把黑豆裝滿肥牛膽內。

②係縣：**有兩說：一、不作一詞**。整理者斷爲“係（繫），縣（懸）”。**二、可作一詞**。陳偉主編（2016：226）：“繫懸”可作一詞。馬王堆漢墓帛書《養生方》：“盡去毛，遺兩翼之末，而係（繫）縣（懸）竿……”今按：“懸繫”亦可作一詞，即懸掛繫結。《詩・齊風・東方未明序》“挈壺氏不能掌其職焉”，孔穎達疏：“然則挈壺者，懸繫之名。”

③已：**治癒，痊愈**。整理者：《呂氏春秋・至忠》“王之疾，必可已也”，高誘注：“已，猶愈也。”《廣雅・釋詁》：“已，癒也。”

腸辟：**痢疾**。整理者：《素問・通評虛實論》載有“腸辟便血”“腸辟下白沫”和“腸辟下膿血”三種疾病。吳謙《醫宗金鑒》：“腸辟，滯下古痢名。”此外，“腸辟”亦見於張家山漢簡《蓋廬》簡 44 曰：“適（敵）人進舍，天曁（氣）甚暑，多腸辟者，我侚皮（彼）病”；《脈書》簡 8、9 曰：“在腸中，痛，左右不化，泄，爲唐（溏）叚（瘕）。在腸，左右不化，爲寒（塞）中。在腸，有農（膿）

血，篡、脾（髀）、尻、少腹痛，爲腸辟（澼）。”《中國大百科全書·中醫卷》：“痢疾，《内經》稱爲腸澼，指腸内積有穢濁之物而引起排便混亂不按常規的現象。”方勇、侯娜（2015）：“腸辟”與“泄瀉”不同，兩者症狀有同有異。

④益：**增加**。《廣雅·釋詁二》：“益，加也。”

⑤之：**指黑菽**。整理者：意爲飲粥之量應足以送黑豆入腸。

【今譯】

取來肥牛膽，將黑豆裝入肥牛膽中，盛滿之後繫結起來，並懸掛在避光陰暗處，待其乾燥。使用該方時，從牛膽内取十來顆黑豆放入粥飲中飲服，可以治愈痢疾。若是疾病沒有治愈，Q3_3_309NH 再次增加用量飲用。飲粥之量應足以送黑豆入腸。Q3_3_310NH

溫　病

【釋文】

溫病不汗者[①]，以淳（醇）酒漬布[②]，歙（飲）之。Q3_3_311NH

【匯釋】

①溫病：**溫熱病**。秦人將“溫病”歸屬於傷寒範圍，並且將用於治療“傷寒”的辦法來治療“溫病”。整理者：“溫病”可見於《素問·六元正紀大論》：“初之氣，地氣遷，氣乃大溫，草乃早榮，民乃厲，溫病乃作。”周一謀、蕭佐桃《馬王堆醫書考注》一書《導引圖》注“引溫病”云（1988：243）：“古今病名，溫病包含在傷寒範疇之内。溫病多爲發熱性疾病。”今按：又見於馬王堆帛書《導引圖》殘存題記，有“引溫病”之語。《傷寒論·辨太陽病脈證並治》：“太陽病，發熱而渴，不惡寒者爲溫病。”

②淳：**通“醇”，味厚**。整理者：簡文或作“醇酒”。今按：唐玄應《一切經音義》卷七引《三蒼》曰：“淳，濃也。”醇酒爲百藥之長，古時在治療溫病方面通常有以“醇酒”與“出汗”結合的藥方。酒其性溫熱，有驅風驅寒之效。從“醫”到“酉”，酒在治療時是不可或缺的。甲骨文中已有“鬯其酒”的記載，《黄帝内經》載有“以酒爲漿”，並記載酒的作用爲“邪氣時至，服之萬全”。《說文》：“醫，治病工也……醫得酒而使……酒所以治病也。”《名醫別錄》載：“酒味，甘辛，大熱，有毒，主行藥勢，殺邪惡氣。”又明李時珍《本草綱目·穀四·酒》引《飲膳標題》：“酒之清者曰釀，濁者曰盎；厚曰醇，薄曰醨；重釀曰酎，宿曰醴；美曰醑，未榨曰醅；紅曰醍，綠曰醽，白曰醝。”亦有人被寒氣所傷時，吞下發汗的藥丸即可痊愈，如王充《論衡·寒溫篇》：“人中於寒，飲藥行解，所苦稍衰；轉爲溫疾，吞發汗之丸而應愈。”馬王堆帛書《五十二病方》、武威漢代醫簡中亦有醇酒治療疾病的藥方。如《五十二病方》三〇一三一：“傷痙：痙者，傷，風入傷，

信（伸）而不能詘（屈）。治之，燔（熬）𡑞（鹽）令黄，取一斗，裹以布，卒（淬）醇酒中，入即出，蔽以市，以熨頭。熬則舉，適下。爲口裹更【熨，熨】寒，更（熬）（鹽）以熨，熨勿絕。一熨寒汗出，汗出多，能詘（屈）信（伸），止。”又武威漢代醫簡6、7：“治傷寒遂（逐）風方，付子三分，蜀椒三分，澤舄五分，烏喙三分，細辛五分，茱五分，凡五〈六〉物皆冶合，方寸匕酒飲，日三飲。”

漬：**浸泡**。賈思勰《齊民要術・水稻》：“淨淘種子，漬經三宿。”

【今譯】

得了溫熱病並不能正常出汗的患者，用高濃度的酒浸濕布條，並飲服此酒。Q3_3_311NH

下　氣

【釋文】

取車前草實[①]，以三指竄（撮）[②]，入酒若鬻（粥）中[③]，歙（飲）之，下氣[④]。Q3_3_312NH

【匯釋】

①車前草實：**車前子**。整理者：《神農本草經》：“主氣癃、止痛，利水道小便，除濕痹。”《本草經集注》謂其“主虛勞”。又引《日華子本草》曰：“通小便淋澀，壯陽。治脱精，心煩。下氣。”

②竄：**讀作“撮”**。整理者：唐玄應《一切經音義》卷六引《字林》：“撮，手小取也。”三指撮：**古代用藥的一種估量方法，即用拇、食、中三指併攏撮取藥物**。《金匱要略方論》卷上“風引湯”條：“取三指撮。”今按：《説文》：“撮，四圭也。一曰兩指撮也。”《素問・病能論》：“以澤瀉、術各十分，麋銜五分，合以三指撮爲後飯。”張介賓注：“用三指撮合，以約其數。”亦常見於馬王堆帛書《五十二病方》：“一，令金傷毋痛方，取鼢鼠，榦而冶；取䰳魚燔而冶，□□、薪（辛）夷、甘草各與（鼢）鼠等，皆合撓，取三指最（撮）一，入温病一言（棣）中而飲之。不可，財（裁）益藥，至不癰而止。［令］。”又《五十二病方》四一—四二：“一，傷而頸（痙）者，小剸一犬，漰與薛半鬬，毋去其足，以□並盛，漬井幣□□□出之，陰乾百日。即有頸（痙）者，冶，以三指一撮，和以溫酒一音（杯），飲之。”又《五十二病方》五七—五九：“一，狂【犬】齧人者，孰澡（操）湮汲，注音（杯）中，小（少）多如再食浖（漿），取末灰三指最（撮）□□水中，以飲病者。已飲，令孰奮兩手如□□間手□道□□□□□□□□□□狂犬齧者□□□莫傳。”

③若：**或，或者**。整理者：《漢書・食貨志》：“時有軍役若水旱，民不困乏。”

鬻：**粥**。《説文》：“鍵也。”徐鉉等注：“今俗鬻作粥。”《爾雅・釋言》：“鬻，糜也。”注：“淖糜。”又引《儀禮・士喪禮》：“鬻餘飯。”注：“以飯尸餘米爲蠹也。”

④下氣：**似指腸道通氣**。吳謙《醫宗金鑒·雜病心法要訣·諸氣辨證》：“上氣氣逆蘇子降，下氣氣陷補中宣。”注：“下氣爲清氣下陷……然清氣下陷，下氣不甚臭穢，惟傷食下氣，其臭甚穢。”

【今譯】

用三指撮取車前子，放入酒或粥內，飲服，有助於腸道排氣。Q3_3_312NH

癉　病

【釋文】

·以正月取桃橐（蠹）矢（屎）少半升[①]，置淳（醇）酒中，溫，歓（飲）之，令人不單（癉）病[②]。Q3_3_313NH

【匯釋】

①橐：**蛀蟲**。整理者：借作“蠹”。《說文》：“蠹，木中蟲也。”《莊子·人間世》：“以爲門戶則液樠，以爲柱則蠹，是不材之木也。”注：“蟲在木中謂之蠹。”又《續博物志》：“積穀則生蠹。”又《爾雅·釋蟲》：“蛗，毛蠹。”注：“即蛓也。”

桃蠹：**食桃樹的蠹虫**。李时珍《本草纲目》曰：“《别錄》曰：‘食桃樹蟲也。’藏器曰：‘桑蠹去氣，桃蠹辟鬼。’”又曰：“桃蠹虫……糞主治辟溫疫，令不相染，爲末，水服，方寸匕。”

少半升：**古謂三分之一，後謂不到一半，義爲三分之一升**。《管子·海王》：“終月，大男食鹽五升少半。”馬王堆帛書《五十二病方》：“筴（策）蓂少半升。”

②單：**有兩說：一、讀爲“憚”**。整理者：即害怕。**二、讀爲“癉”**。陳偉(2003)：似當讀爲“癉”，是一種熱病。今按：癉，與“僤”同，亦作“瘅”。《詩·大雅》：“下民卒癉。”《毛傳》：“癉，病也。”《釋文》：“癉，本又作僤。”沈本作“瘅”，勞病也。《釋詁》《毛傳》皆云：“癉，病也。”

病：**泛指疾病**。

【今譯】

·取正月的桃樹蛀蟲的糞三分之一升，放入濃酒內，加熱後飲服，讓人不會得熱病。Q3_3_313NH

長　髮

【釋文】

取新乳狗子[①]，盡鬺（煮）之。即沐[②]，取一匕以殺沐[③]，長髮[④]。Q3_3_314NH

【匯釋】

①新乳狗子：**剛出生的小狗**。

②即：**如果，倘若**。整理者：《論積貯疏》："即不幸有方二三千里之旱，國胡以相恤。"

沐：**洗頭髮**。《說文》："沐，濯髮也。"段注："引伸爲芟除之義。"

③匕：**食器**。曲柄淺斗，形狀如羹匙。古代指勺、匙之類的取食用具。《說文·匕部》："匕，亦所以用比取飯，一名柶。"

殽：**混合**。整理者：《說文》："殽，相錯雜也。"

④長髮：滋長頭髮。

【今譯】

取剛出生的小狗，完整地煮熟。將要洗頭髮時，取一匕湯汁加入用來混合洗頭，可以生髮。Q3_3_314NH

去黑子方（一）

【釋文】

去黑子方[①]

取稾（藁）本小弱者[②]，齊約大如小指[③]。取東〈柬〉灰一升[④]，漬之[⑤]。沐稾（藁）本東〈柬〉Q3_3_315NH灰中[(一)][⑥]，以靡（摩）之[⑦]，令血欲出。因多食葱，令汗出[⑧]。柜（恒）多取櫌桑木[⑨]，燔以爲Q3_3_316NH炭火，而取牛肉剝（劙）之[⑩]，小大如黑子，而炙之炭火，令溫勿令焦，即Q3_3_317NH以傅黑子，寒輒更之[⑪]。Q3_3_318NH

【校記】

（一）陶安、陳劍（2011）釋爲"染"，今根據圖版字跡，確爲整理者的釋文"沐"。

【匯釋】

①黑子：**黑痣**。整理者：《集韻》："痣，黑子也。"曹方向（2009A）：《正字通》引顏師古曰："吳楚俗謂黑子爲痣。"該方爲去除黑痣的方法。

②稾：**借作"藁"**。整理者：《本草綱目》："藁本，氣味：（根）辛、溫、無毒。主治：太陽頭痛、巔頂痛、頭面身體皮膚風濕，亦治癰疽，排膿內塞。"

小弱：**幼弱，弱小**。此處指稾本的嫩莖。

③齊約：**有三說：一、未釋**。整理者對"齊約"無注解。**二、剪削義**。王貴元（2009）：齊約，剪削捆束。**三、用藥分量**。曹方向（2009A）："齊"讀爲"劑"。陳偉主編（2016：228）："齊約大如小指"，是說所用的稾本大小約略和小指頭一

樣，也就是規定在“去黑子”的處方中稾本的用量。今按：把“齊”釋爲“剪削”不妥，簡文中的“齊”應爲“分量”或“劑量”，多用以計量藥物。《周禮·天官·亨人》：“亨人掌共鼎鑊，以給水火之齊。”鄭玄注：“齊，多少之量。”而“齊”作藥劑義多出現於醫學簡中，如馬王堆帛書《五十二病方·乾騷（瘙）》413：“一，取犁（藜）盧二齊，烏豙（喙）一齊，礜一齊，屈居（据）□齊，芫華（花）一齊，并和以車故脂。”約：《說文》：“纏束也。”段注：“束者，縛也。”“齊約大如小指”：意爲所取用的稾本，分量捆束起來約略和小指頭一樣。

④東：**有四說：一、“柬”之訛字。**整理者：第375號簡上有“柬灰一斗”。“柬”讀作“欄”，木名，即楝。《周禮·考工記》：“湅帛以欄爲灰，渥淳其帛。”鄭玄注：“以欄木之灰，漸釋其帛也。”孫詒讓正義：“欄即楝字。”**二、“柬”之變體。**王貴元（2009）：“東”可視爲“柬”字變體。**三、非“柬”之變體。**劉玉環（2013：73）認爲“東”可直接釋爲“柬”，不用看作變體。**四、釋爲“冬灰”。**張雷、劉志梅（2017）指出應爲“冬灰”，即爐灶中所燒薪柴之灰。

今按：“東灰”疑爲去黑子常用的“藜灰”。“冬灰”，《本草綱目·土部·冬灰》引蘇敬《唐本草》曰：“冬灰本是藜灰，餘草不真。又有青蒿灰、柃（一作苓字）灰，乃燒木葉作。併入染家用，亦蝕惡肉。”又曰：“冬灰，乃冬月灶中所燒薪柴之灰也。專指作蒿藜之灰，亦未必然。原本一名藜灰，生方穀川澤，殊爲不通。此灰既不當言川澤，又豈獨方穀乃有耶？今人以灰淋汁，取堿浣衣，發麵令晳，治瘡蝕惡肉，浸藍靛染青色。”“東”“冬”古來音假。《急就篇》卷四：“款東貝母薑狼牙。”顏師古注：“款東即款冬，亦曰款凍，以其淩寒叩冰而生，故爲此名也。生水中，華紫赤色。一名兔奚，亦曰顆東。”對於冬灰的炮製，《神農本草經》陶弘景注曰：“此即今浣衣黃灰耳，燒諸蒿、藜（藜）積聚煉作之，性亦烈。又，荻灰尤烈。”

⑤漬：**浸漬。**《說文》：“漬，漚也。”段注：“謂浸漬也。”此處是指將“東灰”浸漬一段時間。

⑥沶：**有兩說：一、釋爲“染”。**陶安、陳劍（2011）：該字右从“朵”，釋爲“染”，指濡染。**二、水名。**整理者：“沶”，讀爲“和”。《集韻·戈韻》：“沶，水名。”今按：應釋爲“沶”。第一，從字形來看確爲“沶”。第二，根據句意：“去除黑痣的方法：取稾本的嫩莖，捆束成像手小指般大的分量。再取一升冬灰，浸泡一段時間。再把稾本與冬灰混合，用以摩擦黑痣，讓黑痣里的血快要流出來。”“和”，《周禮·天官·食醫》：“食醫掌和王之六食、六飲、六膳、百羞、百醬、八珍之齊。”鄭玄注：“和，調也。”第三，陶安、陳劍（2011）提出該字右从“朵”，“朵”字字形演變無法與原圖版殘缺字跡相匹配。

⑦靡：**摩擦。**整理者讀爲“摩”。清朱駿聲《說文通訓定聲·隨部》：“靡，叚借爲摩。”《說文·手部》：“摩，研也。”韓康伯注：“摩，相切摩也。”即摩擦。

⑧出：**流出。**《玉篇·出部》：“出，見也。”

⑨柦（恒）多取櫌桑木：整理者：此句以下爲另一去黑子方。陳偉主編

（2016：229）："恒多"或屬上讀。今按："恒多取㥼桑木"下爲燒桑木炭火以炙牛肉去黑子方，待討論。

㥼：**柔順**。整理者：讀爲"擾"。《廣韻·小韻》："擾，順也。"即柔順。"㥼桑木"即柔桑木。

⑩燔：**燒**。《說文·火部》："燔，爇也。"《玉篇·火部》："燔，燒也。"

劙：**切割義。有兩說：一、釋爲"劙"**。整理者：釋爲"剶"，讀爲"劙"。《方言》卷十三："劙，解也。"《廣韻·霽韻》："劙，割破。"**二、釋爲"剝"**。王貴元（2009）改釋，簡文"剶"爲"剝"字的誤解，"剝"爲切割之義。今按：應釋爲"剶"。馬王堆帛書《五十二病方》："先侍（偫）白雞、犬失。髮，即以到剶（劙）其頭，從顛到項，即以犬矢【濕】之，而中剶（劙）雞□，冒其所以犬矢濕者，三日而已。已，即孰（熟）所冒雞而食之，□已。"簡文中"劙其頭"意爲剖開雞頭。

⑪傅：**通"敷"**。即塗抹外敷。

【今譯】

去除黑痣的方法

取藁本的嫩莖，捆束成像手小指般大的分量。再取一升冬灰，浸泡一段時間。再把藁本與冬Q3_3_315NH灰混合，用以摩擦黑痣，讓黑痣里的血快要流出來。接著多吃蔥，讓汗液流出來。經常取大量柔桑木，燒成Q3_3_316NH炭灰，再取來牛肉切開，切成像黑痣一樣大小，用炭火燒牛肉，使它熱而不焦，然後Q3_3_317NH將它塗抹並敷在黑痣上，待其冷卻後再換另一塊。Q3_3_318NH

去黑子方（二）

【釋文】

乾者①(一)，令人孰（熟）以靡（摩）之②，令欲出血，即以并傅③，彼（被）其上以□枲絮④。善布清席⑤，Q3_3_319NH東首臥到晦，【朔】復【到南臥⑥，晦起⑦，即以】溫賁（墳）⑧，以羽漬，稍去之⑨，以粉傅之。Q3_3_320NH

【校記】

（一）謝妍、沈澍農（2019）指出"乾者，令人孰（熟）以靡（摩）之"非去黑子方，今根據原秦簡圖版與簡文大意認爲"乾者，令人孰（熟）以靡（摩）之"應在本簡。

【匯釋】

①乾者：**有兩說：一、上有缺簡**。整理者：上有缺簡。從內容上看，疑同爲去黑子方，暫係於此。**二、前半句非去黑子方**。謝妍、沈澍農（2019）："乾者，令人

孰（熟）以靡（摩）之，令欲出血”應爲治療乾癬的病方，去黑子方應爲“☐即以幷傅，彼（被）其上以□枲絮。善布清席，東首臥到晦，朔復到南臥，晦起，即以溫賁（墳），以羽漬，稍去之，以粉傅之”。整理者將“乾者，令人孰（熟）以靡（摩）之，令欲出血”置於“即以幷傅”前。

今按：第一，根據去黑子方（一）“沐橐（藁）本東〈柬〉灰中，以靡（摩）之，令血欲出”亦通過摩擦的方法。本簡大意爲：“（黑痣處）乾燥者，讓人反復摩擦它，使它達到血將要流出的狀態，接著同時敷（多種）草藥在黑痣上，用□粗麻絮覆蓋在黑痣上。”都是使黑子出血，過程前後一致。謝妍、沈澍農（2019）提到“摩”在古醫藥文獻中相當於“揩”“刮”之義，在治療外科疾病過程中常使用“摩”的技術，即將局部皮膚通過搓磨方法之後，皮膚表層損傷到快要出血的程度再往傷處傅（敷）藥，以便使藥物成分浸入皮膚損傷處，進而達到治療效果。“乾者，令人孰（熟）以靡（摩）之，令欲出血”應爲治療去黑子的病方。第二，《五十二病方》中“乾瘙方”：“以雄黃二兩，水銀兩少半。頭脂一升……孰（熟）撓之。先孰（熟）灑騷（瘙）以湯，潰其灌，撫以布”，雖是採用將局部皮膚摩擦至出血或接近程度敷藥，然而“乾者，令人孰（熟）以靡（摩）之，令欲出血”應放入周家臺秦簡病方簡整體，前有去黑子方（一）同樣採用摩擦出血敷藥的方式。因此，“乾者，令人孰（熟）以靡（摩）之，令欲出血”無法判斷必然是治療乾癬，應爲周家臺秦簡去黑子方的第二種方法。

②孰：**有三說：一、讀爲“熟”**。整理者說。**二、釋爲“執”**。王貴元（2009）說。**三、摩擦**。陳偉主編（2016：229）：指程度深，充分摩擦。今按：反復摩擦。

③幷：**副詞，即一齊、同時。有兩說：一、通“瓶”**。王貴元（2009）：小盆。並指出下文簡352“即斬豚耳，與腏以幷涂囷廥下”句中的“幷”與此同義。**二、一併**。陳偉主編（2016：229）：“幷傅”疑指幾種藥材合併塗傅，簡353（實爲簡352）“即斬豚耳，與腏以幷涂囷廥下”，可參看。

④彼：**通“被”，覆蓋**。

枲絮：**即以碎麻組成的絮**。馬繼興（1992：362）說。《說文・朩部》：“枲，麻也。”枲絮，亦見於馬王堆帛書《五十二病方》“治以枲絮爲獨”。

⑤布：**鋪展**。王貴元（2009）：陳設。今按：鋪開。《玉篇・巾部》：“布，陳列也。”《小爾雅・廣言》：“布，展也。”

清：**乾淨、洁净**。

⑥東首：**頭朝東**。

朔：**“復”上一字，有兩說：一、釋爲“朔”**。整理者：“朔”，清晨。**二、釋爲“明”**。陳偉主編（2016：229）：恐爲“明（明）”字，指次日。《資治通鑑》晉紀二十二“明當除之”，胡三省注：“明謂明旦，猶言明日也。”第349號簡亦云“到明出種”。今按：此爲“朔”。根據墨跡，“月”字旁的痕跡與“朔”字左部相似。

⑦晦：**日暮、夜晚**。與上句“朔”（清晨）相對。《易・隨・象傳》：“君子以

嚮晦入宴息。”孔穎達疏：“鄭玄云：晦，宴也。猶人君既夕之後入於宴寢而止息。”

⑧溫：**有三說：一、釋爲“酒”**。整理者說。**二、漏寫“酒”字或“酒”之誤字**。方勇（2009C）：簡文應是以“溫酒賁（噴）”，也可能是“溫”應爲“酒”的誤字。**三、釋爲“溫”**。李豐娟（2011：114）：釋爲“溫”，“使暖和”之義，原簡文“以溫賁（墳）”可理解爲：使黑子暖和後隆起來。陳偉主編（2016：230）同。今按：此處釋爲“溫”。《玉篇・水部》：“溫，漸熱也。”

“賁”：**有兩說：一、釋爲“噴”**。整理者：吐氣之義。**二、釋爲“墳”**。隆起之義。今按：《集韻・混韻》：“墳，土起。”《左傳・僖公四年》：“公祭之地，地墳。”此處應爲使黑痣溫熱后隆起，便於去除。通過溫熱使痣隆起。整理者釋爲“噴”，吐氣之義，有歧義。

⑨潰：**沾染**。此處意爲用羽毛沾酒塗抹均匀。

稍：**逐漸**。整理者說。

【今譯】

（黑痣處）乾燥者，讓人反復摩擦它，使它達到血將要流出的狀態，接著同時敷（多種）草藥在黑痣上，用□粗麻絮覆蓋在黑痣上。仔細鋪好乾淨的席子，Q3_3_319NH頭朝東睡到傍晚，清晨再將頭向南，傍晚起床后，使黑痣處溫熱后隆起，再用羽毛沾上酒液均匀塗抹，接著逐漸擦除酒液，用粉末外敷患處。Q3_3_320NH

人所恒吹者

【釋文】

人所恒炊（吹）者①，上橐莫以丸礜②，大如扁（蝙）蝠矢（屎）而③乾之。即發④。以酉□（一）四分升一Q3_3_321NH歙（飲）之⑤。男子歙（飲）二七，女子欲七⑥。Q3_3_322NH

【校記】

（一）陳偉主編（2016：230）釋爲“□”，此處從整理者釋該殘字左半爲“酉”，推斷此“酉□”應爲“醯”。

【匯釋】

①所：若，表假設關係。整理者說。

恒：**經常，常常。**

炊：**此處指哮喘**。整理者：讀爲“吹”。《玉篇・口部》引《聲類》：“出氣急曰吹。”

②橐莫：**藥物名，疑即橐吾**。整理者：馬王堆帛書《五十二病方》：“狂犬傷人，治礜與橐莫，【醯】半音（杯），飲之。”馬繼興《馬王堆古醫書考釋》疑“橐

莫”爲“橐吾”。《神農本草經》載，款冬“一名橐吾”。款冬有治療哮喘之功效。

礜：**礜石**。《說文》：“礜，毒石也。”段注：“疑本作礜石也。”《神農本草經》：“味辛，大熱。”《本草綱目·金石三·礜石》：“礜石性熱有毒，不可不審。”

③扁：**通“蝙”，指蝙蝠。**

而：**連詞，動作因循相繼，表示承接關係。**《古今韻會舉要·支韻》：“而，因辭。”

④發：**發作。**

⑤西▯：**有兩說：一、未釋出“西▯”。**整理者釋該殘字左半爲“西”。然而因以下一字殘，陳偉主編（2016：230）释爲“以□四分升一歓（飲）之”，“西▯”無法釋出。**二、疑爲“醇”。**劉金華（2007）：依文意推測此物是用以送服藥物，疑爲“醇”字，其後面脱一“酒”字。張壽仁先生根據《五十二病方》與武威漢代醫簡的内容，認爲製作成藥丸的散劑可以配以醇酒、醯、米靡等。今按：疑爲“醯”。第一，根據原秦簡圖版殘缺字形，左半部確爲“西”。第二，此“西▯”應爲“醯”。“醯”，古爲醋。馬王堆帛書《五十二病方》亦有用“醯”，“狂犬傷人，冶礜與橐莫，醯半音（杯），歓（飲）之”（《五十二病方》六十）；“一，以醯、西（酒）三乃（沥）煮黍稈而歓（飲）其汁”（《五十二病方》一八九）；“節三，幷，以醯二升和，以先食歓（飲）之”（《五十二病方》二一六）。《論語·公冶長》：“孰謂微生高直？或乞醯焉，乞諸其鄰而與之。”邢昺疏：“醯，醋也。”明李時珍《本草綱目·穀四·醋》釋名引陶弘景曰：“醋酒爲用，無所不入，愈久愈良。亦謂之醯，以有苦味，俗謂苦酒。”醯與醇酒皆有輔助藥用價值。

⑥欲：**從文意看應是“飲”之訛字。**整理者說。

【今譯】

如果一個人經常患哮喘，用橐莫與礜石製成藥丸，做成像蝙蝠屎一樣大小，曬乾。哮喘快要發作時，用四分之一升醯Q3_3_321NH調和飲服。男子服十四顆丸，女子服七顆丸。Q3_3_322NH

瘕 者

【釋文】

·叚（瘕）者①

燔劍若有方之端②，卒之醇酒中③。女子二七，男子七以歓（飲）之，已。Q3_3_323NH

【匯釋】

①叚：**指腹内因病形成的積塊。**整理者：讀作“瘕”。《玉篇·疒部》：“瘕，腹中病。”《難經·奇經八脈》：“任之爲病，其内苦結，男子爲七疝，女子爲瘕聚。”

虞庶注："瘕者，謂假於物形是也。"

②有方：**兵器**。整理者：古代一種兵器。陳偉主編（2016：231）：《居延漢簡甲編》第60號木簡有"持有方一，劍一"。均可爲證。由本簡看，有方應爲矛劍一類鋒刃器。該詞亦見於《居延新簡》和傳世文獻。《墨子・備水》："二十船爲一隊，選材士有力者三十人共船，亓二十人，人擅有方，劍甲鞮瞀，十人擅苗。"尹桐陽新釋："有方，守械之名。"《韓非子・八說》："搢笏干戚，不適有方鐵銛。"王國維《屯戍叢殘考釋・器物類二十九》："有方，亦兵器也。"

端：**頂端，尖端**。《集韻・桓韻》："端，始也。"《禮記・禮運》："故人者，天地之心也，五行之端也。"孔穎達疏："端，猶首也。"

③卒：**藥物炮製方法。有三說：一、讀作"淬"，釋爲"染"**。整理者引《戰國策・燕策三》"太子預求天下之利匕首，得趙人徐夫人之匕首，取之百金，使工以藥淬之"而釋"淬"爲"染"。**二、讀作"焠"非"淬"**。呂亞虎（2008）："卒"應讀爲"焠"，而非"淬"。**三、讀作"淬"或"焠"，未釋爲"染"**。陳偉（2003）："卒"可讀爲"淬"或"焠"，應是將燒熱的劍頭浸入醇酒中，不能解釋爲一般意義上的"染"。李豐娟（2011）："卒"讀爲"淬"，是一種製藥的方法。把"劍"作爲一種藥物，燒紅後放入醇酒中，"劍"和"醇酒"的藥性結合才是製藥的根本。

今按：應讀爲"焠"或"淬"，簡單釋爲"染"不妥。同陳偉（2003）和李豐娟（2011）。"淬"，《說文・水部》："淬，滅火器也。"段玉裁注："滅火器者，蓋以器盛水濡火使滅，其器謂之淬。""淬"則是一種中藥製作方法，是把藥物燒紅後，立刻放入水中，反復多次稱爲"淬"。而"焠"，《說文・火部》："焠，堅刀刃也。"段玉裁注："焠謂燒而內水中以堅之也。""焠"是一種金屬熱處理方法，金屬工件加熱到一定溫度，立即放入水、油中，增加硬度。王念孫《廣雅疏證》卷五上釋"焠，鋻也"一語引《說文》"焠，堅刀刃也。又云'鋻，剛也'"及徐鍇《傳》云"淬，刀劍刃使堅也"，認爲"淬"與"焠"通。"焠"字可見於馬王堆漢墓帛書《五十二病方・（癃）病》158—160："以醇酒入□，煮膠，廣□□□□□□□，燔段（煅）□□□□火而焠酒中，沸盡而去之，以酒飲病【者】，□□□□□□□□飲之，令□□□起自次（恣）殹（也）。不已，有（又）復□，如此數。""焠酒中"，"有（又）復□，如此數"，正符合"淬"的藥物反復多次的方法。以"焠"法來制器或制藥，把藥物"淬"入酒中配合製藥。

【今譯】

・患腹內積塊病的人

焚燒劍或有方的尖端，燒紅後立即浸入醇酒中。女子服用十四份，男子服用七份，飲服，腹內積塊病就會痊愈。Q3_3_322NH

治痿病

【釋文】

·治㾏（痿）病[①]

以羊矢（屎）三斗[②]，烏頭二七[③]，牛脂大如手[④]，而三溫鬺（煮）之[⑤]，洗其□，Q3_3_324NH已㾏（痿）病亟甚[⑥]。Q3_3_325NH

【匯釋】

①㾏：**指身體某部分萎縮或失去機能的病。**整理者：即“痿”。武威醫簡“痿”亦作“㾏”。《說文·疒部》：“痿，痹也。”段注：“古多痿痹聯言，因痹而痿也。”

②矢：**通“屎”。**整理者：“羊矢”即羊屎，見《名醫别録》。

斗：**量詞，舊時容量單位。**十升爲一斗，十斗爲一石。《說文·斗部》：“斗，十升也。象形，有柄。”

③烏頭：**烏頭的塊根。**整理者：又名“烏喙、草烏頭”。《本草綱目》卷十七記：“味辛，性溫，有大毒。主治中風惡風，除寒濕痹……”

④牛脂：**牛油。**整理者：《本草綱目》卷五十：“主治諸瘡、疥癬、白秃。”

⑤三：**表示多次。**

溫：**加熱。**《玉篇·水部》：“溫，漸熱也。”“三溫”，反復加熱。

三溫鬺：**反復加熱煮沸。**

⑥整理者：本條簡文係由原篇丙組46號和乙組72號兩段殘片拼接而成，接合處能密合，未缺損文字。本句意爲治愈嚴重的痹病。

【今譯】

·治療痹病

用羊屎三斗，烏頭十四顆，加入手掌大小的牛油，反復加熱煮沸，清洗……Q3_3_324NH能夠治愈嚴重的痹病。Q3_3_325NH

已齲方（一）

【釋文】

·已齲方[①]

見東陳垣[②]，禹步三步[③]，曰：“皋[④]！敢告東陳垣君子，某病齲齒，笱（苟）令某齲已[⑤]，請Q3_3_326NH獻驪牛子母[⑥]。”前見地瓦，操[⑦]。見垣有瓦，乃禹步，已，即取垣瓦貍（埋）東陳垣Q3_3_327NH止（址）下[⑧]。置垣瓦下，置牛上，乃以所操瓦蓋之，堅貍（埋）之。所謂“牛”者，頭虫也[⑨]。Q3_3_328NH

【匯釋】

①齲：**蛀牙**。整理者：《釋名·釋疾病》："齒朽也。"

②東陳垣：**東邊的舊城墻**。整理者：該詞亦見於馬王堆帛書《五十二病方》簡217。王貴元（2009）：患齲齒而求助東陳垣，可能是因爲牙齒排列，其形如墻。陳偉主編（2016：232）：睡虎地秦簡《日書》甲種簡138背—139背："月中旬，毋起北南陳垣及背𡐦（增）之，大凶。"整理者注云："北南陳垣，順南北向的牆。"

③禹步：**古代巫師作法術時的一種步行方法**。整理者：相傳夏禹治水積勞成疾，身病偏枯，行走艱難，故稱。《尸子·君治》："禹於是疏河決江，十年未闚其家，手不爪，脛不毛，生偏枯之疾，步不相過，人曰禹步。"漢揚雄《法言·重黎》"巫步多禹"，晉李軌注："禹治水土，涉山川，病足，故行跛也……而俗巫多效禹步。"故亦稱巫師作法的步法爲禹步。晉葛洪《抱樸子·登涉》："禹步法：正立，右足在前，左足在後，次復前右足，以左足從右足併，是一步也。次復前右足，次前左足，以右足從左足併，是二步也。次復前右足，以左足從右足併，是三步也。如此禹步之道畢矣。"

④皋：**正式說話時的發語詞**。整理者：《禮記·禮運》："升屋而號，告曰：皋！某復。"孔穎達疏："皋者，引聲之言也。"

⑤病：**患病**。《韓非子·外儲說左上》："軍人有病疽者，吳起跪而吮其膿。"

笱：**如果、假如**。整理者：通"苟"。

⑥驪：**純黑色**。《小爾雅·廣詁》："驪，黑色。"

牛子母：**與"子母牛"相同**。王貴元（2009）：《周易·說卦》"坤爲地，爲母，爲布，爲釜，爲吝嗇，爲子母牛"，高亨注："子，讀爲牸。《廣雅·釋獸》：'牸，雌也。'"

驪牛子母：意爲黑色的母牛。

⑦操：**拿著**。《說文·手部》："操，把持也。"

⑧貍：**通"埋"**。整理者說。

止：**"址"，即墻基**。整理者說。

⑨頭虫：**疑指人頭上的虱子**。王貴元（2009）：似指天牛。《本草綱目》："此虫有黑角如八字，似水牛角。色黑，背有白點。"

【今譯】

·治愈蛀牙的方法

見到東邊的舊城墻，按照禹步法行走三步，祝念道："皋！稟告東城墻的大人，有人患蛀牙，如果讓某人的蛀牙痊愈，請愿Q3_3_326NH獻上黑色的母牛。"向前看見地瓦，撿起。看見墻上有磚瓦，就行禹步，停下來之後，取墻瓦埋在東邊舊城墻Q3_3_327NH基下。把墻瓦放在下面，把黑色母牛放在上面，再用所拿的墻瓦將它們蓋上，填埋緊實。所謂"牛"，是指人頭上的虱子。Q3_3_328NH

已齲方（二）

【釋文】

·已齲方

以叔（菽）七，稅（脫）去黑者①。操兩瓦，之東西垣日出所燭②，先貍（埋）一瓦垣止（址）下，復環（還），禹步三Q3_3_329NH步③，祝曰："噂（呼）！垣止（址），笱（苟）令某齲已，予若叔（菽）子。"④而徼之七⑤，齲已⑥，即以所操瓦而蓋□。Q3_3_330NH

其一曰：以米亦可。男子以米⑦七，女子以米二七。Q3_3_331NH

【匯釋】

①稅：**讀爲"脫"**。整理者說。

稅（脫）去黑者：**脫去豆皮的黑色部分。**

②之：**動詞，即到……去。**

燭：**照亮**。整理者：《玉篇·火部》："照也。"

③復環（還），禹步三步：整理者並無句斷在此，釋爲"復環（還）禹步三步"。今按："復環"與"禹步三步"已是兩個動作，可斷開。

④祝：**向鬼神祈禱**。即原指醫學與原始宗教的遺習，用祝與符咒治病。

若：汝。指你、你們、你們的。

⑤而：**連詞，表示目的關係。**

徼：**有兩説：一、疑爲"徼"**。整理者："徼"字不很清楚。徼，求取，謀求。《玉篇·彳部》："徼，要也，求也。"張光裕、陳偉武（2004）：疑此條祝由辭僅至"予若叔（菽）子"，後文"而徼之，齲已"非祝由辭，可參考。**二、疑爲"數"**。陳偉主編（2016：233）：圖版似當爲"數"，待解。今按：根據秦簡牘圖版字形，應爲"數"。《說文》："數，計也。"段注："六藝六曰九數，今九章筭術是也。今人謂在物者去聲，在人者上聲。昔人不盡然。又引伸之義、分析之音甚多。大約速與密二義可包之。"

七：整理者缺釋。

⑥"予若叔（菽）子"至"齲已"：整理者連讀。

⑦米：劉金華（2007）：此條所記事甚爲省略，蓋謂以"米"代替上條中使用的菽。

【今譯】

·治愈蛀牙的方法

用七顆豆，脫去它們的黑皮。手持兩片瓦，來到東西墻邊太陽照亮之處，先將一片瓦埋在墻基下，再圍繞它，按照禹步法走三Q3_3_329NH步，祝念道："呼！墻基，如果能讓某人的蛀牙痊愈，會給予你豆子。"然後數著七顆豆子使蛀牙病愈，

接著用所拿的瓦片蓋住……Q3_3_330NH

另一種方法：用米也可以治愈（蛀牙）。男子用七粒米，女子用十四粒米。Q3_3_331NH

已齲方（三）

【釋文】

·已齲方

見車，禹步三步，曰："輔車車輔①，某病齒齲，笱（苟）能令某齲已，令Q3_3_332NH若毋見風雨。"即取車鎋（舝）②，毋令人見之及毋與人言。操歸，匿屋中，令Q3_3_333NH毋見，見復發。Q3_3_334NH

【匯釋】

①輔車車輔：整理者：原簡第一個"車"字下有重文符號，應讀作"輔車車輔"。輔，綁在車輪外旁用的兩根直木。《韓非子·十過》："輔依車，車亦依輔。虞虢之勢正是也。"陳斯鵬（2007）指出，之所以會有"輔車車輔"祝求治愈齲齒之病，是因爲頰骨與牙床的關係同車輔與車輿的關係相類似。

②車鎋：**同"車舝"，車軸兩端的鍵，即銷釘**。整理者說。

【今譯】

·治愈蛀牙的方法

見到車，按照禹步法走三步，祝念道："輔車車輔，某人得了蛀牙，如果能令某人蛀牙治愈，就讓Q3_3_332NH你不被風吹雨淋。"接著取下車鎋，不要讓別人看見，也不要與別人說。拿起車鎋回家，藏在屋裏，不要讓Q3_3_333NH其他人看見，別人看見了蛀牙就會復發。Q3_3_334NH

病心者

【釋文】

·病心者

禹步三，曰："皋！敢告泰山：泰山高也①，人【居】之。□□之孟也，人席之②。不智（知）Q3_3_335NH而心疾，不智（知）而咸戴③。"即令病心者南首臥④，而左足踐之二七⑤。Q3_3_337NH

歲實⑥。赤【隗獨】指⑦，搕某叚（瘕）心疾⑧。即兩手搕病者腹(一)。Q3_3_336NH

【校記】

（一）第336號簡，整理者置於第335號簡與第337號簡之間。今根據句意和句式，第336號簡應當接在第337號簡之後。

【匯釋】

①敢告泰山：整理者：原簡“泰”“山”兩字下有重文符號，應讀作“敢告泰山：泰山高也……”

②孟：**有兩說：一、疑讀爲“猛”**。陳偉主編（2016：234）：《說苑》卷十：“鴻鵠飛沖天，豈不高哉，矰繳尚得而加之。虎豹爲猛，人尚食其肉、席其皮。”**二、排行最大的**。王貴元（2009）說。今按：應爲排行最大的意思。《說文·子部》：“孟，長也。”

□□之孟也，人席之：本句下，整理者用句號。今按：根據句意，“人居之”后用句號。“□□之孟也，人席之”另起一句。

席：**憑藉，倚仗**。

③陳偉主編（2016：234）：簡336，整理者置於簡335與簡337之間。看內容和句式，簡337當接在簡335之後。

而：**汝。即你，你的**。

知：**病愈**。《方言》卷三：“知，愈也。南楚病愈者謂之差，或謂之間，或謂之知。知，通語也。”

戴：大。《說文》：“戴，大也。”陳斯鵬（2008）：“戴”應讀爲“夷”。

④病：**患病**。

⑤而：**連詞，動作因循相繼，表示承接關係**。《古今韻會舉要·支韻》：“而，因辭。”

⑥歲實：**年歲**。

⑦赤：**紅色，比朱色稍暗的顏色**。

隗：**高峻的樣子**。整理者：“隗”字左側不清。

⑧搕：**有兩說：一、敲擊，擊打**。整理者：《玉篇·手部》：“搕，打也。”**二、疑爲“揰”**。王貴元（2009）：《說文》：“舉手下手也。”

今按：“搕”非“揰”字。第一，據陳偉主編（2016：235）說，簡380或與簡336相連，此病方應接爲“歲實。赤隗獨指，搕某叚（瘕）心疾。即兩手搕病者腹。赤□□指，□□□₌不□□☑”。簡380“赤”下一字疑與簡336“隗”同，根據原圖版，其字跡已模糊不清，左部“阝”可以得出，右部殘缺已分不清“鬼”或“申”。據簡380中“赤□□指”可推，施術者用手指指著病患心疾處敲打。第二，《五十二病方·穨（癩）一》中亦出現運用敲擊實施祝由術治療疾病的醫方：“穨（癩）：操柏杵，禹步三，曰：‘賁者一襄胡，濆（賁）者二襄胡，濆（賁）者三襄胡。柏杵臼穿，一毋一□，□獨有三。賁者潼（腫），若以柏杵七，令某癩毋一。’必令同族抱□穨（癩）者，直（置）東鄉（向）窗道外，改椎之。”祝由祈禱過程爲若病患不除，施術者三次舉起柏木棒，用七根柏杵撞擊以使患者癩疾痊愈。

【今譯】

·患心胸病的人

按照禹步法走三步，祝念道："皋！敢告泰山，泰山高啊，人們在上面居住。□□排行最大，人們倚仗它。沒有痊愈Q3_3_335NH你的心胸疾患，沒有痊愈而疾患全部變大。"接著讓心病患者頭朝南躺下，用左腳踩踏患者腹部十四下。Q3_3_337NH

（不知道是何）年歲。紅色的山峰高高地直指天空，敲擊某人胸中積塊的心胸疾患。接著用兩手敲擊心胸患者的腹部。Q3_3_336NH

癰

【釋文】

操杯米之池，東鄉（向），【禹】〖步三〗【步】，投米，祝曰："皋！敢告Q3_3_338NH曲池[①]，某癰某波[②]，禹步擯房（芳）楘（糜）[③]，令某癰【㪇（數）】去[④]。"Q3_3_339NH

【匯釋】

①東鄉：**即"向東"**。鄉，通"向"，面對。《諸病源候論·白髮候》："向東者，向長生之術。"

曲：**彎，折**。整理者：《廣雅·釋詁》："曲，折也。"

②癰：**一種皮膚和皮下組織化膿性的炎症**。《說文》："癰，腫也。"多發於頸、背，常伴有寒熱等全身症狀，嚴重者可並發敗血症。

波：**有兩說：一、借作"破"**。整理者說。**二、疑爲"波"**。王貴元（2009）："波"之本義是水湧流，"某癰某波"即某癰是某波，義謂癰源於曲池之波，故求助於曲池。今按：不必假借，"波"用本義。"波"，《說文》："波，水涌流也。"段注："《左傳》：'其波及晉國者。'《莊子》：'夫孰能不波。'"《管子·君臣下》："夫水波而上，盡其搖而復下，其勢固然者也。""某癰某波"對應前一句"敢告曲池"，本義明確。此簡爲祝禱辭，使患者的癰瘡破裂痊愈的祝禱可用"水波湧流"形式表達。

某癰某波：**某人的癰瘡已經潰破**。

③擯：**擦拭**。方勇（2009C）：《集韻·文韻》："擯，拭也。"王貴元（2009）："擯"義同"濆"，揚散。今按："擯芳糜"即"擦拭投出的芳香之米"。又《睡虎地秦墓竹簡·詰咎》："殺虫豸，斷而能屬者，濆以灰，則不屬矣。"

房（芳）楘（糜）：**有四說：一、"楘"假借爲"祿"**。王貴元（2009）："楘"應爲"麓"之異體字，"房楘"即"芳祿"，與"芳糧"義同。《九店楚簡》中有"芳糧"，如"君昔受某之聶幣，芳糧"。**二、"楘"讀爲"楣"**。方勇（2009C）說。**三、"楘"應爲"麇"字異體**。潘飛（2010：Ⅸ）說。**四、讀爲"芳糜"**。陳斯鵬（2007）："芳糜"，又見於香港中文大學文物館藏簡牘40號，相當於九店楚簡《日書》的"芳糧"，本指芳香的飯食，但此句指的是一杯水和一把米。李豐娟（2011：

109－110)：推測“桊”應通“糜”，是“稠粥”或和“米、麥”相似的一種穀物。

今按：**釋爲“芳糜”**。同陳斯鵬（2007）和李豐娟（2011：109－110）。簡文中該字圖版隸定爲“桊”無誤，非誤寫。“桊”應通“糜”。“攢房桊”即“祝由術”中常用的近似“糜鬻”的粥類，是祝禱符咒治病的一種方術。本簡是一篇通過禹步法治療癰瘡病的祝禱辭，驅鬼治病。《九店楚簡》M56“君昔受某之聶幣，芳糧，思某來歸食如故”是祝禱符咒治病的一種方術祝禱辭，祈禱祈求。

桊，周家臺秦簡原圖版清晰，隸定爲“桊”無誤。在《漢語大字典》《中華字海》里並無此字。王貴元（2009）提出因“桊”見於《龍龕手鏡・木部》，爲“麓”之異體字，此處假借爲“祿”，“麓”與“祿”音同，故“漉”字又作“淥”“簏”字，又作“箓”。“房桊”即“芳祿”，與“芳糧”義同。《周禮・春官・天府》：“若祭天之司民司祿。”鄭玄注：“祿之言穀也。”但是，這種說法待考釋。

第一，“攢房（芳）桊（糜）”中“攢”譯爲擦拭，《集韻・文韻》：“攢，拭也。”“房桊”應通爲“芳糜”。《九店楚簡》M56 簡“君昔受某之聶幣、芳糧，思某來歸食如故”的“芳糧”同指芬芳的碎米粒。“芳糧”的“糧”是穀類食物的總稱。《詩・大雅》：“迺裹餱糧，于橐于囊。”“芳糜”在今天潮州方言中仍存在，是相對於“白糜”而稱的。由於糜是主食，“糜飯”一詞在潮汕話裏成了“飯”的通稱。如口語中的“三頓糜飯食飽，包事免操心”“人食糜飯狗食屎，怎好相比”中的“糜飯”，就是飯的通稱。

第二，《癰》敘述了通過禹步法治療癰瘡病，是一種“祝由術”。《黃帝內經》“祝由”之“由”，《說文》作“䙈”，《玉篇》作“袖”“褶”，云：“袖，古文褶。”今出土的秦代醫簡周家臺病方、馬王堆帛書《五十二病方》中亦有“祝由（尤）”方。例如：

（1）祝曰：“皋！敢告鬻。”步，投米地，祝投米曰：“某有子三月，疾生。”即以左手撟杯水歙（飲）女子，而投杯地，杯□□（周家臺秦簡第 343—344 號簡）。

（2）令疣者抱禾，令人嘑曰：“若胡爲是?”應曰：“吾，疣。”置去禾，勿顧。（《五十二病方・尤》第二治方）

例（1）通過“一杯水”和“一杯米”，按照禹步法行走祝念道從而施行祝由術。並且“鬻”同“粥”，《爾雅・釋言》：“鬻，糜也。”《集韻・屋韻》亦言糜也。“糜”，《說文・米部》：“糜，糝也。”段玉裁注：“以米和羹謂之糝，專用米粒爲之爲之糝糜，亦謂之鬻。”《釋名・釋飲食》：“糜。煮米使糜爛也。”例（2）通過祝由術治療疣病，叫長有疣的人抱一捆水稻在前面跑，再叫一人在後面邊追趕邊大聲喊：“你是什麼?”抱水稻的人回答：“我是疣!”接著立即扔掉水稻，不停地往前跑，不能回頭看。從例（1）（2）中可以看出“祝由術”的舉行與“米”“鬻”有關，在“祝由術”中主要以“米”“杯米”“投米”“盛米”“鬻”的形式出現在“祝由術”中。綜上所述，“攢”爲擦拭義，“房”借鑒王貴元訓“芳”一說，“房桊”應通爲“芳糜”，“房桊”即譯爲芬芳的碎米粒。如此訓釋，“房桊”與簡前文所提“投米”貼近，簡 339 釋文也應作“曲池，某癰某波，禹步擯房（芳）糜（糜），令某癰轂（數）去”。

④轂：**疾速**。整理者：即“數”。《爾雅・釋詁下》：“數，疾也。”《莊子・天地》：“挈水若抽，數如泆湯。”陸德明釋文：“數如，所角反。李云：‘疾速如湯沸溢也。’”

【今譯】

拿一杯米來到水池邊，朝向東，按照禹步法走三步，向水池投入米粒，祝念道：“皋！敢告Q3_3_338NH曲池，某人的癰瘡已經潰破。現在按照禹步法塗拭芳香的碎米粒，讓癰瘡迅速消除。”Q3_3_339NH

有子三月

【釋文】

禹步三，汲井。以左手袤繘[1]，令可下免甗（甕）[2]。□Q3_3_340NH下免繘甗（甕）[3]，左操杯，鯖甗（甕）水[4]。以一杯盛米，毋Q3_3_341NH下一升。前置杯水女子前，即操杯米，禹步[5]，Q3_3_342NH祝曰：“皋！敢告䰞。”步，投米地[6]，祝投米曰：“某有子三月[7]，Q3_3_343NH疾生。”即以左手撟杯水歙（飲）女子[8]，而投杯地，杯□□[9]。Q3_3_344NH

【匯釋】

①袤：整理者認爲“袤”乃“牽”字誤寫，“繘”，《方言》卷五：“自關而東，周、韓、魏之間，謂之綆，或謂之絡；關西謂之繘。”郭璞注：“汲水索也。”方勇（2009C）：整理者把它讀爲“牽”，在目前沒見到金文中“牽”字字形的情況下，只能推測其中的“矛”旁有可能是甲骨文和小篆的“牽”字所从“玄”旁下部的“么”形的訛形。陳偉主編（2014）：“袤”疑當讀如字。唐慧琳《一切經音義》卷八十一引《韻詮》：“袤，延也。”今按：“弔”，亦有懸掛之義。甲骨文、金文皆形似一個人揹著一支帶著繩子的箭的樣子。篆文作从“人”“弓”。古人死了不埋葬，只用白茅裹起來放在野地而已。孝子不忍心父母死了還被鳥獸啄食，所以拿著彈弓守護，親友也帶弓來協助驅趕禽獸。隸書的形體將甲骨文、金文、小篆中的“人”演變成“丨”。

繘：**井上汲水用的繩索**。《禮記・喪大記》：“管人汲，不說繘，屈之。”孔穎達疏：“繘，汲水瓶索也。”亦泛指繩索。

袤繘：**意爲向下延伸井上汲水用的繩索**。

②免：**引**。整理者：《廣雅・釋詁四》：“脫也。”王貴元（2009）：通“挽”。《玉篇・手部》：“挽，引也。”

甗（甕）：**指小口大腹的陶製汲水罐**。

③□："下"的上一字爲殘字，右側爲"卩"。整理者：疑爲"即"。今按：根據上下文大意"按照禹步法走三步，到達井口旁邊。用左手向井下延伸汲水用的繩索，讓手可以從下方挽住陶罐。□從下面挽住汲水繩索與陶罐"，"□"應譯爲"接著"。

④鯖：**有兩說：一、澄清義**。整理者：疑讀作"清"。**二、借取義**。王貴元(2009)：甕水是從井中打出的水，不必澄清，疑通爲"倩"，借取義。今按："鯖"應爲借取義。《方言》卷十二："倩，借也。"《史記·滑稽列傳》："某所有公田，願得假倩之。""左操杯，鯖甕（甕）水"意爲左手拿著杯子，向甕里取了一杯水。

⑤禹步：**關於"步"字之下有無缺字，有兩說：一、"步"字下殘缺**。整理者：按文意補足"三步"二字。**二、"步"字之下或不缺字，或僅殘缺"三"字**。陳偉主編（2016）：從本簡現有長度看，"步"字之下也可能不缺字。今按：根據原圖版本簡現有長度看，"步"字之下也可能不缺字，或僅殘缺"三"字，但不應缺二字。

禹步：注釋見第326號簡。"禹步法"在周家臺秦簡中出現了八次，祝由過程中使用的禹步祝禱之物有所不同，分見簡326—328、簡329—331、簡332—334、簡335—337、簡338—339、簡341—344、簡346、簡376。

⑥步，投米地：**有兩說：一、未釋**。整理者："步"字前應有一字缺釋。**二、疑爲墨鈎**。陳偉主編（2016：236）：其上筆畫應是墨鈎。今按：疑爲墨鈎，非缺字。

⑦某有子三月：整理者：本簡綴接有待研究，下段係原編丙組中清理出來的一段殘簡，按其長度、簡上文字疏密、形體大小均不能與該組其他殘簡相拼接，卻能與本簡下端殘缺長度相合，但該段殘片中部有一竹節，兩端已萎縮變窄，因而與上端殘簡結合處不能密合。今按：根據圖版，"三"下一字當釋"月"，而非"旬"。

⑧撟：**端起，舉起**。

⑨杯□□：**有兩說：一、有缺簡**。整理者：此條不全，可能下有缺簡。**二、疑與簡379有關**。王貴元（2009）推想簡379爲女子下奶水方，與本簡"有子三月"同爲女子產子方。陳偉主編（2016：237）亦認爲或與簡379有關。

【今譯】

按照禹步法走三步，到達井口旁邊。用左手向井下延伸汲水用的繩索，讓手可以從下方挽住陶罐。□Q3_3_340NH接著從下面挽住汲水繩索與陶罐，左手拿起一個杯子，從陶罐中取出一杯水。用另一個杯子裝米，不必Q3_3_341NH裝下一升米。把一杯水放在女子前面，拿起另一杯米，按照禹步法行走（三步），Q3_3_342NH祝念道："皋！敢告鬻。"又行禹步，把米投撒在地上，對著地上的米祝念道："某人有三個月的身孕，Q3_3_343NH患有疾病。"接著用左手端起水杯讓女子喝，喝完後把杯子往地上摔，杯子……Q3_3_344NH

馬　心

【釋文】

·馬心[①]

禹步三，鄉（向）馬祝曰："高山高絲[②]，某馬心天，某爲我已之[③]，并企侍之[④]。"即午畫Q3_3_345NH地[⑤]，而最（撮）其土[⑥]，以靡（摩）其鼻中。Q3_3_346NH

【匯釋】

①馬：張雷（2017）：簡文第一與第三個"馬"均當讀爲"禡"。今按：第一與第三個"馬"不應讀爲"禡"，三個"馬"應如字讀，從而得出"馬心"即是用禹步的方式來治癒心臟病的結論。張雷（2017）指出《漢書·敘傳下》"類禡厥宗"顔師古注引應劭曰"禡者馬也。馬者兵之首，故祭其先祖也"，認爲本方祭祀時即下馬然後向馬的方向祭祀。然而根據《禮記·王制》載："天子將出征，類乎上帝，宜乎社，造乎禰，禡於所征之地。"鄭玄注："禡，師祭也，爲兵禱，其禮亦亡。"先秦時期，禡祭內容較爲寬泛，大致與軍事有關。第345—346號簡爲治療馬癲狂病方，"馬"在秦朝時期不僅是交通工具，同時也是重要的作戰工具。

馬心：**疑指馬的某種疾病**。整理者："心"字讀爲"駸"，《說文》："馬行疾也。"段注："馬行上當本有駸駸字。"陳斯鵬（2007）：當指馬匹行爲失常、瘋狂不受控制一類的疾病。

②絲：**有三說：一、釋爲"郭"，城墻義**。整理者："郭"，因字左似從"京"，疑爲"郭"字誤寫。**二、讀爲"縣"**。方勇（2015A）說。**三、讀爲"巒"**。陳劍（2015）："絲"形爲"眷"字誤字。今按：應釋爲"高山高絲"。第一，根據原秦簡圖版字跡，"絲"字更似圖版中的字形，是否爲誤寫待考。"絲"，指極微細的東西。《禮記·緇衣》："王言如絲，其出如綸。"第二，根據原圖版可知此字爲"絲"，然而根據上下文義不能準確判定是否爲誤寫。因此釋文應保留原簡字形爲"高山高絲，某馬心天，某爲我已之，并企侍之"。

③天：**有三說：一、疑讀爲"顛"，顛仆義**。陳斯鵬（2007）："天"疑讀爲顛仆之"顛"，"顛某"意爲馬因病瘋而把主人摔倒。**二、釋爲"癲"**。方勇（2012）："天"應讀爲"瘨"，即"癲"字。"心天"是指馬的某種疾病名。**三、釋爲"瘨"，瘋狂義**。陳偉主編（2016：237）：《急就篇》卷四："疝瘕顛疾狂失響。"顔師古注："顛疾，性理顛倒失常，亦謂之狂獝，妄動作也。"這與陳氏對"馬心"的理解相合。

今按："天"疑讀爲"顛"，通"瘨"，瘋狂義。第一，《說文》："瘨，病也。從疒真聲。""天"，《說文》："天，顛也，至高無上。"《廣韻》："他前切，平先透，真部。"故"天""瘨"可通假。清朱駿聲《說文通訓定聲·坤部》："顛，叚借爲瘨。"《廣雅·釋詁》："狂也。"第二，"馬"古來地位崇高，如伯樂相馬。古時"相馬"是生物學的重要組成部分，對馬的各個部位有嚴格要求。《列子·說符》：

“若皋之相馬，乃有貴乎馬者也。”《孔子家語·子路初見》：“孔子曰：‘里語云，相馬以輿，相士以居，弗可費矣。’”《齊民要術·相馬經》有“相馬五臟法”：“肝欲得小，耳小則肝小，肝小則識人意。肺欲得大，鼻大則肺大，肺大則能奔。心欲得大，目大則心大，心大則猛利不驚，目四滿則朝暮健。腎欲得小，腸欲得厚且長，腸厚則腹下廣方而平。脾欲得小，賺腹小則脾小，脾小則易養。”《司牧安驥集·相良馬論》對馬匹各部位的相法載：“馬頭欲得高峻，如削成，又欲得方而重。宜少肉，如剥兔頭；馬眼欲得高，又欲得滿而澤，大而光，又欲得長大，目大則心大，心大則猛利而不驚；馬耳欲得相近而前立，小而厚，又欲得小而促，狀如削竹，耳小則肝小，肝小則識人意；馬鼻欲得廣大而方，鼻中色欲得紅，鼻大則肺大，肺大則能奔；形骨望之大就之小，筋馬也，望之小就之大，肉馬也。”

某馬心天，某爲我已之：**此句含義不明。**陳斯鵬（2007）：疑當斷爲“某馬心，天某，爲我已之”。

④幷企：**有兩說：一、未釋。**整理者：“幷□”。**二、釋爲“企”。**陳偉主編（2016：237）說。今按：根據原圖版字形，形似“企”字。即踮著腳尖，把腳後跟提起來。《説文》：“企，舉踵也。”《老子》：“企者不立，跨者不行。”《漢書·高帝紀上》“日夜企而望歸”，顔師古注：“企謂舉足而竦身。”

⑤午：**縱横相交。**《玉篇·午部》：“午，交也。”《儀禮·大射》：“若丹若墨，度尺而午。”鄭玄注：“一從一横曰午，謂畫物也。”

⑥而：**連詞，動作因循相繼，表示承接關係。**《古今韻會舉要·支韻》：“而，因辭。”

【今譯】

·（治療）馬匹癲狂症（的方法）

按照禹步法走三步，朝向馬匹祝念道：“高山高絲，有一匹馬患了癲狂症，如果能幫我治愈它，（我）將踮起腳尖恭敬服侍它。”接著畫一縱一横兩條交叉的直綫Q3_3_345NH在地上，並拿起一撮泥土，用來塗抹在馬匹的鼻子內。Q3_3_346NH

先　農

【釋文】

·先農①

以臘日，令女子之市買牛胙、市酒②。過街，即行捧（拜），言曰：“人皆祠泰父，我獨祠Q3_3_347NH先農。③”到囷下，爲一席，東鄉（向），三腏④，以酒沃，祝曰：“某以壺露、牛胙⑤，爲先農除Q3_3_348NH舍⑥。先農笱（苟）令某禾多一邑⑦，先農恒先泰父食⑧。”到明出種，即□邑最富者⑨，Q3_3_349NH與皆（偕）出種⑩。即已，禹步三出種所，曰：“臣非異也，農夫事也。⑪”即名富者名，曰：“某不能Q3_3_350NH勝其富，農夫使其徒來代之。”即取腏以歸，到囷下，先侍豚⑫，即言囷下曰："某爲Q3_3_351NH農夫畜，農夫笱（苟）如□□，歲歸其禱。"即斬豚耳，與腏以并涂囷廥下[13]。恒Q3_3_352NH以臘日塞禱如故[14]。Q3_3_353NH

【匯釋】

①先農：**古代傳說中始教先民耕種的農神。或謂神農，或謂後稷。整理者說。**漢王充《論衡·謝短》："社稷、先農，靈星何祠?"《後漢書·禮儀上》："正月始耕。晝漏上水初納，執事告祠先農，已享。"彭浩（2007）：先農也稱神農，一般認爲對神農的祭祀源自炎帝。《漢舊儀》曰："春始東耕於藉田，官祠先農。先農即神農炎帝也。"秦人祭祀炎帝與祠先農或有密切的關係，有悠久的歷史。宋超（2009）：周家臺秦簡中所祠"先農"，衹是主管稼穡事，能令人們經營農事致富的一位農神，其地位在某些邑民的眼中僅高於"泰父（大父）"，似乎並不具有特殊的身份地位。

今按：後世稱司農事之官爲神農。《禮記·月令》："（季夏之月）毋發令而待，以妨神農之事也。"鄭玄注："土神稱曰神農者，以其主於稼穡。"

②臘日：**古時一年結束時祭祀衆神的日子，古時臘祭之日，即農曆十二月初八。**"臘"是古代祭祀之名，始見於《左傳·僖公五年》："虞不臘矣。"晉杜預注："臘，歲終祭衆神之名。"《禮記·月令》對"臘祭"有明確說法："孟冬之月。是月也，大飲蒸，天子乃祈來年于天宗。大割，祠于公社及門閭，臘先祖、五祀，勞農夫以休息之。"皆在夏正十月，臘即蠟也。《風俗通》："禮傳，夏曰嘉平，殷曰清祀，周曰大蠟。"皇侃曰："夏、殷蠟在己之歲終。"舉行臘祭的這一天叫作"臘日"。整理者：《說文》："臘，冬至後三戌，臘祭百神。"彭浩（2007）：周家臺秦墓（M30）所記民間"祠先農"的時間是"臘日"，這說明秦代"祠先農"是一年二度，漢代亦是如此。春季始耕時"祠先農"，冬季"臘日"即"塞禱"。宋超（2009）：與里耶秦簡所載官方祭祀"先農"所不同的是，周家臺簡所載"臘日"祠"先農"的"塞禱"，則完全是私人行爲。李國強（2016）："臘"爲禱祭。《韓非子·外儲說右下》："秦襄王病，百姓爲之禱，病愈，殺牛塞禱。郎中閻遏、公孫衍出見之，曰：'非社臘之時也，奚自殺牛而祠社?'"

女子：**農夫家裏的年輕女僕。**李國強（2016）：從"令"字所表現的語氣可知。

胙：**祭福肉也。**祭後分送給參與祭祀的人。

③泰父：**疑指父輩乃至上輩、先祖神靈。**整理者：即"大父"。陳斯鵬（2007）：望山一號楚墓竹簡78記"父朩（太）"頗疑秦簡之"泰父"，指天之尊神太一。黃菊珍（2009）："大父"應指父輩中最尊貴或最年長的人，或可引申爲先祖。呂亞虎（2010：221）：此處當泛指已逝去的先祖神靈。陳偉主編（2016：238）：江陵嶽山秦牘《日書》記"祠大父良日"，睡虎地、王家臺秦簡《日書》分別寫作"祠父母良日""祭父母之良日"，此處"大父"宜解作上輩、先祖神靈之類。

獨：**副詞，唯獨。**表示範圍，相當於"衹"。

祠：**春祭。後來泛指祭祀。**

④囷：**古代一種圓形穀倉。**

腏：**祭飯。有兩説：一、即“餟”，祭飯。**整理者説。王貴元（2009）：“餟”義應爲祭祀，“三餟”疑指多次祭祀。**二、釋爲“牛胙”。**史志龍（2010）：“三腏”意爲把“牛胙”分爲三份陳列好，然後用酒沃地，這時候才開始舉行正式的祭祀。今按：“腏”，《説文》：“腏，挑取骨間肉也。”“餟”，《説文》：“餟，祭酹也。”此處應結合上下文義，“三腏”應與將黍、酒和“牛胙”分爲三份陳列好有關係。“胙”，祭祀用的酒肉。《左傳・僖公四年》：“太子祭于曲沃，歸胙于公。”杜預注：“祭之酒肉。”古代對神鬼、先祖所舉行的祭禮，包括弭災、求福、征伐、田狩、報謝等。《書・洪範》：“八政：一曰食，二曰貨，三曰祀。”孔傳於“祀”下注曰：“敬鬼神以成教。”夏商周時期，犧牲大多爲祭牛。《禮記・曲禮下》：“天子以犧牛，諸侯以肥牛，大夫以索牛，士以羊豕。”鄭玄注：“肥，養於滌也。”孫希旦集解：“索，簡擇也。”“犧牛”即古代祭祀用的純色牛。“肥牛”，古指養於滌内以供祭祀或食用的牛。滌，養祭牲之室。“索牛”指挑選出來的好牛。《周禮》中有“牛人”一職，《周禮・地官・牛人》：“掌養國之公牛以待國之政令。”始養之曰畜，“畜”，《禮記・曲禮下》：“問庶人之富，數畜以對。”孔穎達疏：“數畜以對者，謂雞豚之屬。”將用之曰牲，“牲”，供祭祀、盟誓和食用的家畜。《周禮・地官・閭師》：“凡庶民不畜者，祭無牲。”“太牢”，古代祭祀中，牛羊豕三牲俱備謂之太牢。《莊子・至樂》：“具太牢以爲膳。”成玄英疏：“太牢，牛羊豕也。”“三牲”，俗謂大三牲。《孝經・紀孝行》：“雖日用三牲之養，猶不爲孝也。”邢昺疏：“三牲，牛、羊、豕也。”牛牲爲上品，唯有天子、諸侯和大夫才有權享用，地位較低的人只能祭以羊、豕。“牛牲”，作爲祭品的牛。《周禮・地官・大司徒》：“祀五帝，奉牛牲，羞其肆。”由此可以看出古代祭祀對於所用的牛的重要程度，祭牛受到當時人們的尊重，必會嚴格規定祭牛的顔色、體態等方面。第一，祭祀所用的牛，毛色純一，犄角周正，身體高大“完全”。《字彙・牛部》：“祭天地宗廟之牛完全曰牲。”不可有一點小小的損傷才能成爲當朝的祭品。《書・泰誓上》：“犧牲粢盛，既于凶盜。”色純爲“犧”，古代祭祀用的純色牲畜。《書・微子》：“今殷民乃攘竊神祇之犧、牷、牲。”孔傳：“色純曰犧。”體全爲“牲”，《礼记・王制》：“祭天地之牛，角茧栗；宗庙之牛，角握；宾客之牛，角尺。”《史記・老莊列傳》：“祭祀之牛養食之數歲，衣以文繡。”馬王堆帛書《五十二病方》“取内戶旁祠空（孔）中黍腏、燔死人頭”中是將祭肉、祭飯兩種祭品存放好。睡虎地秦簡《日書》乙種《行行祠》簡145—146：“東行南（南行），祠道左；西北行，祠道右。其謞（號）曰：‘大常行！’合三土皇，耐（乃）爲四席，席叕（餟），其後亦席三叕（餟）。其祝曰：‘毋（無）王事。唯福是司，勉飲食，多投福’”是祭祀行神和三土皇的典禮。每席各擺放三個祭品，即三叕（餟），黍麥、祭肉、祭酒。

⑤某：**自稱的謙辭。**《正字通・木部》：“某，今書傳凡自稱不書名亦曰某。”

壺露：**疑指祭祀酒。**史志龍（2010）：當指“市酒”。

⑥除舍：**清除，去掉**。整理者：清掃居處。

⑦笱：**如果、假如**。整理者：通“苟”。

多一邑：**在一邑中居最多**。

⑧恒：整理者釋爲“桓”，通作“恒”。陳偉主編（2016：239）：簡文本作“恒”。

⑨明：**指今之次，下一個（專指年、月、日）**。

即□：**待考證**。整理者：“即”字下疑爲“趣”。

⑩皆：**通“偕”，即共同，一起**。

⑪農夫：古代田官名。《詩・周頌・噫嘻》：“率時農夫，播厥百穀。”鄭玄箋：“又能率是主田之吏農夫，使民耕田而種百穀也。”又《豳風・七月》“田畯至喜”，孔穎達疏：“《釋言》云：‘畯，農夫也。’孫炎曰：‘農夫，田官也。’”王貴元（2009）：農神。農夫本爲田官名，其有功者死後即爲神。先農和農夫都是農神。農夫則即負責農作管理的神。

⑫侍：**有兩說：一、讀爲“持”**。整理者說。**二、準備好、待用義**。王貴元（2009）說。馬王堆帛書《五十二病方》：“先侍白雞、犬矢。發，即以刀剶其頭，從顛到項，即以犬矢之。”“侍”的用法與此同。今按：應爲“持”，“侍”後的動作爲“即斬豚耳，與腏以并涂囷廥下”，是關於斬豬耳的動作。

豚：**泛指豬**。陳侃理（2013）：“即取腏以歸，到囷下，……斬豚耳，與腏以并涂囷廥下”，是說要在祭祀的末尾，將祭飯傾倒並塗抹在神靈所居的祭祀場所。

⑬并：**副詞，一起**。

廥：**存放草料的房舍**。

⑭塞禱：**指酬報神的祭祀**。整理者：《史記・封禪書》“冬塞禱”，《索隱》：“塞，與賽同。賽，今報神福也。”

【今譯】

・始教先民耕種的農神

到了臘祭之日，讓家裏的女僕到市場買祭祀用的牛肉和酒。經過街口，即行拜禮，邊說：“人們今天都祭祀先祖神靈，只有我祭祀Q3_3_347NH您農神。”然後到了穀倉下，鋪一桌祭祀酒席，面向東邊，把牛胙分爲三份陳列好，接著用酒澆灑在地上（開始舉行正式的祭祀），祝念道：“我奉上祭祀酒和牛胙，給先農您清掃Q3_3_348NH居處。先農神如果您可以讓我的稻穀在邑中收穫最多，那每年我必會在祖先之前祭祀先農您。”等到出種的那一天，農人來到鄉里最富的人家裏，Q3_3_349NH與他們一齊出種。糧食豐收，按照禹步法三步從儲存種子的地方走出來，說：“我並不想跟別人不一樣，這實在是一個農人不得不做的事情啊。”然後命名爲邑中收穫最多的人，說：“我（把先農神請回到家裏去）是不能Q3_3_350NH傷害先農的財富，我會派使跟隨的人來代替我證明。”接著拿起牛胙和祭飯回家，到了糧倉下，先準備好祭祀的豬肉，接著在倉下對先農說：“我作爲Q3_3_351NH農夫的跟隨者，農夫如果能像□□，年末歸來時候再祭禱。”隨後斬去祭祀豬的耳朵，與祭飯和牛胙一起塗抹在穀倉和房舍下。此後，每到臘祭之日就像以前一樣一直Q3_3_352NH舉行酬報神的祭祀。Q3_3_353NH

種

【釋文】

·取戶旁腏黍[①]，裹臧（藏）。到種禾時，燔冶[②]，以殽種種[③]，令禾毋閬（稂）[④]。Q3_3_354NH

【匯釋】

①戶：**門戶**。《詩·唐風·綢繆》：“綢繆束楚，三星在戶。”朱熹集傳：“戶，室戶也。”

腏：**同“餟”，祭飯**。《廣韻·祭韻》：“腏，同餟。”

腏黍：用黍做成的祭飯。整理者：馬王堆帛書《五十二病方》二四〇條有“黍腏”一詞。

②燔：**焚燒**。《玉篇·火部》：“燔，燒也。”

冶：碎。整理者：馬王堆帛書《五十二病方》二四〇條：“燔白雞毛及人髮、冶各等，百草末八灰……”

③殽：**混雜，雜亂**。《說文·殳部》：“殽，相雜錯也。”

以殽種種：混雜拌在種子里播種。“種”字下有重文符號。

④閬：**有兩說：一、穀物之穗生而不成者**。整理者：通“稂”。**二、高大、空曠義**。呂亞虎（2010：225）說。穀類作物顆粒飽滿者皆作下垂狀，而有穗無實者則高高揚起。今按：此處以“閬”通“稂”。《爾雅·釋草》：“稂，童粱。”邵晉涵正義：“稂爲穀之有稃而無米者，南方農諺謂之扁子。”

【今譯】

·農夫取門戶旁用黍做成的祭飯，包裹起來藏在屋裏。一直到了播種時，農夫將祭飯取出來焚燒並弄碎它們，用來混雜拌在種子里播種，讓穀物不要有穗而無實、有稃而無米，不會再有雜草叢生。Q3_3_354NH

孤虛（二）

【釋文】

甲子旬[①]，戌亥爲狐（孤），辰巳爲虛，道東南入[②]。Q3_3_355NH

甲戌旬，申酉爲狐（孤），寅卯爲虛，從西南入[（一）][③]。Q3_3_356NH

甲申旬，午未爲狐（孤），子丑爲虛，從南方入[④]。Q3_3_357NH

甲午旬，辰巳爲㧓（孤），戌亥爲虚，從西北入。Q3_3_358NH
甲辰旬，寅卯爲㧓（孤），申酉爲虚，從南方【入】⑤。Q3_3_359NH
甲寅旬，子丑爲㧓（孤），午未爲虚，從北方入⑥。Q3_3_360NH

【校記】

（一）此簡應有抄寫訛誤。

【匯釋】

①甲子：整理者："甲子"與以下簡首"甲戌""甲申""甲午""甲辰""甲寅"合稱爲"六甲"。此簡即以孤虚循求盜所道入者及臧（藏）處。

六甲孤虚法：**古時占卜推算之法。**天干爲日，地支爲辰，日辰不全爲孤虚。占卜時得孤虚，主事不成。《史記集解》："六甲孤虚法：甲子旬中無戌亥，戌亥即爲孤，辰巳即爲虚。甲戌旬中無申酉，申酉爲孤，寅卯即爲虚。……"

六甲：**亦稱爲六旬。**將代表60日的60個干支對分爲10天1旬，而每旬開頭之日，其干必爲甲，所以稱爲六甲。一旬爲一甲癸，干自甲起至癸終。以干配支，自甲之癸，一旬終，而支尚未用盡，再起甲配，而有孤虚。如開始以甲配子，乙配丑至癸配酉，十干用盡，而支尚余戌亥。本旬干已配盡，即起下旬之甲來配戌，乙來配亥，而爲甲戌旬。

該簡中的孤虚共三對六組。三對即戌亥、辰巳；申酉、寅卯；午未、子丑。六組即三對地支兩兩互爲孤虚：戌亥爲孤，辰巳爲虚，辰巳爲孤，則戌亥爲虚；申酉爲孤，寅卯爲虚，寅卯爲孤，則申酉爲虚；午未爲孤，子丑爲虚，子丑爲孤，則午未爲虚。這樣六甲便形成三對，即甲子—甲午；甲戌—甲辰；甲申—甲寅。這段簡文從甲子旬始至甲寅旬，所求"臧（藏）處"之方位循"孤"所在方位逆時針旋轉，即西北—西—南—東南—東—北。其中甲子旬與甲午旬、甲戌旬與甲辰旬、甲申旬與甲寅旬所求的方位兩兩相對。陽日坐陽孤擊陽虚，陰日坐陰孤擊陰虚。坐孤者勝，坐虚者負。

旬	孤	虚	循（從）入者	求藏處
甲子	戌亥	辰巳	東南	西北
甲戌	申酉	寅卯	西南	西
甲申	午未	子丑	南	南
甲午	辰巳	戌亥	西北	東南
甲辰	寅卯	申酉	南	東
甲寅	子丑	午未	北	北

②㧓（孤）：**古代方術語。**即計日時，以十天干順次與十二地支相配爲一旬，

所余的兩地支稱之爲“孤”。《史記・龜策列傳》：“日辰不全，故有孤虚。”裴駰集解：“甲乙謂之日，子丑謂之辰。”

虚：**古代陰陽五行家用語**。指每旬的第五天和第六天，與“孤”相對。

道東南入：**甲子旬盜者從東南入**。劉樂賢（2005）：甲子旬辰巳爲“虚”，辰巳的方位在東南。以虚定盜者的進入方位，大概是説盜者總是在人們疏於防範的時間或地點侵入，即所謂的“趁虚而入”。

③西南：**“西南”方向有誤**。劉樂賢（2005）：是“東”的誤抄。今按：“西南”方向有誤。根據“寅卯爲甲戌旬的第五天和第六天，甲戌旬盜者從西南入”，簡文中“甲戌旬”中“寅卯”應爲虚，“寅卯”的方位應在東方，而非西南方。此簡355—360《孤虚（二）》原大意爲“甲子旬之時，所余的兩地支爲戌亥，辰巳爲甲子旬的第五天和第六天，甲子旬盜者從東南入。甲戌旬之時，所余的兩地支爲申酉，寅卯爲甲戌旬的第五天和第六天，甲戌旬盜者從西南入。甲申旬之時，所余的兩地支爲午未，子丑爲甲申旬的第五天和第六天，甲申旬盜者從南入。甲午旬之時，所余的兩地支爲辰巳，戌亥爲甲午旬的第五天和第六天，甲午旬盜者從西北入。甲辰旬之時，所余的兩地支爲寅卯，申酉爲甲辰旬的第五天和第六天，甲辰旬盜者從南入。甲寅旬之時，所余的兩地支爲子丑，午未爲甲寅旬的第五天和第六天，甲寅旬盜者從北入”。然而根據《史記・龜策列傳》的裴駰集解：“甲乙謂之日，子丑謂之辰。六甲孤虚法：甲子旬中無戌亥，戌亥爲孤，辰巳即爲虚。甲戌旬中無申酉，申酉爲孤，寅卯即爲虚。甲申旬中無午未，午未爲孤，子丑即爲虚。甲午旬中無辰巳，辰巳爲孤，戌亥即爲虚。甲辰旬中無寅卯，寅卯爲孤，申酉即爲虚。甲寅旬中無子丑，子丑爲孤，午未即爲虚。”簡256中“甲戌旬，申酉爲狐（孤），寅卯爲虚，從西南入”，即“寅卯爲甲戌旬的第五天和第六天，甲戌旬盜者從西南入”。甲戌旬中寅卯應爲虚，寅卯的方位應在東方，而非西南方。因此釋文應爲“甲戌旬，申酉爲狐（孤），寅卯爲虚，從東入”。

④南：**“南”的方向有誤**。劉樂賢（2005）：是“北”的誤抄。與上同。

⑤南：**“南”的方向有誤**。劉樂賢（2005）：是“西”的誤抄。龍永芳（2007）：是“東北”的誤抄。與上同。

⑥北：**“北”的方向有誤**。劉樂賢（2005）：是“南”的誤抄。與上同。

【今譯】

甲子旬之時，所余的兩地支爲戌亥，辰巳爲甲子旬的第五天和第六天，甲子旬盜者從東南入。Q3_3_355NH

甲戌旬之時，所余的兩地支爲申酉，寅卯爲甲戌旬的第五天和第六天，甲戌旬盜者從西南入。Q3_3_356NH

甲申旬之時，所余的兩地支爲午未，子丑爲甲申旬的第五天和第六天，甲申旬盜者從南入。Q3_3_357NH

甲午旬之時，所余的兩地支爲辰巳，戌亥爲甲午旬的第五天和第六天，甲午旬

盜者從西北入。Q3_3_358NH

甲辰旬之時，所余的兩地支爲寅卯，申酉爲甲辰旬的第五天和第六天，甲辰旬盜者從南入。Q3_3_359NH

甲寅旬之時，所余的兩地支爲子丑，午未爲甲寅旬的第五天和第六天，甲寅旬盜者從北入。Q3_3_360NH

亡馬牛

【釋文】

·甲子亡馬牛，求西北方[①]。甲戌旬，求西方。甲申旬，求南方。甲午旬，求東南方。甲辰旬，求Q3_3_361NH東方。甲寅旬，求北方。Q3_3_362NH

【匯釋】

①甲子亡馬牛，求西北方：劉樂賢（2005）：甲子旬以戌亥爲“孤”，戌亥的方位在西北，故簡文說甲子旬應求馬牛於西北方，其餘各旬的方位，可依此類推。

【今譯】

·甲子旬之時，所余的兩地支爲戌亥，戌亥的方位在西北，故甲子旬應求馬牛於西北方。甲戌旬之時，所余的兩地支爲申酉，申酉的方位在西方，故甲戌旬應求馬牛於西方。甲申旬之時，所余的兩地支爲午未，午未的方位在南方，故甲申旬應求馬牛於南方。甲午旬之時，所余的兩地支爲辰巳，辰巳的方位在東南方，故甲午旬應求馬牛於東南方。甲辰旬之時，所余的兩地支爲寅卯，寅卯的方位在東方，故甲辰旬應求Q3_3_361NH馬牛於東方。甲寅旬之時，所余的兩地支爲子丑，子丑的方位在北方，故甲寅旬應求馬牛於北方。Q3_3_362NH

五　勝[①]

【釋文】

·有行而急，不得須良日[②]。東行越木，南行越火，西行越金，北行越水，毋須良日可也[③]。Q3_3_363NH

【匯釋】

①五勝：**五行家語，指五行的相互制約。即水勝火，火勝金，金勝木，木勝土，土勝水。**《史記·曆書》：“而亦頗推五勝，而自以爲獲水德之瑞。”裴駰集解引《漢書音義》：“五行相勝。”劉樂賢（2006）：額濟納漢簡2002SCSF1：4“南方火，即急行者越此物行吉”、2002ESCSF1：14“持水北行，持”兩枚殘簡與厭劾有關。這兩支簡都殘損嚴重，較爲完整的記載見於周家臺秦簡第363號簡。陳炫瑋（2007：

66）：孔家坡漢簡《日書》“五勝”篇“五勝：東方木，金勝木。□鐵，長三寸，操，東。南方火，水勝火。……西方金，火勝金。操炭，長三寸，以西，纏以布。欲有□□行操此物不以時”，內容主要是講述五行相勝之法。類似這種五行厭勝之術亦見於周家臺第 363 號簡。陳偉主編（2016：241－242）：今參照孔家坡漢簡《日書》自題定名。劉國勝（2014）：可依據孔家坡漢簡《日書》自題定名，簡文中的“越”當是勝過之義。今按：劉國勝（2014）、陳偉主編（2016）皆認爲可依據孔家坡漢簡《日書》自題定名，簡文中的“越”當是勝過之義。睡虎地秦簡《日書》等皆有五行占卜的內容，睡虎地秦簡《日書》乙種簡 139：“節（即）有急行，以此行吉。☑【金】勝木，可東。戊己土日，庚辛金日。”香港中文大學文物館藏簡 32、64、66：“☑北行以金日。”

②須：**等待**。整理者說。陳偉主編（2016：242）：“不得須良日”與放馬灘秦簡《日書》甲種簡 66 貳、乙種簡 165 所記“禹須臾行，不得擇日”的“不得擇日”語意相近，是說有事急行等不了良日的情況。

③越：**有兩說：一、出行前跨越某物之義**。陳炫瑋（2007：67）：這是說明出行者祇要在欲行之方向，擺上此方位五行屬性之物，然後越過它而行。呂亞虎（2010）亦持類似的看法，認爲簡文是說出行方向爲東，出行者就象徵性地跨越木；爲南，就越過火；爲西，就越過金；爲北，就越過水。**二、出行前操持某物之義**。陳偉主編（2016：242）：據孔家坡漢簡《日書》“五勝”，往東行須操鐵，是因爲鐵屬西方金，而金勝木。依此類推，即南行須手持五行勝南方火的北方水之器，北行須手持五行勝北方水的中央土之器，西行須手持五行勝西方金的南方火之器。今按：通過這樣的儀式後，就無須等到良辰吉日才能出行。南方對應的是五行屬火，東方對應的是五行屬木，北方對應的是五行屬水，西方對應的是五行屬金。因此出行沒有遇上吉日時，可以通過跨越並勝過東南西北各方所對應的五行之物。

【今譯】

·有事急行，遇到等不上吉日的情況。向東行須手持五行勝東方木的西方金之器，向南行須手持五行勝南方火的北方水之器，向西行須手持五行勝西方金的南方火之器，向北行須手持五行勝北方水的中央土之器，不需要等到吉日也可以。Q3_3_363NH

令

【釋文】

·令以七月己丑夕到宛①。其庚寅遣書下②，乙未去宛。八月甲子銷③。Q3_3_364NH

【匯釋】

①宛：**地名**。整理者：宛，在今河南南陽。本簡似爲記事。陳偉主編（2016：

242）：宛，縣名，秦漢屬南陽郡。本簡蓋是某文書的傳遞記錄。《秦律十八種・行書》簡 184："行傳書、受書，必書其起及到日月夙莫（暮），以輒相報殹。"

②遣書：**發信**。此處應指任命文書。

③銷：**地名**。陳偉（2011）：秦至漢初南郡的銷縣，先後出現於周家臺 30 號秦墓第 364 號簡、張家山 247 號漢墓出土的《二年律令・秩律》第 456 號簡、里耶古井 16：52 秦里程木牘、嶽麓書院秦簡《三十五年質日》第 01/0092、02/0052、03/2177 +1177、04/0006、05/0071 號簡。今按：關於銷縣之考，歷來學者已提出相應觀點。周振鶴先生根據《二年律令・秩律》、里耶里程木牘（16：52）將銷縣定位於今湖北荆門市北面的石橋驛與南橋之間。《三十五年質日》所記的咸陽之行從四月一日（己未）開始，當晚"宿當陽"，次日（庚申）"宿銷"，第三日（辛酉）"宿箬鄉"。黄錫全先生认爲里耶秦簡簡文記載的從鄢至江陵四百三十里的距離過遠，銷縣應爲漢江沿岸楚國的"郢郊"（今鍾祥市）。王煥林先生提出里耶秦簡應是水路簡，根據里程應在今鍾祥市境內。與鍾祥市北部"湫"古音旁轉。陳偉先生根據嶽麓秦簡《三十五年質日》推斷銷縣在漢當陽縣治、今湖北省荊門市南約二十公里處，與箬鄉、今鍾祥市西北胡集鎮南的麗陽村一帶這兩地之間。銷縣亦出現在里耶古井木牘、嶽麓書院秦簡等各簡牘中，對於其具體的位置研究提供了準確的考證。如：

（1）鄢到銷百八十四里，銷到江陵二百卌六里，江陵到孱陵百一十里。孱陵到索二百九十五里。索到臨沅六十里。臨沅到遷陵九百一十里。（里耶古井 16：52 秦里程木牘）

（2）四月大。己未宿當陽。庚申宿銷。辛酉宿箬鄉。壬戌。癸亥。甲子宿鄧。（嶽麓書院秦簡《三十五年質日》第 01/0092、02/0052、03/2177 +1117、04/0006、05/0071 號簡）

第（1）簡可印證周振鶴先生根據《二年律令・秩律》的記載，按照銷北至鄢一百八十四里，南至江陵二百四十六里的標誌，大概可以將銷縣定位於今湖北荆門市北面的石橋驛與南橋之間。第（2）簡證明了銷縣應爲陸道。當陽、漢縣在今荆門市南團林鋪一帶。《唐代交通圖考》卷四《山劍滇黔區》載："荆襄驛道者，……先論其陸驛行程，襄陽城西置漢陰驛，……縣西南行九里至宜城驛，即漢宜城縣故城，亦即楚之鄢城也，韓愈有記，……又南三十里至故蠻城，置蠻水驛，崔櫓有蠻溪渡詩。其地卑下，泥淖，徐商就高開路，徑捷易行。又南約八十五里至樂鄉縣。又南約八十里至荆門縣。……又南約三十里至紀南故城，即楚之郢都，置紀南驛，羅隱有詩。又南十五里至荆州治所江陵縣，北去荆門約近二百里，置江陵驛、臨沙驛、五花館，以待賓客。"從《里耶古井》16：52 秦里程木牘所載方位，銷縣位於今荆門市以北，子陵鋪鎮一帶。從《北京大學藏秦水陸里程簡》所載方位，銷縣在今鄭集南七十公里處，約今荆門市以北，子陵鋪鎮以南，銷縣亦非水路沿岸。

【今譯】

·命令他七月己丑日傍晚到宛地（今河南南陽）。第二天庚寅日下達任命文書，第七天乙未日離開宛地。八月甲子前往銷縣（今湖北荆門市内）。Q3_3_364NH

殘篇（一）

【釋文】

猶始[①]。十月戊子齊而牛止[②]，司命在庭□[③]☑Q3_3_365NH 明星[④]，北斗長史[⑤]。Q3_3_366NH

【匯釋】

①整理者：本簡簡首無原點號，前有缺簡。考慮到秦曆以十月爲歲首，而第364號簡簡文中的七月有“己丑”至“乙未”，則不拘有無閏九月，次年十月無戊子，故本簡不能直接排在前一簡之後。

②牛：**有兩說：一、釋爲“手”**。整理者說。**二、星宿名**。陳偉主編（2016：243）：看下文司命，“牛”或是星宿名。今按：“牛”應爲星宿名。

③司命：**文昌的第四星**。整理者：《周禮·春官·大宗伯》：“以槱燎祀司中、司命、飌師、雨師。”鄭玄注：“司命，文昌宮星。”《史記·天官書》：“斗魁戴匡六星，曰文昌宮……四曰司命。”

④明星：**疑指啟明星，即金星**。《詩·鄭風·女曰雞鳴》：“子興視夜，明星有爛。”朱熹集傳：“明星，啟明之星，先日而出者也。”

⑤北斗：**星宿名，指北斗星**。《春秋·文公十四年》：“秋七月，有星孛入於北斗。”夜空北方排列成斗形的七顆亮星，即天樞、天璿、天璣、天權、玉衡、開陽、搖光七星。古人用假想的綫把它們連接起來，象酒斗之形，故稱北斗。天樞、天璿、天璣、天權四星組成方形，象斗，叫斗魁，也叫璿璣。玉衡、開陽、搖光三星組成斗柄，叫斗杓，也叫玉衡。

長史：**職官名稱，秦置**。《史記·秦始皇本紀》：“二世益遣長史司馬欣、董翳佐章邯擊盜，殺陳勝城父，破項梁定陶，滅魏咎臨濟。”西漢時相國、丞相，後漢太尉、御史大夫、司徒、司空屬官均設長史，後歷代相沿。

【今譯】

……猶始。十月戊子日，群星排列整齊，牛星消失，司命在庭□☑Q3_3_365NH 啟明星，北斗星長史官。Q3_3_366NH

【釋文】

·平旦晉[①]，日出俊[②]，食時錢[③]，日中弌[④]，餔時浚兒[⑤]，夕市時□□[⑥]，日入雞，雞[⑦]Q3_3_367NH

【匯釋】

①平旦：**古代十二時之一，相當於後來的寅時，指清晨。**《孟子·告子上》："其日夜之所息，平旦之氣，其好惡與人相近也者幾希。"整理者："平旦"及下面的"日出""食時""日中""餔時""夕市時""日入"，均爲一日內的時分。

晉：**其含義待考。**整理者說。今按：《說文·日部》："晉者，進也。日出萬物進。從日從臸。"《易·晉·彖傳》："晉，進也。明出地上，順而麗乎大明，柔進而上行。"孔穎達疏："晉，進也者，以今釋古。古之晉字，即以進長爲義。"

②日出：**時段名稱，即卯時。**指太陽露出地表後的一段時間，相當於上午五時至七時。

③食時：**時段名稱，即辰時。**相當於上午七時至九時。

錢：**古代的一種農具。**《說文》："錢，銚也。古者田器。"段玉裁注："上文銚字，下云古田器者，古謂之錢，今則但謂之銚。"

④日中：**即午時。**

弌：**有兩說：一、讀爲"一"。**整理者說。**二、未釋。**陳偉主編（2016：244）：晉、俊、錢、弌等含義待考。今按：其含義待考。《說文》："古文一。"段注："凡言古文者，謂倉頡所作古文也。此書法後王，尊漢制，以小篆爲質，而兼錄古文、籀文。所謂今敘篆文，合以古、籀也。小篆之於古、籀。或仍之，或省改之。仍者十之八九，省改者十之一二而已。仍則小篆皆古、籀也。故不更出古、籀。省改則古、籀非小篆也，故更出之。一二三之本古文明矣。何以更出弌式弎也，葢所謂即古文而異者，當謂之古文奇字。"

⑤餔時：**即申時。**相當於午後三時至五時。

浚兒：**或讀作"狻猊"。**整理者："皃"，《穆天子傳》卷一："狻猊野馬走五百里。"郭璞注："狻猊，獅子，亦食虎豹。"

⑥夕市：**傍晚進行的集市貿易，亦指傍晚時的市場。**《周禮·地官·司市》："夕市，夕時而市，販夫販婦爲主。"

時□□：**有兩說：一、"發□"。**整理者說。**二、釋爲"鸊鷉"。**方勇（2015A）改釋，指出"鸊"字見於《說文》。《說文》："鸊，鸊鷉也。"段注："《釋鳥》：'鷉須嬴。'按單呼曰鷉，絫呼曰鸊鷉。《方言》：'野鳧其小而好沒水中者，南楚之外謂之鷿鷉。大者謂之鶻鷉。'《南都賦》作'鸊鵜。'"今按：兩字疑釋爲"鸊鷉"。原圖版第一字右旁从"辟"，第二字右旁从"虒"。結合上文的"狻猊"，指獅子，以及下文中"雞"的內容，此處□□應與"狻猊""雞"皆屬動物才能符合全句文意。

⑦日入：**指酉時，太陽落下去。**《穀梁傳·莊公七年》："日入至於星出，謂之昔。"

雞：**下應有續簡。**整理者："雞"字下有重文符號。

【今譯】

·清晨萬物進，日出時萬物俊美，辰時進行耕種，午時弌，申時狻猊出來，傍晚時進行的集市貿易䴙䴘，太陽落山時雞，雞……Q3_3_367NH

浴　蠶

【釋文】

·“今日庚午利浴𧒒（蠶）①，女毋辟（避）瞽暮₌（瞙瞙）者(一)②，目毋辟（避）胡者③，腹毋辟（避）男女牝牡者④。”以脩（滫）清一Q3_3_368NH 桮（杯）⑤，礜赤叔（菽）各二七⑥，并之，用水多少，次（恣）殹（也）⑦。浴𧒒（蠶）必以日毚（纔）始出時浴之⑧，十五日乃Q3_3_369NH已。Q3_3_370NH

【校記】

（一）陳偉主編（2016：244）釋爲“女毋辟（避）瞽瞙瞙者”，今根據圖版釋爲“女毋辟（避）瞽暮₌（瞙瞙）者”。

【匯釋】

①𧒒：**有兩說：一、疑爲“蠶”字**。整理者：“浴蠶”，浸洗蠶子，古代育蠶選種的方法。**二、“朁”的異體**。劉樂賢（2010）：“𧒒”應分析爲从“曰”从雙“虫”得聲，可以看作“朁”的異體。所从雙“虫”是“蟲”的省寫。“蠶”从“朁”得聲，故“浴蠶”寫作“浴𧒒”。今按：整理者說是。陳斯鵬（2007：120）指出，古時已有對“先蠶”的崇拜現象，如《後漢書·禮儀志》載：“皇后帥公卿諸侯夫人蠶，祀先蠶，禮以少牢。”浴蠶播種時念道的祝禱詞，其具體祝禱內容已無法得知，但是能清晰地反映出古代養蠶業的人們崇拜能保佑蠶類的“先蠶”，展現了人們對蠶種來年豐收的希望。但是“浴蠶”與先農崇拜之間的關係仍不可知，需要不斷的文獻證明。簡文所記載的十四枚“礜”“赤叔”與一杯澄清後的淘米水合成浴蠶液，與水融合的濃度“次”之，整理者釋爲“恣”，意爲任意加入。然而浴蠶藥水濃度一定是按照一定的比例的。因此，“恣”應是滿足之義，符合浴蠶原液所需的稀釋量。

②女：**同“汝”**。

辟：**通“避”，迴避**。《說文·辵部》：“避，回也。”段注：“此回依本義訓轉，俗作迴，是也。”《玉篇·辵部》：“避，迴避也。”

瞽：**通“眅”**。整理者：《集韻·刪韻》：“眅，《說文》：‘多白眼也。’或作瞽。”《字彙·目部》：“眅，眼多白，亦白眼也。”

瞙：**“瞙”下有重文符號**。陳偉主編（2016：244）：釋爲“女毋辟（避）瞽瞙瞙者”。《玉篇·目部》：“瞙，《字統》云：目不明。”今按：應釋作“瞽暮₌（瞙瞙）者”，“瞙”下有重文符號，指目不明。《正字通·目部》：“瞙，俗謂目瞖曰瞑。”簡文原圖版字跡清晰，因此釋文可不用釋爲“女毋辟（避）瞽瞑瞑者”。

③胡：**老壽**。整理者：《詩經·絲衣》：“胡考之休。”陳偉主編（2016：245）：“目”或屬上讀。今按：指長壽，常“胡考”“胡耇”連用。

④腹毋辟（避）男女牝牡者：**不要迴避男女的性別與禽畜的雄雌**。整理者：以上爲祝浴蠶之辭。陳偉主編（2016：245）：“腹”或屬上讀。

⑤脩：**通“滫”**。整理者：《說文·鬲部》：“鬷，滫米器也。”段玉裁注：“滫米猶淅米，淅之以得其泔也。”《史記·三王世家》正義：“滫者，淅米汁也。”

滫清：**指澄清後的淅米泔水**。

⑥礐：**明亮**。整理者：即“皦”。《說文》：“皦，玉石之白也。”《詩經·王風·大車》：“謂予不信，有如皦日。”疑爲潔白的石頭。

赤菽：**赤小豆**。整理者：《韓非子·內儲說上》：“俄又置一石赤菽東門之外而令之曰：‘有能徙此於西門之外者，賜之如初。’”

⑦次：**隨意，此處指用量不拘**。整理者：讀作“恣”。此處疑指用量隨意不限。

⑧必：**副詞，必須**。睡虎地秦墓竹簡《秦律十八種》：“爲器同物者，其小大、短長、廣亦必等。”

纔：**指黑里帶紅的顏色**。《說文》：“纔，帛雀頭色。一曰微黑色，如紺。纔，淺也。”段玉裁注：“《（周禮）巾車》‘雀飾’注曰：‘雀，黑多赤少之色。’玉裁按：今目驗雀頭色，赤而微黑。”

【今譯】

·“今日庚午日適合浸洗蠶子，有利於育蠶選種，請你不要迴避眼多白及目不明的，眼睛不要迴避年齡大的人，不要迴避男女的性別與禽畜的雄雌。”拿一杯Q3_3_368NH澄清後的淅米泔水，白石和赤小豆各十四份，混在一起，用水的份量與浴蠶原液相匹配，用量不拘。浸洗蠶子必須在當日蠶子開始出現黑里帶紅的顏色時才清洗，十五日後才Q3_3_369NH結束。Q3_3_370NH

塈囷垤穴

【釋文】

·以壬辰、己巳、卯溉（塈）[①]囷垤穴[②]，鼠弗穿[③]。Q3_3_371NH

【匯釋】

①溉：**有三說：一、釋爲“溉”**。整理者：用水澆灌義。**二、訓爲“滌”**。曹方向（2009B）：《詩經·大雅·泂酌》：“可以濯溉。”朱熹注：“溉亦滌也。”亦即古人所說的“灑埽”。《詩經·豳風·七月》：“十月滌場。”朱熹注：“滌，埽也。”簡文“溉囷垤穴”應當包括打掃囷倉和堵塞孔穴兩件事。**三、讀爲“塈”**。陳偉主編（2016：245）：簡文寫作“溉”，讀爲“塈”。睡虎地秦簡《爲吏之道》第33號簡

"屚（漏）屋塗溼（塈）"，整理者指出"塗塈"是用灰泥塗抹房屋。今按："塈囷"應爲塗抹圓形穀倉。"塈"，以泥塗屋頂。睡虎地秦簡《爲吏之道》第29—33號簡"……作務員程，老弱瘁（癃）病，衣食飢寒，稾靳瀆（瀆），屚（漏）屋塗溼（塈）"，可參看。

②垤：**螞蟻做窩時堆在穴口的小土堆，也叫"蟻封""蟻塚"。螞蟻會在雨前封穴。**整理者：《說文》："垤，螘封也。"《廣雅》卷三上："封，垤，坻，場也。"王念孫疏證："封垤者，《方言》：'垤，封，場也。'"《詩·豳風·東山》："鸛鳴於垤。"古書便有灌水治鼠穴的方法。《漢書》卷五十三："臣聞社鼷不灌，屋鼠不熏。"

垤穴：**蟻穴。**張光裕、陳偉武（2004）：原簡於"卯"字前當奪一天干字。"垤"當讀爲"窒"。《詩·豳風·七月》："穹窒熏鼠，塞向墐戶。"毛傳："窒，塞也。"

③穿：**穿過，穿透。**《說文·穴部》："穿，通也。"《字彙·穴部》："穿，貫也。"

【今譯】

·在壬辰、己巳、卯日打掃和塗抹圓形穀倉、堵塞蟻穴，老鼠都不能穿過。Q3_3_371NH

已鼠方

【釋文】

·已鼠方①

取大白礜大如母（拇）指②，置晉斧（釜）中③，涂而燔之，毋下九日，冶之，以④。Q3_3_372NH

【匯釋】

①已鼠方：**有兩說：一、除鼠患的方法。**整理者說。**二、鼠瘻。**張雷、張炯（2013）：鼠，指鼠瘻，即瘰癧，淋巴結核。今按：應釋爲鼠瘻。根據此病方中的"大白礜"可知不應是除鼠患，而是治療鼠瘻。"大白礜"，《名醫別錄》載："主明目，下氣，除膈中熱，止消渴，益肝氣，破積聚，痼冷腹痛，去鼻中瘜肉。久服令人筋攣。火煉百日，服一刀圭。不煉服，則殺人及百獸。"《神農本草經》亦有："治寒熱，鼠瘻，蝕瘡，死肌，風痹，腹中堅癖，邪氣，除熱。"

②白礜：**古代煉製外丹的常用礦物原料。即硫化砷鐵，爲五石之一。**《山海經·西山經》："皐塗之山……其上多桂木。有白石焉，其名曰礜，可以毒鼠。有草焉，其狀如槀茇，其葉如葵而赤背，名曰無條，可以毒鼠。"郭璞注："（白礜）今礜石，殺鼠。音豫。"《本草綱目》卷十："以黃泥包（白礜石），炭火烧之，一日一夕則解而可用。"《神農本草經疏》卷五："（砒石）見火則毒愈甚，……以之毒鼠，鼠死；猫、犬食之亦死。"

③晉：**讀作“煎”**。整理者：《說文》：“煎，熬也。”段注：“方言。熬、聚、煎、僬、鞏、火乾也。凡有汁而乾謂之煎。”

斧：**讀作“釜”，古炊器**。整理者說。釜，斂口，圜底，或有兩耳。其用如鬲，置於灶口，上置甑以蒸煮。盛行於漢代。有鐵製的，也有銅製和陶製的。

④以：整理者：此條不全，按文意，其後應有續簡。

【今譯】

·治療鼠瘻的方法

取猶如拇指大小的大塊白礜，放入釜器中煎烤，塗抹均勻並焚燒，不到九天，粉碎它們，用來……Q3_3_372NH

肥　牛

【釋文】

·肥牛[①]

善食之[②]，而歓（飲）以銾[③]，一月已。Q3_3_373NH

【匯釋】

①肥牛：**使牛肥壯的方法**。整理者說。

②善食：**精心餵養**。整理者說。

③而：**連詞，表示並列，相當於“和”“與”**。清王引之《經傳釋詞》卷七：“而，猶與也，及也。”

銾：**有兩說：一、釋爲“雨潦之水”**。整理者考釋“銾”，疑讀爲“沫”。**二、牲口飼料之義**。方勇（2009A）：不用通假，秣，本義是指餵養牛馬的穀物或飼料。《周禮·天官·大宰》：“七曰芻秣之式。”鄭玄注：“芻秣，養牛馬禾穀也。”在我國北方的一些地區仍保留在給牛馬之類的牲畜育肥時除了給好一點的飼料餵養之外，還要在飲水中添加一定的穀物飼料或者用泡過飼料的水來飲牛馬的習慣。

【今譯】

·使牛肥壯的方法

精心餵養它們，給牛馬育肥時除了給好的飼料之外，還要在飲水中添加一定的穀物飼料或者用泡過飼料的水來餵養它們，一個月後就能變好。Q3_3_373NH

殘篇（二）

【釋文】

·以給、顛首、沐浞歓[①]，并，參（三）熘（溫）鬻（煮）之，令[②]☐Q3_3_374NH

【匯釋】

①給：**疑讀爲“及”字，白芨**。二字古音同爲牙音，韻部同爲緝部，“及”可讀爲“芨”。“芨”，《說文》：“堇艸也。从艸，及聲，讀若急。”即堇草，白芨，也作“白及”。蘭科，花大而美，供觀賞，中醫以塊莖入藥。《本草纲目》记载其“酸，温，有毒”，主治“風瘙隱疹，身癢濕痹，可作浴湯”。

顛首：**或是藥物名**。周祖亮、方懿林（2014：38）：疑關沮秦簡的“顛首”是指頭微微抖動、搖曳，其又見於阜陽漢簡《萬物》第66號簡，當是藥物名，但具體所指不明。方勇（2012）疑爲藥物名，根據句意與斷句，“顛首”應爲當時的一種藥物名稱，專治頭微微抖動、搖曳等症狀。

浞：**浸漬**。整理者釋出“水”旁。《說文》：“濡也。”《廣雅・釋詁二》：“漬也。”

箘：整理者：“箘”字，疑从“界”，無解釋。周祖亮、方懿林（2014：38）同。今按：隸定此字應爲“箘”。該字从竹、从佃或甸，亦見於馬王堆帛書《五十二病方》中“取桐本一所”，整理者將此字釋爲“節”，但《馬王堆簡帛集成（伍）》編著者認爲“‘一節所’之釋待考”，因此應釋爲“箘”。

②本簡與下簡從簡文字形上看，可能相聯繫。

【今譯】

・將白芨、顛首、沐等藥物去漬，混合，反復加溫煎煮，使它們……Q3_3_374NH

【釋文】

取柬灰一斗，淳毋下三斗[①]，孰（熟）□而鬻（煮）☐Q3_3_375NH

【匯釋】

①柬灰：**冬灰**。可參看第315號簡註釋。

淳：**澆注，澆灌**。整理者：沃也。林雅芳（2009）：“淳”爲“醇”，指味道濃厚。今按：應爲“澆灌”。《說文・水部》：“淳，淥也。”《禮記・內則》：“淳敖：煎醢加於陸稻上，沃之以膏，曰淳熬。”鄭玄注：“淳，沃也。”

【今譯】

取冬灰一斗，向下澆灌時不要下三斗，熟了之後□加溫煎煮……Q3_3_375NH

瘧

【釋文】

・北鄉（向），禹步三步，曰：“嘑（呼）！我智（知）令某瘧、令某瘧者某也[①]。若笱（苟）令某瘧已[②]，□已□已[③]。一□言若[④]。”Q3_3_376NH

【匯釋】

①令某瘧：**疾病名**。整理者："令""某""瘧"三字下有重文符號，讀作"我智（知）令某瘧，令某瘧者某也"。陳偉主編（2016：247）：簡文恐當改如今讀，用於多人同時患病時。今按："瘧"，《說文》："寒㷱休作病。"特徵爲寒戰、壯熱、出汗。《素問·瘧論》："瘧之始發也，先起於毫毛，伸欠乃作，寒慄鼓頷，腰脊具痛，寒去則內外皆熱，頭痛如破，渴欲冷飲。"

②若：**你**。整理者說。

③□已：**空缺處疑爲"下"**。整理者："□已"二字下均有重文符號。陳偉主編（2016：247）：前一字疑爲"下"字。今按：原圖版缺字，根據輪廓疑爲"下"。

④一□：**空缺處疑爲"日"**。整理者作"□□"，原簡字跡不清，並有重文符號，後亦有缺簡。陳偉主編（2016：247）：此處當有兩字，前一字釋爲"一"。今按："一"後根據原圖版，疑爲"日"。

【今譯】

·朝向北方，按照禹步法走三步，說："呼！我知道使某人得瘧病，使某人得瘧病的人是某人。你如果讓某人的瘧病痊愈，□痊愈□痊愈。一□說你……" Q3_3_376NH

女子蚤[①]

【釋文】

幷合和之[②]。即取守室二七[③]，置梮中，而食以丹[④]，各盡其復（腹）。堅Q3_3_377NH塞[⑤]，勿令𨓜[(一)][⑥]。置□後數宿[⑦]。【期】之乾[⑧]，即出，冶，和合樂（藥）□□歓（飲）食[⑨]，即女子蚤已[⑩]。Q3_3_378NH

【校記】

（一）陳偉主編（2016：248）釋爲"毋"，今根據圖版與整理者報告，應釋爲"勿"。

【匯釋】

①蚤：**讀爲"瘙"，疥瘡**。《廣雅·釋詁一》："瘙，創也。"《廣韻·去號》："瘙，疥瘙。"《本草綱目·果五·慈姑》："調蚌粉，涂瘙疿。"馬王堆帛書《五十二病方》"乾騷方"，整理者將"騷"讀爲"瘙"。

女子蚤：**女子疥瘡**。整理者：第377、378號簡前後相次，第377號簡注釋說："此條前後均有缺簡。"第378號簡注釋說："本簡與上一簡文字形接近，有可能相聯繫。"陳偉主編（2016：248）：將第377號簡末字釋出後，與第378號簡實可連讀，歸爲一篇，以"女子蚤"稱之。

②合：**有兩說：一、原釋文作“命”**。整理者指出，此條前後均有缺簡。**二、當釋爲“合”**。張光裕、陳偉武（2004）改釋，圖版中“命”字右下角模糊，認爲“合和”或作“和合”。“和合”，意爲調和，爲古醫方中表述藥物炮製的熟語。簡文“幷合和”是三個動詞連用，義均相近。陳偉主編（2016：248）：上文已缺，當記有數種藥材。“幷合和”指將這些藥材一併和合。

③守室：**有三說：一、“守宮”，疑爲誤寫**。整理者：“守宮”，即蜥蜴，又名石龍子。《神農本草經》：“主五癃邪結氣，破石淋，下血，利小便水道。”《本草綱目》：“消水飲陰，滑竅破血。”**二、疑爲異名**。陳偉（2003）：“守室”並不一定是“守宮”的誤寫，而可能是其異名。**三、非形誤**。張光裕、陳偉武（2004）：“宮”“室”屬同義替代。

④椆：**器具名**。整理者：字右側不清，當爲容器名。《說文》：“椆，木也。从木，周聲。讀若丩。”“椆”上古屬章母幽部字。方勇（2015B）：“椆”可通假爲上古音屬喻母宵部的“䍃”字，二者同爲舌音，韻部旁轉，讀音很近。《方言》卷五：“䍃，甖也。淮、汝之間謂之䍃。”錢繹箋疏認爲：“甖，《眾經音義》卷三引作罌，舊本甖下脫‘也’字，今據補。《說文》：‘罌，缶也。’《廣雅》：‘罌，瓶也。’《玉篇》：‘罌，瓦器也。’……罌與甖同。”

而：**連詞，動作因循相繼，表示承接關係**。《古今韻會舉要·支韻》：“而，因辭。”

丹：**指硃砂**。

⑤堅塞：**有兩說：一、未釋“□塞”**。整理者說。**二、“□”疑爲“堅”**。陳偉主編（2016：248）：“塞”字前爲“堅”，牢固地堵塞。

⑥勿：**有兩說：一、釋爲“勿”**。整理者說。**二、釋爲“毋”**。陳偉主編（2016：248）說。今按：應爲“勿”。第一，根據原簡圖版，其字應爲“勿”。第二，“勿”，副詞，不要，表禁止。《孟子·梁惠王上》：“百畝之田，勿奪其時，八口之家，可以無饑矣。”

䟃：**散開**。《玉篇·走部》：“䟃，散走也。”整理者說。

⑦置□：陳偉主編（2016：248）：“置”下一字，與下文“樂”字類似，疑是“樂”，讀爲“藥”。

宿：**夜晚**。《齊民要術·水稻》：“淨淘種子，漬浸三宿。”

⑧期：**有兩說：一、未釋**。整理者認爲字不能密合。根據此簡的長度和清理中所作的字形摹本觀察，殘端處稍有缺損而沒有缺字。**二、釋爲“期”**。陳偉主編（2016：248）：此殘斷處之字當釋爲“期”。“期”，等待之義。

⑨和合樂：**即“和合藥”，調和混合藥物**。

⑩蚤已：**整理者未釋**。

【今譯】

……同時將它們混合調和好。接著取石龍子十四條，放在椆器內，用硃砂餵養，讓它們每個都能吃飽。將它們堅固地Q3_3_377NH塞住，不要讓它們各自散開。在□放置幾晚後。等待它們變乾，然後取出來，粉碎它們，與□□藥物混合調和後飲服，然後女子的疥瘡症就能治好。Q3_3_378NH

殘篇（三）

【釋文】

女杯復（腹）產□□之期[①]，曰："益若子乳[②]。" Q3_3_379NH

【匯釋】

①女杯復（腹）產□□之期：**女子到了生產……的時期**。王貴元（2009）：推想此方爲女子下奶水方。陳偉主編（2016：249）：从殘筆看，疑是"男"。

②整理者：此條前有缺簡。

【今譯】

女子到了生產……的時期，說："你餵養孩子的母乳將會增加。" Q3_3_379NH

【釋文】

赤□□指[①]，□□□₌不□□[②]☐Q3_3_380NH

【匯釋】

①赤□□指：**有兩說：一、釋爲"申"**。整理者："赤"下一字釋爲"申"。**二、釋爲"隗"**。陳偉主編（2016：249）：從殘筆看，右旁即"鬼"，當與第336號簡"隗"同。今按：根據原圖版，其字跡已模糊不清，左部"阝"可以得出，然而"鬼""申"字無法根據痕跡辨別，因此此簡應釋爲"赤□□指，□□□₌不□□☐"。

②整理者："不"字之上爲重文符號。

【釋文】

☐□曰[①]☐ Q3_3_381NH

【匯釋】

①整理者：此殘片簡出於丙組竹簡之中，在整理時，因殘損過甚，無法拼綴，故將其排列在本組竹簡的最後。

四、二世元年日

【釋文】

十月乙亥小Q3_4_1ⅠNH

十一月甲辰大Q3_4_1ⅡNH

十二月甲戌小Q3_4_1ⅢNH

端月癸卯大[①]Q3_4_1ⅣNH

二月癸酉小Q3_4_1ⅤNH

三月壬寅大Q3_4_1ⅥNH

四月壬申小Q3_4_1ⅦNH

五月辛丑大Q3_4_2ⅠNH

六月辛未小Q3_4_2ⅡNH

七月庚子大Q3_4_2ⅢNH

八月庚午小　　大[②]Q3_4_2ⅣNH

九月己亥大Q3_4_2ⅤNH

【匯釋】

①端月：**指農曆正月**。整理者：正月，因避秦始皇嬴政諱而書成“端月”。《史記·秦楚之際月表》：“（二世二年）端月。”司馬貞索隱：“二世二年正月也。秦諱‘正’，故云端月也。”

②大：整理者：當指“八月庚午大”，“大”字之上爲“八月庚午小”，可能是當時採用兩種不同曆法的緣故，因而形成了月小與月大之別。

【釋文】

以十二月戊戌嘉平[①]，月不盡四日。Q3_4_3ⅠNH十二月己卯□到Q3_4_3ⅡNH廷，賦所一籍（藉）蓎（席）廿[②]。Q3_4_3ⅢNH

甲戌Q3_4_4ⅠNH

乙亥Q3_4_4ⅡNH

丙子Q3_4_4ⅢNH

丁丑Q3_4_4ⅣNH

戊寅Q3_4_4ⅤNH

己卯Q3_4_5ⅠNH

庚辰Q3_4_5ⅡNH
辛巳Q3_4_5ⅢNH
壬午Q3_4_5ⅣNH
癸未Q3_4_5ⅤNH
甲申Q3_4_5ⅥNH
乙酉Q3_4_5ⅦNH
丙戌Q3_4_5ⅧNH
丁亥Q3_4_5ⅨNH
戊子Q3_4_6ⅠNH
己丑Q3_4_6ⅡNH
庚寅Q3_4_6ⅢNH
辛卯Q3_4_6ⅣNH
壬辰Q3_4_6ⅤNH
癸巳Q3_4_6ⅥNH
甲午Q3_4_6ⅦNH
乙未Q3_4_6ⅧNH
丙申Q3_4_6ⅨNH
丁酉Q3_4_6ⅩNH
戊〖戌〗Q3_4_7ⅠNH
己亥Q3_4_7ⅡNH
庚子Q3_4_7ⅢNH
辛丑Q3_4_7ⅣNH
壬寅Q3_4_7ⅤNH
癸③Q3_4_7ⅥNH反

【匯釋】

①十二月戊戌：**即十二月二十五日**。整理者：乃臘日。

嘉平：**臘祭的别稱**。《史記·秦始皇本紀》："三十一年十二月，更名臘曰'嘉平'。"

②十二月己卯□到：整理者：應接讀木牘左一列。釋爲"十二月己卯□到廷賦所，一籍（藉）蓆（席）廿"。陳偉主編（2016：252）："到"上一字，原文模糊，疑爲"令"字。今按：第3Ⅲ號簡應釋爲"十二月己卯□到廷，賦所一籍（藉）蓆（席）廿"。第一，"廷"，舊指政府機關，即地方官吏辦事的地方，收賦的機構。《廣雅·釋官》："廷，官也。"王念孫疏證："謂官舍也。""賦"，指徵收或繳納。"籍"，整理者：讀爲"藉"，指古時祭祀朝聘時陳列禮品的草墊。《楚辭·九歌》："蕙肴蒸兮蘭藉。"蓆即"席"字，指用蘆葦、竹篾、蒲草等編成的鋪墊用具。第二，此簡應斷爲"十二月己卯□到廷，賦所一籍（藉）蓆（席）廿"，大意即"在

十二月己卯日送到收賦的地點，繳納農產品用的車或船都須墊以二十張席”。釋文“到廷”意爲“到收税的地點”，句意停止，可以與後“賦所”斷開。

③整理者：此殘片簡出於丙組竹簡之中，在整理時，因殘損過甚，無法拼綴，故將其排列在本組竹簡的最後。“癸”字之前的二十九個干支即爲十二月全月日干支。因十二月月小，“癸”字當是衍文。即可得出，書寫這些干支的人要推算交賦往返的日書，因此第貳欄以十二月朔日“甲戌”開始，第叁欄以到廷賦所的“己卯”日開始，第伍欄以“戊戌嘉平”開始。

【今譯】

十二月二十五日，一月沒有四日。Q3_4_3 Ⅰ NH在十二月己卯日送到Q3_4_3 Ⅱ NH收賦的地點，繳納農產品用的車或船都須墊以二十張席。Q3_4_3 Ⅲ NH

郝家坪秦墓木牘匯釋今譯

概　述

郝家坪戰國墓葬群位於四川青川縣城關，東距喬莊河約300米，是四川省現存戰國中期至晚期第一大棺槨墓葬群，已探明的墓葬150多座，發掘70餘座，出土文物數量多、品位高、影響大。1979年1月，青川縣城郊公社白井壩生產隊社員在郝家坪修建房屋時發現一座古墓。四川省博物館和青川縣文化館隨即進行清理。之後又在郝家坪雙墳梁發現一百座戰國墓。自1979年2月至1980年，先後作了三次發掘，共清理72座墓葬。其中50號墓採用一棺一槨，整理者從木牘和陶器組合推測，年代在戰國晚期。陳偉主編（2016）一書指出：16號牘正背面均書有“章手”，“章”亦見載於該牘背面不除道者的名單中，墓主或許就叫“章”。

青川木牘出土於M50墓邊箱之內，器物號分別爲16、17。16號木牘長46釐米、寬2.5釐米、厚0.4釐米。正、背面均有墨書文字，共一百二十一字。正面三行出土時較清晰，內容是秦武王二年頒佈的《更修田律》，封埒阡陌、修道治澮、築堤修橋、疏通河道等。背面四行，僅上端殘存三二字。1982年，四川省博物館、青川縣文化館發表縮小的正面照片和正面、背面的摹本及其釋文。1987年，刊佈兩種正背面彩色照片。1992年、1993年，徐中舒、伍仕謙（1992）和湯餘惠（1993）先後發表摹本。其中，徐中舒、伍仕謙（1992）指出：“此牘若非出於墓葬，若非經紅外顯形，則時過境遷，很可能被後代人認爲僞作。”2007年，黃家祥發表了近乎原大的正、背面彩色照片。17號木牘長46釐米、寬3.5釐米、厚0.5釐米，肉眼無法辨識字跡，一直未刊佈圖像、釋文。對於文字已殘損的M50：17木牘，歷史學家、古文字學家李學勤提出：“寬而厚，牘背不平，正面色澤斑駁，是否有字在疑似之間，有可能只作封緘字牘之用。”2009年4月，陳偉課題組用紅外相機對這2件木牘進行拍攝，16號木牘的圖像比先前所見的更爲清晰，17號木牘正面字跡依稀可見，背面似有數個字。從16號、17號牘的紅外影像以及16號木牘彩色照片上，可以看到兩件木牘上下兩端的左右都開有契口，原先可能編在一冊。

墓主大半是楚人且地位比庶民高，木牘爲墨書秦隸，筆法流暢，率意而不呆板，結體錯落有致，並有篆籀遺韻，有些字形已體現篆隸之間的轉化軌跡。16號木牘正面記載秦武王二年（前309年），秦王命左丞相甘茂更修《田律》等事，背面爲八位不除道之人及天數。17號牘正面記述若干人不除道天數折合錢款之事。青川木牘的歷史可追溯到距今2 300多年前，是研究先秦政治、經濟文化的重要材料。一併發掘出來的棺槨、白膏泥充填物、隨葬器物均具有典型的楚文化特徵，大量的漆器展現了巴蜀文化特徵，陶器的組合與中原文化一致。因此，青川郝家坪戰國墓群證實了如先秦田律、法典等，先秦移民入蜀，楚墓葬制特徵，隸書起源等眾多歷史問題，對研究秦文化、楚文化、巴蜀文化三者之間的文化關係及秦滅蜀進而統一全國所採取的政治措施等方面提供了珍貴的史料。

本次整理在華南師範大學出土文獻语言研究中心的指導下進行，所參照的木牘的圖版採用《青川縣出土秦更修田律木牘——四川青川縣戰國墓發掘簡報》使用的縮小正面照片，木牘分作《16 號木牘》和《17 號木牘》，沿用整理者的編號。

一、16號木牘

【釋文】

二年[①]十一月己酉朔朔日[②]，王命丞相戊（茂）、內史匽氏臂更脩（修）爲《田律》[③]：田廣一步[④]，袤八則[⑤]，爲畛[⑥]。畮（畝）二畛[⑦]，一百（陌）道[⑧]。百畮（畝）爲頃[⑨]，一Ⅰ千（阡）道[⑩]。道廣三步。封高四尺[⑪]，大稱其高。捋（埒）高尺[⑫]，下厚二尺。以秋八月，脩（修）封捋（埒），正疆畔[⑬]，及登千（阡）百（陌）之大草[⑭]。九月，Ⅱ大除道及阪險[⑮]。十月爲橋[⑯]，脩（修）波隄[⑰]，利津□鮮草[⑱]。雖非除道之時[⑲]，而有陷敗不可行，輒爲之[⑳]。章手[㉑]。Ⅲ16

【匯釋】

①二年：整理者：爲秦武王二年。依據《史記》所記，武王元年（前310年）甘茂伐蜀，二年定相位，正與此合。

②十一月己酉朔朔日：汪日楨《歷代長術輯要》載，秦武王二年十一月初一，恰逢“二年十一月己酉朔”，與牘文“二年十一月己酉朔朔日”相符合。

③丞相戊：**秦武王時期左丞相甘茂。**李昭和（1982）：史料所載，與此相合者，唯左丞相甘茂。並且“戊”通“茂”。甘茂攻拔韓宜陽，助武王取周。秦昭王時，因讒言奔齊，出使魏國，卒於魏。

內史：**官名。西周時始置，春秋時沿置，協助天子管理爵、祿、廢、置等政務。**李昭和（1982）：見《周禮》，其“內史”條云：“內史掌王之八枋之法，以詔王治。”又言：“王制祿，則贊爲之，以方出之。”鄭注：“贊爲之，爲之辭也。”又引鄭司農說：“以方出之，以方版書而出之。”賈公彥引杜子春云：“方，直謂今時牘也者，古時名爲方，漢時名爲牘。”李學勤（1982）：秦的內史源於周制。這條田律既是秦武王命丞相與內史所更修，則必與內史管轄有關。《漢書·百官公卿表》：“內史，周官，秦因之，掌治京師。”按西周之內史銅器多見，掌出納王命與冊命賞錫等，屬史官之屬，因在王左右，故稱內史。秦之內史名稱雖來自周官，但性質、職掌完全不一樣。秦之內史掌治京師，屬地方行政長官。彭邦炯（1987）：秦的內史，從戰國開始已明顯與西周的內史職掌不同。張金光（1992）略同，並指出：內史既爲中央大員，而非郡級，對於秦武王二年“更修爲田律”，以有內史參修爲由，因此將其定爲地方區域性法規之諸說不成立。

匽氏臂：**關於釋義，有七說：一、“氏臂”二字未释。**整理者：“匽”以爲內史之名。“氏臂”二字未释。**二、釋爲“取臂”。**李昭和（1982）：讀作“取譬”。黄盛璋（1982）：匽即燕，當爲内史之姓；“取臂（譬）”爲其名。丞相用名而内史姓名皆全，類似之例亦見漢簡，用名或用姓名不必绝對统一。黄盛璋（1987）：“匽”與“取臂（譬）”當皆爲内史之名，秦丞相有左右，内史當也有左右。湯餘惠（1993：157）：匽、取臂，人名。**三、釋爲“民願”**。于豪亮（1982）說。**四、釋爲“民臂”**。李學勤（1982）：將“臂”讀爲“僻”。**五、“匽”通“旻”**。胡平生（1983）：参照秦始皇二十六年詔書“乃詔丞相狀、綰”的體例以及其他秦代文獻，應是兩個人名，當讀作“内史郾民、臂”。“匽”通“旻”。《說文》：“旻，安也。”“旻民”即安民。意與漢人之名“安国”“安世”等相近。以“臂”爲名者，見於漢印的有“畢臂”（《漢印文字徵》），可以旁證。**六、應爲“吏臂”二字之殘損**。徐中舒、伍仕謙（1992）說。**七、“匽”下一字改释爲“氏”，匽氏、臂爲二内史名**。李學勤（1989）：依文例，“民”應爲職官名，或爲職官名的省稱。“臂”，人名。黄文傑（1996）：從黄盛璋舊說，以“匽（燕）氏□”爲内史姓名。李學勤（2005）：黄文傑說可從。董珊（2006）、吳良寶（2012）據“十四年□平匽氏戈”“十四年上郡守匽氏戈”證明匽氏、臂爲二内史名。

内史匽氏臂更脩（修）爲《田律》：**牘文内容爲更修田律一事**。李昭和（1982）：見《周禮・春官・内史》和上注。故王命内史匽書之於木牘。李學勤（1982）：秦簡《語書》：“故騰爲是而修法律令、田令及爲閒私方而下之。”與牘文此句對照，可知“修”是動詞，“爲田律”是律名。“爲”義爲作、治，“爲田”的意思是制田。《爲田律》是關於農田的法律，與雲夢簡《田律》有所區别。由牘文可知，秦武王以前已有《爲田律》，此時不過進行改訂。黄盛璋（1982）：“更修”二字古今語義稍有不同，容易誤解。“修”字先秦經籍多訓“治”；但修並不是一般的治，而是對舊事、舊物的治。《論語》皇疏：“治故曰修。”《戰國策・魏策》注：“溫故曰修。”《左氏春秋・序》疏：“修者治舊之名。”《禮記・月令》疏：“修者修理舊物。”今語“修理”就是從此而來。上引《語書》說騰“修法律令、田令”，正是重申舊令，令吏明布，而絕不是創修或修訂。胡平生（1983）：此律之名應當叫作“爲田律”才對。“爲田”即《史記・秦本紀》《商君列傳》所記秦孝公十二年商鞅“爲田開阡陌”“爲田開阡陌封疆”之“爲田”。“爲”的意思是造、作、治。如果同睡虎地秦墓竹簡中的“田律”對比，二者的差異顯而易見。看起來，“田律”的内容要廣泛得多，它似應包括農業生產的各個方面。尤其是《田律》中關於按照擁有田畝繳納芻稾的律文，更是“爲田律”所沒有的。張金光（1985）：應名之曰《更修爲田律》。其係將秦武王前之《爲田律》加以更修改訂而成。牘文“更修”爲動詞，“爲”應屬下讀，“爲田律”三字聯意。黄盛璋（1987）：秦自商鞅以來，即名《田律》，雲夢秦簡田律即其證明。田律不僅秦律有，漢律亦有，漢以後仍有此律，證明皆一脈相承，而《爲田律》則絕不見。二則牘文所載此律也包括去草、除道、修橋梁陂堤等，並非限於“爲田”。牘背所記皆爲“不除道之日”。田按照規定設立阡陌、畛、封埒，製成田畝制度，以後主要工作與任務即爲修治封疆道路等，無須再“爲田”。《田律》所包廣，自包“爲田”在内。“爲田”所包狹，時間亦短暫，不僅古無此名，取爲律名與傳統律名相違，且與律文規定不能盡合。三則“爲”字與上“修”字連讀，經史常見“修爲”“更爲”“創爲”。陳偉主編（2016：229）：類似內容見於張家山漢簡《二年律令·田律》，黃氏之説是。

④田：**百畝爲頃之田**。李根蟠（1990）：“田”字處宜斷開，因爲如前所述，它不是泛指農田，而是實指百畝爲頃之田；在這裏它總起全律，全部律文都是闡述作爲農田單位的田的法定佈局。

廣一步：**東西爲廣，六尺爲步**。李昭和（1982）：《説文》云：“南北曰袤，東西曰廣。”周秦以“六尺爲步”。李學勤（1982）：青川木牘所反映的，是孝公以後的秦制，自與井田制有很大的區别。《説文》小徐本：“晦（畝），六尺爲步，步百爲晦（畝），秦田二百四十步爲晦（畝）。”關於“畝”“畹”“畦”“頃”的考定，《風俗通義》佚文：“秦孝公以二百四十步爲晦（畝），五十晦（畝）爲畦。”《玉篇》：“秦孝公二百三（‘四’字之誤）十步爲畝，三十步（‘畝’字之誤）爲畹。”秦以二百四十步爲畝，三十畝爲畹，五十畝爲畦，百畝爲頃，沿用至漢代。秦孝公時改以二百四十步爲畝，畝的形狀如何，也是可以考定的。《吕氏春秋·任地篇》：“六尺之耜，所以成畝也；其博八寸，所以成甽也。”注：“耜六尺，其刃廣八寸。”耜的刃部寬八寸，以一耜成甽，和《考工記》所説耜刃寬五寸，以二耜成甽不同，從而前人認爲“秦法貴小甽”。這條材料證明，秦制的畝仍然是寬六尺，也就是一步。由此可見，秦畝和周畝一樣，都是長條形田，衹是長度有所差異而已。《太平御覽》卷750引江本《一位算法》云商鞅獻三術，“內一開道阡陌，以五尺爲步，二百四十步爲畝”。五尺爲一步，那麽二百四十步的畝剛好是周畝的一倍。同時，戰國時期唯有五尺爲步的實例，如河北平山中山王墓出土的“兆域圖”。《一位算法》時代較晚，不合乎漢人師説，在没有更多證據之前，似可置之不論。

⑤八則：**有兩説：一、“則”爲連詞**。木牘發表之初，學者多將“則”字理解爲連詞，對“袤八則爲畛”的含義頗感困惑。**二、“則”爲量詞**。胡澱咸（1983）轉述于琨奇先生猜測“則”爲量詞，是長度名稱，十步爲一則。胡平生（1983）與胡平生、韓自強（1986）披露阜陽雙古堆漢墓殘簡有“卅步爲則”的記載，指出八則即二百四十步。學者多信從。李學勤（1989）：在張家山漢墓竹簡整理小組《江陵張家山漢簡概述》（《文物》1998年第1期）一文中，我們已接受“八則”即二百四十步之説，並引張家山漢簡加以證實。高大倫（2002）：胡平生先生舉例安徽阜陽漢簡“三十步爲則”的新材料，句讀問題迎刃而解，意思明瞭。在《田律》中則徑言“二百四十步”，更是直接證明“一則”合三十步解釋的正確性。陳偉主編（2016：230）：嶽麓秦簡《數》簡63（1714）記□田之述（術）曰：“以從（縱）二百卌步者，除廣一步，得田一畝；除廣十步，得田十畝；除廣百步，得田一頃；除廣千步得田……”這是秦以寬1步、長240步爲畝的最直接的文獻資料。

⑥爲畛：**關於“畛”，有三説：一、田間道路，或標誌界限的道路**。于豪亮（1982）：畛是田間小徑。《詩經·載芟》“徂隰徂畛”，箋：“畛謂田有徑路者。”《莊子·齊物論》“爲是而有畛也”，注：“畛謂封域畛陌也。”《楚辭·大招》“田邑

千畛，人阜昌只”，王注：“畛，田上道也。”均其證。**二、界限**。林劍鳴（1982）：“畛”尚有一解，即界限。《莊子·齊物論》“請言其畛”，“爲是而有畛也”，注曰：“畛，謂封域畛陌也。”此處“畛”釋爲界限，引申爲界限標誌義。青川木牘中之“畛”亦應有此意。**三、田域**。胡澱咸（1983）：銀雀山漢墓竹簡《孫子兵法·吳問》的“畛”爲壟畝。牘文“畛”也必是指壟畝。“田廣一步，袤八則爲畛”，即田寬一步，長八則爲一畛。“畝二畛”是說一畝田分爲二畛。胡平生（1983）：“畛”既是一道田界，又是一塊田區。每畝田有二畛，則面積爲四百八十平方步。張金光（1985）：青川牘文所言“畛”爲畛域，是具有固定規格形狀的田面區劃名稱，由律文言“田廣袤”可證。銀雀山漢簡二婏爲一畛，青川牘則二畛爲一畝。徐中舒、伍仕謙（1992），祝中熹（1996）略同。

⑦畮：**古畝字**。李昭和（1982）：《說文·田部》：“畮，六尺爲步，步百爲畮。”《周禮·封人》：“不易之地，家百畮。”鄭注：“畝本亦作古畮字。”自周以來，畝的制度是以步計算，步又以尺計。周代實行井田制度，乃是以六尺爲步，步百爲畝（方步）。秦孝公時，商鞅開阡陌，廢井田，其畝制爲二百四十平方步。陳偉主編（2016：231）：關於秦畝的面積，參看前注。

畝二畛：**關於“畝二畛”的佈局，有四說：一、位於畝的兩個長邊**。于豪亮（1982）、李學勤（1982）、李零（1987）、袁林（1992A）說。**二、位於畝兩端的短邊**。楊寬（1982）、黃盛璋（1982、1987）、魏天安（1989）說。**三、橫的道路**。胡澱咸（1983）引于琨奇說，畝二畛是把一畝分成三段。唐嘉弘（1988）：“畛”疑爲後世的“埂”字，“畝二畛”即每畝田地開立二埂，亦即每畝田地劃作三個部分。**四、一爲長邊，一爲短邊**。李根蟠（1990）說。

⑧陌道：**百畝田以上設的一條陌道**。李零（1987）：陌道用以隔頃。高大倫（2002）：結合張家山漢簡《田律》的“十頃一千（阡）道”，從文意和實際情況來分析可將全句理解成百畝田以上要設一條陌道，千畝田以上要設一條阡道。

關於陌道的寬度，有四說：一、陌道無規定。李學勤（1982）：律文確定阡道應寬三步，即十八尺，對陌道和畛則無規定。**二、陌廣六尺**。段玉裁曾提出“陌廣六尺”，也許是適當的。**三、陌廣二步**。黃盛璋（1982）：陌至少廣二步。**四、陌廣三步**。胡平生（1983）、袁林（1992A）：陌道和阡道都寬三步。

關於陌道的位置，有三說：一、疑有一條陌道與兩條畛垂直相交。于豪亮（1982）：律文規定，每畝田之外，必須有一條“百（陌）道”，這一條“百（陌）道”，似乎應該與兩條畛垂直相交。《漢書·食貨志》：“及秦孝公用商君，壞井田，開仟佰。”師古注：“仟佰，田間之道也。南北曰仟，東西曰佰。”《地理志》云：“孝公用商君，制轅田，開仟佰，東雄諸侯。”師古曰：“南北曰仟，東西曰佰。皆謂開田之疆畝也。”《史記·秦本紀》索隱引應劭《風俗通義》云：“南北曰阡，東西曰陌。河東以東西爲阡，南北爲陌。”青川爲秦地，秦在河西，自然是以南北爲阡，東西爲陌。楊寬（1982）、李學勤（1982）、李零（1987）等也均認爲與兩條畛垂直相交。**二、疑有一條陌道與長邊畛垂直相交**。李根蟠（1990）認爲與每畝長邊之畛垂直相交。**三、疑有一條陌道從兩畛之間穿過**。張金光（1985）則以爲陌道從構成一畝的兩畛之間穿過。

⑨頃：**土地面積的計量單位之一，百畝爲頃**。《玉篇·頁部》："頃，田百畝也。"睡虎地秦墓竹簡《秦律十八種·田律》："稼已生後而雨，亦輒言雨多少所利頃數。"田宜超、劉釗（1982）："百畝爲頃"，秦與古同。唯其面積有大小之異，以秦二百四十平方步爲"畝"，而古百平方步爲"畝"。《漢書·食貨志上》："率十二夫爲田一井一屋，故晦五頃……"顏注引鄧展曰："九夫爲井，三夫爲屋，夫百晦，於古爲十二頃。古百步爲晦，漢時二百四十步爲晦，古千二百晦，則得今五頃。"張金光（1985）：牘文言"百畝爲頃"。而《周禮》言田制則有百畝、二百畝、三百畝者；《呂氏春秋》述魏氏行田有百畝、二百畝者；趙簡子誓詞有"土田十萬"之說，皆不言"頃"，很可能"百畝爲頃"的概念首創自秦。秦簡《田律》言"入頃芻稾"，《法律答問》言"頃畔"，此二律皆應早於秦武王時期。"百畝爲頃"的概念大抵在商鞅變法後即成立。陳偉主編（2016：232）：前揭嶽麓秦簡《數》簡1714是關於秦頃面積最直接的文獻資料。

⑩阡道：**有兩說：一、間隔頃與頃之間的道路**。楊寬（1982）：律文又說："百畝爲頃，一千（阡）道。道廣三步。"每一百畝田連接成一頃，有一條"阡道"，成爲一頃田邊緣的道路。如果一頃田和另一頃田連接的話，"阡道"就成爲間隔頃與頃之間的道路。田宜超、劉釗（1982）："一千道"者，道在"頃"端，而與十"百"相交也。高大倫（2002）：張家山漢簡《田律》中在"一阡道"前加上"十頃"兩字，即千畝田要設阡道。"道廣三步"，按秦制，一步等於六尺，十尺合一丈，三步等於一丈八尺，而張家山《田律》說"道廣二丈"，漢尺和秦尺基本相等，因此漢阡道比秦要寬二尺。**二、連接每頃長邊的道路**。李零（1987）：阡道，連接每頃長邊的道路，用以隔千畝。

⑪封：**土堆**。李昭和（1982）：聚土也，即田阡陌（雲夢秦律）。《急就篇》"頃町界畝畦埒封"，師古注："埒者，田間堳道也，一說庳垣也，今之圃或爲短牆，蓋埒之謂也。封，謂聚土以爲田之分界也。"可見封、埒皆爲田之經界，封是土堆，爲界上的標誌。楊寬（1982）："封"是作爲疆界標誌的封土堆，高度和長度、寬度都是四尺，即崔豹《古今注》所說"封土爲臺，以表識疆境也"；《急就篇》顏師古注"封，謂聚土以爲田之分界也"。黄盛璋（1982）：雲夢秦律說："盜徙封，贖耐。可（何）如爲封？封即田阡陌頃半封也。""半"即"畔"字，邊界之意，意思是封築在阡、陌與頃之邊緣上，但並不是阡陌。

關於"封"的形制，有兩説：一、"封"的長、寬、高一致。于豪亮（1982）：律文說："封高四尺，大稱其高。"則封的長度、寬度亦各爲四尺。漢尺一尺爲二十三釐米，因此，封的長、寬、高各爲九十二釐米。封是田界的標誌。**二、"封"的長、寬、高不一致**。胡平生（1983）：作爲田界標誌的"封"不大可能專門做成一種長、寬、高皆相等的正六面體，"爲田律"用"大稱其高"四字，很貼切地表示出對它的形制要求並不十分嚴格。如果依照"壅本日封"或者"封比干之墳"

（《禮記》）等來推測，“封”大概是一種圓臺體或方臺體。

⑫捋：**即“埒”，矮牆，劃分封之間的邊限。**于豪亮（1982）：律文說：“捋（埒）高尺，下厚二尺。”楊寬（1982）：“封”與“封”之間連接的矮牆地基厚二尺，矮牆本身高一尺，用作田地的分界。即崔豹《古今注》所說“畫界者，於二封之間又爲壝埒以畫分界域也”。李學勤（1982）：由牘文可知，封是高四尺的土臺，連接兩封的埒高一尺，底基厚二尺，這是封埒的具體形態。阡陌起着地界的作用，所以封埒雖然不等於阡陌，卻與阡陌有密切的聯繫。商鞅變法以後，實行軍功益田，又允新耕田的買賣，造成富者田連阡陌的現象，在同一田主的土地內部，可能祇有阡陌而不設封埒。張金光（1985）：青川秦牘所言“封埒”，其性質與作用當爲邊界，别無他用。封爲土臺，標誌着一定地域之四極（四至）即距中心最遠之點；埒是連接封之周的土崗，以分劃封域周圍之具體邊限。“封”是一個高四尺、底長寬各四尺的土堆，呈四棱錐狀。埒是高一尺，横斷面呈等腰三角形狀，底邊長二尺。陳偉主編（2016：233）：《說文》土部云：“埒，卑垣也。”《儀禮・士覲禮》“爲宫方三百步”，注：“宫謂壝土爲埒，以象牆壁也。”《周禮・掌舍》“爲壇壝宫”，注：“謂王行止宿，平地築壇，又委壝土起堳埒以爲宫。”《公羊傳》昭公二十五年“以人爲菑”，注：“菑，周埒垣也。”疏：“猶言周匝爲埒牆。”凡此皆埒是矮牆之證。田界除了以封作爲標誌外，封與封之間還以矮牆相連，各戶所佔有的土地界限就很明確。崔豹《古今注》云：“封疆畫界者，封土爲臺，以表識疆境也。畫界者於二封之間又爲壝埒以畫分界域也。”這是對封埒最正確的解釋。

⑬疆畔：**即界域。**按周制爲用來標誌各級貴族所占井田的範圍。李昭和（1982）：《國語・周語》“修其疆畔”，韋解：“疆，境也。畔，界也。”《禮記・月令》：“王命布農事，命田舍東郊，皆修封疆，審端經術。”又言：“田事既飭，先定準直，農乃不惑。”孔穎達謂：“先定其封疆徑遂，以勸農夫，農夫知田事先後，審疆界畔域，乃不有疑惑。”此說與牘文正合。秦武王令甘茂更修田律，以勸農事。並規定了有道、畝、頃、阡陌及封埒的準直，於是秋八月始行新令。修封埒、正疆畔，即所謂“審端經術”。

⑭癹：**除、割義。**于豪亮（1982）：《說文》艸部云：“癹，以足蹋夷草也。从艸从殳。《春秋傳》曰：癹夷蘊崇之。”今本《左傳》隱公六年作“芟夷蘊崇之”。由此可知癹與芟的涵義相同，《左傳》杜注云：“芟，刈也。”因此癹也有割草的意義，不一定解釋爲“以足蹋夷草也”。所引《說文》之外，《廣韻・末韻》亦云：“癹，除草也。”癹、除義通。《呂氏春秋・任地》：“大草不生。”高誘注：“草，穢也。”徐中舒、伍仕謙（1992）：“發千百之大草”應即開阡陌以外之荒地。草，即《商君書・墾令》“則草必墾矣”之草字。商君實行重農政策，提出了二十種措施，以督促人民積極墾荒。所謂“則草必墾矣”之草即荒地也。“癹”，于豪亮釋“芟”，似可商。此牘文作“癹”，以釋“發”爲是。《詩經・噫嘻》“駿發爾私”，疏：“伐也”或“開也”。發阡陌之大草，即開發阡陌旁畛域之荒地，使之成爲可耕地。湯餘惠（1993：158）：“癹”，通“撥”。《廣雅・釋詁》：“撥，除也。”《詩・

大雅・蕩》："顛沛之揭，枝葉未有害，本實先撥。"鄭箋："撥，猶絕也。"古書又作拂、茀。《大雅・生民》"茀厥豐草"，韓詩作拂。古云發、撥、拂、茀，今言則爲拔。阡陌大草，根大莖粗，不易鏟鋤，拔之可也。陳偉主編（2016：234）：張家山漢簡《二年律令・田律》簡246作"恒以秋七月除千（阡）佰（陌）之大草"。

⑮除道：**修治道路**。李昭和（1982）：《戰國策・西周》有"除道屬之於河"之說。于豪亮（1982）：除，修治。《禮記・曲禮》："馳道不除。"注："除，治也。"

阪險：**有兩說：一、釋作"除陰（滄）"**。整理者說。**二、釋作"阪險"**。于豪亮（1982）：指道路險峻之處。《呂氏春秋・孟春紀》"阪險原隰"，注："阪險，傾危也。"陳偉主編（2016：234）：看紅外圖像，于氏釋是。《二年律令・田律》簡247亦作"阪險"。

⑯橋：**橋梁**。田宜超、劉釗（1982）：《國語・周語中》："夫辰角見而雨畢，天根見而水涸，本見而草木節解，駟見而隕霜，火見而清風戒寒。故先王之教曰：雨畢而除道，水涸而成梁，草木節解而備藏，隕霜而冬裘具，清風至而修城郭宮室。故《夏令》曰：九月除道，十月成梁。"

⑰波：**有三說：一、釋爲"陂"，讀爲"波"**。李昭和（1982）說。**二、釋爲"波"，讀爲"陂"**。于豪亮（1982）說。**三、釋爲"波"，借爲"陂"**。田宜超、劉釗（1982）說。《詩經・陳風・澤陂》："彼澤之陂，有蒲與荷。"毛傳："陂，澤障也。"修波堤，謂修治川澤之堤障也。陳偉主編（2016：235）：《漢書・高帝紀上》："當息大澤之陂。"師古曰："蓄水曰陂，蓋於澤陂隄塘之上休息而寢寐也。"這裏的"陂"也是澤障。

⑱津□："津"下一字，整理者未釋。**有九說：一、釋爲"深"**。李昭和（1982）說。**二、釋爲"梁"**。于豪亮（1982）說。李學勤（1982）：从二"阜"，从"水""刃"聲，亦釋爲"梁"。周波（2008A、2008B）重申釋爲"梁"。周波（2008A）網文之下"戰國時代"評論據《出土文獻研究》第八輯所刊彩照認爲：中間的部分像是正面人形，不像"刅"形，懷疑這個字是从"亢"聲，讀爲"梁"。**三、釋爲"隘"**。黃盛璋（1982）說。**四、釋爲"㢆"**。田宜超、劉釗（1982）：釋爲"㢆"，讀爲"康"，指大道。**五、釋爲"沱"**。胡平生、韓自強（1986）：釋爲"沱"，讀爲"渡"。**六、釋爲"澗"**。陳世輝、湯餘惠（1988：254）說。**七、釋爲"衎"**。李零（1998）釋爲"衎"，讀爲"干"或"岸"。**八、釋爲"淵"**。禤健聰（2004）說。劉洪濤（2008）贊成釋爲"淵"，讀爲"闕"。**九、釋爲"隧"**。何有祖（2011）據殘畫疑釋爲"隧"，"利津隧"似指疏通道路（或水道、地下水道）。陳偉主編（2016：235）：據彩色照片與紅外影像，此字二"阜"之間、"水"上的部分，似是"豕"。古文獻中，逐、遂二字或混用。如《山海經・西山經》"逐水出焉"，郭璞注："逐，或作遂。"《春秋繁露・考功名》"各逐其弟"，凌曙注："官本案：逐，他本作遂。"《周易・大畜》"良馬逐"，馬王堆漢帛書本與雙古堆漢簡本均作"遂"，張政烺先生指出："帛書常以遂爲逐。此處似遂字義長。"木牘此字或是"隧"之異體，其構形可與《說文》"䜃"字比觀。隧有水

中道路一義。《荀子・大略》："迷者不問路，溺者不問遂，亡人好獨。"楊倞注："遂謂徑隧，水中可涉之徑也。"所以與"津"（渡口）並列。

鮮草：學者多與其下一字連讀。**有五說：一、"鮮"讀爲"獮"**。于豪亮（1982）：《史記・魯世家》："於是伯禽率師伐之於肸，作肸誓。"集解；"徐廣曰：肸一作鮮，一作獮。"《爾雅・釋詁》："獮，殺也。"離當以雙聲讀爲萊。"鮮草離"意思是除去草萊。徐中舒、伍士謙（1992）：鮮草離，鮮草，謂新墾之荒地。離，《儀禮・士冠禮》注："割也。"謂新墾之地此時墾畢也。湯餘惠（1993：158）：鮮草離，即鮮草萊，除滅雜草的意思。鮮，通斯、澌，有盡、滅等義。**二、釋爲"綠草"**。田宜超、劉釗（1982）：鮮草，綠草也。"利津𢈪鮮草"者，謂以石爲輪，轢殺津渡通道之綠草也。唐嘉弘（1988）："鮮草離（萊）"和"利津梁""修波（陂）堤"爲同一句式，橋上的草有限，陂堤上的草亦無必要鏟除，故不能釋"鮮"爲"殺"。鮮訓好、善，引申爲榮華。**三、"鮮草"疑爲衍文**。劉洪濤（2008）：張家山漢簡《二年律令・田律》跟青川木牘《田律》相同的一條律文沒有"鮮草"二字，牘文"鮮草"二字可能是衍文。**四、"鮮"讀爲"散"**。侯娜、方勇（2013）：表示芟殺草木之義。**五、疑爲交通設施**。陳偉主編（2016：236）："鮮草"與"津遂"並舉，恐亦指交通設施。鮮，或可讀爲"棧"，指棧道。草，疑讀爲"造"，指造舟爲梁，即浮橋。

⑲雖：**有兩說：一、釋爲"雖"**。李昭和（1982）說，黃盛璋（1982）和田宜超、劉釗（1982）說同。陳偉主編（2016：236）：《二年律令・田律》簡 247 作"雖"，且無"鮮草"二字，牘文釋"雖"無疑。**二、釋爲"離"**。于豪亮（1982）：與"鮮草"連讀。李學勤（1982），唐嘉弘（1988），徐中舒、伍仕謙（1992），湯餘惠（1993）從之。

⑳陷敗：**壞敗、潰敗**。《呂氏春秋・論威》"雖有大山之塞則陷之"，高誘注："陷，壞也。"

輒：**有兩說：一、釋爲"相"**。李昭和（1982）說，田宜超、劉釗（1982）從之。**二、釋爲"輒"**。于豪亮（1982）：改釋，黃盛璋（1982）從之。陳偉（2016：236）：看紅外影像，釋"輒"是。《二年律令・田律》簡 247 亦作"輒"。

㉑章手：整理者未識。于豪亮（1982）以爲無字。黃盛璋（1982）："之"字下乃墨跡濺漬，非文字也。陳偉主編（2016：236）：看紅外影像，爲"章手"二字，位置比上文偏左，筆畫較粗，與背面"章手"二字類似。據里耶秦簡等資料可知，"章"當爲人名，"手"意爲手書、記錄。

【今譯】

秦武王二年十一月初一日己酉，秦武王命令左丞相甘茂和內史匽氏、臂對《田律》加以修訂：農田東西寬六尺一步，南北長二百四十步，爲一塊田區（田界）。一畝田分爲二畛，百畝田以上要設一條陌道。每一百畝田連接成一頃，有一 I 條"阡道"，成爲一頃田邊緣的道路。"阡道"寬十八尺三步。田界土堆高度爲四尺，大小與高度相當。邊限矮墻高一尺，基部厚度爲二尺。在秋季八月，修築土堆和矮墻，劃定井田界限的範圍，並割除阡道、陌道上的雜草。九月，Ⅱ大規模修治道路、斜坡和山泽難行的地方。十月，修建橋梁，修築川澤堤障和棧道，使渡口和橋樑暢通，消除雜草。即使不是規定修治道路的時節，如道路破壞不能通行，也應立即修治。章記錄。Ⅲ16

【釋文】

四年十二月不除道者①：壹Ⅰ□二日②，壹Ⅱ□九日③，壹Ⅲ□一日④，壹Ⅳ□一日，貳Ⅱ□一日⑤，貳Ⅲ丹一日⑥，貳Ⅳ章一日⑦，叁Ⅱ辰一日⑧。叁Ⅲ

凡□田□□……⑨貳Ⅰ

章手⑩。叁Ⅳ16反

【匯釋】

①四年：**秦武王四年**。李學勤（1982）：當是秦武王四年（前307年）。

②□：第一字，整理者缺釋。陳偉主編（2016：237）：看红外影像，似是“秕”或“粉”。

壹□二日：**牘背一至三欄、二至四列首字，有兩說：一、不宜修路的日子**。李昭和（1982）除少数缺釋外，多釋爲干支字。田宜超、劉釗（1982）因而認爲所記是“除道日禁”。湯餘惠（1993）：疑是“不宜修路的日子”。**二、不修路的人與天數**。張金光（2004：148）：木牘正面律文，即其此類政事活動的法律依據；反面文字，即其據律所做諸事的片断記錄。陳偉主編（2016：237）：张氏所云近是。這些字均當爲人名。背面牘文主要是記載不除道的人及其天數。

二：**有兩說：一、釋爲“一”**。李昭和（1982）說。**二、釋爲“二”**。于豪亮（1982）、李學勤（1982）說。

日：**有兩說：一、釋爲“日”**。整理者、于豪亮（1982）、李昭和（1982）、陳偉主編（2016：237）說。**二、釋爲“田”**。李學勤（1982）說。

整理者與相關研究者釋文均以壹Ⅱ、貳Ⅱ、叁Ⅱ、壹Ⅲ、貳Ⅲ、叁Ⅲ、壹Ⅳ、貳Ⅳ爲序。陳偉主編（2016：237）：茲依分欄處理。

③□：**第一字，有三說：一、釋爲“壬”**。整理者、李昭和（1982）說。**二、缺釋**。于豪亮（1982）說。**三、疑是“卑”**。陳偉主編（2016：237）：依據紅外影像。

九：**有三說：一、釋爲“九”**。于豪亮（1982）說。陳偉主編（2016：237）：依據紅外影像，于氏釋是。**二、釋爲“一”**。整理者、李昭和（1982）說。**三、釋爲“六”**。李學勤（1982）說。

④□：第一字，**有三說：一、釋爲“戌”**。整理者、李昭和（1982）說。**二、缺釋**。于豪亮（1982）、李學勤（1982）說。**三、疑是“及”**。陳偉主編（2016：237）：字从“又”作，或是“及”。

⑤□：第一字，**有三說：一、釋爲“亥”**。整理者、李昭和（1982）說。**二、缺釋**。于豪亮（1982）、李學勤（1982）說。**三、疑是“赤”**。陳偉主編（2016：237）：依據紅外影像，似是“赤”。

⑥丹：整理者缺釋。陳偉主編（2016：237）：據紅外影像釋出。

⑦章：**有兩說：一、釋爲“辛”**。整理者、李昭和（1982）說。**二、釋爲“章”**。于豪亮（1982）、李學勤（1982）說。陳偉主編（2016：237）：看紅外影像，于、李二氏所釋是。

⑧辰：整理者、李昭和（1982）說。

⑨凡、田：陳偉主編（2016：237）：據紅外影像釋出。“凡”下一字，疑是“有”。“田”下一字，疑是“者”。

⑩章手：陳偉主編（2016：237）：據紅外影像釋出。

【今譯】

秦武王四年十二月不修治道路的人和天數：壹Ⅰ、□二日，壹Ⅱ、□九日，壹Ⅲ、□一日，壹Ⅳ、□一日，貳Ⅱ、□一日，貳Ⅲ、丹一日，貳Ⅳ、章一日，叁Ⅱ、辰一日。叁Ⅲ

凡是有□田的人□□……貳Ⅰ

章記錄。叁Ⅳ16反

二、17號木牘

【釋文】

□二□不除然道□十二□□□田者□一晦（畝）當十八錢。[1]

取菆□□□□□□□一□□Ⅰ三□錢十五[2]。□□一日二戶，戶六□□卅□。凡□□[3]。Ⅱ

年不□□五日，日六□錢世[4]。不除道二日，日十二椽□□□□□一日，日六。□□□，一日，日六。凡六十六錢。Ⅲ

□□八。年……□□□□不出……Ⅳ17

□□□□17反

【匯釋】

①然道：疑爲道路名。

“道”下一字：疑爲“直”。

“二”下一字：疑爲“羽”或“明”。

“田”上一字：疑爲“叚（假）”。

②“錢”上一字：疑爲“爲”。

③“凡”下一字：疑爲“二”。

④“錢”上一字：疑爲“爲”。

【今譯】

□二□不修治道路的人□十二明□□田的人借用一畝地當爲十八錢。

取出草席□□□□□□□一□□Ⅰ三爲十五錢。□□一天二戶人，戶六□□卅□。凡是二□。Ⅱ

每年不□□五日，日六□錢世代相傳。不修治道路二天的，日十二順□□□□□一日，日六。□□□，一日，日六。凡六十六錢。Ⅲ

□□八。年……□□□□不出……Ⅳ17

□□□□17反

嶽山秦墓木牘匯釋今譯

概　述

1986年，湖北省江陵縣文物局、荆州地區博物館發掘了位於今湖北荆州市江陵區郢城故址以南約五百米處的嶽山墓地，在36號秦墓中出土了兩枚木牘。36號墓爲長方形土坑豎穴墓，一椁一棺，隨葬器物多放置在椁室前部，共出土陶、漆木、銅、鐵器及木牘等近六十件，大多屬生活用器。墓主尸骨已朽，性别、年齡不詳。發掘報告認爲，嶽山墓地屬江陵地區的秦人墓地，較其北面的紀南城東南角鳳凰山秦墓地大，數量亦多；36號墓年代與雲夢睡虎地秦墓時代大體接近，墓主身份屬秦國的中下層官吏。從墓葬規模、葬器數量，特别是陶禮器、車馬明器、漆器情況看，36號墓的墓主身份不會高於雲夢睡虎地11號秦墓墓主，與周家臺30號秦墓墓主身份接近。兩枚木牘均出自棺内，出土時已斷裂。經拼合，M36：43號木牘基本完整，M36：44號木牘殘損小部分。兩牘均正背兩面書寫。發掘報告指出木牘内容爲《日書》，與雲夢睡虎地甲、乙兩種《日書》可作對比。湖北省江陵縣文物局、荆州地區博物館在《考古學報》2000年第4期刊發了《江陵嶽山秦漢墓》發掘報告，發表了竹簡釋文，公佈了兩枚木牘的正面照片。2011年，“秦簡牘的綜合整理與研究”項目課題組對保存於荆州博物館的嶽山秦牘拍攝了紅外照片。今釋文依據木牘紅外照片，同時參考發掘報告木牘圖版及釋文。釋文沿用原整理釋文的順序，即1號牘正面、背面接2號牘正面、背面。1號牘即發掘報告的M36：43號木牘，2號牘即M36：44號木牘。

《日書》共2枚。1號牘長23釐米、寬5.8釐米、厚0.55釐米。2號牘殘損，現長約19釐米、寬5釐米、厚0.55釐米，其原本長度，推測也應在23釐米左右。1號牘書寫較滿，字體端正，正、背兩面皆分欄抄寫，其中正面上欄九行，下欄五行，背面上欄八行，下欄六行。上、下欄的書寫大致對齊，多數地方是以空格來提示分欄，唯背面下欄的末三行使用了墨塊符號提示分欄，現存493字。2號牘書寫相對寬鬆、潦草，正面七行，背面見有兩行。正面第三、四兩行有提示分段的墨塊符號，現存111字。嶽山秦牘《日書》篇幅不大，條目清晰，内容緊湊，主要有六事日、七畜日、殺日、刺、祠日、衣、五服忌、報日、生子、歸行、五種忌等。從内容看，都是《日書》中較典型的與日常生活關係緊密的擇日。嶽山秦牘《日書》的編撰也有一定的特色，抄在一起的水日與土日、木日與火日、玉日與金日，彼此之間的宜、忌日似有相衝現象，如土事的良日與水事的忌日完全相同，而土事的忌日則與水事的良日多數相同（土事忌日中僅少了水事良日的癸未，但睡虎地秦簡、孔家坡漢簡《日書》的土事忌日中正有癸未），這似乎表明，不利土事之日利爲水事，不利水事之日利爲土事。此外，抄在一起的牛日與馬日、羊日與犬日、豕日與雞日的擇日，彼此良、忌日也都存在一定相衝關係。以往出土秦漢簡《日書》中，以上諸條目亦多，但抄錄得不如嶽山秦牘《日書》集中、有序。秦漢《日書》體系中，上述條目宜、忌日存在的相衝關係是否具有普遍性，還有待進一步考察。

日　書

六事日①

【釋文】

水良日：癸未、酉、庚申。其忌：癸巳、乙巳、甲戌②。Q4_1_1ⅠNH

土良日：癸巳、乙巳、甲戌。其忌：癸酉、庚申③。Q4_1_1ⅡNH

木良日：庚寅、辛卯、壬辰。其忌：丁未、癸酉、癸亥④。Q4_1_1ⅢNH

火良日：甲、己、丁酉、癸酉⑤。其忌：庚寅、辛卯、壬辰。Q4_1_1ⅣNH

玉良日：甲午、甲寅。其忌：甲申、乙巳、乙卯⑥。Q4_1_1ⅤNH

金良日：甲申、乙卯。其忌：戊寅、戊午、甲午⑦。Q4_1_1ⅥNH

【匯釋】

①木牘第1Ⅰ—1Ⅵ號簡爲水、土、木、火、玉、金六個事物的良日與忌日。陳偉主編（2016：266）將此六事合爲一篇，稱作“六事日”。

②水良日：**跟使水流行有關的治水利之事。**古書屢見“行水”。九店楚簡“叢辰”篇簡27交日占辭“行水”作“行水事”。睡虎地秦簡《日書》甲種4正貳、38正等亦有“行水”。可參看。李家浩（1999）：爲治水利之事，《淮南子·時則》“毋行水，毋發藏”，《呂氏春秋·上農》“奪之以水事，是謂籥”，夏緯瑛按：“劉熙《釋名》：‘籥，躍也，氣躍出也。……疑此‘籥’，即‘躍’之借義字，該是今日所謂‘冒進’的意思。‘水事’，指治水利之事，如濬河修渠等。治水事，要在農閒的時候；若當農時而治水事，就是奪於農時。治水事，本是爲農的一件好事，但若是奪去農時而爲之，這就叫作冒進了。”今按：《孟子·離婁下》：“如智者若禹之行水也，則無惡于智矣。禹之行水也，行其所無事也。”趙岐注：“禹之用智，決江疏河，因水之性，因地之宜，引之就下，行其空虛無事之處。”《禮記·月令》：“季夏之月……土潤溽暑，大雨時行，燒薙行水，利以殺草，如以熱湯，可以糞田疇，可以美土疆。”《漢書·溝洫志》“令吏民勉農，盡地利，平繇行水，勿使失時”，顏師古注：“平繇者，均齊渠堰之力役，謂俱得水利也。繇讀曰傜。”可參看。

③土良日：**古代諸多禁忌之一。占卜術士規定只可在某些日子裏從事有關的土工之事，並據以預言某些日子做土事之吉凶。**劉樂賢（1994：293）：“土事”指建築動土一類的事情。陳偉主編（2016：266）：《禮記·月令》：“（仲冬之月）土事毋作。”放馬灘秦簡《日書》乙種簡306：“土良日：癸巳、乙巳、甲戌。”孔家坡

漢簡《日書》簡211—213：“土良日：甲戌、乙巳、癸巳，凡爲事，必居之。”今按：睡虎地秦簡《日書》“土忌”篇：“土良日：癸巳、乙巳、甲戌，凡有土事，必果。土忌日：戊己及癸酉、癸未、庚申、丁未，凡有土事，弗果。”可參看。

④木良日：**古代諸多禁忌之一。占卜術士規定只可在某些日子裏從事有關的伐木之事，並據以預言某些日子做有關樹木事情之吉凶。**劉樂賢（1994：293）：“木事”指建築伐木一類的事情。睡虎地秦簡《日書》乙種簡66—67：“木日：木良日，庚寅、辛卯、壬辰，利爲木事。其忌，甲戌、乙巳、癸酉、丁未、癸丑、□□□□□【寅】、己卯，可以伐木。木忌，甲乙榆、丙丁棗、戊己桑、庚辛李、壬辰漆。”陳偉主編（2016：266）：王家臺秦簡《日書》：“木忌：甲、乙、丁未、癸酉、癸亥、巳。”可參看。

⑤己：整理者釋作“巳（子）”，楊芬（2010）改釋。今按：根據原木牘圖版，其字應爲“己”。

癸酉：整理者釋作“癸亥”，楊芬（2010）改釋。今按：根據原木牘圖版，其字應爲“酉”。

⑥玉良日：**此條涉及玉石開採、製作一類事。**陳偉主編（2016：267）：孔家坡漢簡《日書》簡395：“申不可攻石玉，石玉不出，人必破亡。”與本篇有“甲申”日相應。可參看。

⑦金良日：**古代諸多禁忌之一。即現金交易商業活動的吉日，並據以預言某些日子做相關之事的吉凶。古人認爲這類活動在吉日進行，可産生好運。**楊芬（2010）：睡虎地秦簡和孔家坡漢簡“金錢良日”的日期與本篇各有部分相合。睡虎地秦簡《日書》甲種簡93正貳：“金錢良日：甲申、乙巳。申不可出貨。午不可入貨。午不可入貨，貨必後絕。”孔家坡漢簡《日書》簡7—9貳：“金錢良日：甲寅、乙卯□□□□。不可出入財，乃後絕。”陳偉主編（2016：267）：本條是關於進出錢財的擇日。孔家坡漢簡《日書》簡7—9貳與之相當的簡文，據紅外影像，寫作：“金錢良日：甲寅、乙卯。龍：戊寅、午。”可參看。

【今譯】

與水有關的日子，是癸未日、酉日、庚申日。水的禁忌日子，是癸巳日、乙巳日、甲戌日。Q4_1_1Ⅰ NH

與土有關的日子，是癸巳日、乙巳日、甲戌日。土的禁忌日子，是癸酉日、庚申日。Q4_1_1Ⅱ NH

與木有關的日子，是庚寅日、辛卯日、壬辰日。木的禁忌日子，是丁未日、癸酉日、癸亥日。Q4_1_1Ⅲ NH

與火有關的日子，是甲日、己日、丁酉日、癸酉日。火的禁忌日子，是庚寅日、辛卯日、壬辰日。Q4_1_1Ⅳ NH

與玉有關的日子，是甲午日、甲寅日。玉的禁忌日子，是甲申日、乙巳日、乙卯日。Q4_1_1Ⅴ NH

與金有關的日子，是甲申日、乙卯日。金的禁忌日子，是戊寅日、戊午日、甲午日。Q4_1_1ⅥNH

七畜日[①]

【釋文】

人良日：乙丑、己丑、亥、庚辰、壬辰。其忌：丁未、戊戌、壬午[②]。Q4_1_1ⅦNH

牛良日：甲午、庚午、戊午、甲寅、丙寅。其忌：壬辰、戊戌、癸亥、未、己丑、乙卯[③]。Q4_1_1ⅧNH

馬良日：己亥、己酉、庚辰、壬辰、己未、己丑、戊戌、庚申。其忌：戊午、庚午、甲寅、丁未、丙寅[④]。Q4_1_1ⅨNH

羊良日：辛巳、未、庚寅、癸未、庚辰。其忌：乙巳、丙午、丁【未】。☐[⑤]。Q4_1_2ⅠNH

犬良日：丁丑、未、丙辰、己巳、亥。其忌：辛巳、未[⑥]。Q4_1_2ⅡNH

豕良日：壬辰、戌、癸未。其忌：丁未、丑、丙辰、申[⑦]。Q4_1_2ⅢNH

雞良日：丙辰、乙巳、丙午。其忌：庚寅[⑧]。Q4_1_2ⅣNH

凡七畜，以五卯祠之[⑨]，必有得也。其入神行，歲再祠之[⑩]，吉。Q4_1_2ⅤNH

【匯釋】

①七畜：**此篇中“七畜”指牛、馬、羊、犬、豕、雞和人。即根據占卜得知某些天中牛、馬、羊、犬、豕、雞和人的吉凶禍福。**雲夢睡虎地秦簡《日書》甲種簡80—92、乙種簡68—76亦有七種良、忌日簡文。其中乙種簡調整後的順序與本篇“七畜日”相同。可參看。

②人良日：**古時占卜術語。占卜術士依照曆日人爲規定某些天爲“良日”，據以預言某些天中人的吉凶禍福。主要用於占卜“出入人”的吉凶。**劉樂賢（1994：125）：此簡與馬良日、牛良日等並列，含義與其相似，這裏的“人良日”主要是爲買賣奴隸而設定的，與雞良日下“勿出入雞”“可以出入雞”等句式相同。陳偉主編（2016：268）：放馬灘秦簡《日書》簡153：“人忌：丁未、戊戌、壬午、戊午、壬申。吉日：乙丑、庚辰、壬辰、己亥、己丑、未、己酉。”今按：睡虎地秦簡《日書》甲種簡80—81：“人良日：乙丑、乙酉、乙巳、己丑、己酉、己巳、辛丑、辛酉、辛巳、癸亥、癸巳。其忌：丁巳、丁未、戊戌、戊辰、戊子，不利出入人。男子龍：庚寅；女子龍：丁。”“人良日”即在干支紀日中選擇若干個“人的吉日”。東漢王充《論衡·譏日篇》論載：“世俗既信歲時，而又信日。舉事若病死災患，大則謂之犯觸歲月，小則謂之不避日禁，歲月之傳既用，日禁之書亦行。世俗之人，委心信之；辯論之士，亦不能定。是以世人舉事，不考於心而合於日，不參於義而致於時。”

③牛良日：**牛良日等六畜良日是關於買賣屠宰六畜等事情的吉日。**劉樂賢

（1994：126）说。今按：睡虎地秦簡《日書》甲種簡84—85：“牛良日：庚辰、庚申、庚午、辛酉、壬戌、壬申、壬午、癸酉、甲辰、甲申、甲寅。其忌：己丑、己未、己巳、己卯、戊寅、戊戌、戊子、己巳。”睡虎地秦簡《日書》乙種簡70—71：“牛日：牛良日，甲午、寅，戊午，庚午、寅，丙寅，壬寅，丁酉、未。甲辰，可以出入牛、服之。其忌：乙巳，□□□□未，辛丑，戊辰，壬午。”可參看。

④馬良日：**古時占卜術語。即買賣等與馬有關諸事的吉日。**楊芬（2010）：睡虎地秦簡《日書》甲種簡82—83：“馬良日：乙丑、乙酉、乙巳、乙亥、己丑、己酉、己亥、己巳、辛丑、酉、辛巳、癸丑、癸酉、癸巳、庚辰。其忌：丙子、丙午、丙寅、丁巳、丁未、戊寅、戊戌、戊子、庚寅、辛卯。”陳偉主編（2016：269）：睡虎地秦簡《日書》乙種簡68—69：“馬日：馬良日：甲申、乙丑、亥、己丑、酉、亥、未、庚辰、申、壬辰、戊辰，未□□□乘之。其忌：甲寅、午、丙辰、丁巳、未、戊……”王家臺秦簡《日書》：“馬之良日：己丑、酉、辛未、庚辰、申、壬申、辰、乙丑、戊申。可出入馬。其忌日：戊午、庚午……”可參看。

⑤羊良日：**古時占卜術語。即買賣、宰殺、筑羊圈等與羊有關諸事的吉日。**睡虎地秦簡《日書》甲種簡86—87：“羊良日：乙丑、乙酉、乙巳、己酉、己丑、辛酉、辛丑、酉、辛巳、庚辰、庚寅。其忌：壬戌、癸亥、癸酉。春三月庚辰可以築羊圈，即入之，羊必千。”睡虎地秦簡《日書》乙種簡72：“羊日。羊良日：辛巳、未、庚寅、申、辰、戊辰、癸未。忌日：甲子、辰、乙亥、酉、丙寅、丁酉、己巳。”可參看。

⑥犬良日：**古時占卜術語。即買賣、宰殺等與狗有關諸事的吉日。**睡虎地秦簡《日書》甲種簡90—91：“犬良日：癸酉、癸未、甲申、甲辰、甲午、庚辰、庚午、辛酉、壬辰。其忌：己丑、己巳、己未、己卯、乙巳、戊子、戊寅、戊戌。”睡虎地秦簡《日書》乙種簡74：“犬日。犬良日：丁丑、丁未、丙辰、己巳、己亥。忌：壬戌、癸未、辛巳。”放馬灘秦簡《日書》甲種簡72、乙種簡307皆記：“犬忌：癸未、酉、庚申、戌、己，燔園中犬矢，犬弗尼（昵）。”可參看。

⑦豖良日：**古時占卜術語。即買賣、宰殺等與豬有關諸事的吉日。**楊芬（2010）：王家臺秦簡《日書》簡380：“豖之良日，壬戌、甲辰、癸未，可出入豖。其忌日，丁丑、未、丙寅、辰、乙亥。”陳偉主編（2016：269）：睡虎地秦簡《日書》甲種簡88—89：“豬良日：庚申、庚辰、壬辰、壬申、甲申、甲辰、己丑、己酉、己巳。其忌：乙亥、乙巳、乙未、丁巳、丁未。”睡虎地秦簡《日書》乙種簡73A+75壹：“豬日。豬良日：壬辰、壬戌，癸未。忌，丁丑，丁未，丙辰，丙申。”孔家坡漢簡《日書》簡227：“豖。豖良日：丁丑、□、己巳、亥，丙辰。忌：丙午、乙巳、壬辰、癸未、巳。”可參看。

⑧雞良日：**古時占卜術語。即買賣、宰殺等與雞有關諸事的吉日。**睡虎地秦簡《日書》甲種簡92：“雞良日：甲辰、乙巳、丙午、戊辰、丙辰，可以出入雞。雞忌日：辛未、庚寅、辛巳，勿以出入雞。”睡虎地秦簡《日書》乙種簡76：“雞日。雞良日：甲辰、乙巳、丙午、丙辰、庚辰。忌：辛巳、卯、庚寅、丁未。”放馬灘

秦簡《日書》乙種簡147：“雞忌：辛巳、庚辰、未、卯、寅、丙辰、丁亥。吉日：乙巳、丙戌辰、庚午、甲辰。”可參看。

⑨五：整理者釋作“壬”，楊芬（2010）改釋。今按：根據原木牘圖版，其字應釋爲“五”。“五卯”應爲五卯日，即丁卯日、己卯日、辛卯日、癸卯日、乙卯日，祭祀七畜牛、馬、羊、犬、豕、雞和人。

⑩再：整理者釋爲“局”。今按：根據原木牘圖版，其字應釋爲“再”。《續漢志·祭祀下》注引《漢舊儀》曰：“古時歲再祠靈星，靈星春秋之太牢禮也。”

【今譯】

買賣奴隸的好日子，是乙丑日、己丑日、亥日、庚辰日、壬辰日。奴隸凶惡的日子，是丁未日、戊戌日、壬午日。Q4_1_1Ⅶ NH

與牛有關的日子，是甲午日、庚午日、戊午日、甲寅日、丙寅日。牛凶惡的日子，是壬辰日、戊戌日、癸亥日、未日、己丑日、乙卯日。Q4_1_1Ⅷ NH

與馬有關的日子，是己亥日、己酉日、庚辰日、壬辰日、己未日、己丑日、戊戌日、庚申日。馬凶惡的日子，是戊午日、庚午日、甲寅日、丁未日、丙寅日。Q4_1_1Ⅸ NH

與羊有關的日子，是辛巳日、未日、庚寅日、癸未日、庚辰日。羊凶惡的日子，是乙巳日、丙午日、丁【未】日。☐。Q4_1_2Ⅰ NH

與狗有關的日子，是丁丑日、未日、丙辰日、己巳日、亥日。狗凶惡的日子，是辛巳日、未日。Q4_1_2Ⅱ NH

與豬有關的日子，是壬辰日、戌日、癸未日。豬凶惡的日子，是丁未日、丑日、丙辰日、申日。Q4_1_2Ⅲ NH

與雞有關的日子，是丙辰日、乙巳日、丙午日。雞凶惡的日子，是庚寅日。Q4_1_2Ⅳ NH

凡是這七畜牛、馬、羊、犬、豕、雞和人，在五卯日（丁卯日、己卯日、辛卯日、癸卯日、乙卯日）祭祀它們，必然能如願以償。牛、馬等七畜進入家室，一年祭祀兩次，很吉利。Q4_1_2Ⅴ NH

殺　日[①]

【釋文】

【丙辰、丁未】[②]，不可殺豕[③]，不隱人民[④]。Q4_1_3Ⅰ NH

丙寅，羿射封豕[⑤]，不可入豕及殺之[⑥]。Q4_1_3Ⅱ NH

丙午，不可殺羊[⑦]，不隱貨。Q4_1_3Ⅲ NH

辛[⑧]，不可殺雞，不利田邑。Q4_1_3Ⅳ NH

壬辰、壬戌，不可殺犬，不隱妻子[⑨]。Q4_1_3Ⅴ NH

【匯釋】

①本牘背面第3Ⅰ—3Ⅴ號簡記錄宰殺豕、羊、雞、犬的擇日內容。

殺：**宰殺**。《說文·殳部》："殺，戮也。"《書·康誥》："非汝封刑人殺人，無或刑人殺人。"孔傳："言得刑殺罪人。"放馬灘秦簡《日書》乙種簡102："殺日勿以殺六畜，不可出女、娶妻、祠祀、出財。"孔家坡漢簡《日書》簡238—239："殺日。戊午不可殺牛，乙丑可以殺犬，子不可殺雞。壬辰不可殺豕。戊己殺象，長子死。入月旬七日以殺象，必有死之。"

②丙辰、丁未：原牘圖版已模糊不清，根據上下文義與原釋文補出。

③殺豕：整理者未釋。今根據原牘圖版，其字應釋爲"殺豕"。

④隱：**安，定。也作"穩"**。《方言》卷六："隱，定也。"《廣雅·釋詁一》："隱，安也。"

⑤封豕：**大豬**。

羿射封豕：整理者作"開財□□"。陳偉主編（2016：271）：《左傳·昭公二十八年》："樂正后夔取之，生伯封，實有豕心，貪惏無饜，忿纇無期，謂之封豕。有窮后羿滅之，夔是以不祀。"《史記·司馬相如列傳》："射封豕。"裴駰集解引郭璞注："封豕，大豬。"今按：根據原牘圖版，其字應釋爲"羿射"。

⑥入豕：整理者未釋。今根據原牘圖版，其字應釋爲"入豕"。

⑦殺：整理者釋作"刹"。今根據原牘圖版與上下文義，其字應釋爲"殺"。

⑧辛：整理者釋作"辛□"。今根據原牘圖版，其字應釋爲"辛"，無"□"。

⑨妻子：**妻子和子女**。

【今譯】

【丙辰、丁未】日，不能在此日殺豬，不可在此日安定人民。Q4_1_3Ⅰ NH

丙寅日，后羿射殺大豬，不可在此日進入豬圈，並且殺害它們。Q4_1_3Ⅱ NH

丙午日，不可在此日殺羊，不可在此日管理/安定貨財。Q4_1_3Ⅲ NH

辛日，不能在此日殺雞，不利於进行农事。Q4_1_3Ⅳ NH

壬辰日、壬戌日，不能在此日殺犬，不可在此日安定妻子和子女。Q4_1_3Ⅴ NH

刺[①]

【釋文】

入月六日市日刺[②]，七日市日刺，望、後三日市日刺[③]，四日市日有（又）刺[④]。刺已[⑤]，有五刺一番[⑥]。Q4_1_3Ⅵ NH

【匯釋】

①刺：孔家坡漢簡《日書》簡236："天刺：凡朔日、入月六日、七日、望、十八日、廿二日，此天刺，不可祠及殺。"整理者指出"天刺"是神煞名。

②入：**有兩說：一、釋爲“八”**。整理者說。**二、釋爲“入”**。陳偉主編（2016：271）說。今按：“入月”，周家臺秦簡第263—264號簡中亦有“入月”：“入月，䜌（數）朔日以到六日，倍（背）之。七日以到十二日，左之。十三日以到十八日，鄉（向）之。十九日以到廿四日，右之。廿五日以到卅日，復倍（背）之。”

市日：**有兩說：一、釋爲“市□”**。整理者說。**二、市日，即“餔時”**。睡虎地秦簡《日書》甲種簡124：“入月六日刺，七日刺，八日刺，二旬二日刺，旬六日毀。”睡虎地秦簡《日書》乙種簡45—46：“入月六日、七日、八日、二旬二日皆刺，旬六日毀。”此45—46號簡刺日爲每月六日、七日、八日與二十二日，旬六日毀爲第十六日的月亮開始由圓變缺，與月弦之日相合。每月六、七日爲上弦，即太陽跟地球的連綫和地球跟月亮的連綫成直角時，在地球上看到的月相呈“D”字形，稱“上弦”。北周王褒《詠月贈人》詩：“上弦如半璧，初魄似蛾眉。”《詩・小雅・天保》“如月之恒”唐孔穎達疏：“八日九日，大率月體正半，昏而中，似弓之張而弦直，謂上弦也。”每月二十二日爲下弦，太陽跟地球的連綫和地球跟月亮的連綫成直角時，在地球上看到月亮呈反“D”字形，這種月相稱下弦。南朝宋鮑照《登大雷岸與妹書》：“下弦內外，望達所屆。”唐陸龜蒙《別墅懷歸》詩：“題詩朝憶復暮憶，見月上弦還下弦。”

③三日：**有兩說：一、釋爲“三月”**。整理者說。**二、“後三日”是“後望三日”之省**。陳偉主編（2016：272）：孔家坡漢簡《日書》簡240：“十一月先望日、望日、後望一日毋操土功，此土大忌也”，例辭可參。

④四日：**有兩說：一、釋爲“四月”**。整理者說。**二、釋爲“四日”**。可能指望後三日的後四日，即每月的二十二日，也可能是指望後四日，即十九日。睡虎地秦簡與孔家坡漢簡《日書》所記刺日皆有二十二日。陳偉主編說。

⑤已：**完畢**。

⑥五：原釋文未釋。今根據原牘圖版，其字應釋爲“五”。

番：**輪流更替**。

有五刺一番：**一輪刺結束後，又開始新的一輪五刺**。

【今譯】

進入每個月六日刺之日餔時，七日刺之日餔時，每月的望日、十八日天刺之日餔時，每月的二十二日或望後四日（十九日）又是天刺之日餔時。每月的天刺之日完畢，一輪刺結束後，又開始新的一輪五刺。Q4_1_3 VINH

祠　日

【釋文】

巫咸乙巳死①，勿以祠巫②。巫龍③：丙申、丁酉、己丑、己亥、戊戌。Q4_1_3Ⅶ NH

田大人丁亥死④，勿以祠之⑤。Q4_1_3Ⅷ NH

祠大父良日⑥：己亥、癸亥、辛丑。Q4_1_4Ⅰ NH

祠門良日⑦：甲申、辰、乙丑、亥、酉、丁酉。忌：丙。Q4_1_4Ⅱ NH

祠竈良〖日〗⑧：乙丑、酉、未、己丑、酉、癸丑、甲辰。忌⑨：辛、壬。Q4_1_4Ⅲ NH

【匯釋】

①巫咸：神巫名。《尚書・君奭》載："巫咸乂王家。在祖乙時則有若巫咸。"睡虎地秦簡《日書》甲種簡27載："弦望及五辰不可以興樂□，五丑不可以巫，帝以殺巫減（咸）。"整理者注：巫咸見於《尚書・君奭》，《莊子》《楚辭》《山海經》等書，均以爲巫祝之神。

②以：整理者釋爲"圾"。陳偉主編（2016：273）：根據紅外影像改釋爲"以"。今根據原牘圖版，應爲"以"。

③龍：**此處應爲"忌"**。《墨子・貴義篇》："墨子北之齊，日者曰：'帝以今日殺黑龍於北方，而先生之色黑，不可以北。'"孫詒讓《墨子閒詁》："《淮南子・要略》'操舍開塞，各有龍忌'，許注云：'中國以鬼神之事曰忌，北胡、南越皆謂之請龍。'此日者以五色之龍定吉凶，疑即所謂龍忌。許君'請龍'之說，未詳所出，恐非古術也。"孔家坡漢簡《日書》"到室"篇147壹—148壹："千里外毋以丙丁到室，五百里外毋以壬戌、癸亥到室。……丙申、丁亥、戊申、戊戌、六日、旬二，龍日也，以到室，有客。"整理者注"龍"義同"忌"。

④大：整理者未釋。陳偉主編（2016：273）根據紅外影像釋爲"大"，睡虎地秦簡《日書》甲種簡149—150亦有"田大人"："田亳主以乙巳死，社主以乙酉死，雨師以辛未死，田大人以癸亥死。"今按：根據原牘圖版，其字確爲"大"。睡虎地秦簡《日書》甲種簡整理者注"田大人"爲"田神"。"田神"，乃農耕之神。

⑤勿：**有兩説：一、釋爲"勿"**。陳偉主編（2016：273）説。**二、釋爲"夕"**。整理者説。今根據原牘圖版，其字確爲"勿"。

⑥大父：**祖父**。《韓非子・五蠹》："今人有五子不爲多，子又有五子，大父未死而有二十五孫。"《禮記・深衣》："具父母，大父母，衣纏以繢。"《史記・留侯世家》："留侯張良者，其先韓人也。大父開地，相韓昭侯、宣惠王、襄哀王。"裴駰集解引應劭曰："大父，祖父。""大父"亦見於孔家坡漢簡《日書》簡347、356與放馬灘秦簡《日書》乙種簡280、350。與"祖父"相關的亦有周家臺秦簡第347號簡"泰父"爲"祖父"："人皆祠泰父，我獨祠先農。"

⑦門：**五祀之一**。《禮記·月令》：“臘先祖五祀。”鄭玄注：“五祀，戶、灶、中霤、竈、行也。”睡虎地秦簡《日書》乙種簡35貳—36貳：“祠門日，甲申、辰，乙亥、丑、酉，吉。龍戊寅、辛巳。”

⑧竈：**祭祖**。《周禮·春官·大祝》“掌六祈以同鬼神示：一曰類，二曰造”，鄭玄注：“故書‘造’作‘竈’。杜子春讀竈爲造次之造，書亦或爲造。造，祭於祖也。”

⑨忌：原釋文作“巳（子）”。陳偉主編（2016：273）根據紅外影像改釋爲“忌”。

【今譯】

古神巫巫咸在乙巳日消失，不能在乙巳日舉行祭祀巫咸的儀式。巫咸的禁忌日子，是丙申日、丁酉日、己丑日、己亥日、戊戌日。Q4_1_3ⅦNH

土地之神在丁亥日消失，不能在丁亥日舉行祭祀土地之神的儀式。Q4_1_3ⅧNH

舉行祭祀祖父儀式的好日子，是己亥日、癸亥日、辛丑日。Q4_1_4ⅠNH

舉行祭祀五祠之一門儀式的好日子，是甲申日、辰日、乙丑日、亥日、酉日、丁酉日。門儀式的禁忌日子，是丙日。Q4_1_4ⅡNH

舉行祭祀五祠之一門竈儀式的好〖日子〗，是乙丑日、酉日、未日、己丑日、酉日、癸丑日、甲辰日。竈儀式的禁忌日子，是辛日、壬日。Q4_1_4ⅢNH

衣[①]

【釋文】

■褺（製）衣良日[②]：丙辰、庚辰、辛未、乙酉、甲辰、乙巳、己巳、辛巳[③]，可以褺（製）衣，吉。Q4_1_4ⅣNH

■凡衣忌：戊申、己未、壬申、戌、丁亥，勿以褺（製）衣、衣[④]。毋以八月、九月丙、辛、癸丑、寅、卯材（裁）衣[⑤]。Q4_1_4ⅤNH

【匯釋】

①衣：有關製衣的日子。此篇見於嶽山秦墓木牘背面第二欄第四行至第五行的內容，記載了與製衣有關的良日與忌日。睡虎地秦簡《日書》甲種簡26：“衣。褺衣。丁丑媚人，丁亥靈，丁巳安於身。毋以楚九月己未臺（始）被新衣，衣手□必死”。陳偉主編（2016：274）：簡118背—122背也是一篇記錄製衣擇日的文字，遂以“衣”爲題。可參看。

②褺：整理者未釋。陳偉主編（2016：274）：根據紅外影像釋。今按：根據原牘圖版，其字應釋爲“褺”。

③庚：**有兩說：一、釋爲“庚”**。陳偉主編（2016：274）說。**二、釋爲“寅”**。整理者說。今根據原牘圖版，其字釋爲“庚”。

④衣：根據原牘圖版顯示，“衣”後有重文符號，後一“衣”字疑爲做新衣

之義。

⑤月：**有兩說：一、釋爲“日”**。整理者說。**二、釋爲“月”**。楊芬（2010）說。陳偉主編（2016：274）：根據孔家坡漢簡《日書》簡195：“八月、九月癸丑、寅、申、亥，不可裁衣裳，以之死。”

【今譯】

■製衣的好日子，是丙辰日、庚辰日、辛未日、乙酉日、甲辰日、乙巳日、己巳日、辛巳日，可以製衣，很吉利。Q4_1_4ⅣNH

■凡是製衣的凶惡日子，是戊申日、己未日、壬申日、戌日、丁亥日，不要製衣、始服新衣。不要在八月、九月丙日、辛日、癸丑日、寅日、卯日裁剪衣裳。Q4_1_4ⅤNH

五服忌

【釋文】

■五服忌[1]

甲申寇〈冠〉[2]，丙申幵（笄）[3]，戊申帶[4]，庚申常（裳）[5]，壬申屨（屨）[6]。Q4_1_4ⅥNH反

【匯釋】

①五服忌：**此篇記載製作冠、笄、帶、裳、屨五種服飾的禁忌之日。**

②寇：**爲“冠”的誤字，帽子**。楊芬（2010）：可能是冠冕之類。陳偉主編（2016：274）：根據紅外影像，此字爲“寇”，“冠”的誤字。今按：根據原牘圖版，釋爲“冠”，帽子。《禮記·曲禮上》：“爲人子，父母存，冠衣不純素。”《急就篇》卷三：“冠幘簪簧結髮紐。”顏師古注：“冠者，冕之總名，備首飾也。”

③幵：**有兩說：一、釋作“开”**。整理者說。**二、“幵”的誤書**。楊芬（2010）改釋。陳偉主編（2016：274）：根據紅外影像，此字爲“幵”，讀爲“笄”。今按：根據原牘圖版，爲“幵”。“笄”，簪，古時用以貫髮或固定弁、冕。《儀禮·士冠禮》：“皮弁笄，爵弁笄。”鄭玄注：“笄，今之簪。”

④帶：**束衣的腰帶**。楊芬（2010）：指衣帶。今按：《說文·巾部》：“帶，紳也。”段玉裁注：“古有大帶，有革帶；革帶以繫佩韍，而後加之大帶，則革帶統於大帶，故許於紳於鞶，皆曰大帶。實則內則之鞶專謂革帶。”

⑤常：**通“裳”，下衣**。原釋文徑釋作“裳”。古代稱下身穿的衣裙，男女皆服。《詩·邶風·綠衣》：“綠兮衣兮，綠衣黃裳。”毛傳：“上曰衣，下曰裳。”

⑥屨：**鞋履，多以麻、葛、皮等製成，後亦泛指鞋**。楊芬（2010）讀爲“屨”。《周禮·天官·屨人》：“掌王及后之服屨。”鄭玄注：“複下曰舄，禪下曰屨。”

【今譯】

[redacted]冠、笄、帶、裳、屨五種服飾禁忌的日子

冠帶忌的日子是甲申日，笄禁忌的日子是丙申日，帶禁忌的日子是戊申日，裳禁忌的日子是庚申日，屨禁忌的日子是壬申日。Q4_1_4Ⅵ NH反

報　日[①]

【釋文】

□以辛亥、卯、壬午【問病者】[②]。以寧人[③]，人必寧【之】[④]。以賀【人[⑤]，人必賀之】[⑥]。▨ Q4_1_5 Ⅰ NH

寅、卯不可問病者，問【之】必病。Q4_1_5 Ⅱ NH

【匯釋】

①報日：回報他人的日子。孔家坡漢簡《日書》簡 305—306 關於“報日”：“辛亥、辛卯、壬午，不可以寧人及問疾，人必反代之。利以賀人，人必反賀之。此報日也。”可參看。“報”，《詩・衛風・木瓜》：“投我以木瓜，報之以瓊琚，匪報也，永以爲好也。”

②□以：據原牘圖版，“以”上一字字跡缺失。楊芬（2010）：此處缺字可能是“毋”。

【問病者】：“者”字原釋文未釋。楊芬（2010）：根據孔家坡漢簡《日書》的“報日”篇推測疑爲“者”字。今根據原牘圖版字跡，其字應釋爲“者”。

③寧：**有兩說：一、釋爲“寕”**。整理者說。**二、釋爲“寧”**。楊芬（2010）改釋。今根據原牘圖版，其字應釋爲“寧”。

④寧之：**探望、省視父母**。《詩・周南・葛覃》：“歸寧父母。”《左傳・莊公二十七年》：“冬，杞伯姬來，歸寧也。”杜預注：“寧，問父母安否。”睡虎地秦簡《日書》乙種簡 192：“辛卯、壬午不可寧人，人反寧之。”

⑤賀：**以禮相慶，祝賀**。《詩・大雅・下武》：“受天之祐，四方來賀。”孔穎達疏：“武王既受得天之祐福，故四方諸侯之國皆貢獻慶之。”

人：楊芬（2010）：“人”字下有重文符號。陳偉主編（2016：275）：據紅外影像，“人”與下一字“必”間距相對較大。今按：原牘圖版字跡模糊不清，未有明顯重文符號字跡，“人”字不定有重文符號。

⑥之：整理者釋作“之□”，原牘圖版字跡缺損嚴重，不能確定“之”字後有內容。

【今譯】

□（不要）在辛亥日、卯日、壬午日【探問生病的人】。在這些時間對人進行慰問，民衆必定會安寧。在這些時間祝賀【他人，他人必定也會祝頌】。

☐Q4_1_5ⅠNH

在寅日、卯日不可以探問生病的人，探問【他們】後必然也會得病。Q4_1_5ⅡNH

生　子

【釋文】

辛卯生子，不弟[①]。Q4_1_5ⅢNH

【匯釋】

①不弟：疑義同“無弟”。睡虎地秦簡《日書》甲種簡2：“生子毋（無）弟，有弟必死。”原釋文“弟”下有“一”字，可能是誤釋標識符號所致。睡虎地秦簡《日書》乙種簡242：“辛卯生，不吉。”可參看。

【今譯】

辛卯日生孩子，生完之後再無弟弟。Q4_1_5ⅢNH

歸　行[①]

【釋文】

■■凡丙申，六旬之兇（凶）日也[②]。Q4_1_6ⅢNH

久宦毋以庚午到室[③]。Q4_1_5ⅣNH

■■壬戌、癸亥不可以之遠役及來歸入室[④]，必見【大咎】。Q4_1_6ⅣNH

☐【丙】、丁【入】之。以【□入】之[⑤]，吉。Q4_1_5ⅤNH

【匯釋】

①歸行：第3Ⅲ號簡起首有“■■”符號，陳偉主編（2016：276）因下引秦漢簡日書中，“六旬龍日”與“到室”有關，將之歸爲一篇。

②六旬：**即甲子、甲戌、甲申、甲午、甲辰、甲寅六旬**。放馬灘秦簡《日書》乙種簡125：“入宦、遠役不可到室之日，庚午，丙申，丁亥，戊申，戊戌，壬戌，此六旬龍日。”孔家坡漢簡《日書》“到室”篇簡148壹：“丙申、丁亥、戊申、戊戌，六日旬之，龍日也，以到室，有客（咎）。”整理者注“龍”義同“忌”。“六旬凶日”或與“六旬龍日”有關。

③久：**長期**。原釋文未釋。陳偉主編（2016：276）：今根據紅外影像，應釋爲“久”。睡虎地秦簡《日書》乙種簡141：“入官。久宦者毋以甲寅到室。”睡虎地秦簡《日書》甲種簡95—96：“久行毋以庚午入室。□□行毋以戌、亥入。”可參看。

④役：**服役**。原釋文未釋。今根據原牘圖版，應釋爲“役”。“遠役”，謂到遠方服役，戍守邊疆。《後漢書·西南夷傳·夜郎》：“朝議以爲郡在邊外，蠻夷喜叛，

勞師遠役，不如棄之。”

來歸：**歸來**。《詩・小雅・六月》：“吉甫燕喜，既多受祉。來歸自鎬，我行永久。”朱熹集傳：“多受福祉，蓋以其歸自鎬而行永久也。”睡虎地秦簡《日書》乙種簡140：“行者。遠行者毋以壬戌、癸亥到室。以出，凶。”放馬灘秦簡《日書》乙種簡123：“千里之行毋以壬戌、癸亥，歸死，行亡，不復迹。”放馬灘秦簡《日書》乙種簡320：“吏宦毋以壬戌歸及遠役。”孔家坡漢簡《日書》簡146：“五百里外毋以壬戌、癸亥到室。”可參看。

⑤以【□入】之：“以”下一字，今根據原牘圖版，疑是“己”字。睡虎地秦簡《日書》甲種134：“己酉從遠行人，有三喜。”

【今譯】

■■凡丙申日，是甲子、甲戌、甲申、甲午、甲辰、甲寅這六旬的凶惡之日。Q4_1_6ⅢNH

長期在外邊做官的人，不要在庚午日回到家裏。Q4_1_5ⅣNH

■■不可以在壬戌日、癸亥日到遠方服役、戍守邊疆和歸來回到家裏進入居室，必然會出現【大的災禍】。Q4_1_6ⅣNH

☐【丙日】、丁日【進入】之。在【□進入】之，吉利。Q4_1_5ⅤNH

殘篇（一）

【釋文】

☐毋用。正月、四月、七月用之①，弗復。Q4_1_5ⅥNH

☐□火②。Q4_1_5ⅦNH

【匯釋】

①月：**有兩說：一、釋爲“日”**。整理者說。**二、釋爲“月”**。楊芬（2010）改釋。

②火：原釋文未釋。今根據原牘圖版，應爲“火”。“火”字之上疑爲“水”。

【今譯】

☐不要用。在正月、四月、七月用它們，不要重復使用。Q4_1_5ⅥNH

☐□火。Q4_1_5ⅦNH

五種忌

【釋文】

☐【黍】①，寅粢（粢）②，辰【靡（麻）③，戌叔（菽）④，亥□⑤，申荅⑥，卯】

□。Q4_1_7Ⅰ NH

【匯釋】

①黍：**植物名，古代專指一種子實稱黍子的一年生草本作物。**整理者釋作“粲”。喜溫暖，不耐霜，抗旱力極強。葉子綫形。子實淡黄色者，去皮後北方通稱黄米，性黏，可釀酒。其不黏者，别名穄，亦稱稷，可作飯。睡虎地秦简《日書》甲種簡18—22：“禾忌日：稷龍寅，秫丑，稻亥，麥子，菽、荅卯，麻辰，葵癸亥，各常□忌，不可種之及初穫出入之。”睡虎地秦简《日書》乙種簡46—49：“五種忌日：丙及寅禾，甲及子麥，乙巳及丑黍，辰、卯及戌叔（菽），亥稻，不可以始種穫、始賞（嘗），其歲或弗食。”睡虎地秦简《日書》乙種簡65：“五穀龍日：子麥，丑黍，寅稷，辰麻，申、戌叔（菽），壬辰瓜，癸葵。”放馬灘秦簡《日書》乙種簡164：“五種忌：子麥，丑黍，寅稷，卯菽，辰麻，未戌秫，亥稻。不可始種、穫及嘗。”孔家坡漢簡《日書》簡455：“麥龍子，稷龍寅，黍龍丑，稻龍戌，叔（菽）龍卯，麻龍辰。”可參看。

②粢：**穀物名。有兩說：一、釋爲“粲”。**整理者說。**二、同“粢”，即稷。**陳偉主編（2016：278）：據紅外影像核釋。今按：原牘圖版下方疑爲“稷”，《楚辭·招魂》：“稻粢穱麥，挐黄粱些！”王逸注：“粢，稷。”《淮南子·精神訓》：“珍怪奇味，人之所美也，而堯糲粢之飯，藜藿之羹。”高誘注：“粢，稷也。讀齊衰之齊。”

③靡：**有兩說：一、釋爲“靡”。**整理者說。**二、當讀爲“麻”。**陳偉主編（2016：278）說。今按：“麻”，麻類植物的總名，有大麻、亞麻、苧麻等。古代專指大麻。莖皮纖維長而堅韌，可供紡織等。《詩·陳風·東門之池》：“東門之池，可以漚麻。”北魏賈思勰《齊民要術·種麻》：“凡種麻，用白麻子。麻欲得良田，不用故墟，地薄者糞之。”

④叔：原釋文未釋。今根據原牘圖版，應讀爲“菽”。

⑤亥□：整理者釋作“日、（亥）”。陳偉主編（2016：278）：據紅外影像核釋，“亥”下一字，左旁爲“禾”，右旁不清，據文例可能是“稻”。今按：原牘圖版右旁因字跡殘缺無法辨認。根據“五種忌”文意與上下文“黍”“粢”等，疑爲“稻”，《詩·豳風·七月》：“十月穫稻，爲此春酒，以介眉壽。”《周禮·夏官·職方氏》：“正南曰荆州，其穀宜稻。”《說文·禾部》：“稻，稌也。”朱駿聲通訓：“今蘇俗，凡粘者不粘者統謂之稻。古則以粘者曰稻，不粘者曰粳。又蘇人凡未離稈去糠曰稻，稻既離稈曰穀。穀既去糠曰米。北人謂之南米、大米。古則穀米亦皆曰稻。”

⑥荅：**小豆。**整理者释作“苔”。陳偉主編（2016：278）：牘文字跡不清，疑爲“荅”。今按：根據原牘圖版字跡，應爲“荅”，小豆。《晉書·律曆志上》：“菽、荅、麻、麥一斛，積二千四百三十寸。”

【今譯】

五種禁忌的日子〼【黍子】（忌日是乙巳日和丑日），粢的忌日是寅日，辰日是【麻的忌日，菽的（忌日是卯日和戌日），（稻的忌日是）亥日□，荅的忌日是申日，卯日】□。Q4_1_7ⅠNH

殘篇（二）

【釋文】

〼□[①]。Q4_1_7ⅡNH反

【匯釋】

①□：**似是“牀”字**。睡虎地秦簡《日書》甲種簡125：“戌不可以爲牀，必以煒（瑋）死人。”可參看。

摹本

不獎問育審系言者福認

白戰勵不合吉

世不勝白結者四事戌吉事不戈白迻覺

從之人不得白行者發白末者對白未花䁖

白枝黄日白戰勵发不合

胃义棄胃門育審系言者戰勵不吉

從之人得之白病者蘇白待者發白末者生白

白紉結发厉育富

從之人不得白待者未勾白行者未發白末者生

外义棄北門育審系言者喪事世白感診不戈

白紉結发育富居白待者少可迻覺

火後天之白感診不勝白紉結不戈白迻覺

白末花者細初白物雒白戰勵育臾

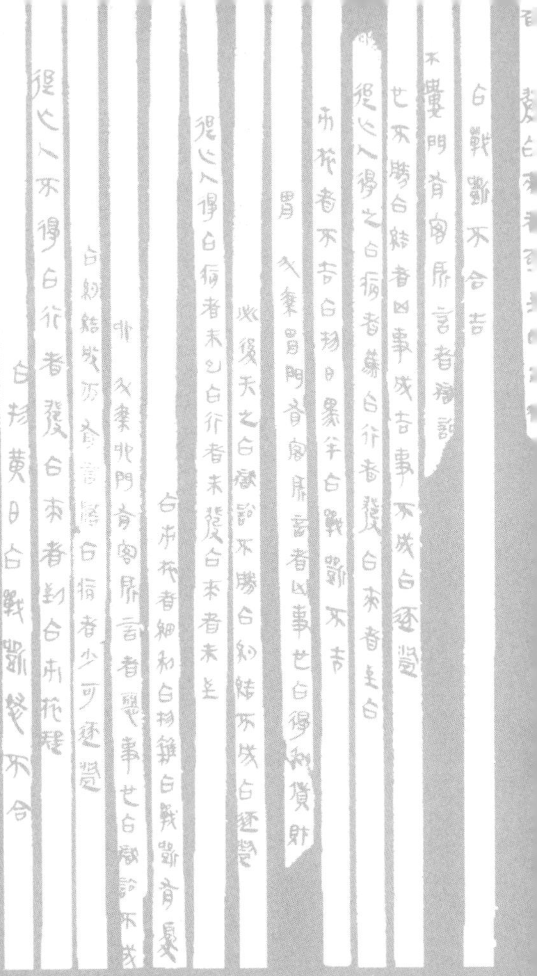

周家臺秦墓簡牘

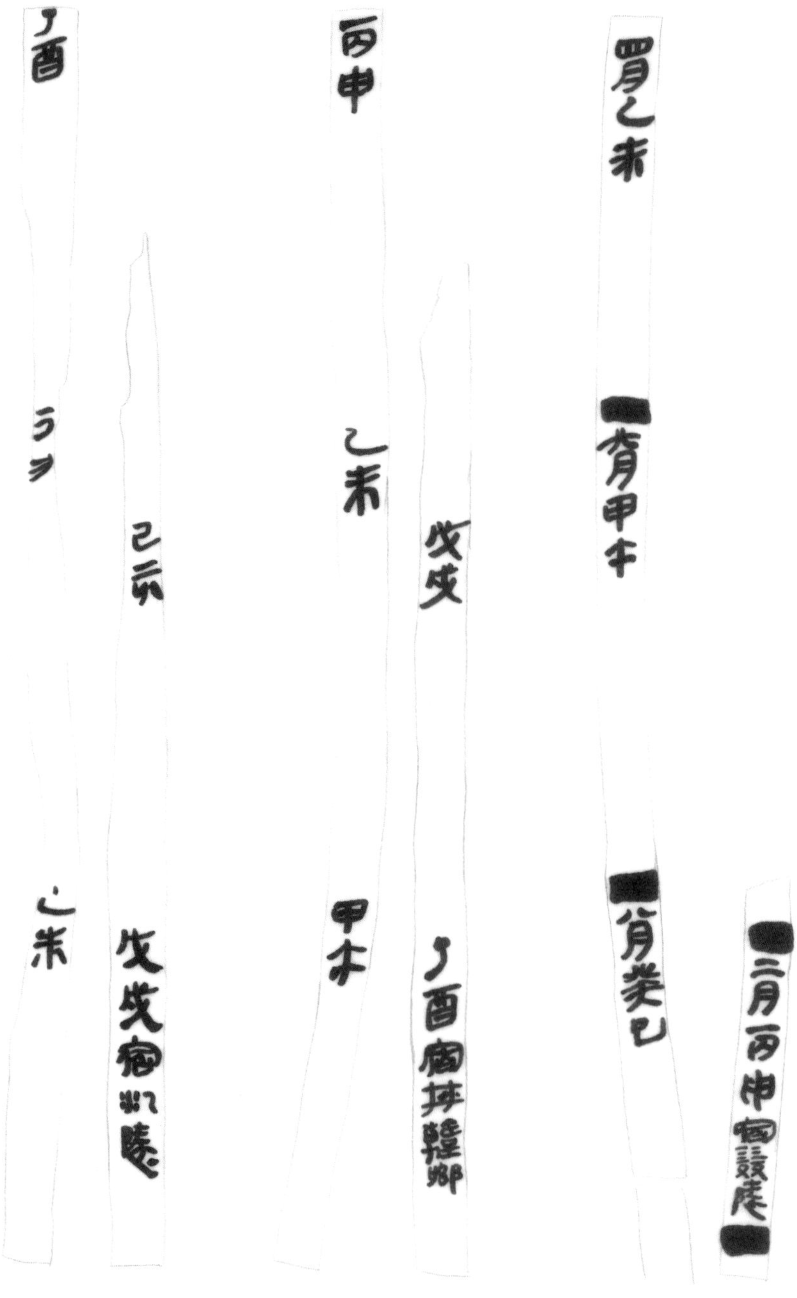

3　2　1

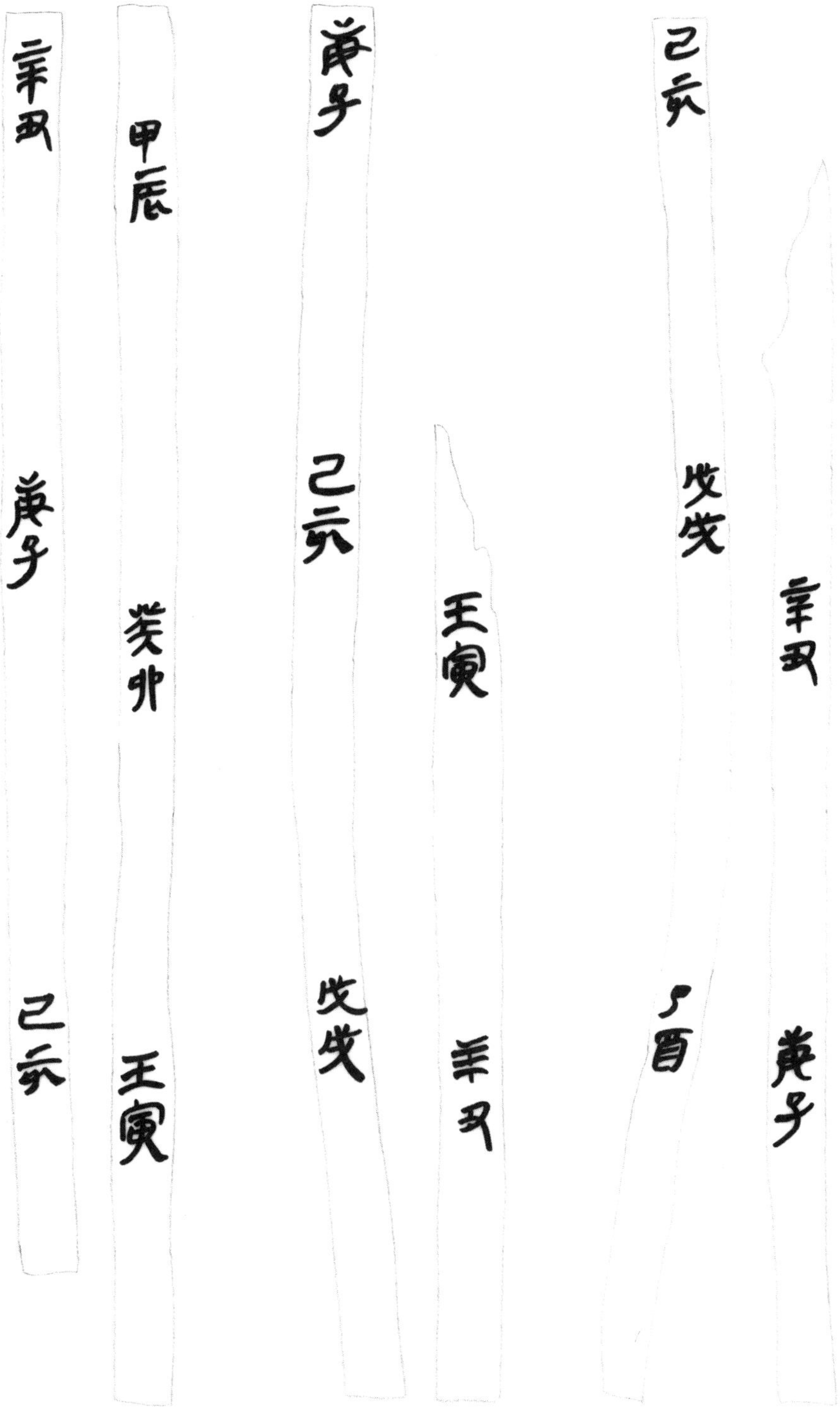
辛丑
庚子
己亥
戊戌
丁酉
壬寅
辛丑
庚子
己亥
戊戌
甲辰
癸卯
壬寅
辛丑
庚子
己亥

6 5 4

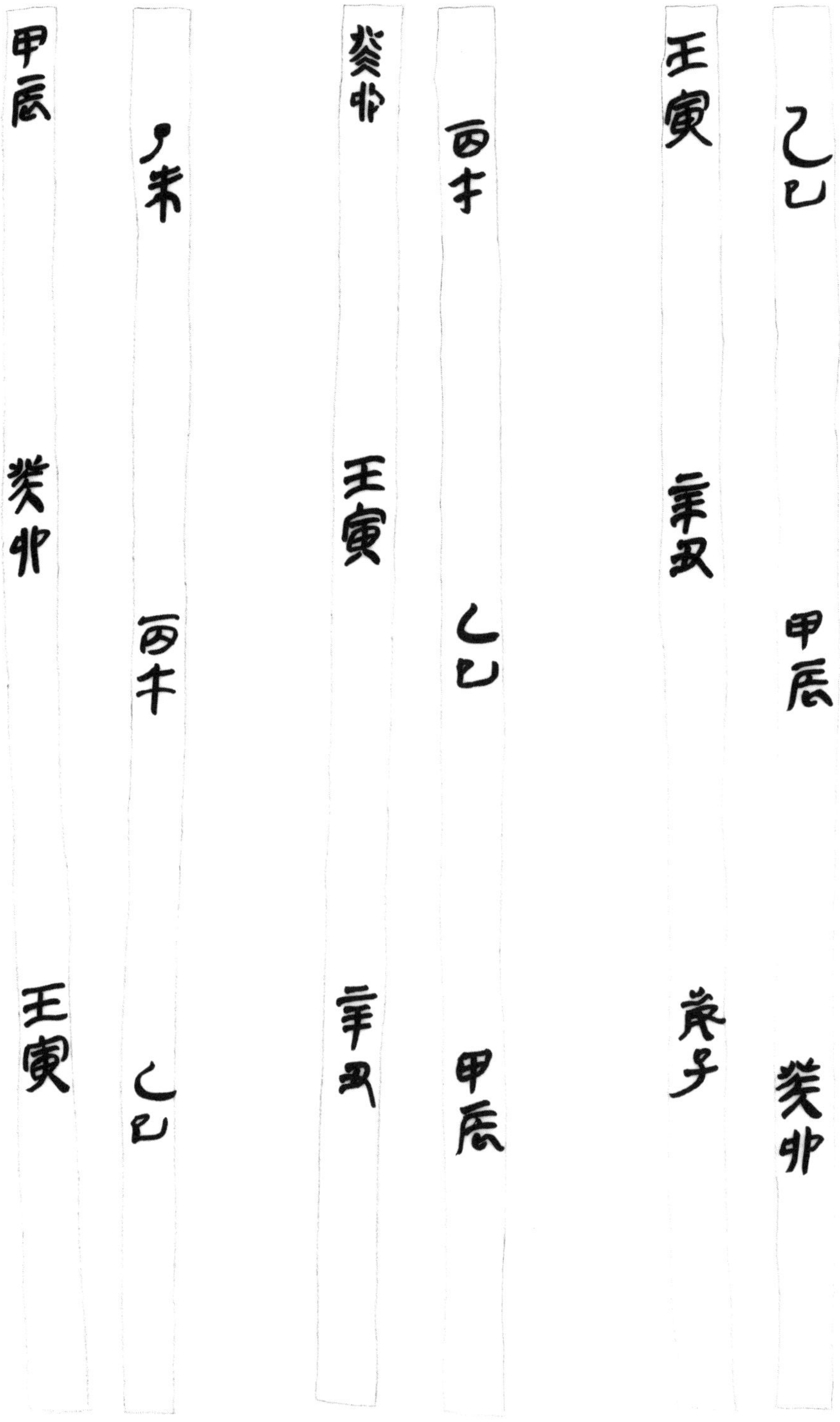
乙巳
甲辰
癸卯
壬寅
辛丑
庚子
丙午
乙巳
甲辰
癸卯
壬寅
辛丑
丁未
丙午
乙巳
甲辰
癸卯
壬寅

9 8 7

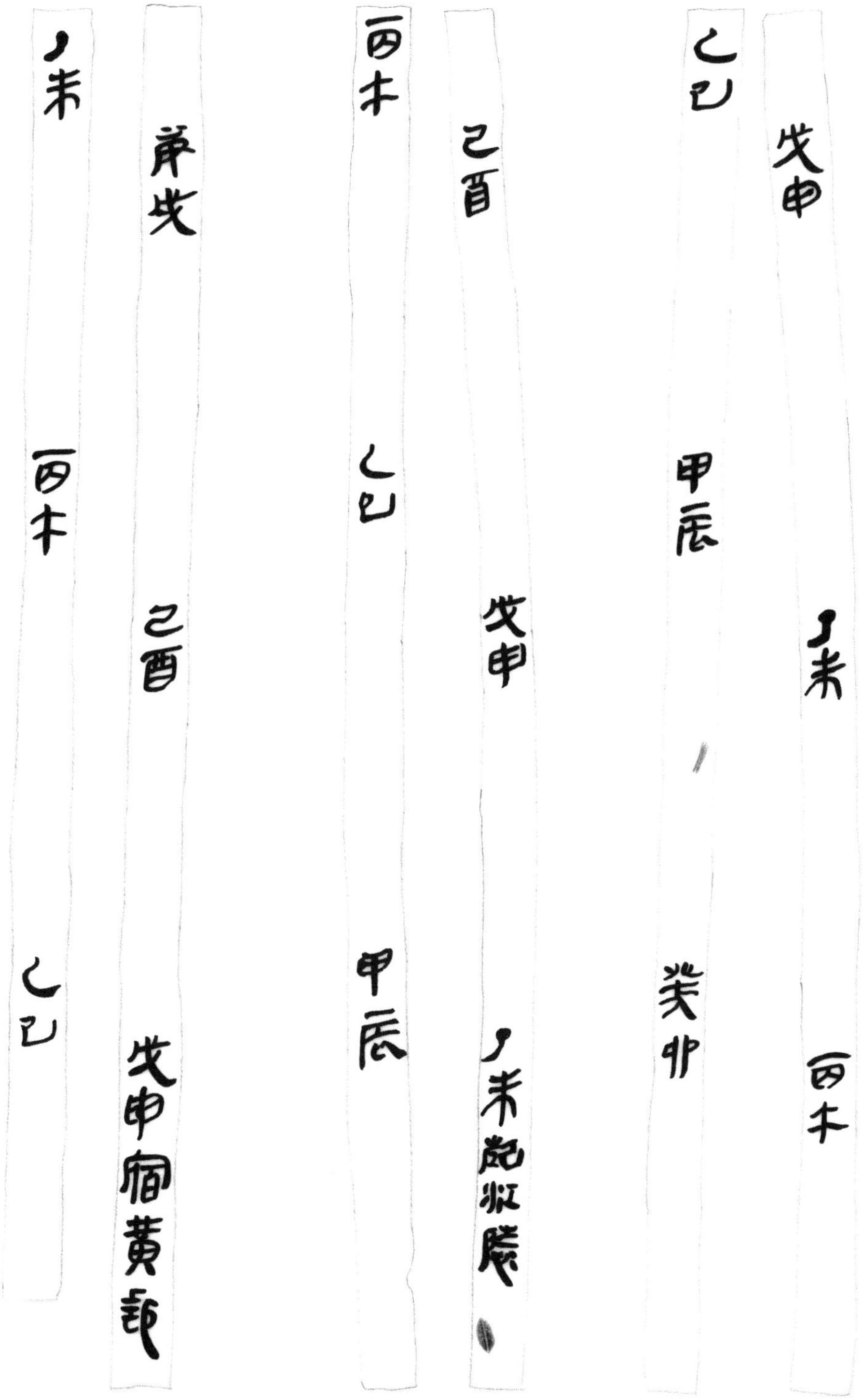

12　　11　　10

戊申　　三亥

丂未杏先醬里宁廬　四十　　戊戌

　　　　　　　　　己酉宿護陵

己酉　　王子

戊申　　戊申

三亥　　三亥

丂未

戊戌宿鄀鄉

庚戌　　癸丑

己酉　　王子

戊申　　辛亥宿鐵宕

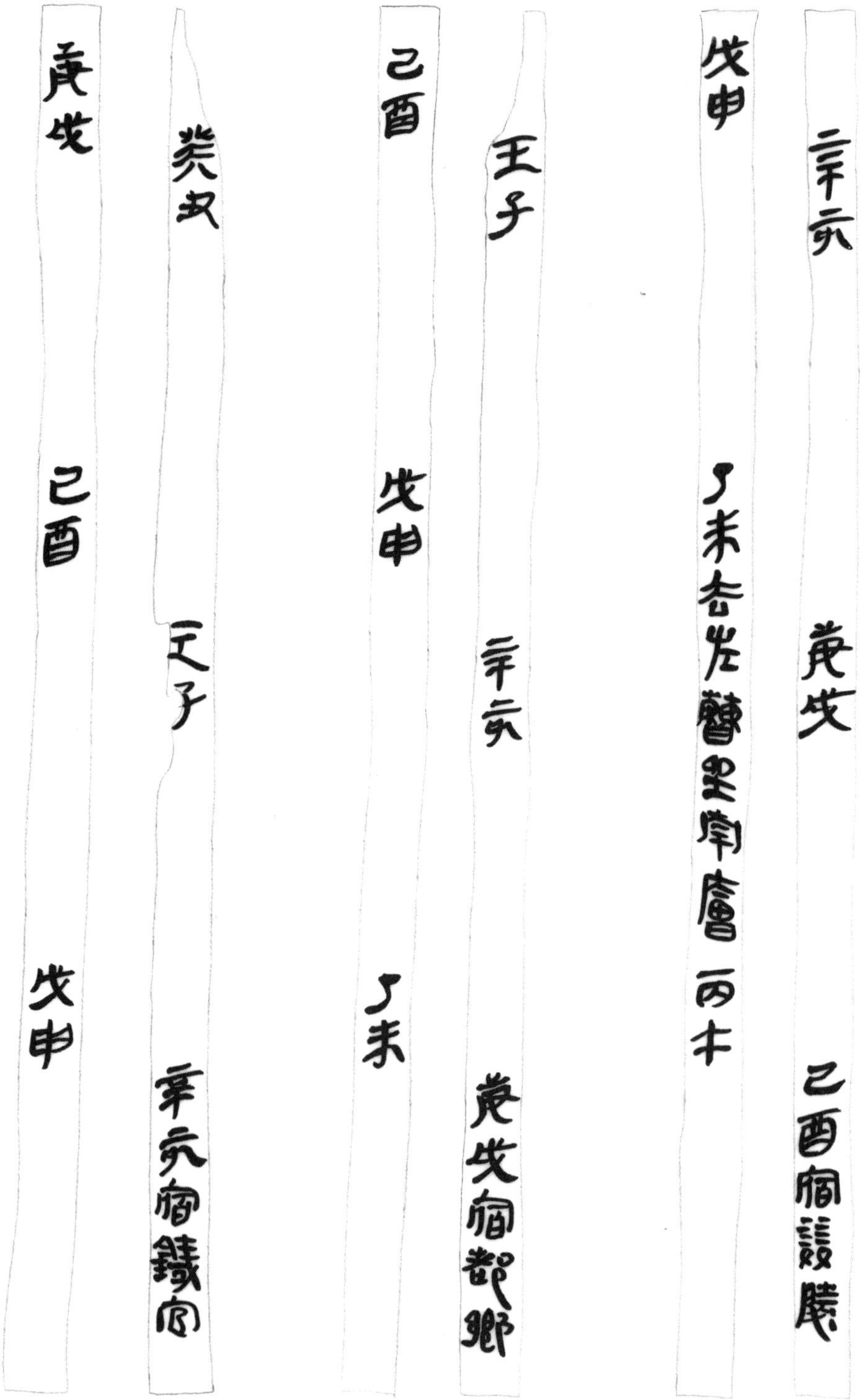

15　　14　　13

辛亥　　庚戌　　己酉

壬子□籤宿

乙丑　　甲寅　　癸丑□籤宿

壬子　　辛亥□逃所陵　庚戌

癸丑　　壬子　　辛亥

丙辰　　乙丑　　甲寅宿□鄉

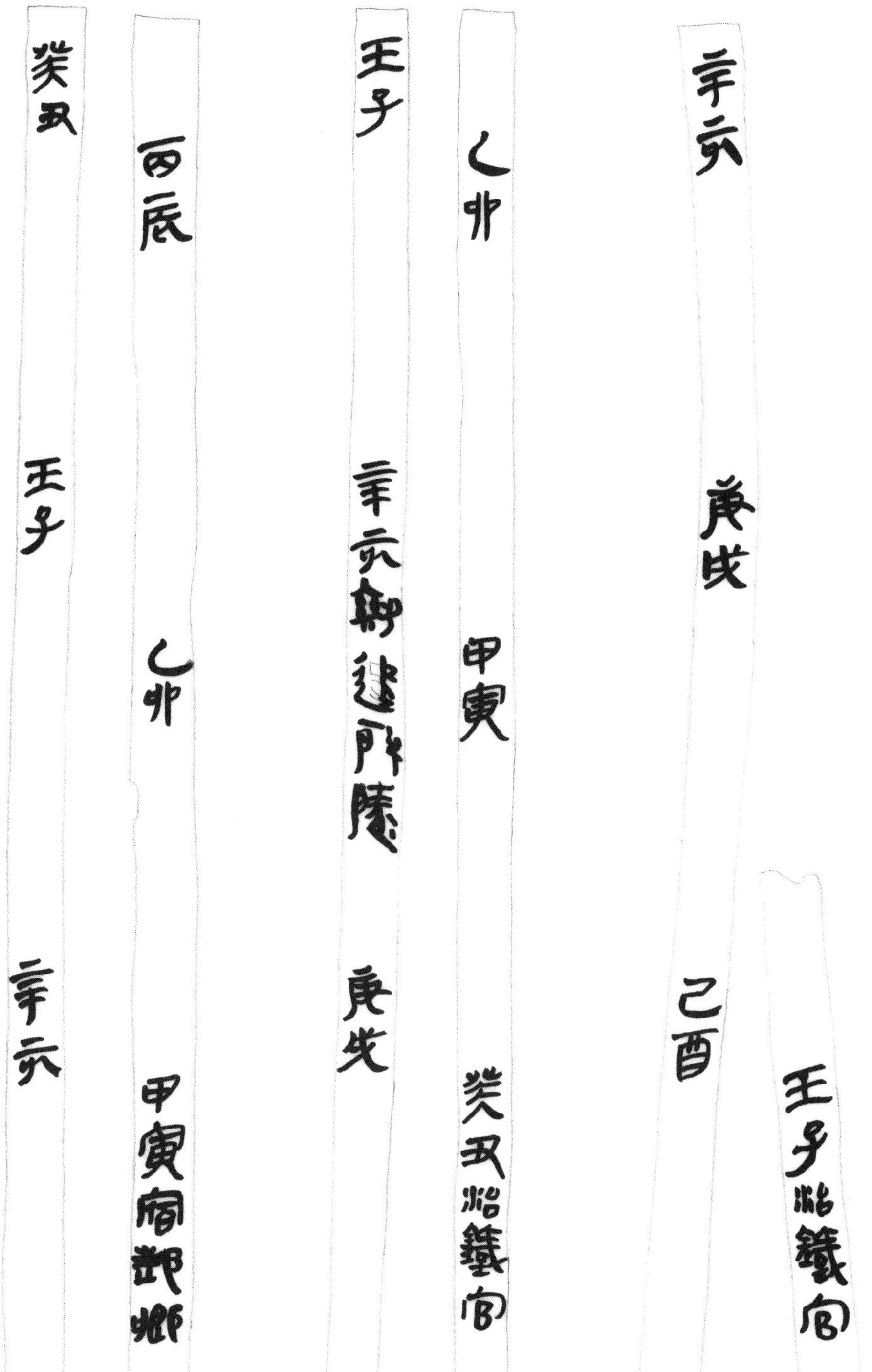

18　　　17　　　16

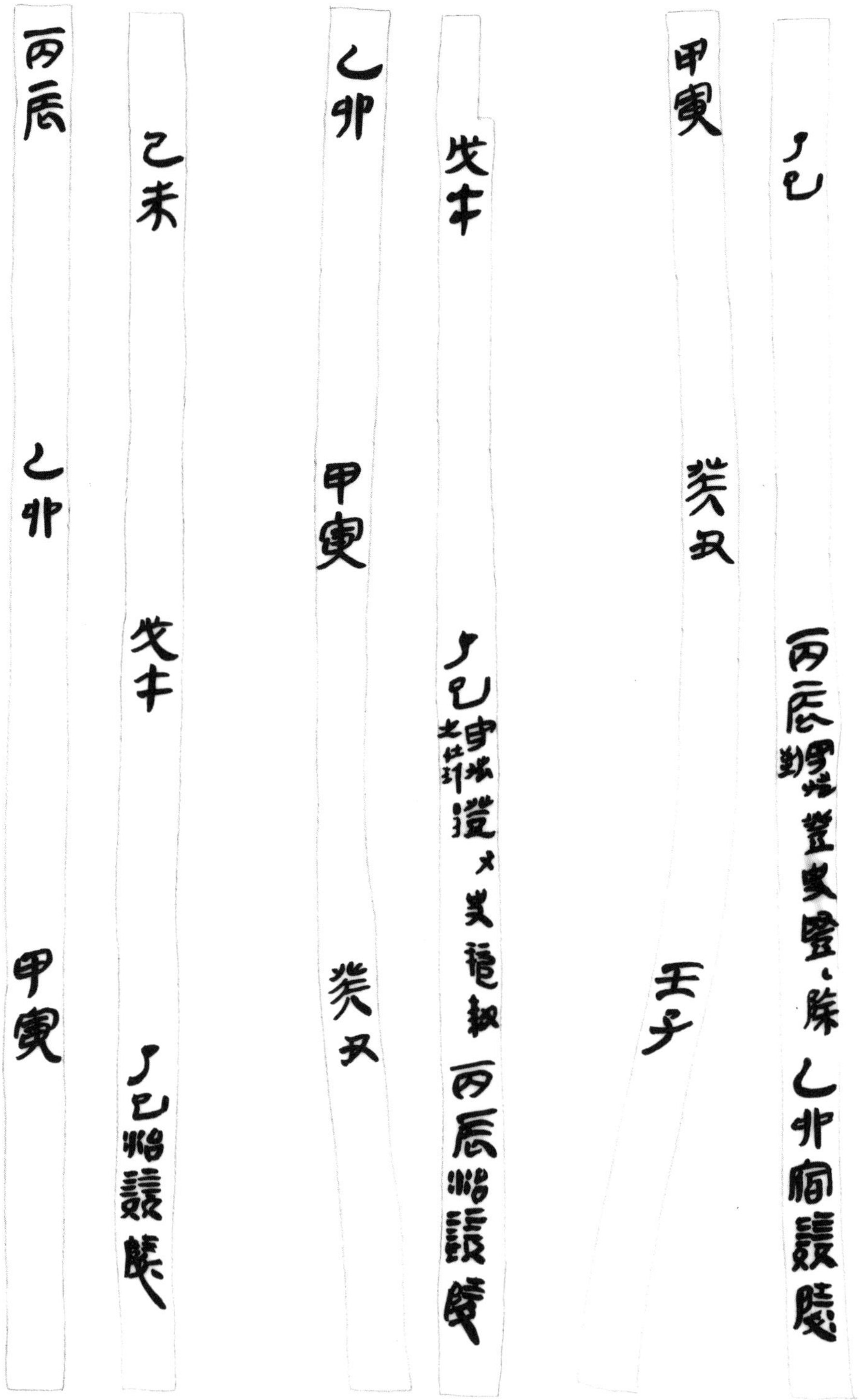

21 20 19

己未　　壬戌　　　辛酉　　戊午　　　乙巳　　庚申

戊午　　　　　　　乙巳　　庚申　　　丙辰　　己未

　　辛酉荔平　　　丙辰　　己未昭護廄　乙卯　戊午昭護廄

乙巳　黄申昭護廄　　　　　　　　　　　　

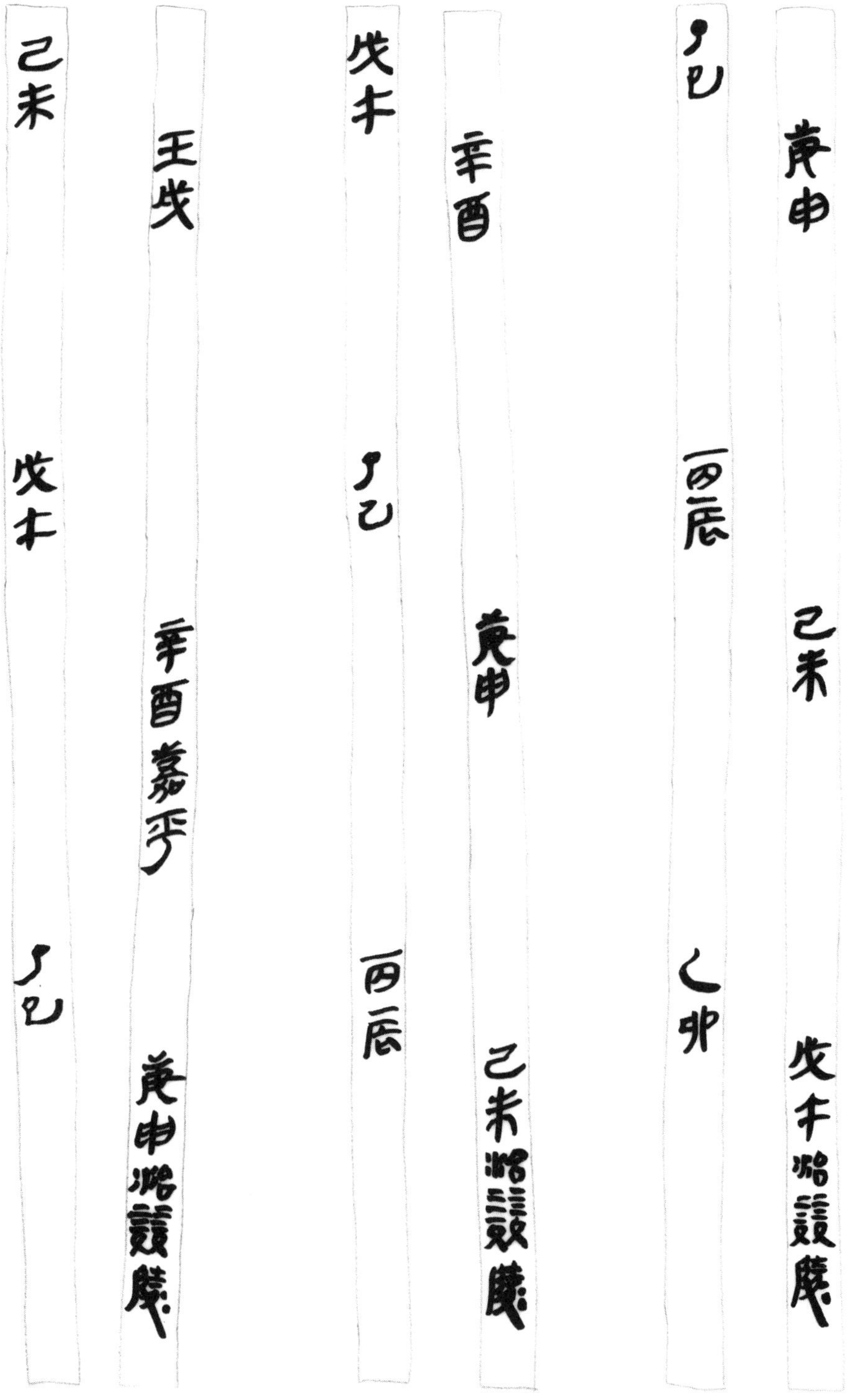

24　　　　　　　　23　　　　　　　　22

癸亥　壬戌　辛酉沿覆蔑

庚申　己未　戊午

辛丑　庚申　己未

甲子　癸亥　壬戌沿覆蔑

乙丑　甲子　癸亥沿覆蔑

壬戌　辛丑　庚申

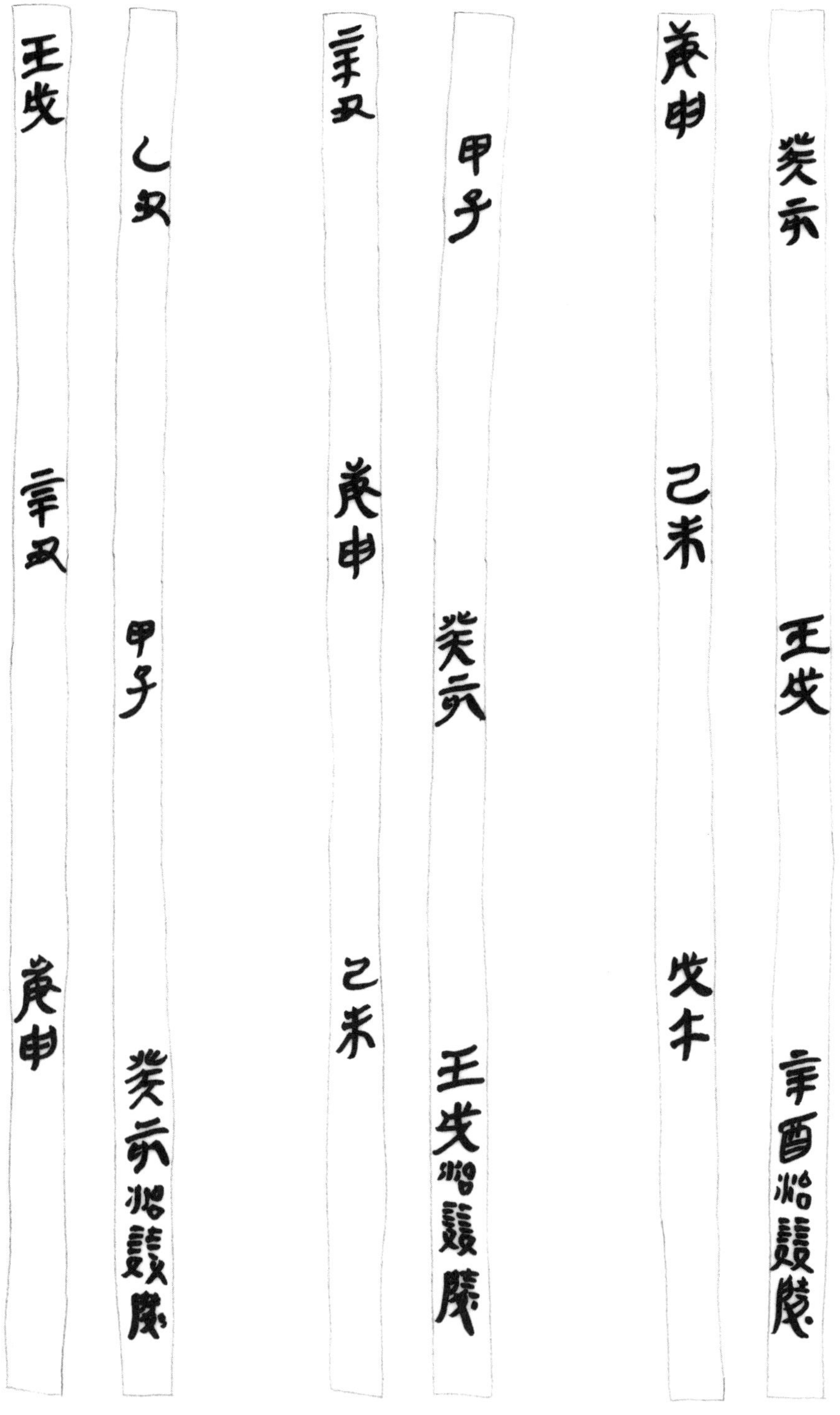

27　　26　　25

乙丑　　　　肖甲子　　土月乙卯　　　癸亥　　　丙寅

戊辰　　　　　　　　　　　　　　　　　　　　乙丑癸卯懿

　　　　　有癸亥　　肖乙卯嘉平死視事　壬戌　　甲子

甲子　　　　　　　　　　　　　　　　　　　　辛丑

戊辰　　　　肖癸亥　三月乙丑■懿　　　　甲子淵懿

甲子　　　　　　　　　　　　　　　　　　　　甲子淵懿

　　　丙寅淵懿

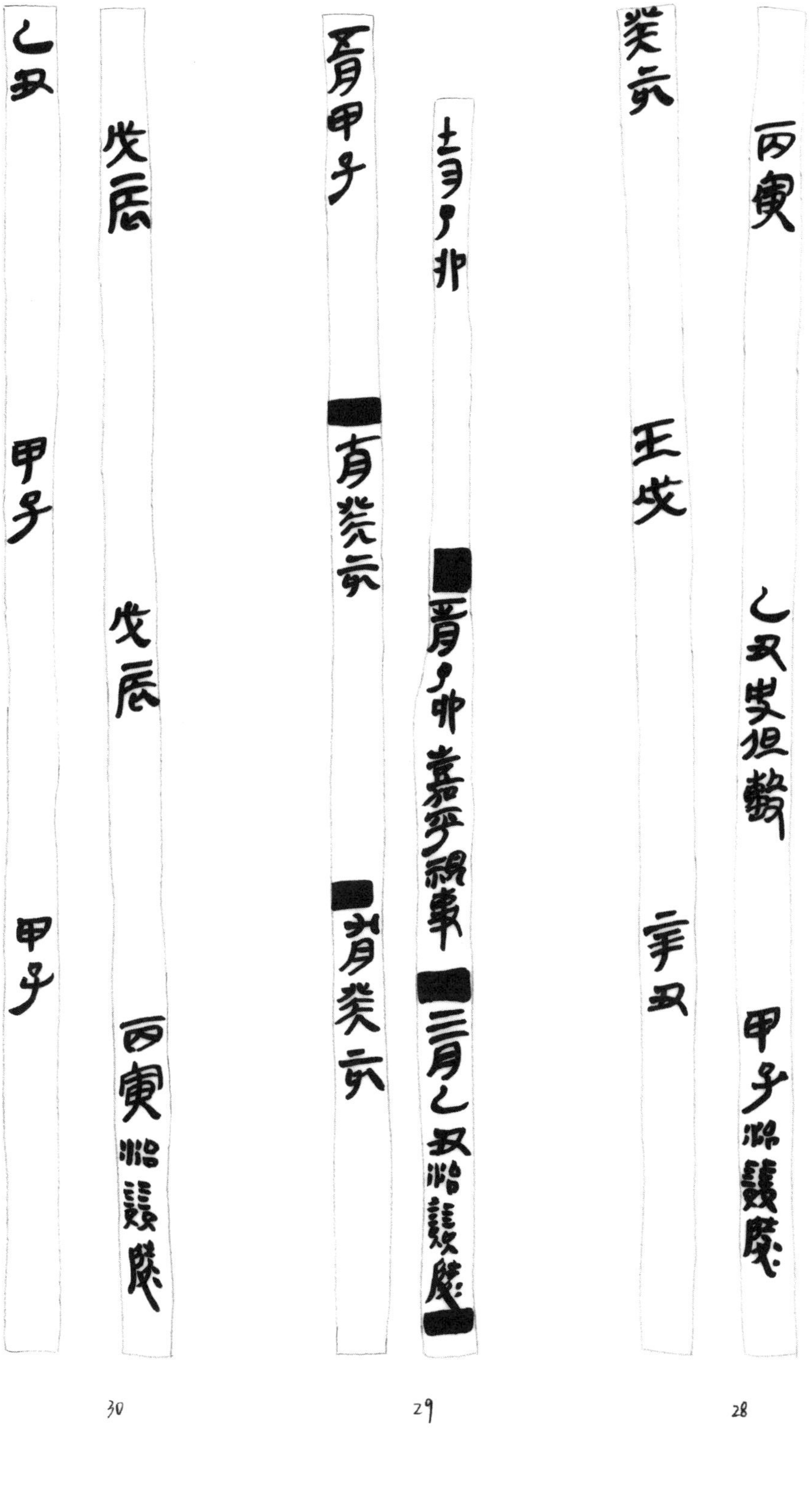

　　30　　　　　　　29　　　　　　　　28

戊辰　丁卯　丁卯

辛未　辛未　己巳宿松陵

丁卯　丙寅　丙寅　戊辰宿松陵

庚午　庚午　乙丑　己巳　乙丑　丁卯宿燒亡

丙寅　乙丑　己巳　乙丑　丁卯宿燒亡

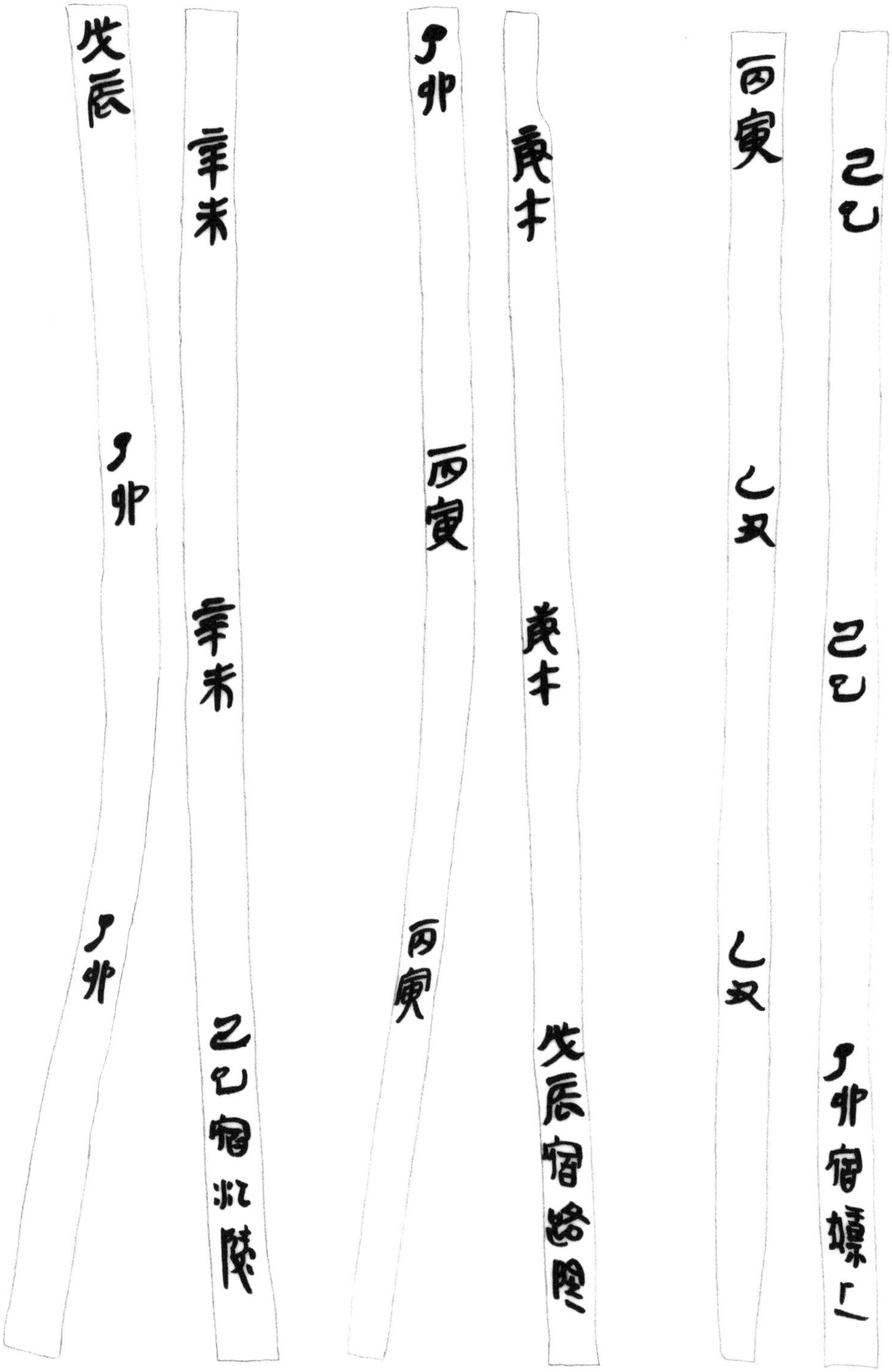

33　　32　　31

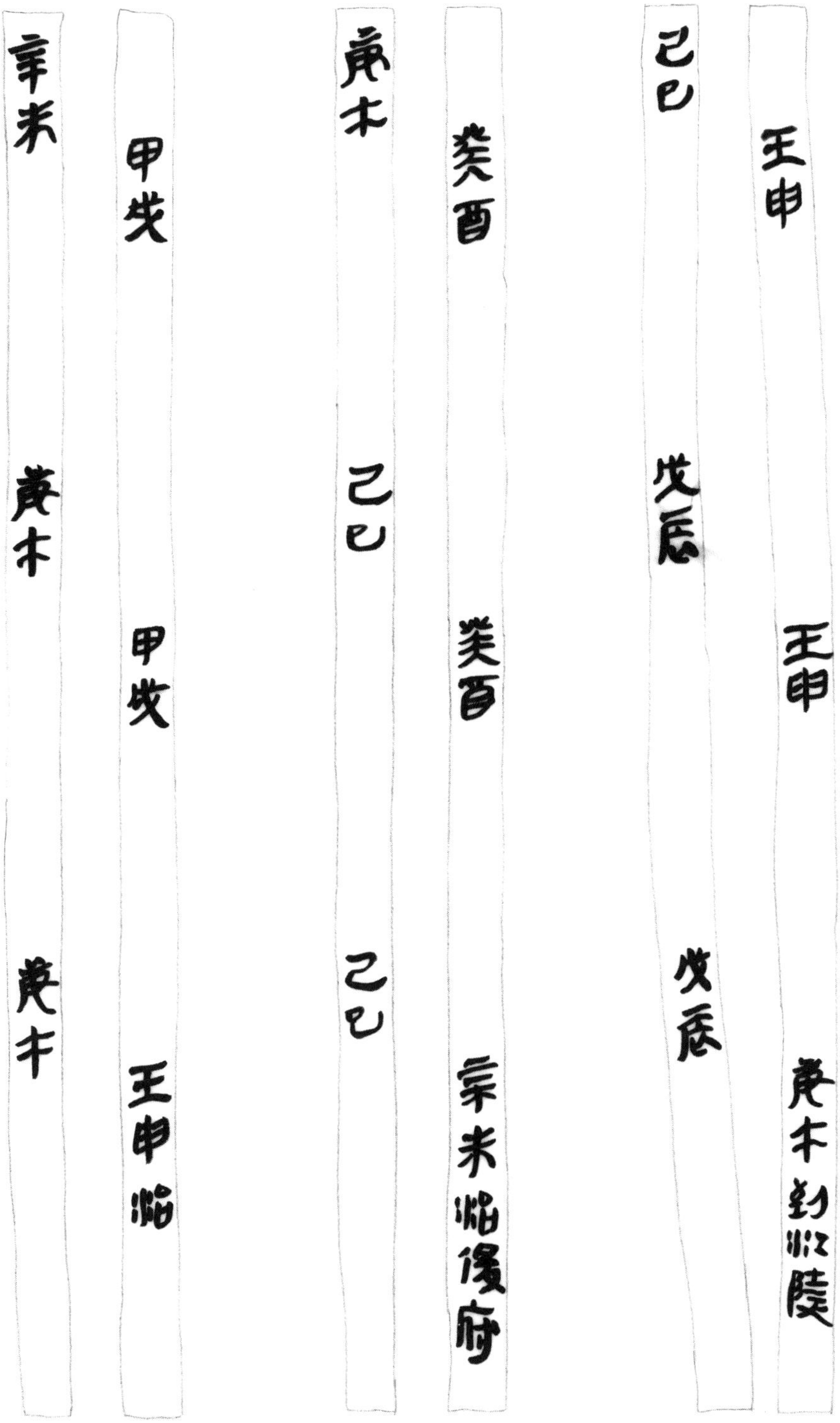

34 35 36

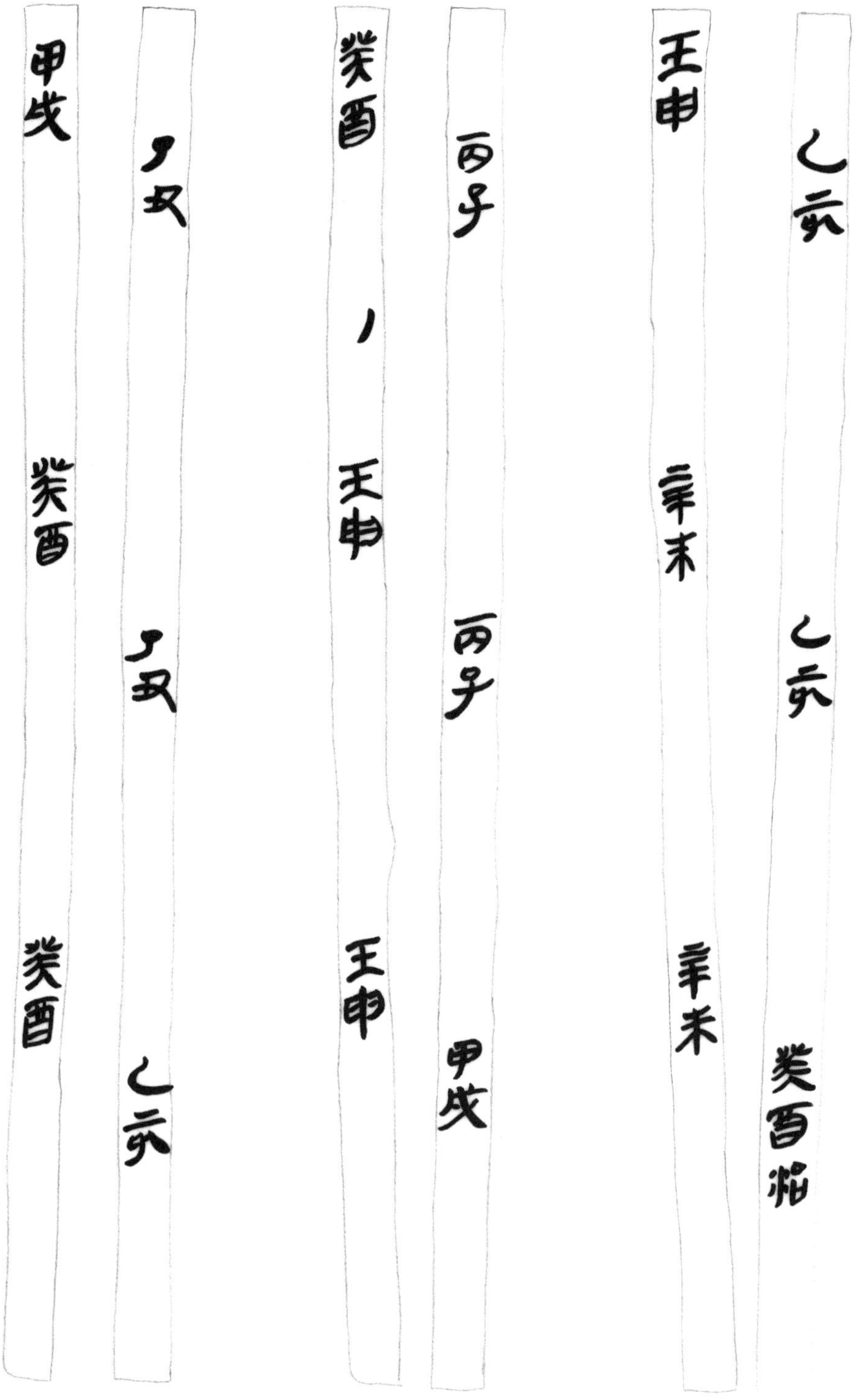

39 38 37

戊寅 戊寅 丙子

乙亥 甲戌 甲戌

40

己卯 己卯 丁丑

丙子 乙亥 乙亥

41

庚辰 庚辰 戊寅

丁丑 丙子 丙子

42

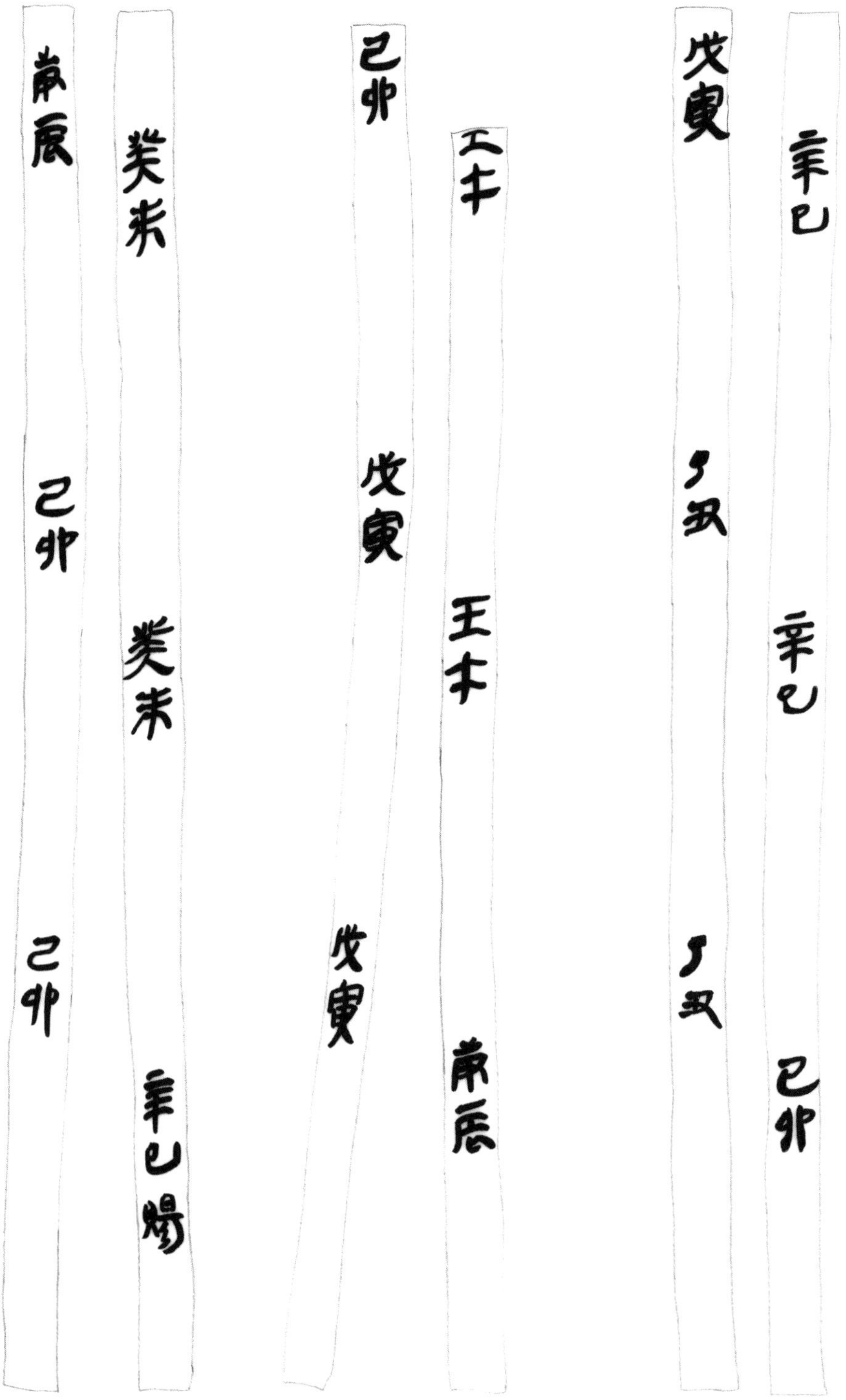

45　　44　　43

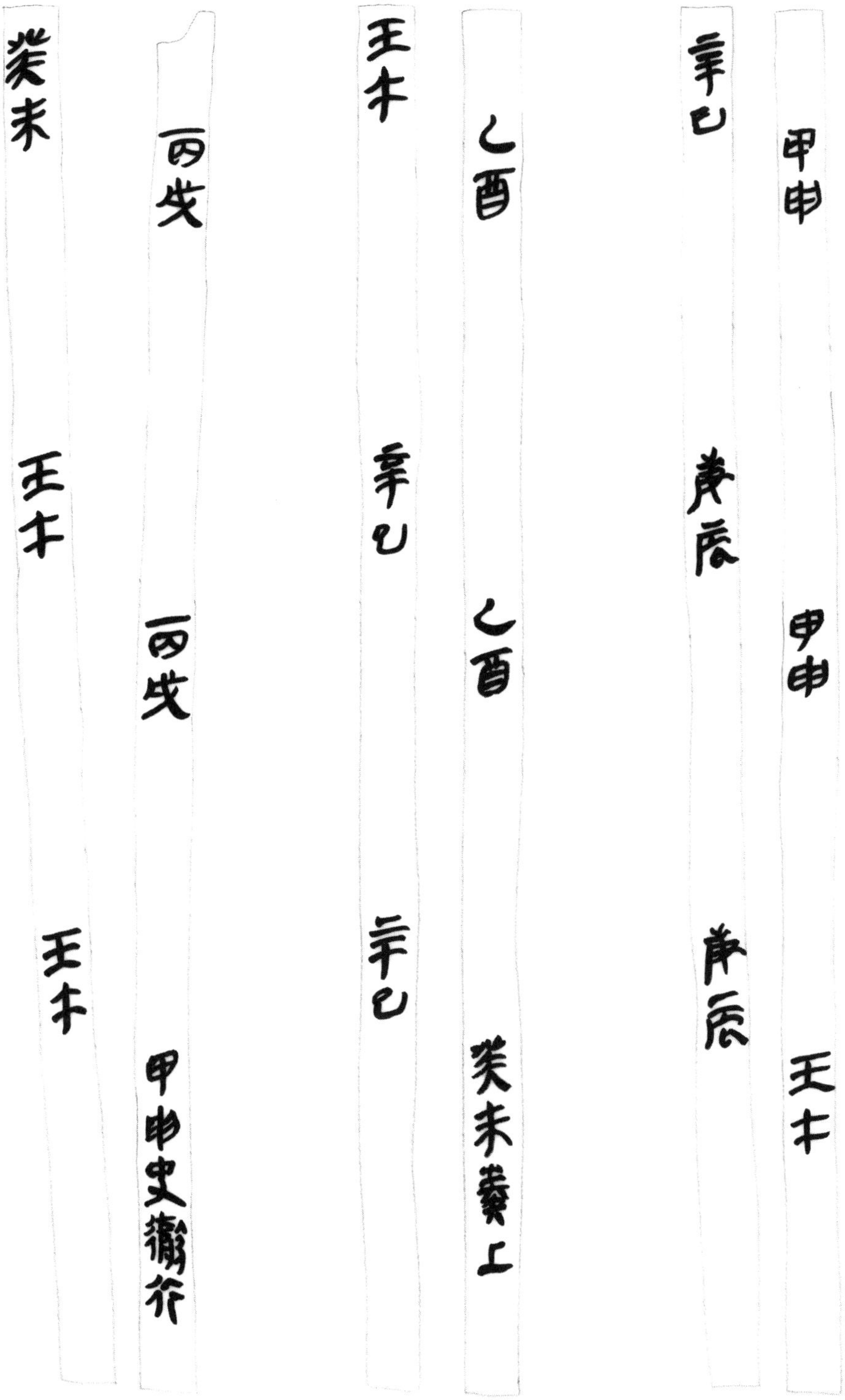

48　47　46

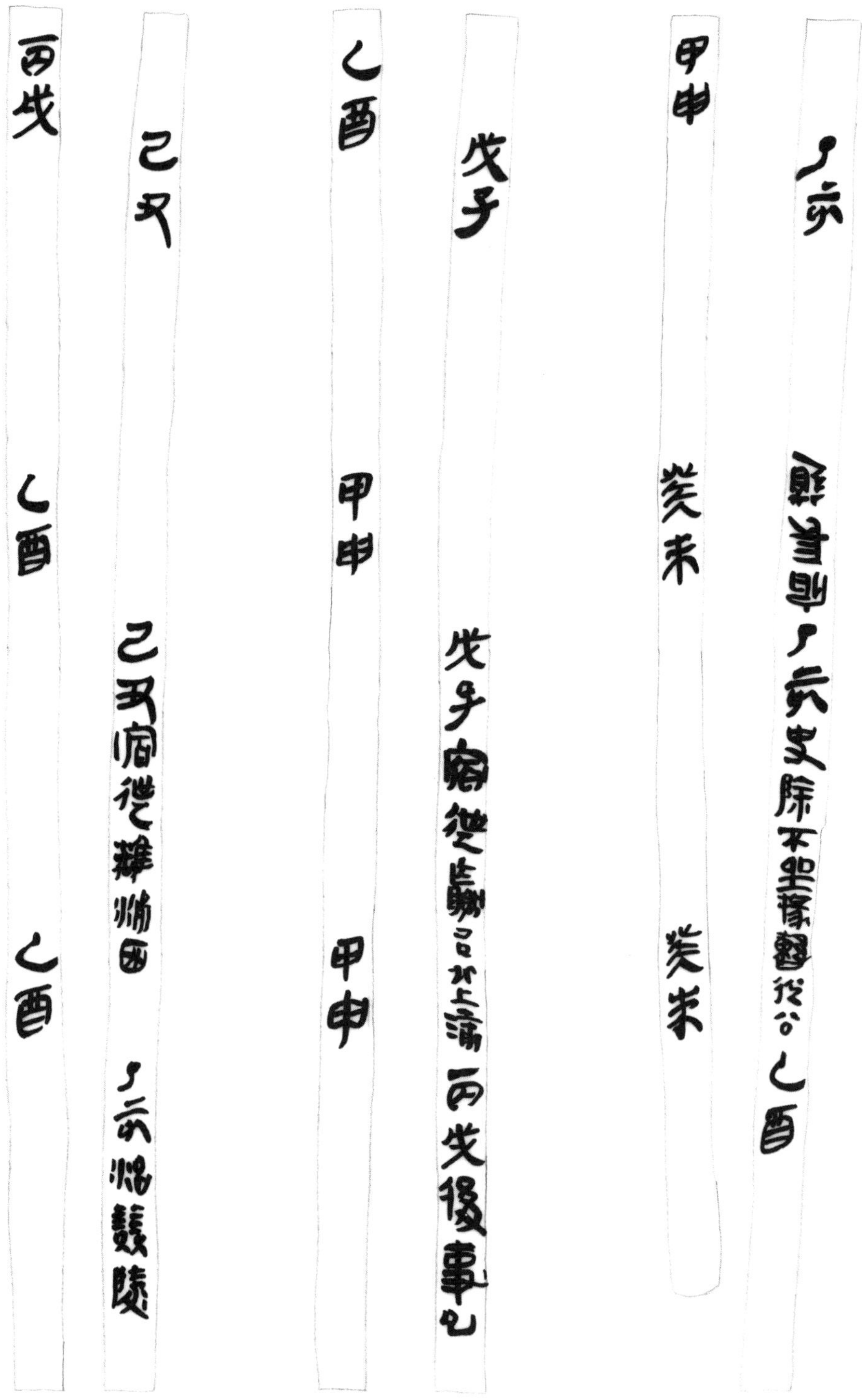

51　50　49

己丑　　王辰

戊子　　戊子

庚寅

丁卯

丙戊　　王辰宿逆轝湒東　庚寅

戊子　　辛卯

丁卯

辛卯宿逆鄲湒田　己丑諭肾賜

庚寅宿逆匜　鄲北　戊子

百戊

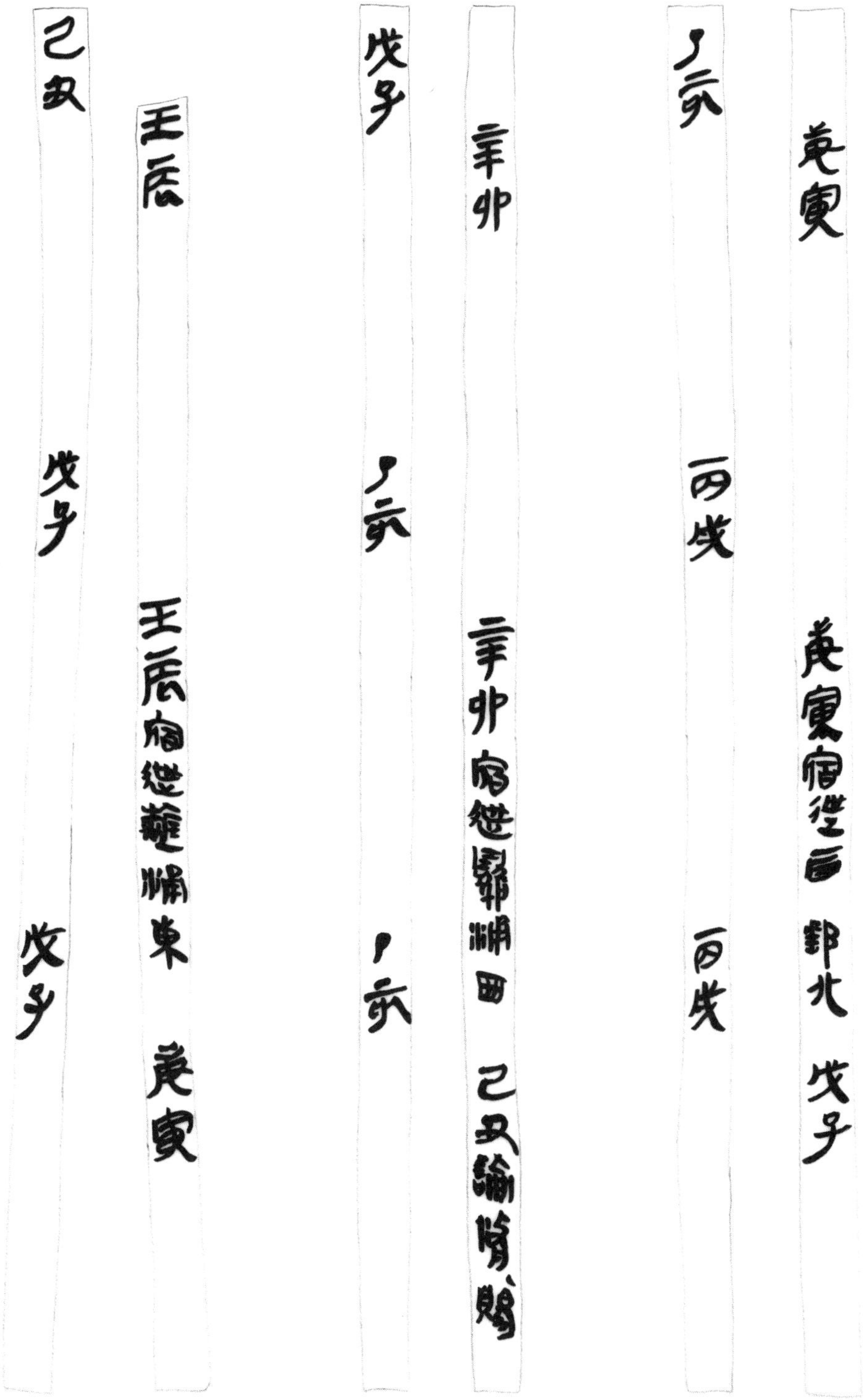

54　　53　　52

癸巳　　　　庚寅　　己丑　　己丑　　　癸巳宿區日　辛卯

甲子　　辛卯　　庚寅　　庚寅　　甲子宿鼓陵　壬辰

壬辰　　乙未　　辛卯　　乙未　　辛卯　　乙未宿婁危　癸巳

55　　　　56　　　　57

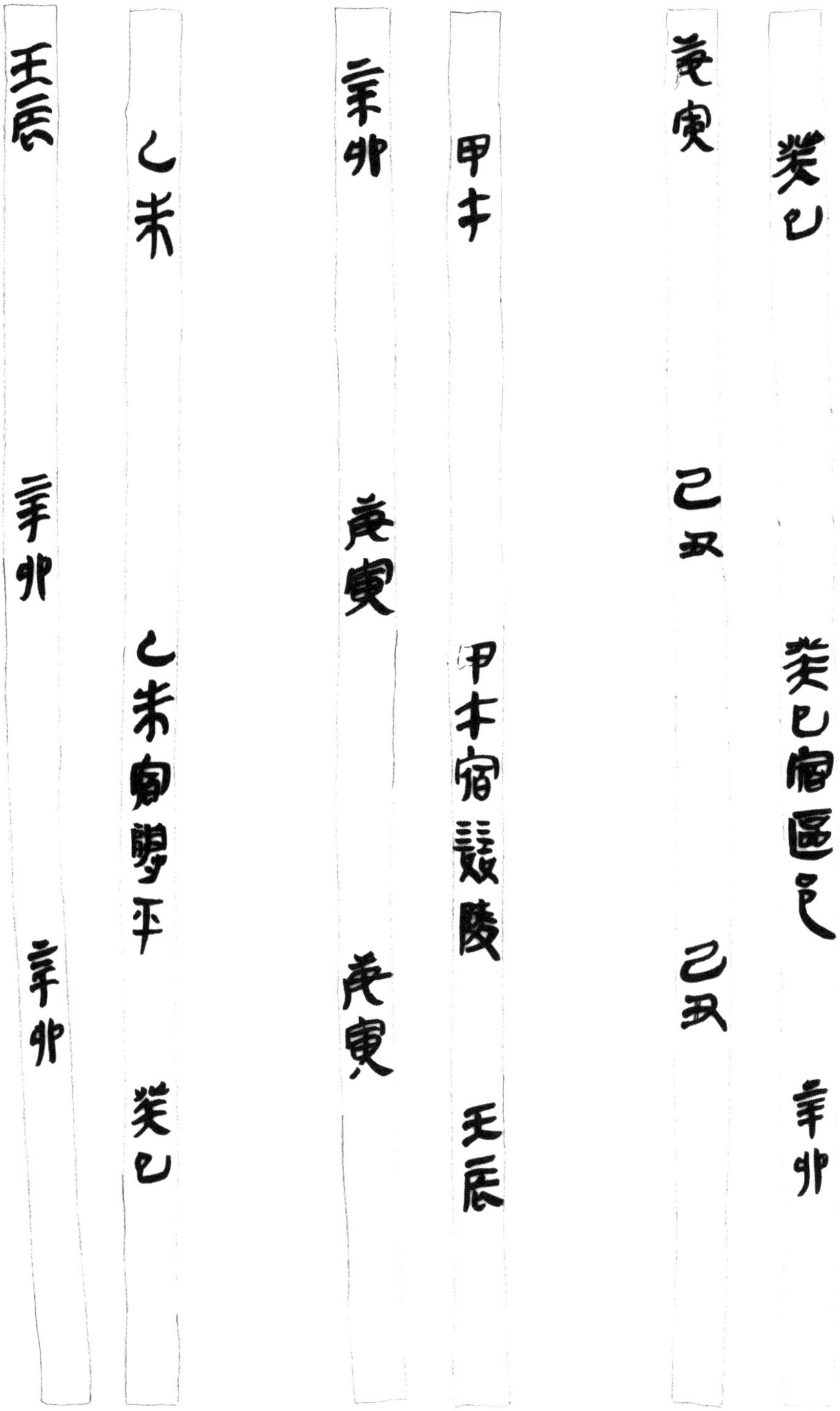

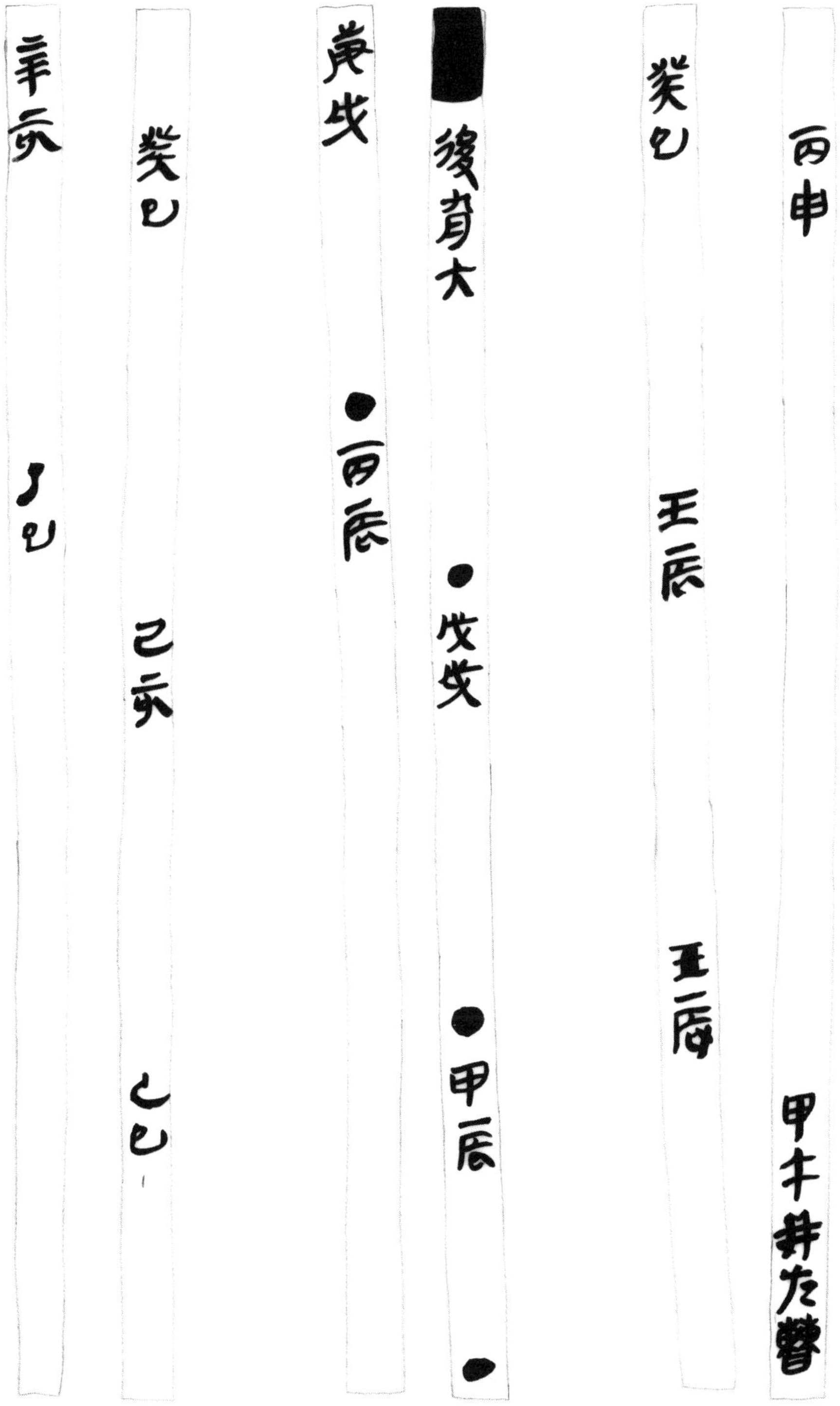

60　59　58

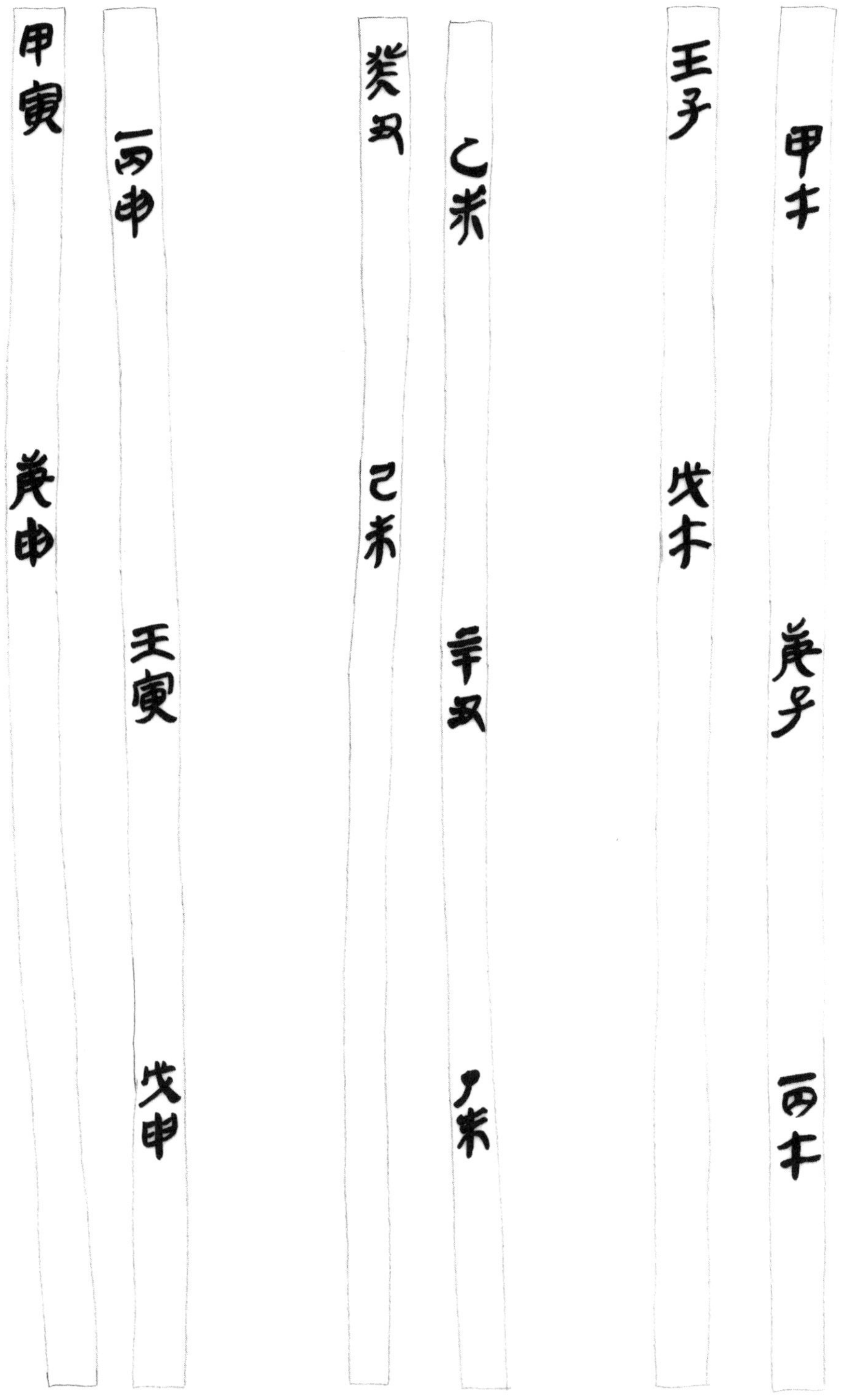
甲午
庚子
丙午
壬子
戊午
乙未
辛丑
丁未
癸丑
己未
丙申
壬寅
戊申
甲寅
庚申

63　　62　　61

64

〔日〕直一者大癕直胃者小癕直胃中二

育桓　眾

此晨謂戎磨白殴從翔日妃齋止畫當

一宋　有㿝

〔日〕一目一目一目〔目

八角　十皇

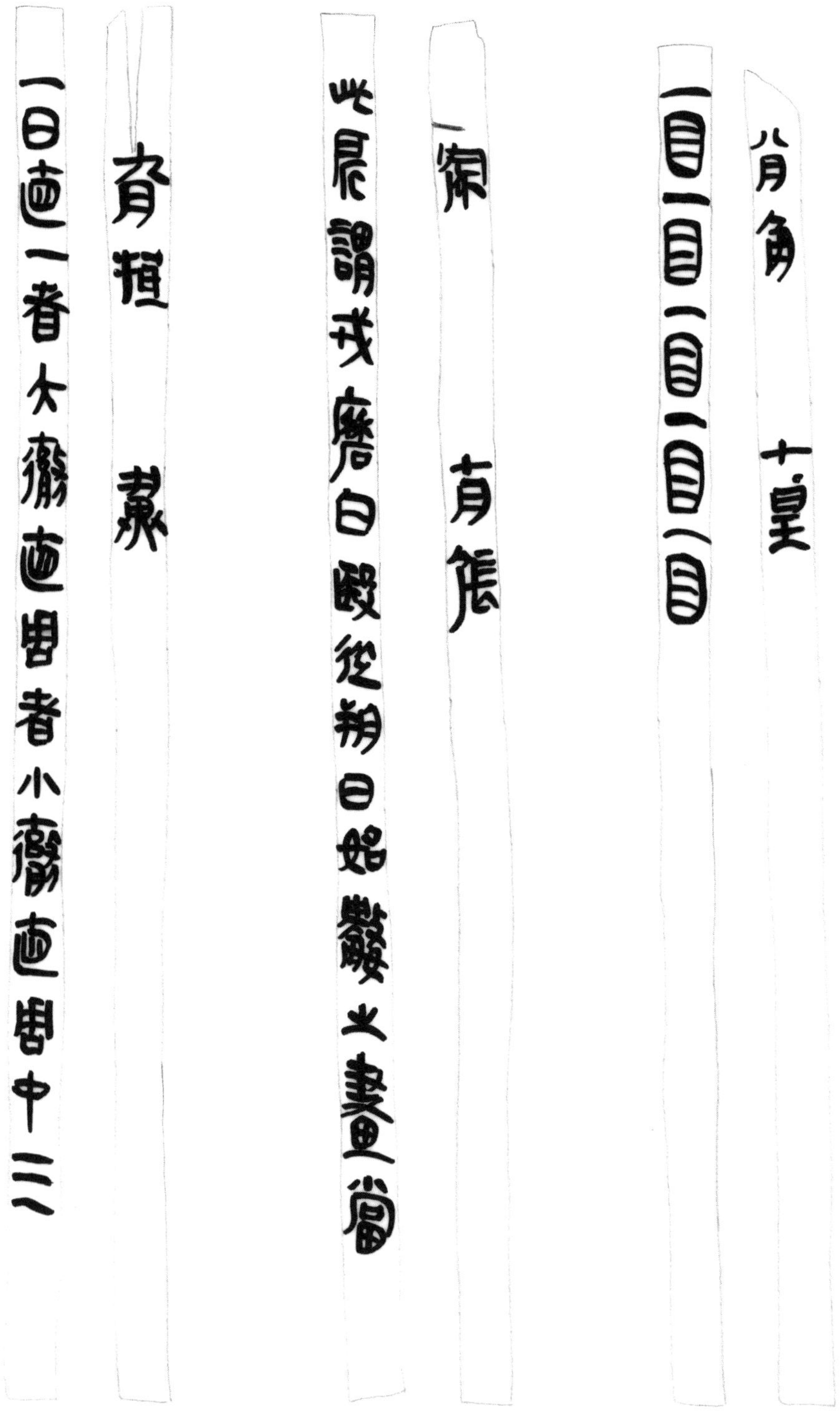

133　　　　132　　　　131

房　斡

畫者廊・八月一日十三日十九日廿五日大

育也

癘・八月二日六日八日十二日十四日十八日廿日廿

底乙卯甲寅癸子壬亥戊辛酉庚申

芊

四日廿六日廿日小癘・八月三日四日五日九日

未乃午丙乙

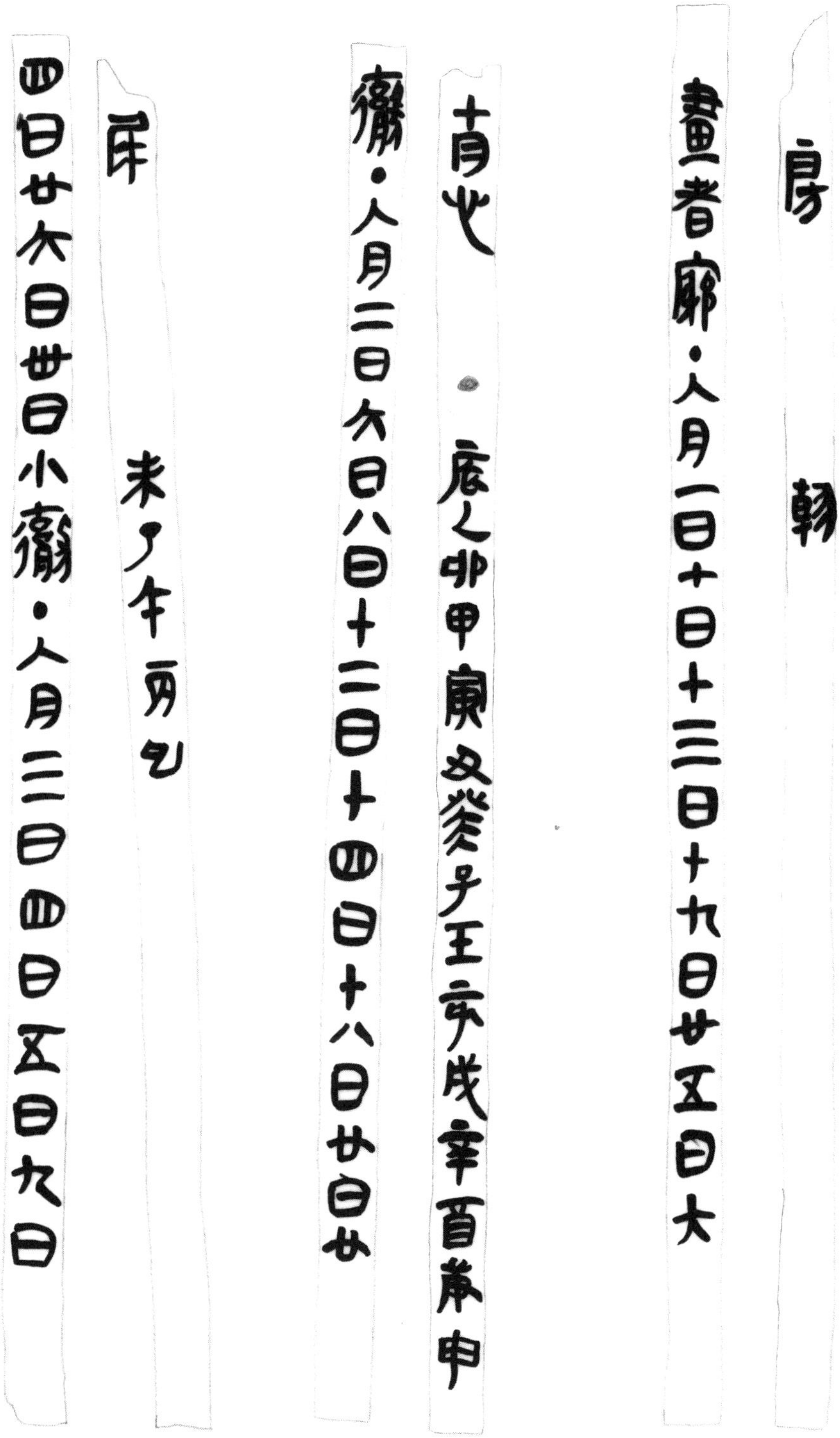

134　135　136

莫

十二日十五日十六日十九日廿一日廿二日廿

十月冬

二日廿八日廿九日廊日

寧二

气太癘乚日刌乚遬彷茈遹讀攴穀乚

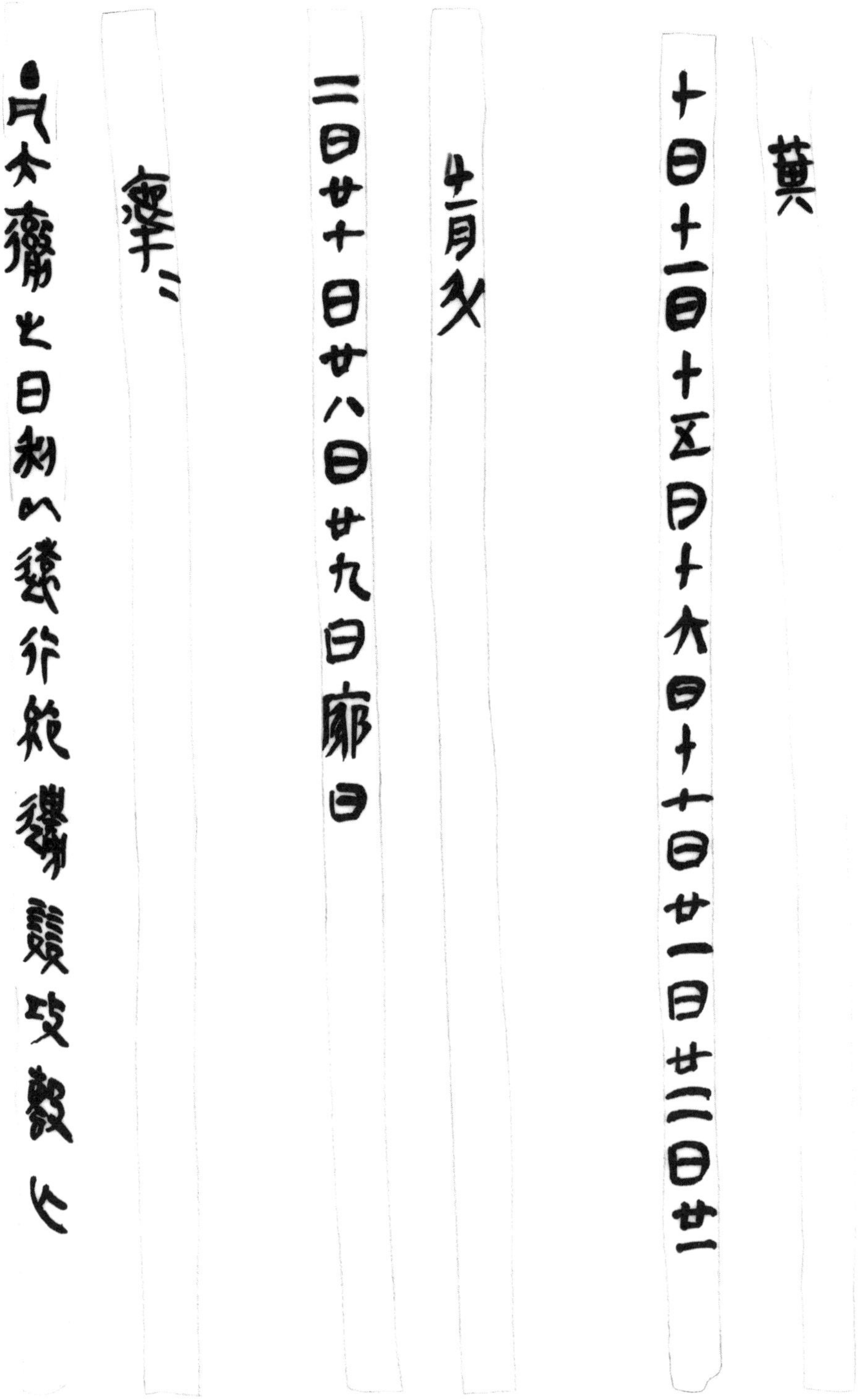

139　　　　138　　　　137

十二月發、

入不得利以舉大事

140

虛

●月小齋之日初以行作為好事取曉嫁

141

作

女吉氏謂八癃利以隱諜

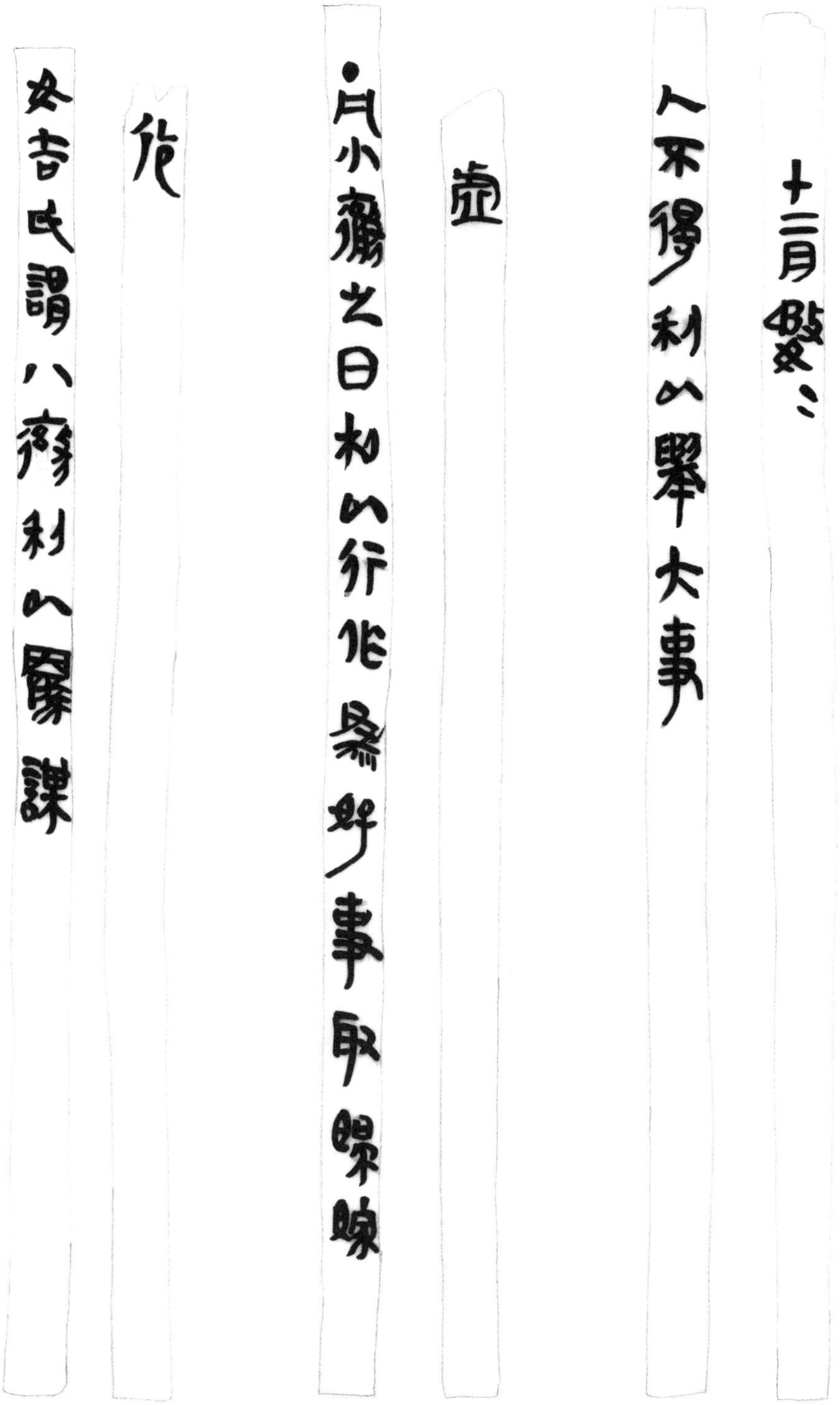

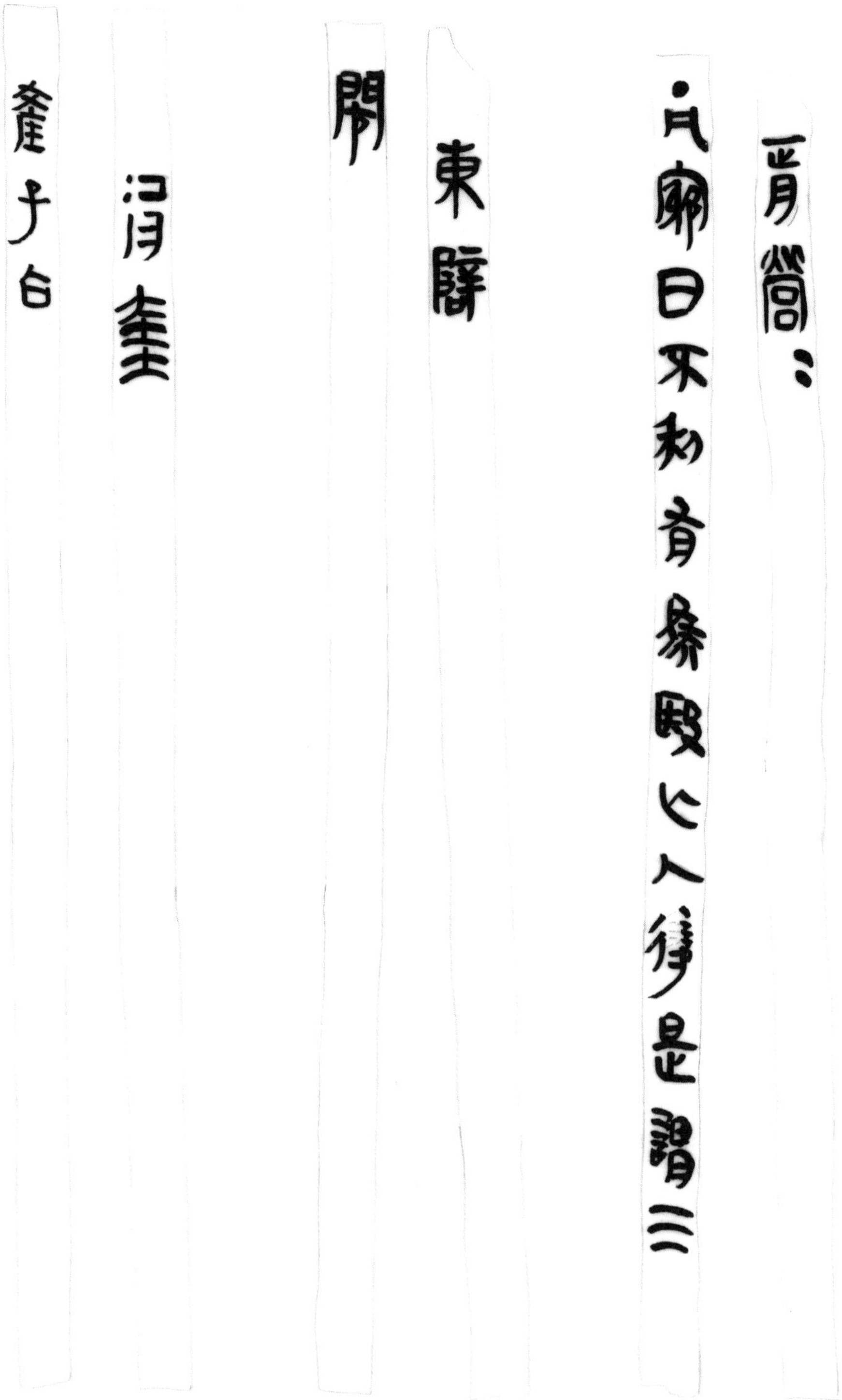

145　144　143

146

147

148

153　152　151　150　149

154 155 156 157 158 159

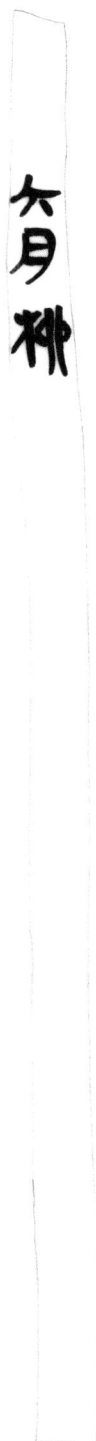

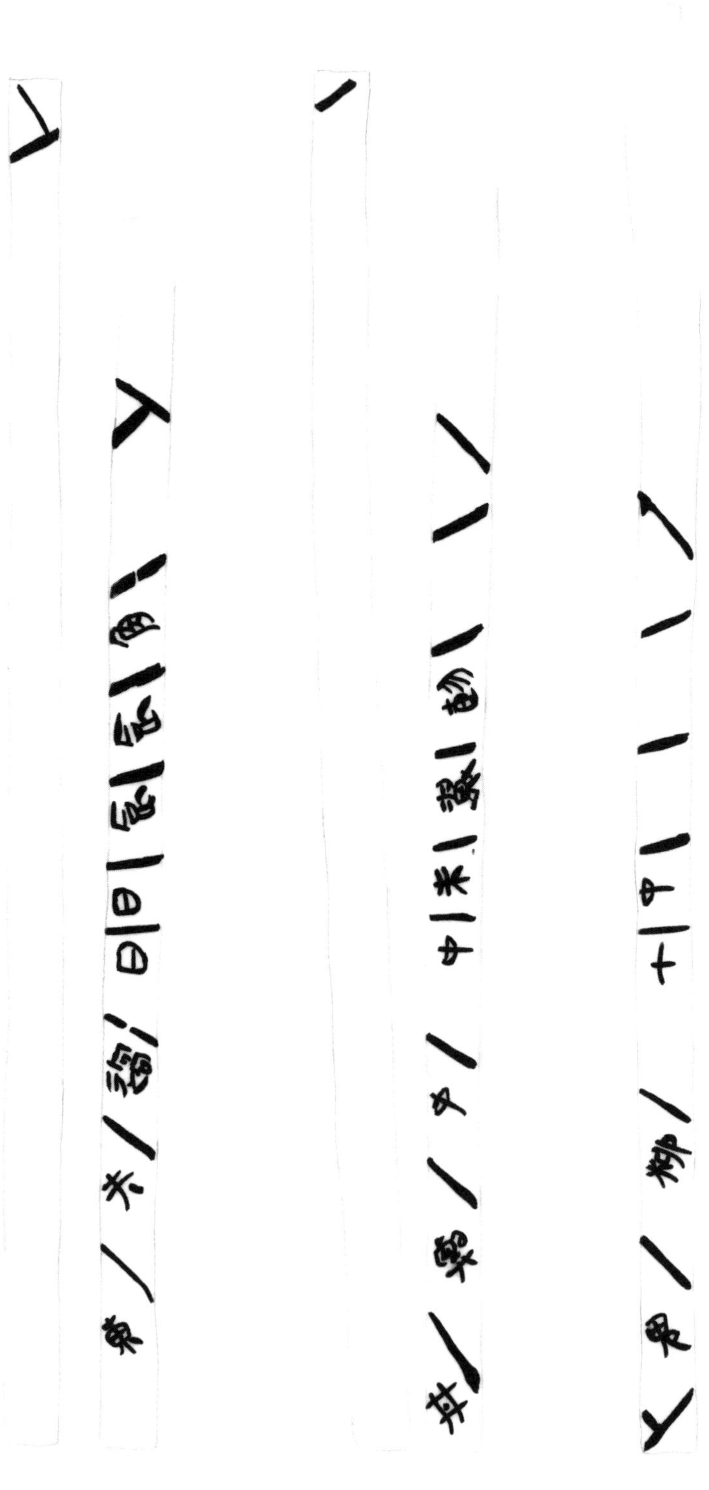

62 161 160

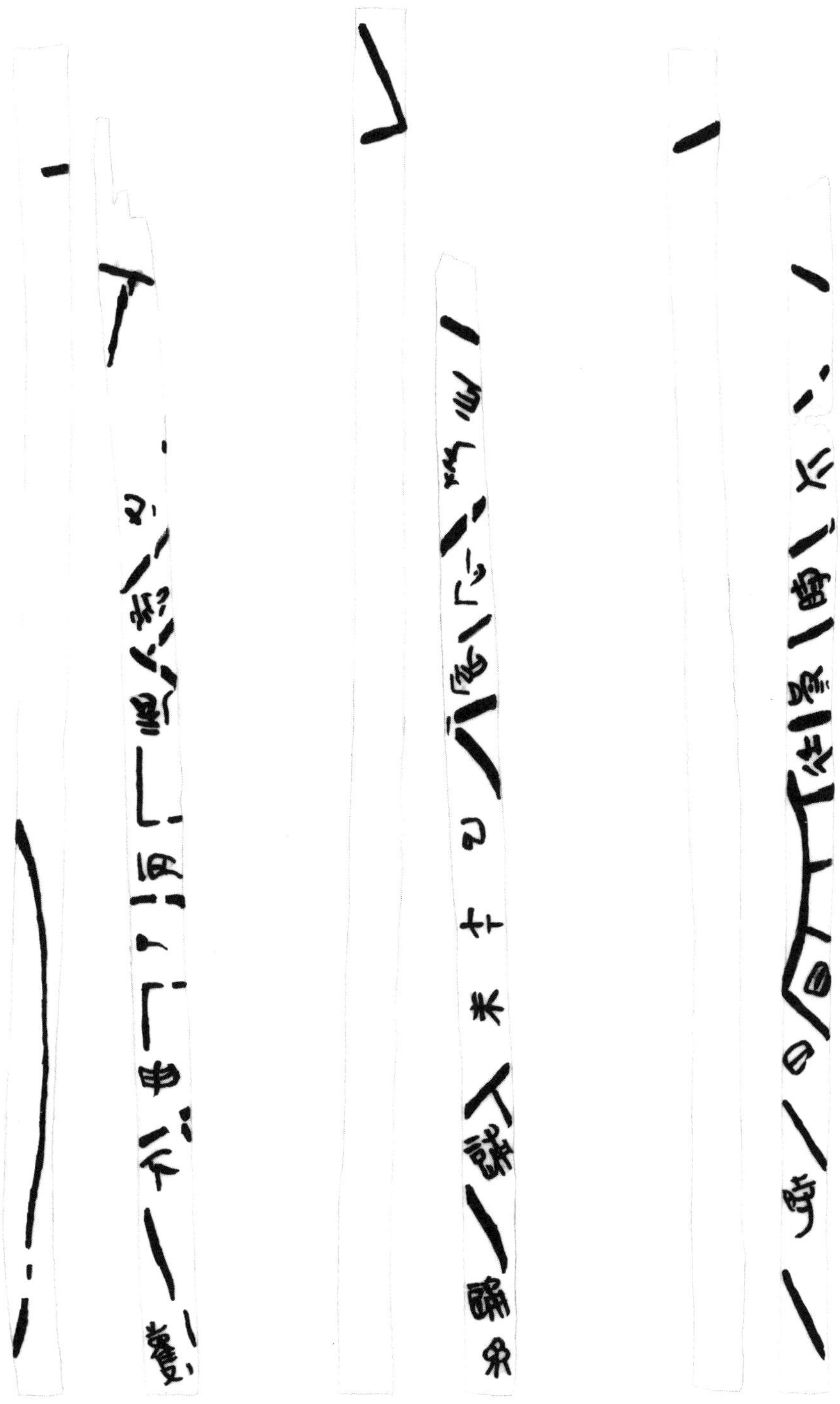

165　164　163

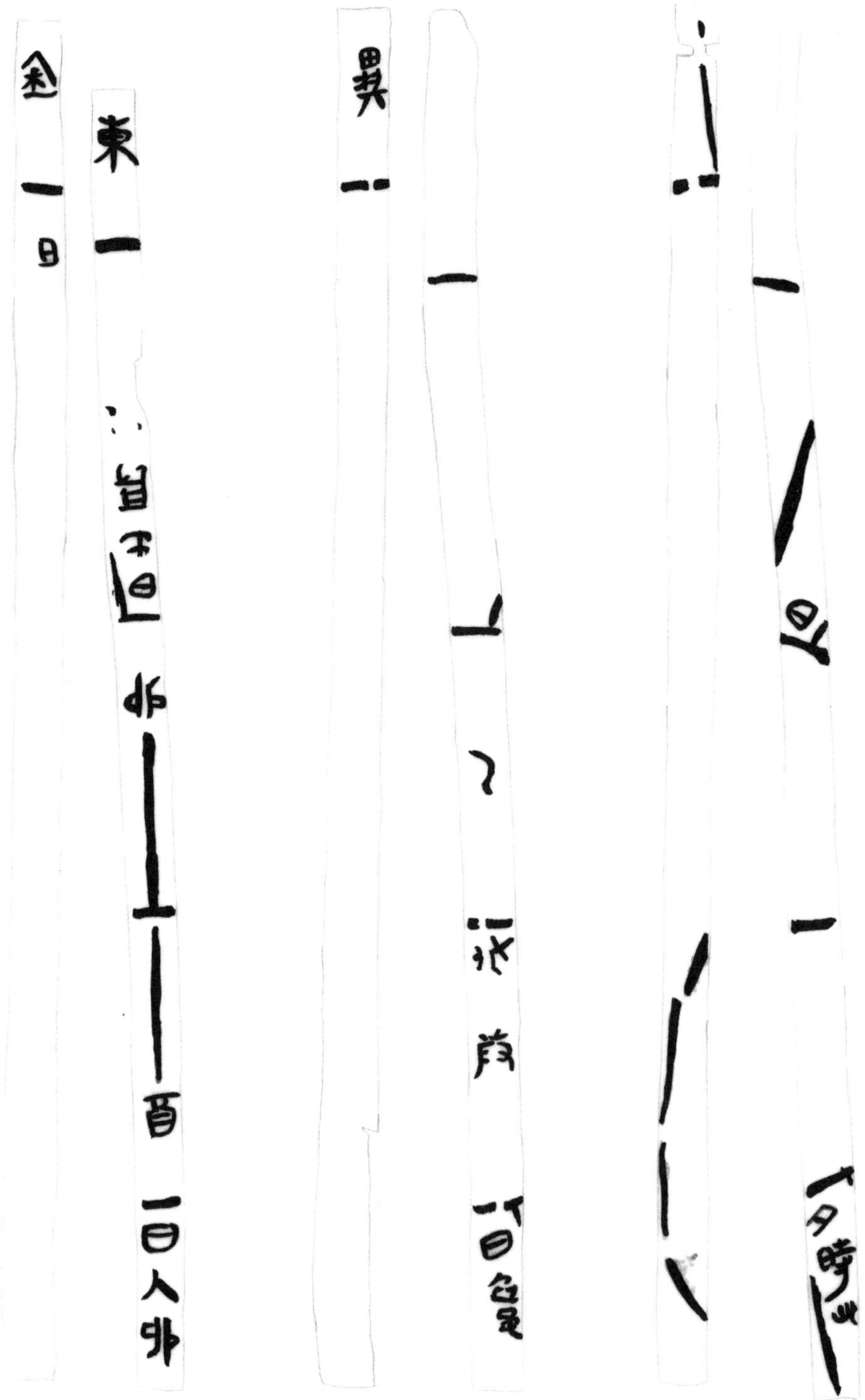

168　167　166

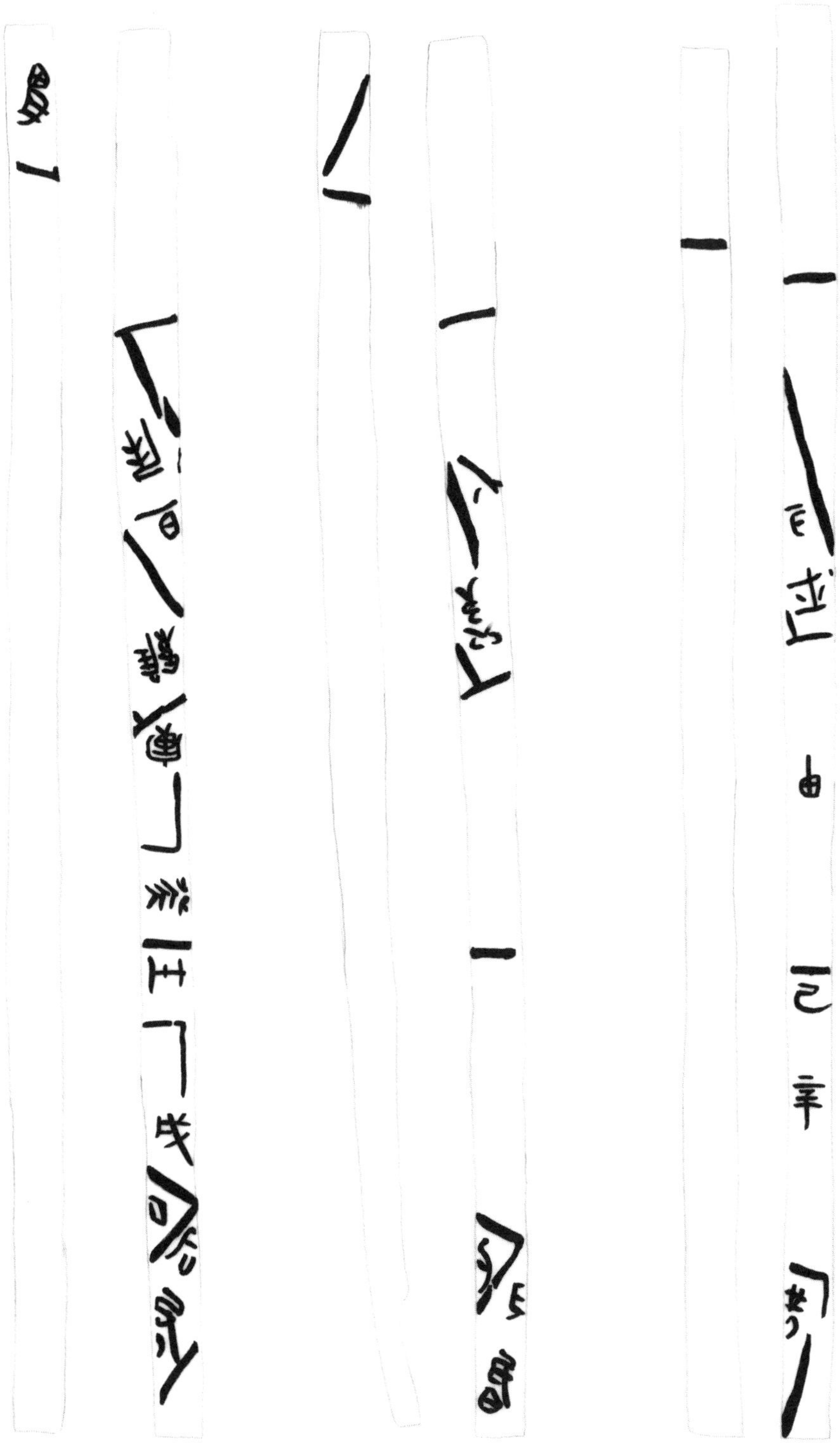

171　170　169

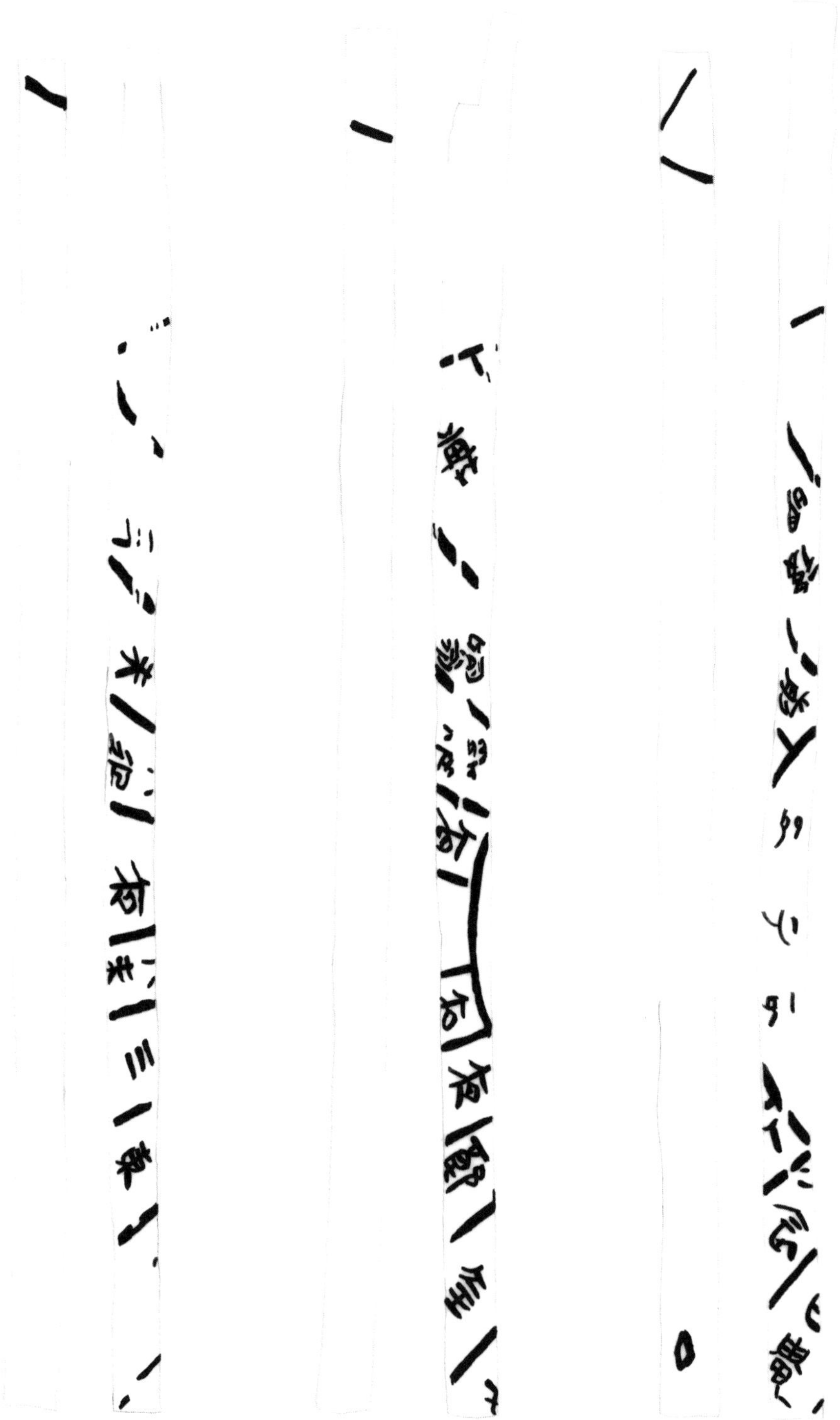

174 173 172

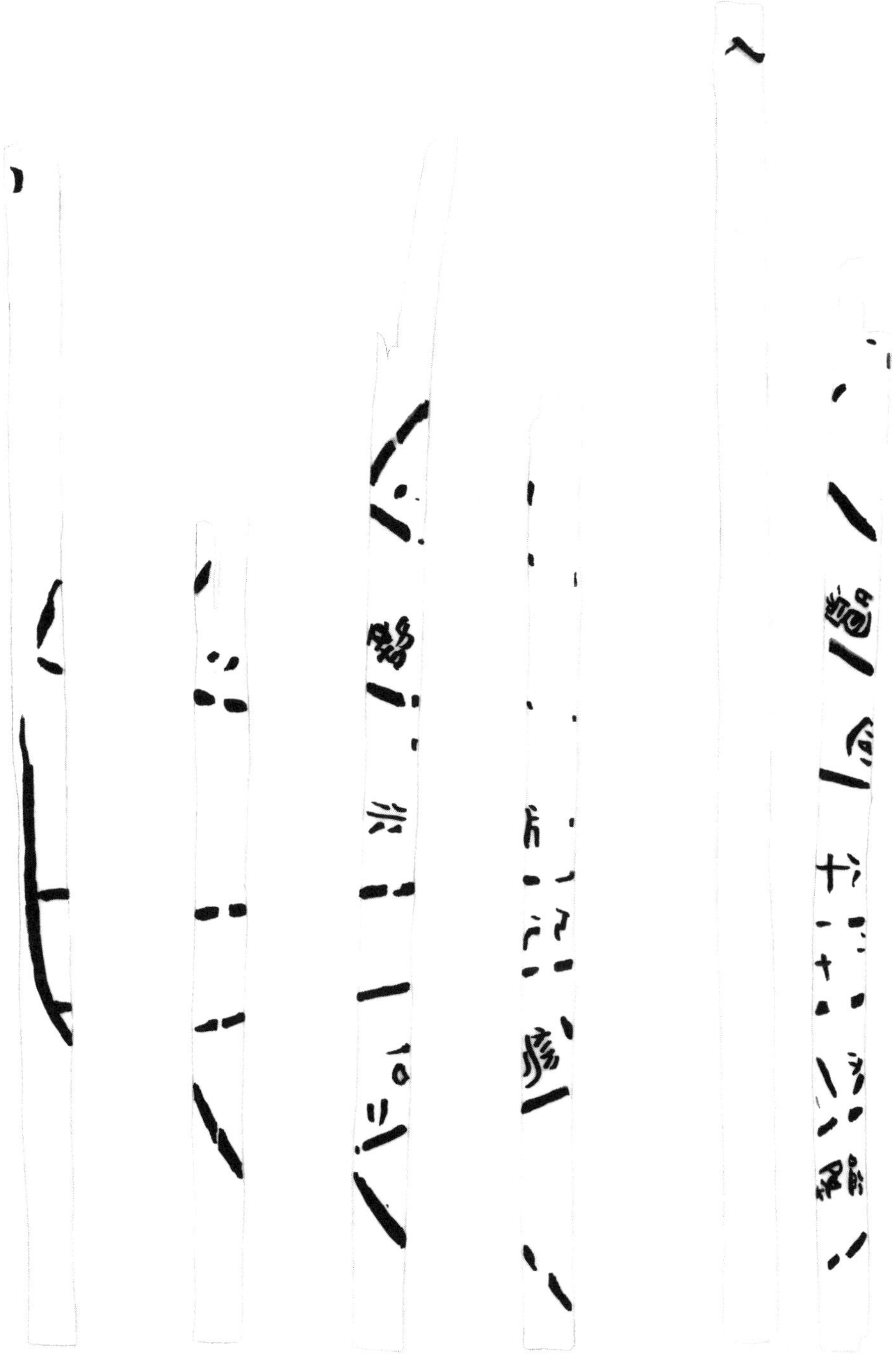

179 178 177 176 175

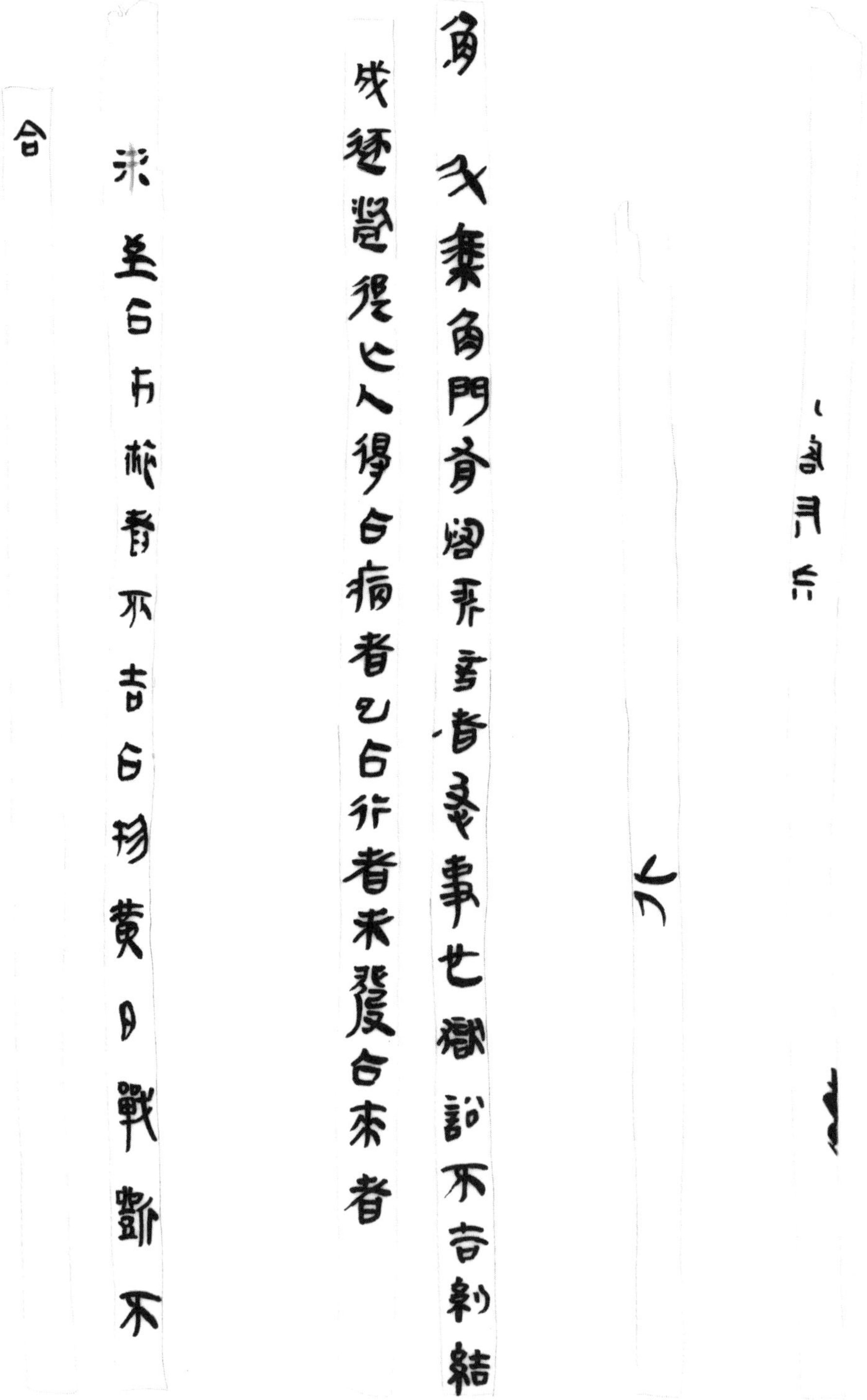

188 187 181 180

189 又秉介門有客所言者行事也請謁事也不成以獄訟不吉以約結不成以逐盜得亡人

190 得之以病者篤以行者不返以來者不至以市布不吉以攻青紀以戰斷不合不得

191 有門有客所言者憂病事也以獄訟不解以約結相揑亂也以逐盜得亡人得之以病者篤

黃白戰斷不吉

戶不發白末者重至白市枱不吉白物青

吾門有安屍言者家室事人中于世多昆也

白嶽詢解白剝結成白逐覺復亡人得之白病少

皆不合

甘末至白市枱吉白物日白戰

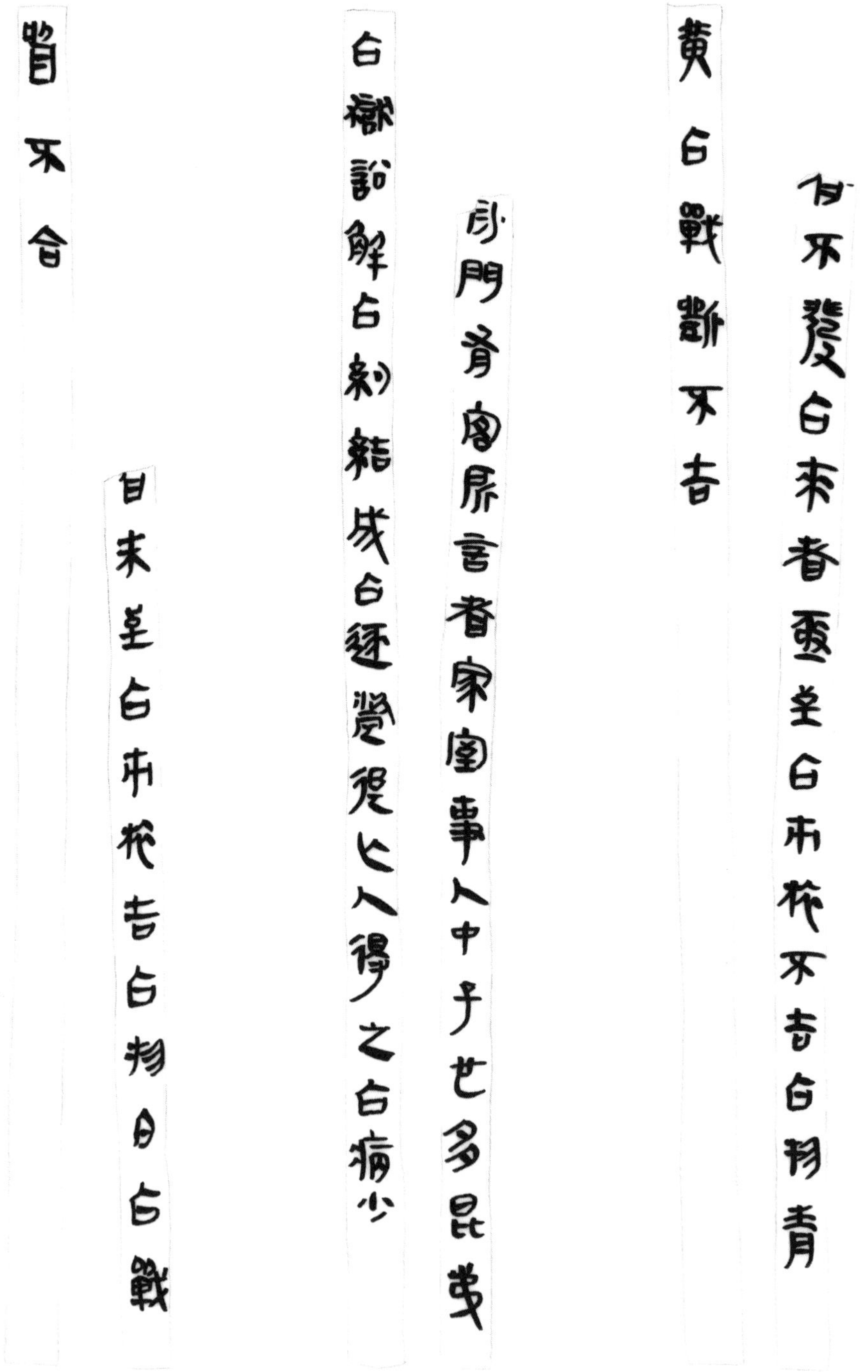

194   193   192

事乜今

剌結成廷斲追匕人不得

彐樹貴陽

195

八三八七行者乙發白不者丞坐白市枕

吉白揚系黃戰斷不合

196

宋門肴图房言者吉事乜白樹訟月白剌

結成白廷斲追匕人得之白病者乙白行者

197

勝不合

乞復曰末者亟坐合布花吉曰物青黄曰戰斷

莫又秦箕門有寯所言者禽善事成不伐曰歜詣

多後解曰射結不伐合逐邋復亾人得而復

自當曰将黄青曰斷不合

夫之曰病者簿曰行者不復曰末者亟坐曰所花者

200

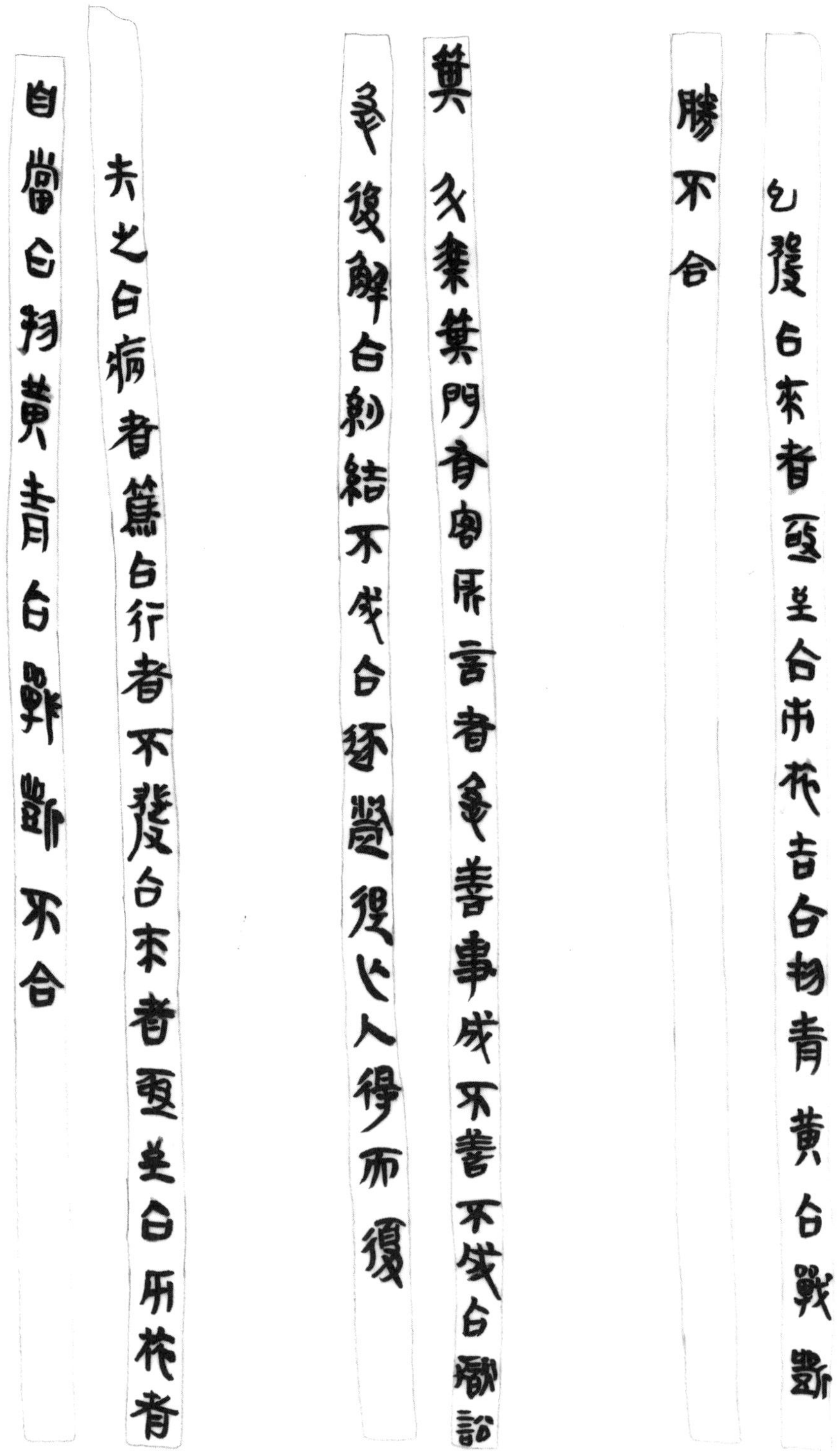

夬夬棄夬門育肉屏言者末事多事也夬

獄訟不勝白剁辞不成白逐觷得匕人得白

201

病者筭白行待以發白末者末生白末於不

吉白昜日白戰斷不合

202

夬夬棄門育肉屏言者請詛訟事也白獄訟

不勝白剁結凶事成吉事不成白逐觷得匕人

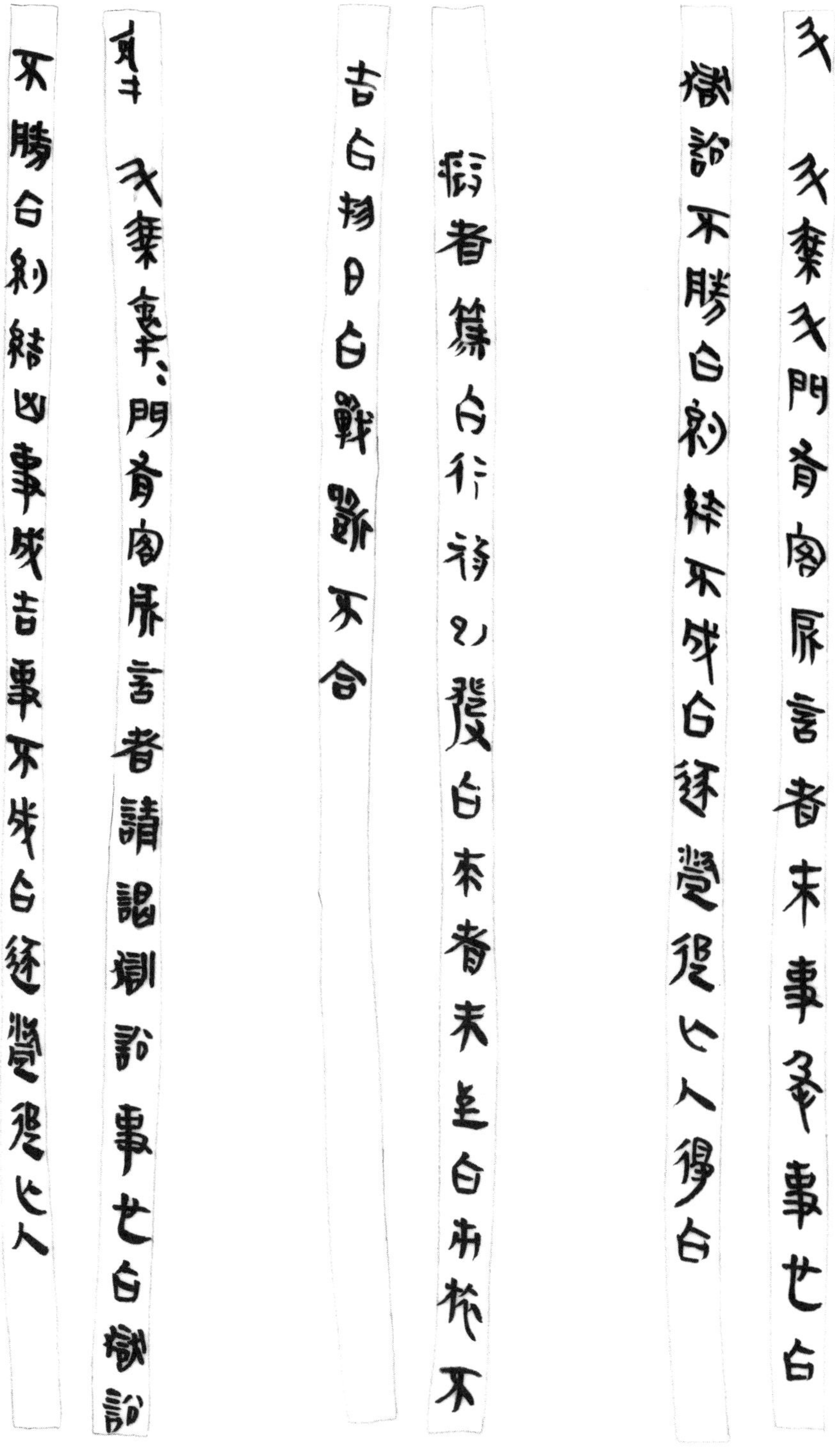

得之曰病者所曰行者發而薪曰末者未至曰市

花者不吉曰揚日暴半曰戰戲勝之·不勝

204

婁、弌弃婁、門育害尿言者憂病事亡曰獄訟不

吉曰射結不成曰還營復亡人不得曰病

205

者篙曰行者不發曰末者未至曰市而於不吉曰

揚日曰戰斷不吉

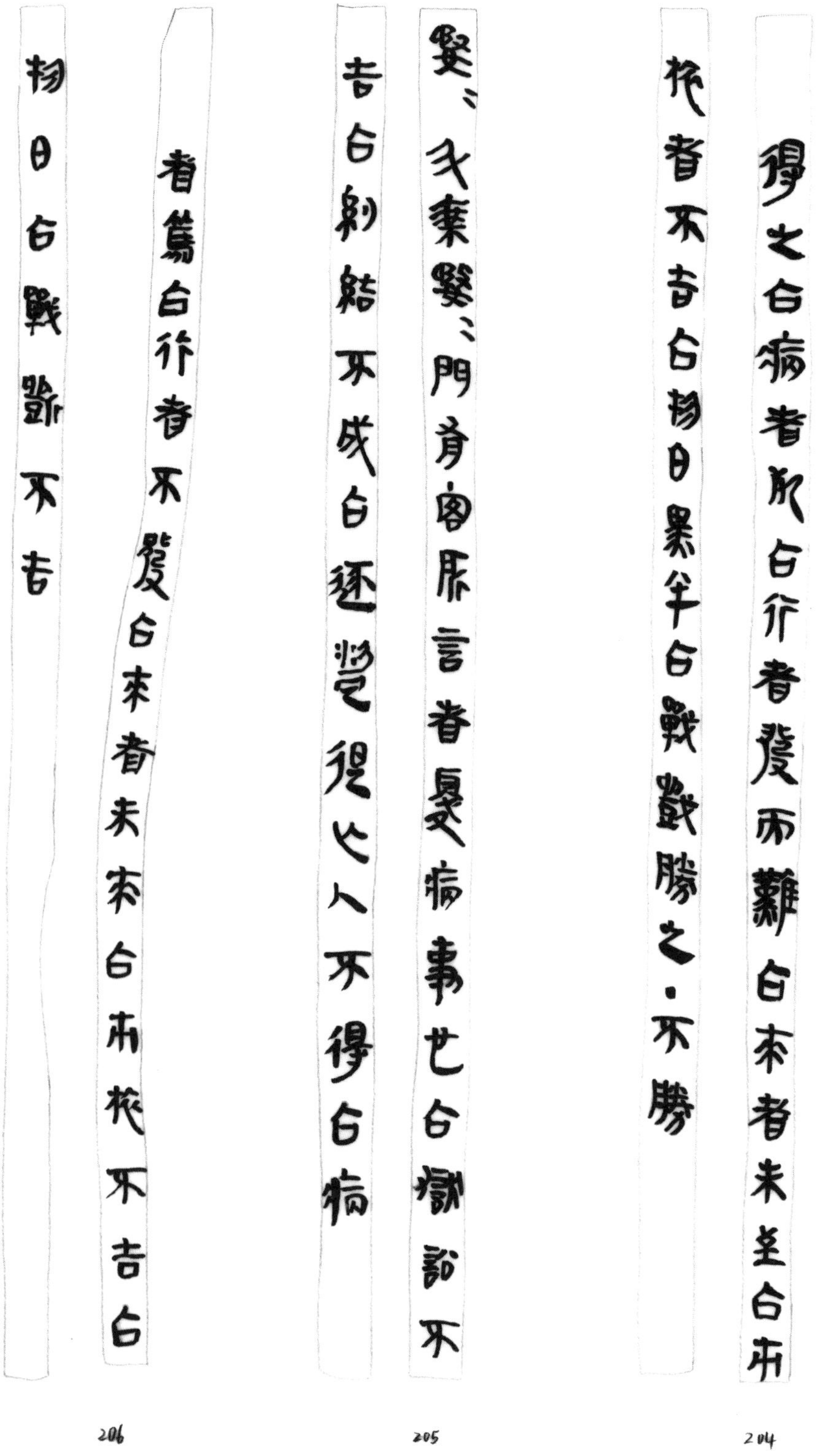

戈棄豆門育肉屏言者虚故事不審白獄訽

解白剹結不成三白逆復亡人弗得白病者乞白

冘者乞發白末者未至白亦於者不吉白物日

黑年白戰斷不合

剹結不成白逆營復亡人弗得白病者篇白

從門育肉屏言者危行事也白爉訽發白

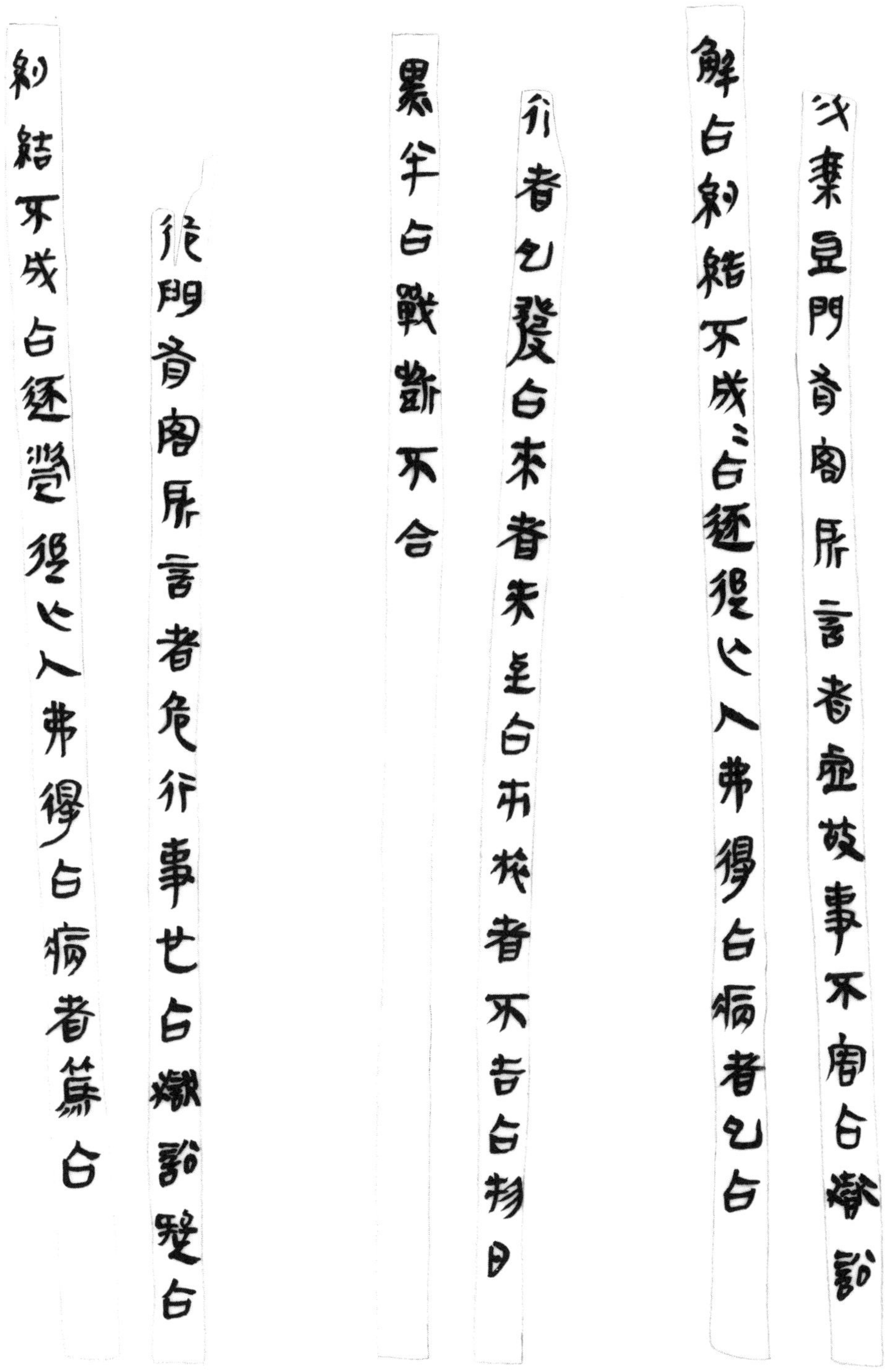

白物入　暴牢白戰斷不合

少可白行者不發白末者未發白书衣言

詒勝白剝結育後言語白遊覺復匕人得之匕

簡二門育審乕言者分櫝事也不戠白獄

日白戰斷吉

乙發白末者亙至白帀芘者自當白物雜

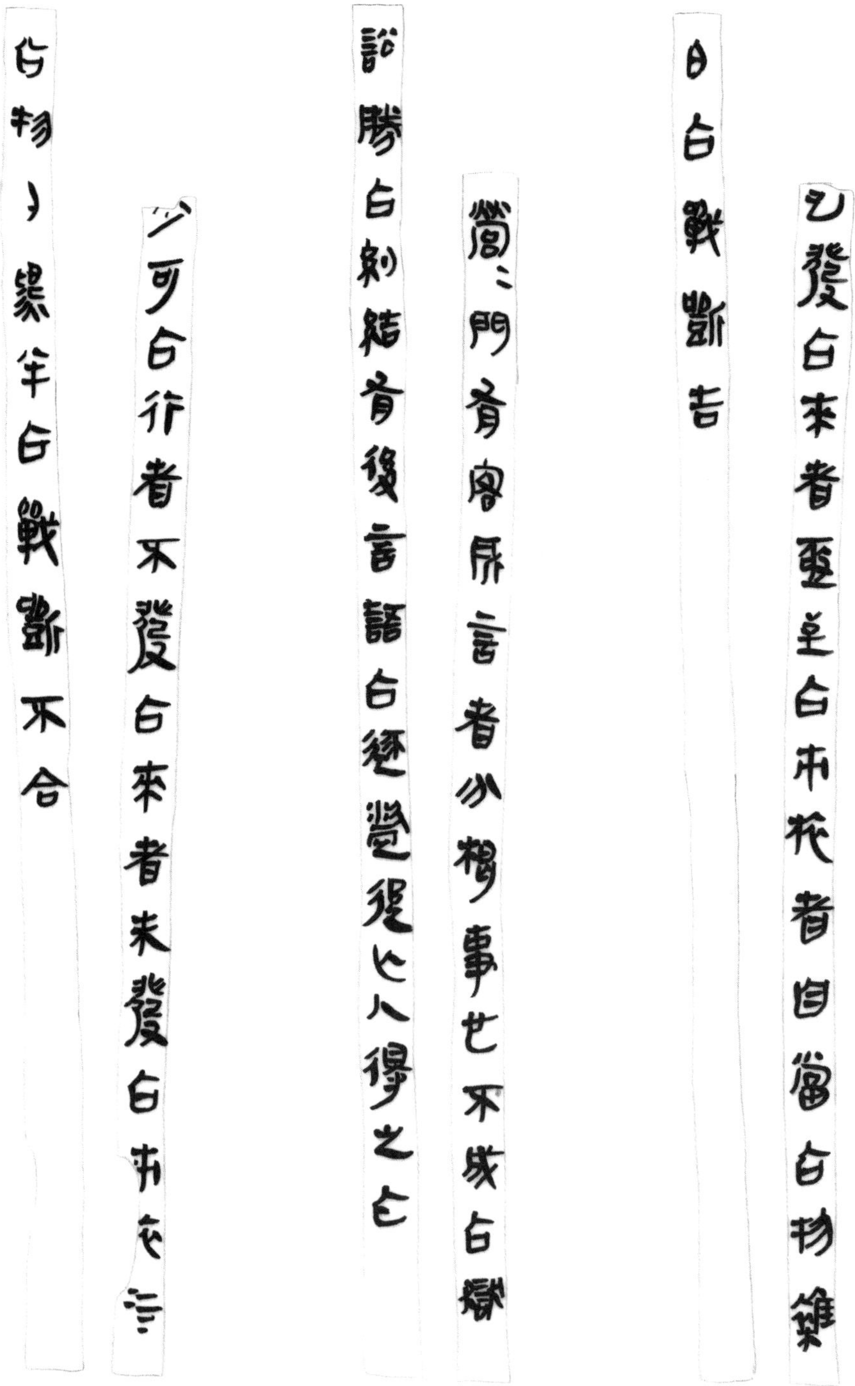

212　　211　　210

戈白廷鬱復亡人不得合病者已合行者未發

者書事亡白獄訟勝合刺結

合

未羊白市花吉白揚青累白戰斷不

刺結戈白廷鬱復亡人得之白病者斷白行

言脊肩害者事亡白獄訟不吉白

213

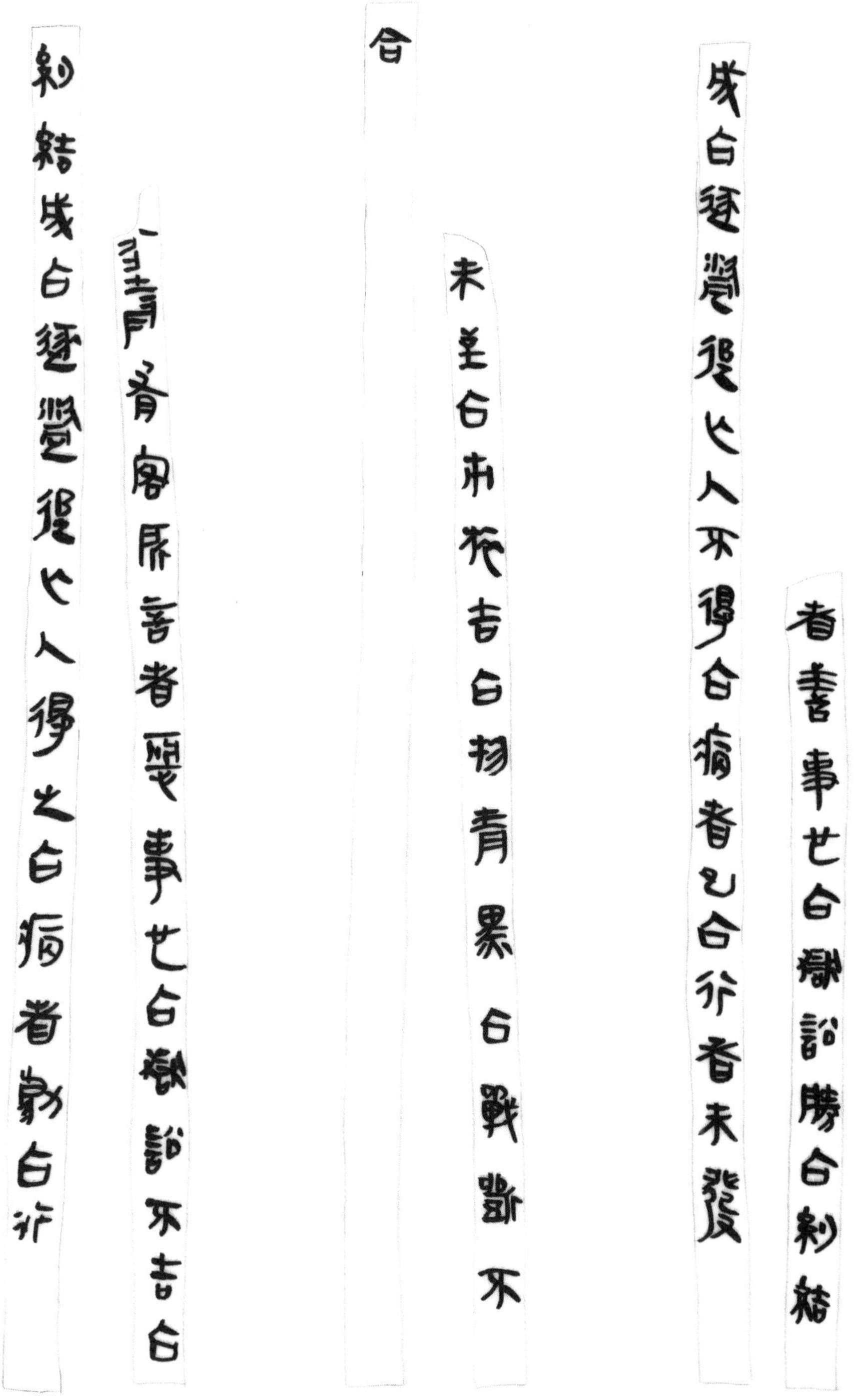

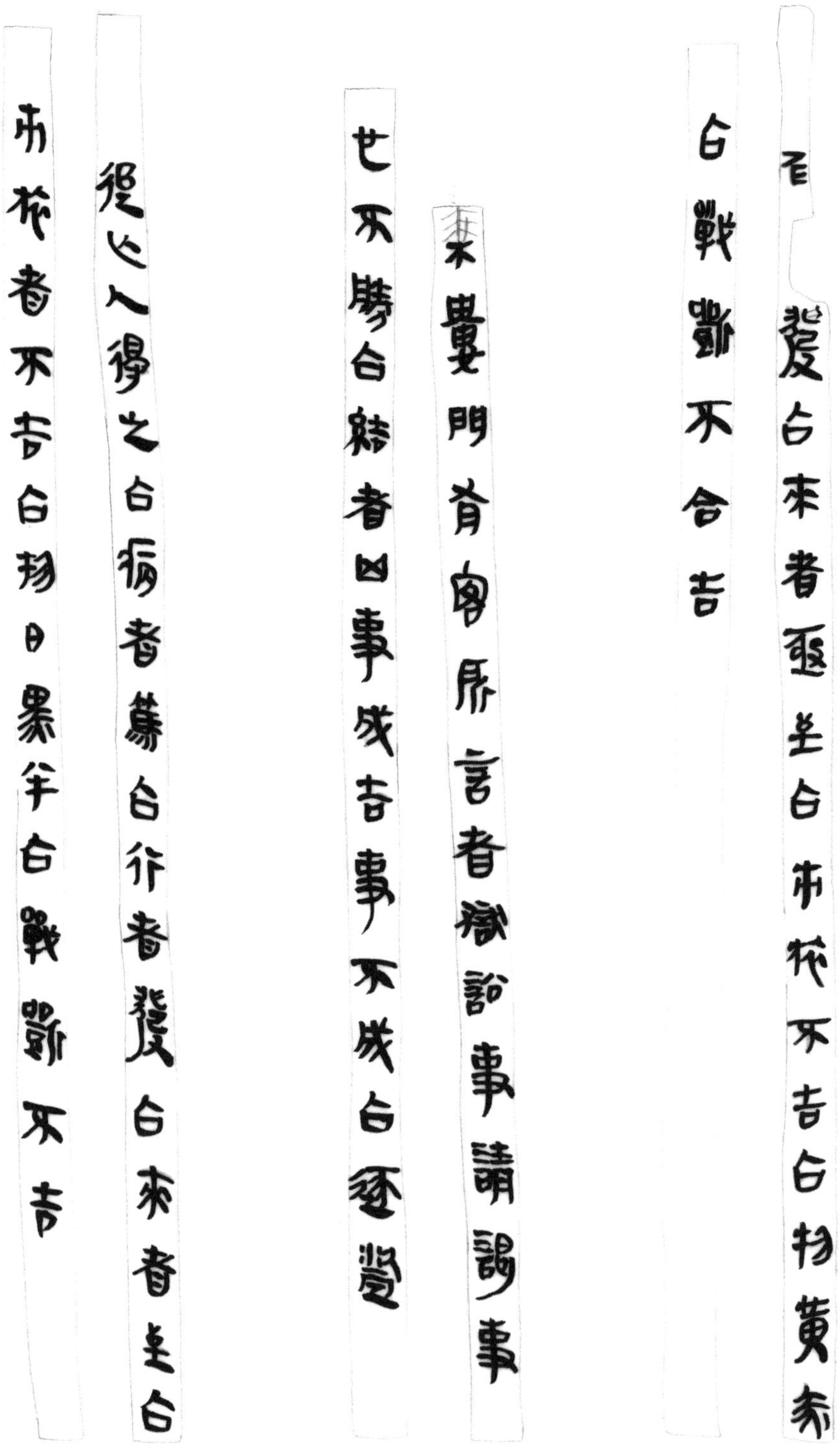

218 217 216

胃冬集胃門有宮界言者凶事也台得利貨財

必後失之台獄訟不勝台約結不成台逐盜

219

得亡人得台病者未已台行者未發台來者未至

台市死者細利台揚雜台戰斷有憂

220

北冬集北門有宮界言者惡事也台獄訟不成

台約結成而有言語台病者少可逐盜

221

往之人不得以行者發以末者到以市花堅

以揚黃日以戰不勝之不合

勝以期刻結者成以逆邊往之人得之以痼

異及棄異門有雷尿言者多乡相卿事也以獄訟

春焦不凡以行者發以末者亟至以市花吉以

揚黃日以戰不勝之不合

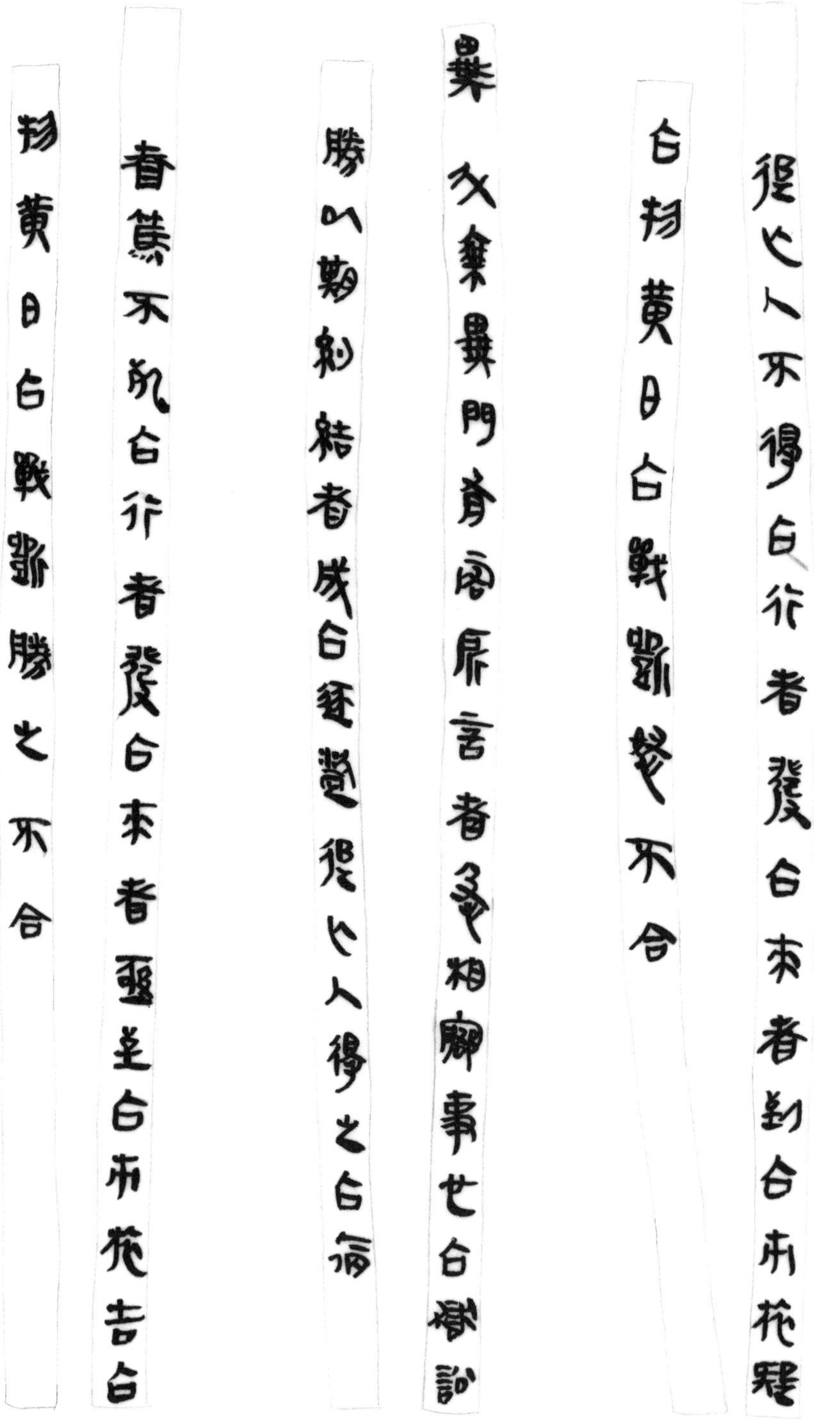

此久棄此籠門有審尻言者戔財事亡獄訟
解刾結不戔白病者乙白行者髮白末

籠
者亟至白朱於吉白狀黃日白匕不得白戰
狀
不合

刾結不吉白逐覺復匕人不得白病者
棄後門有審尻言者多事亡獄訟解白

225　226　227

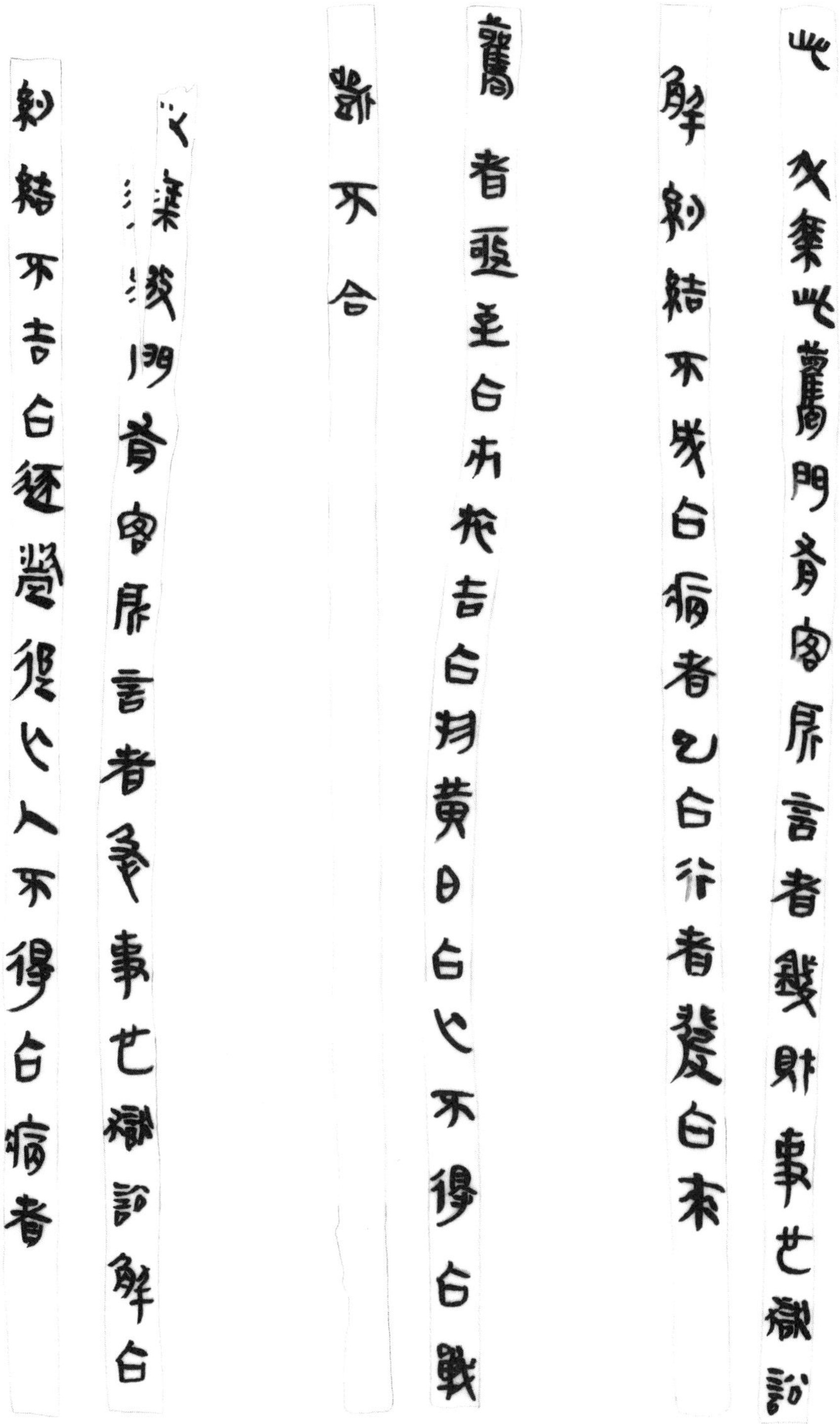

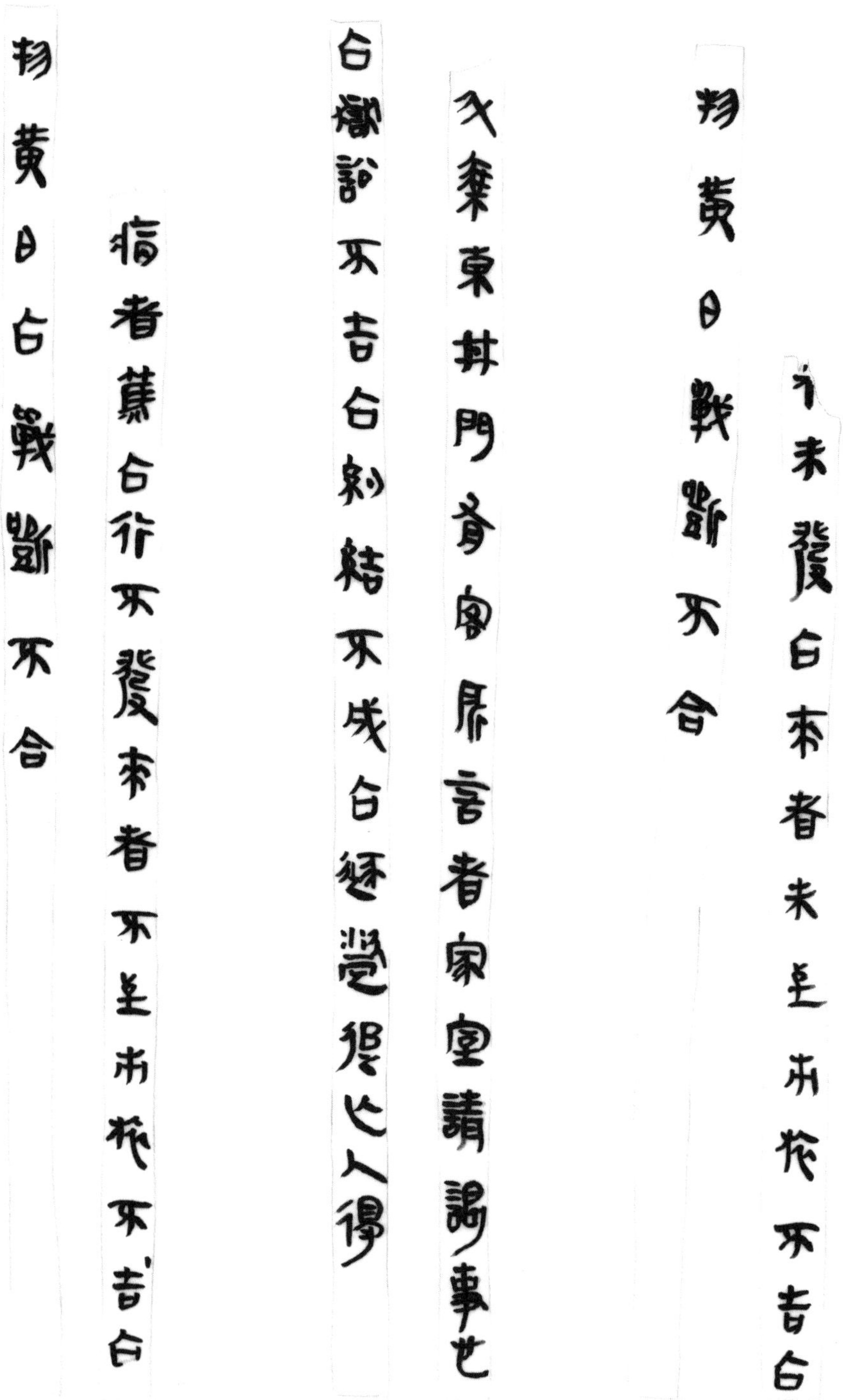

230　229　228

木與鬼門有宰系言者獄訟請謁事也

白獄訟不解白刺結不成白逐覺得亡七人

231

不吉白揚泰累白戰鬥吉

白病者死白行者不發白來者不至白來征

232

當不吉白刺結不成白逐覺得亡七人不得

所言者憂病事也白獄訟訟毀

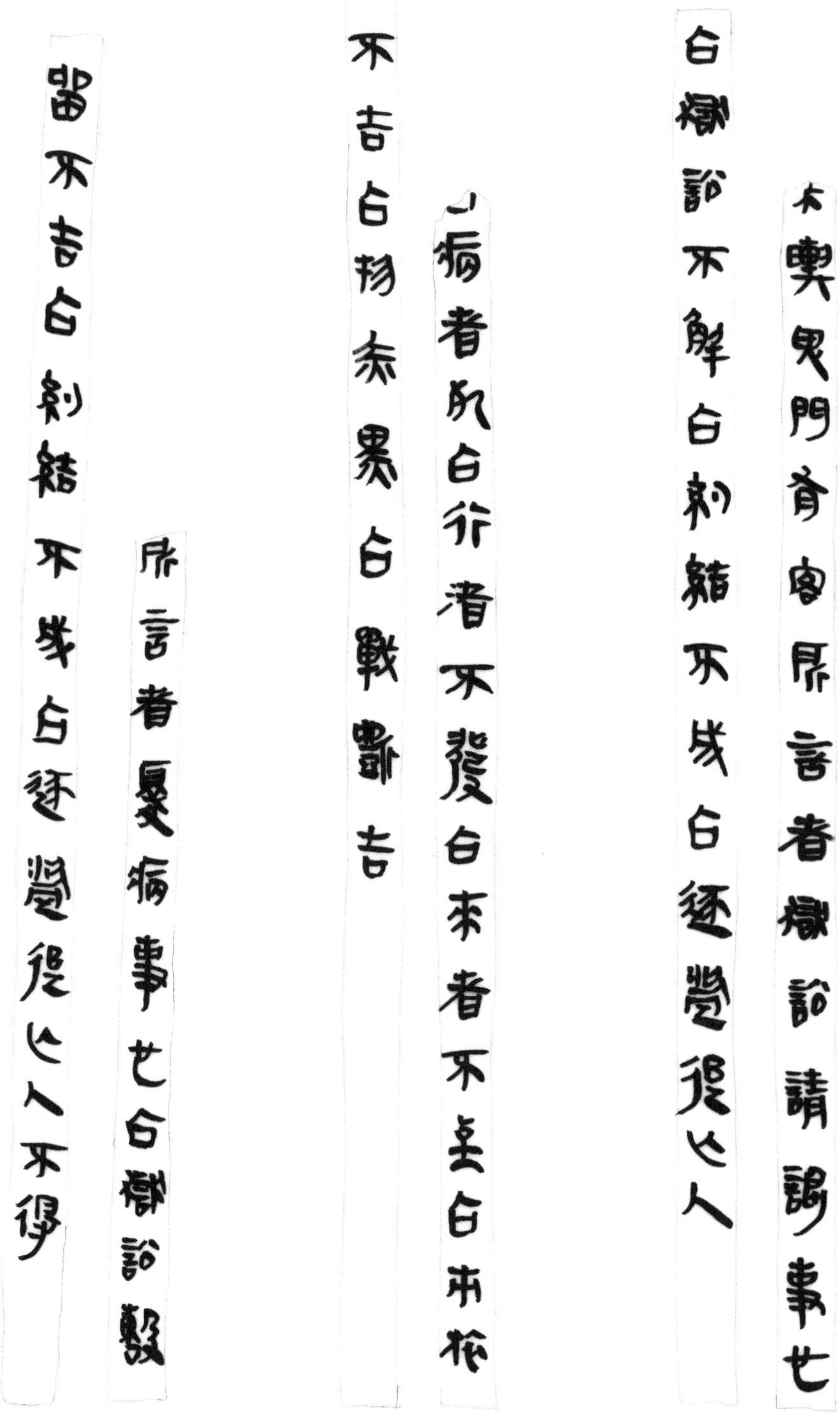

黃曰戰斷不合

勝曰折結戈曰逐鬱復亡人得曰痏者乙曰

者不至曰市花者自當曰折青

曰屏言者家室、故事也間獄訟

不吉曰折青東曰戰斷不吉

曰行首末復曰末者不至曰市花

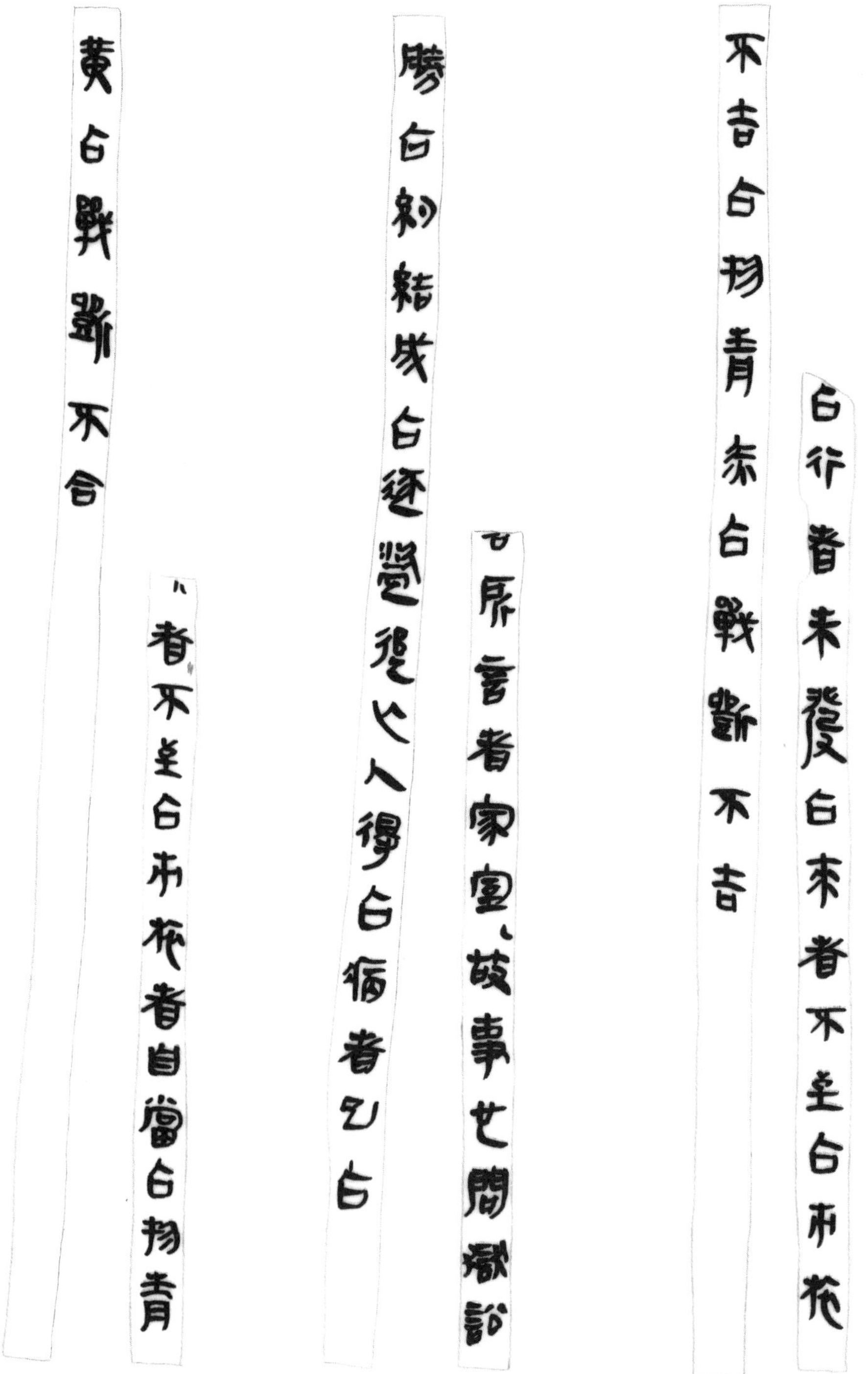

236　235　234

勝白剝結戍白逐覺復亡人得之白疒

未隹門有宮房言者變‧事世白獻‧

青黄白戰斷勝

自簫白行者發白來者‧至白市於吉白揚

乙白剝結戍白逐覺復亡人得白疒者有

衰久棄襄門有宮房言者行事世白獻‧

237

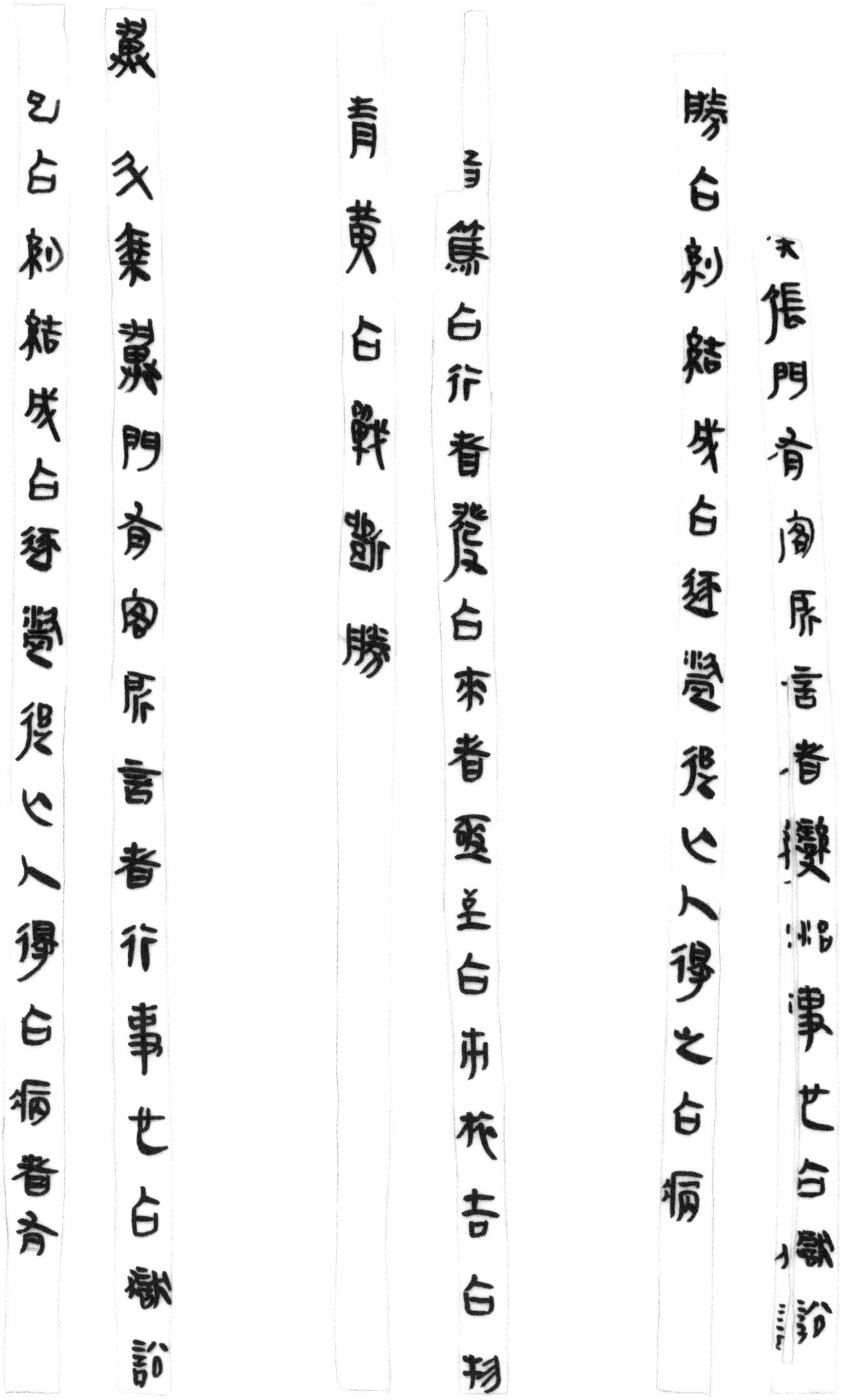

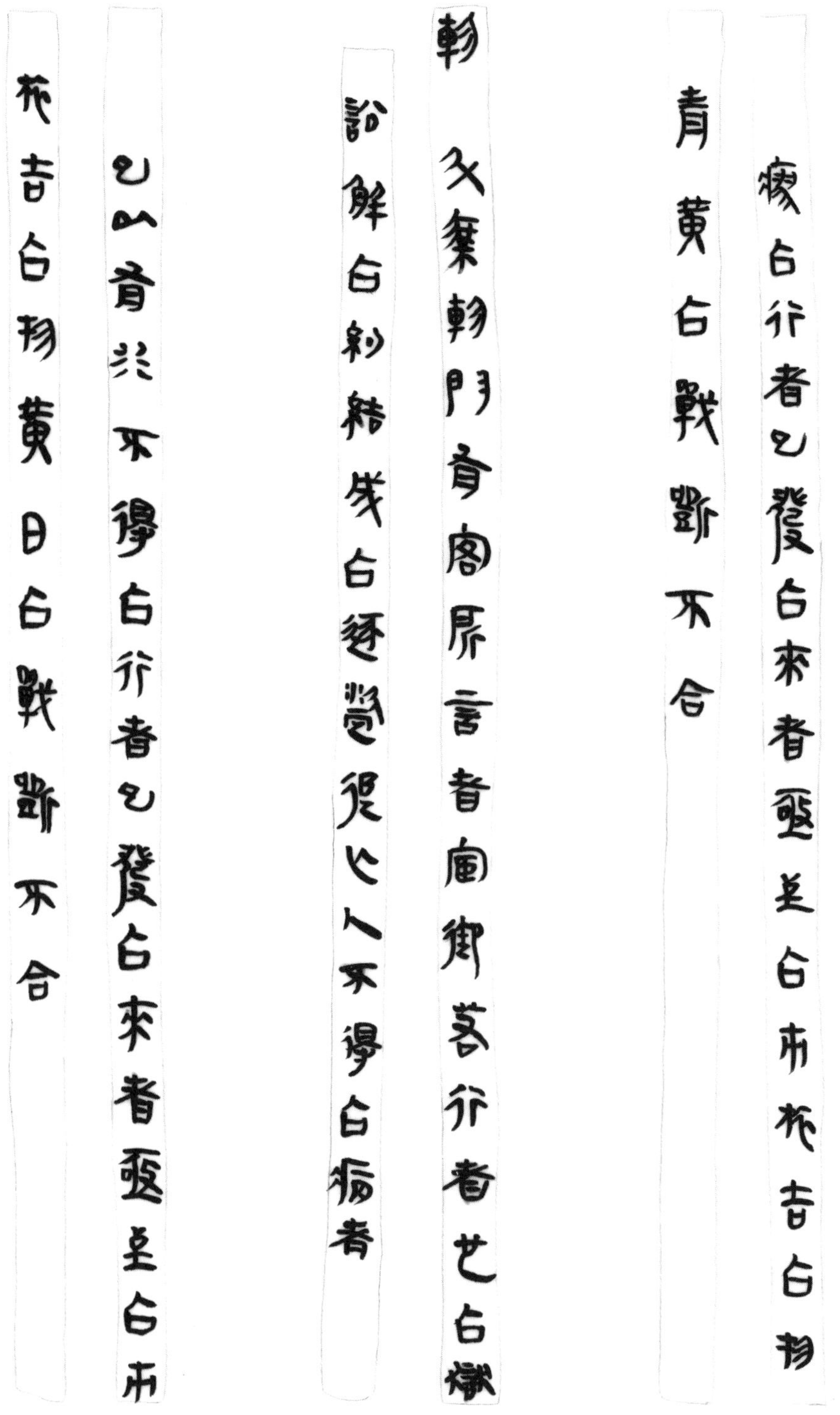

242　241　240

采彔日以往于莫平旦而莫食行發東

于平旦山雜之得其時宿即夕所東芒

此胃平旦穀甲者此直少亡今此十二月于

日皆為平宿各行·穀行

朝　　莫食　　日中

日夫時　　日夕時

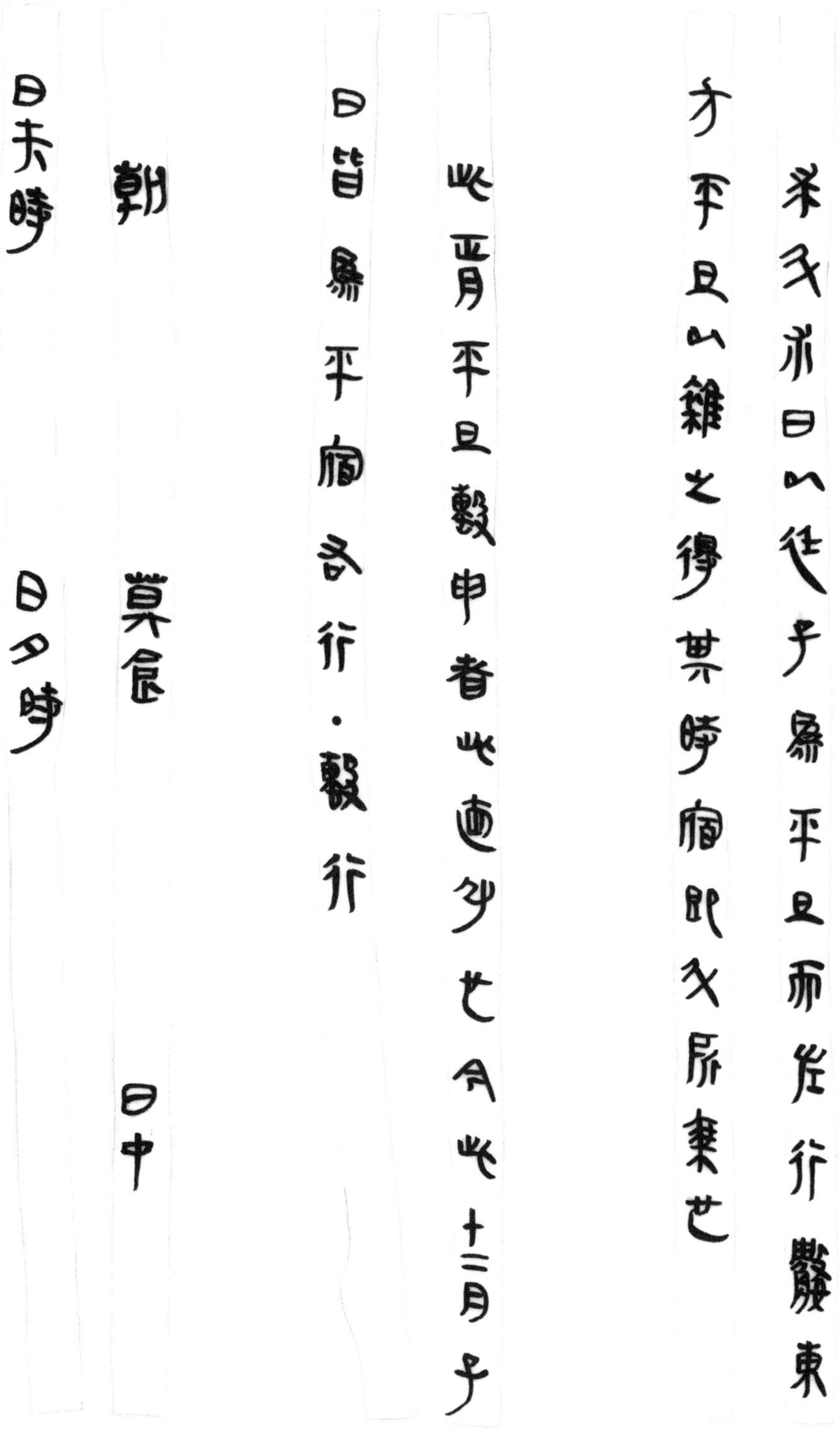

248 247 246

育得㠯　　不得言

說　　　　育吉聽

育吉聽　　不得言

請誎聽　　育罪命誎

誎、

育㠰　　　吉聽之

應　吉不聽　育吉遇㠰

吉聽业　　請誎許

請命許　　請誎許

251　　　250　　　249

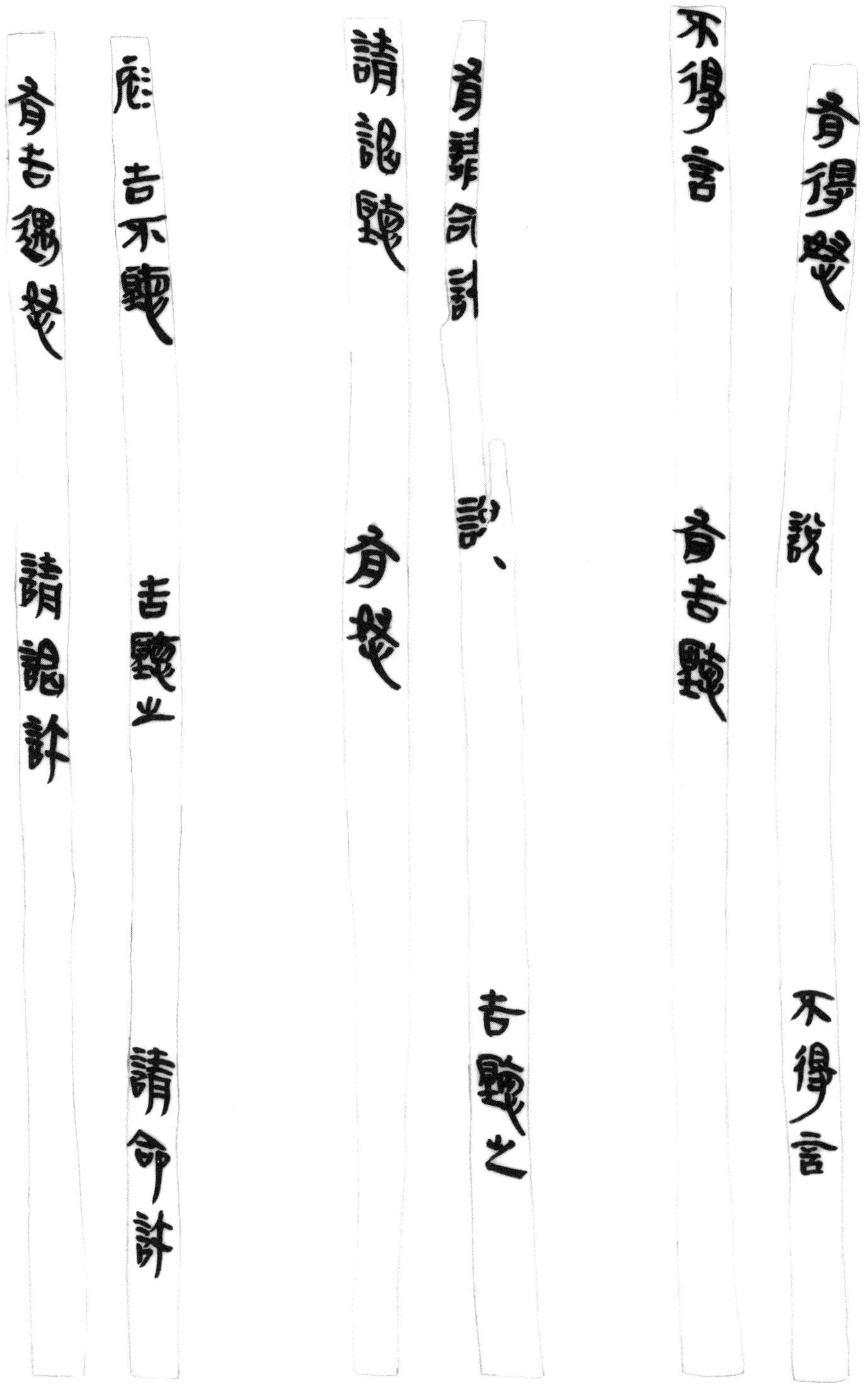

：：战

有吉颤殹　　　　後有言　　　　吉颤之

　　　　　吉颤之　　　　　　　吉不颤

有走殹　　　　　　百事不戈

　　　説　　　　　　　　　吉颤之

乇言　　　　令復之

訟　　　　　　　　有殹言

　　不祓

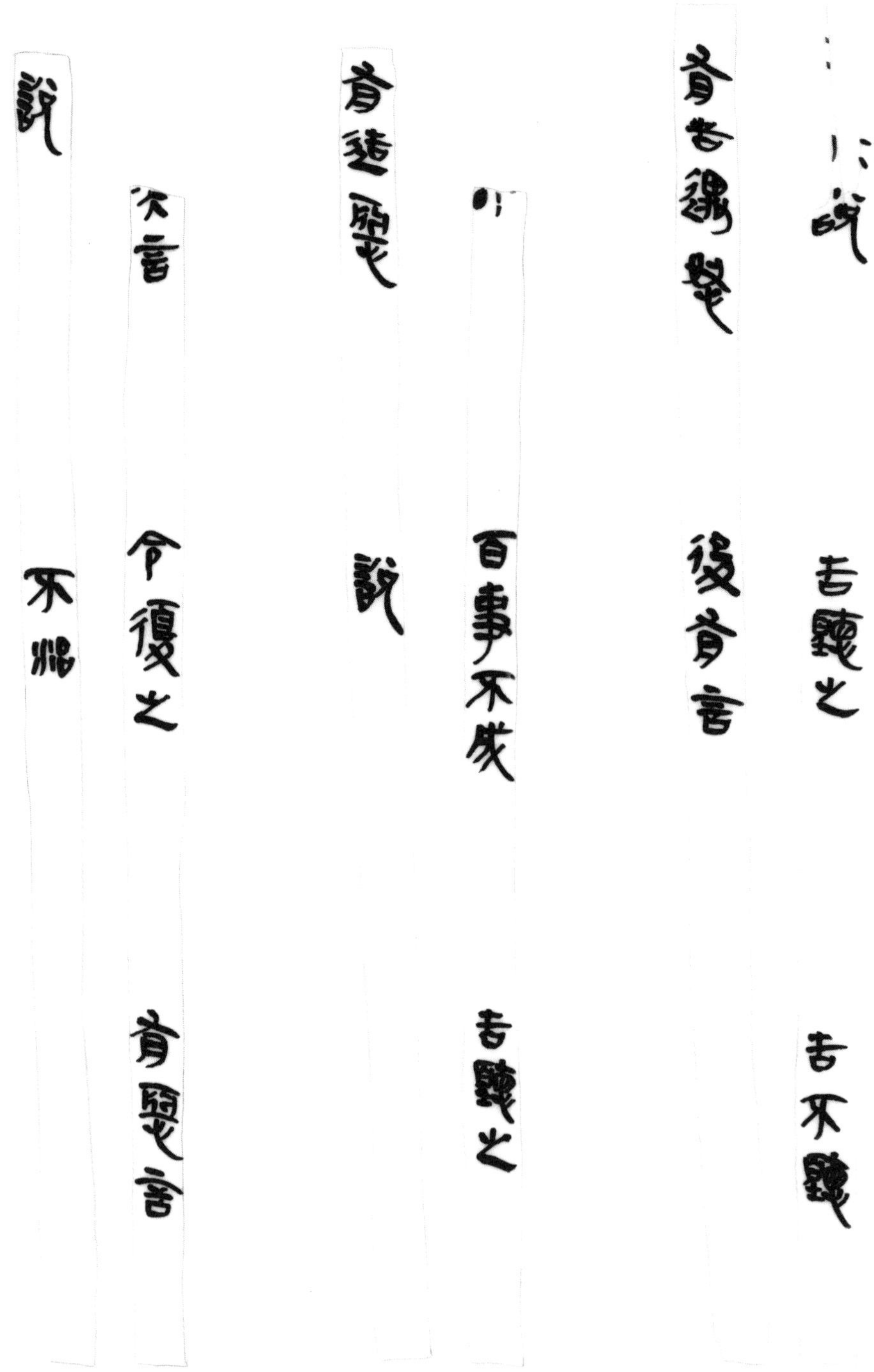

254　　　　　253　　　　　252

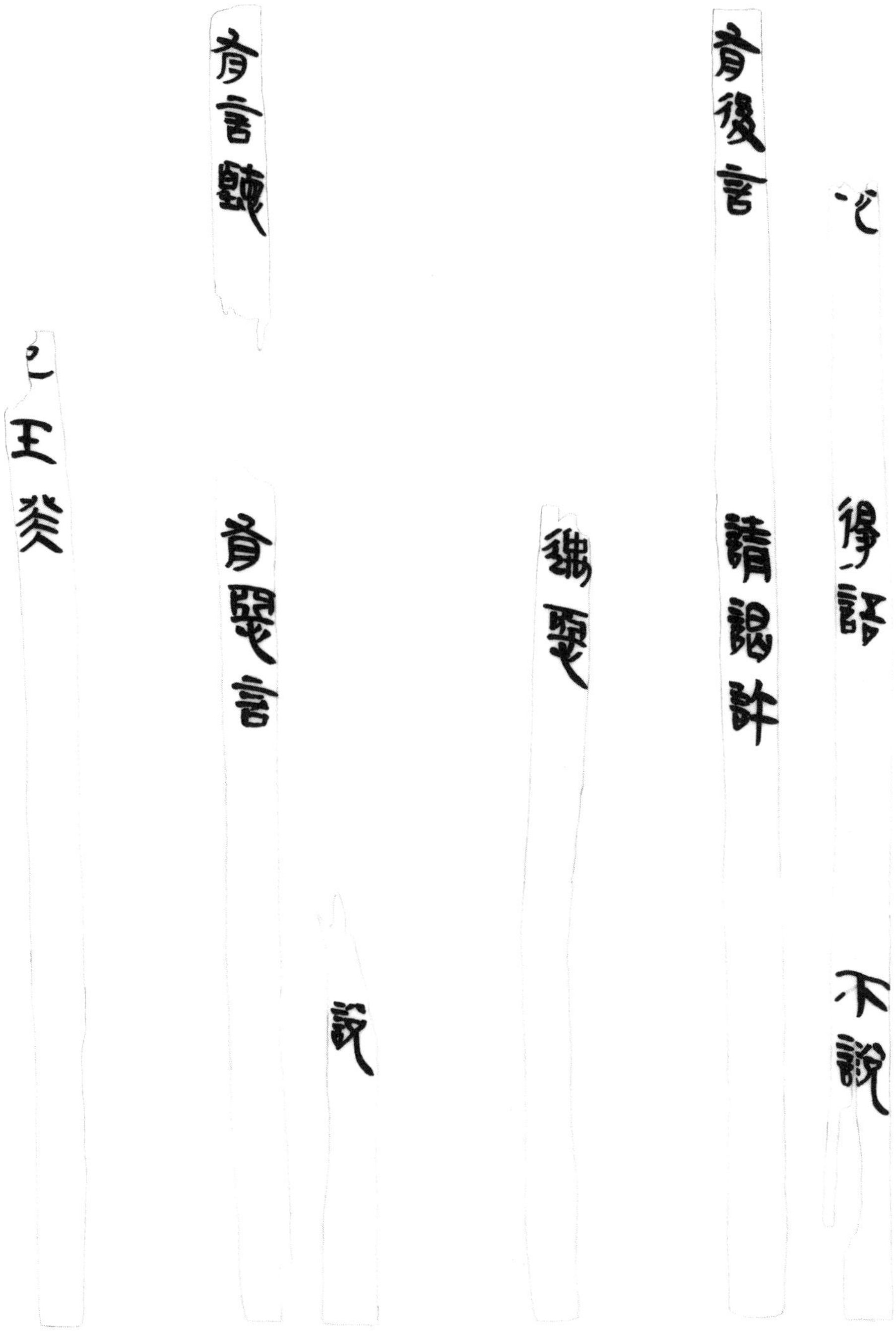

258 257 256 255

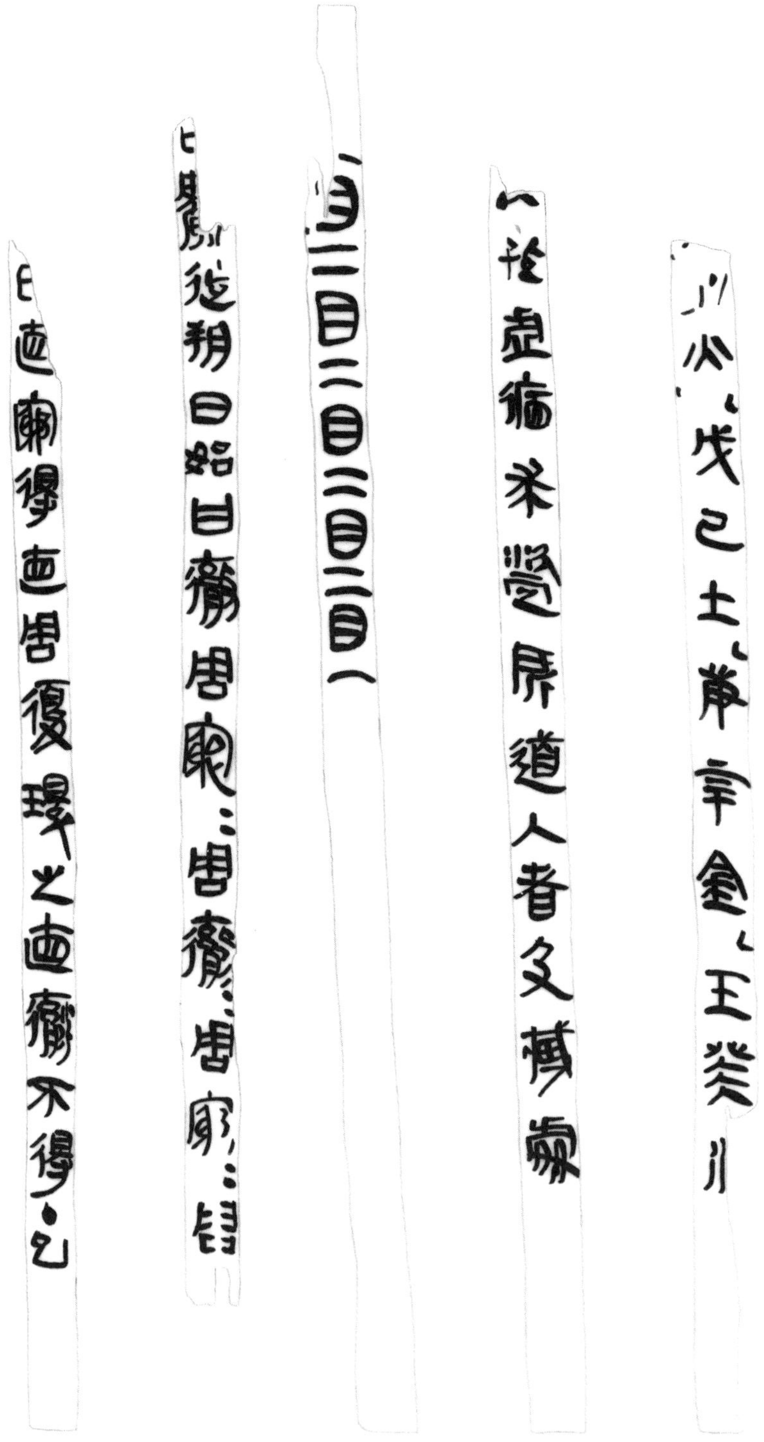

262B 262A 261 260 259

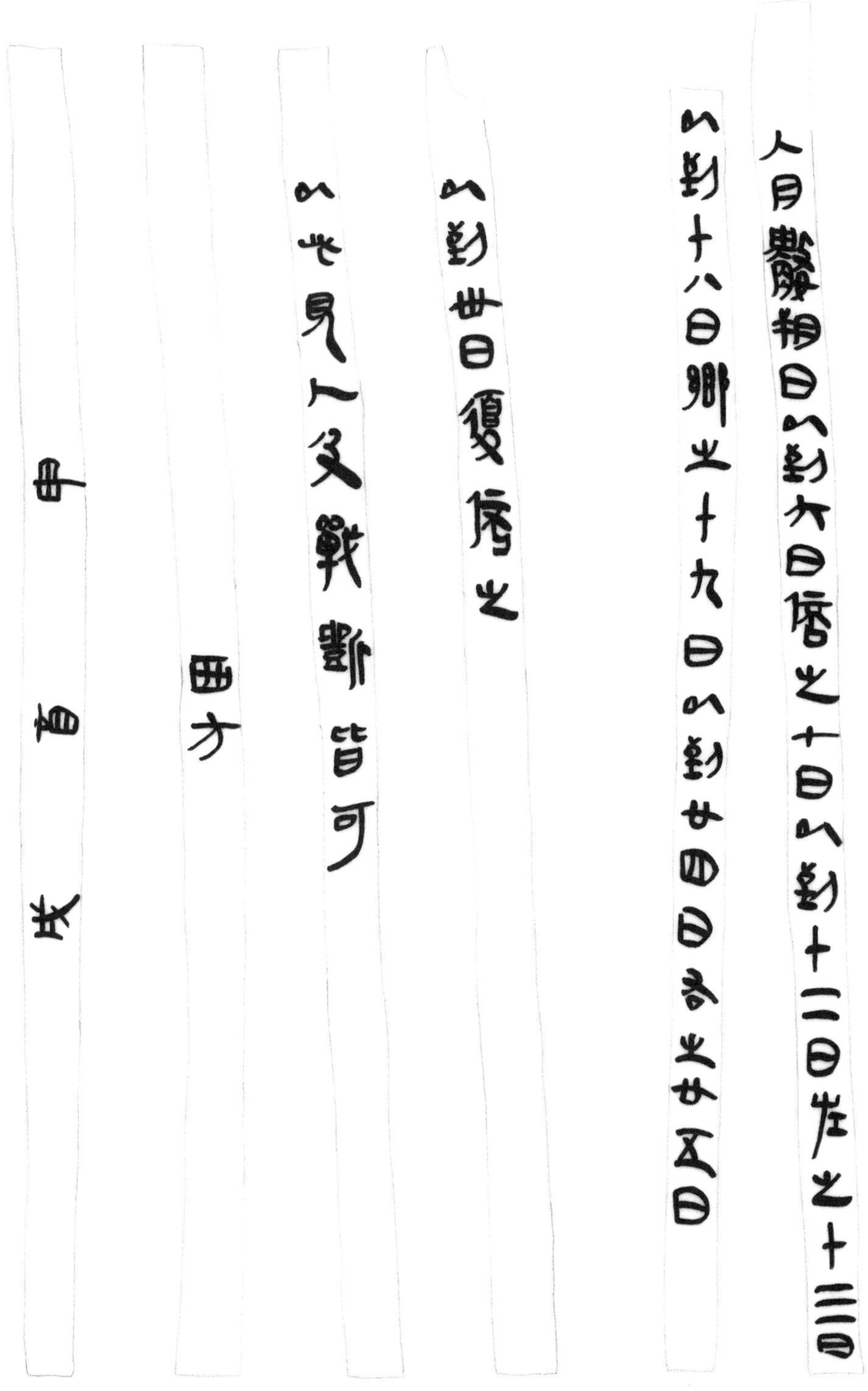

263 264 265 266 267

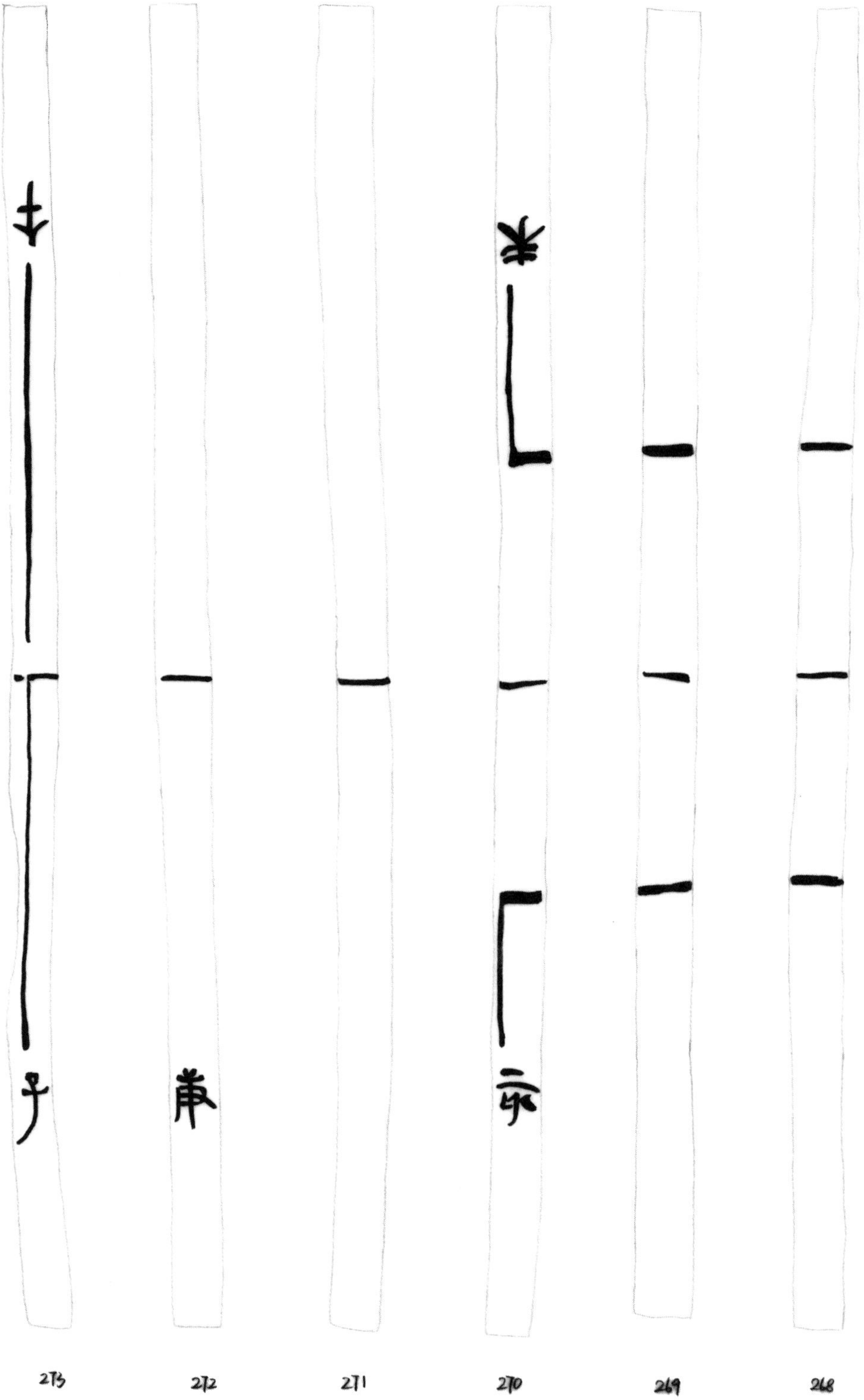
273
272
271
270
269
268

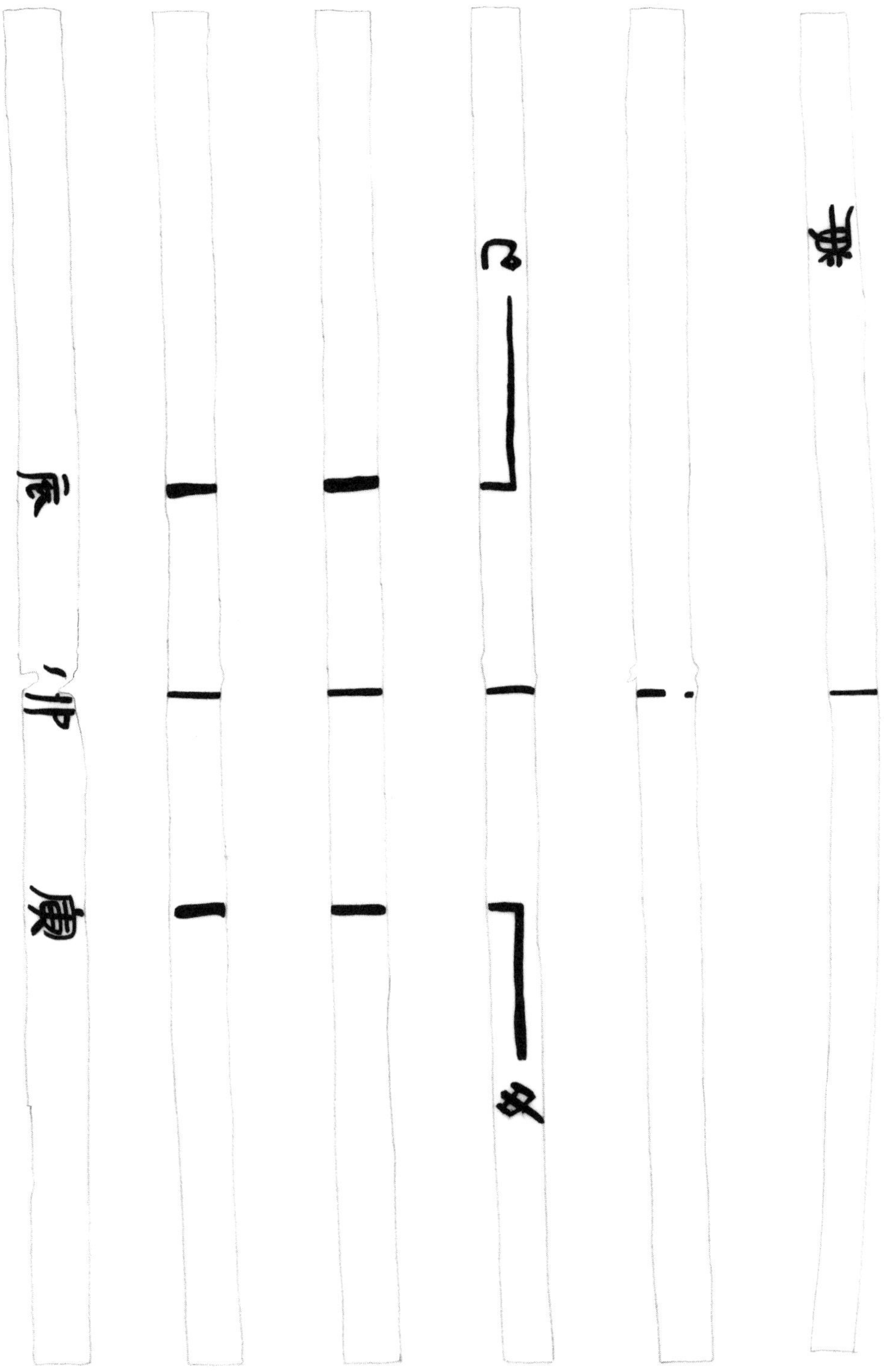

279 278 277 276 275 274

283 282 281

286

285

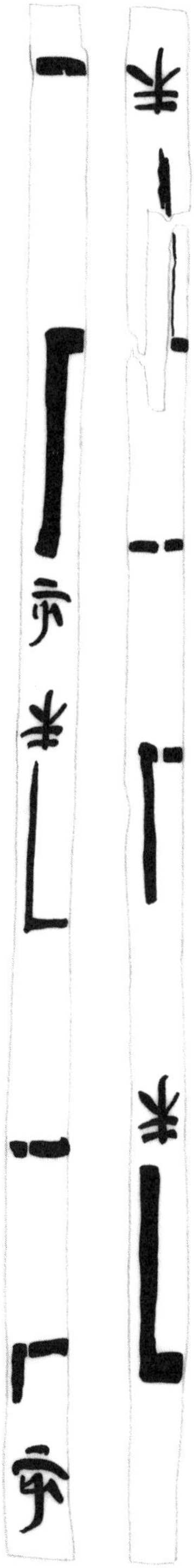

284

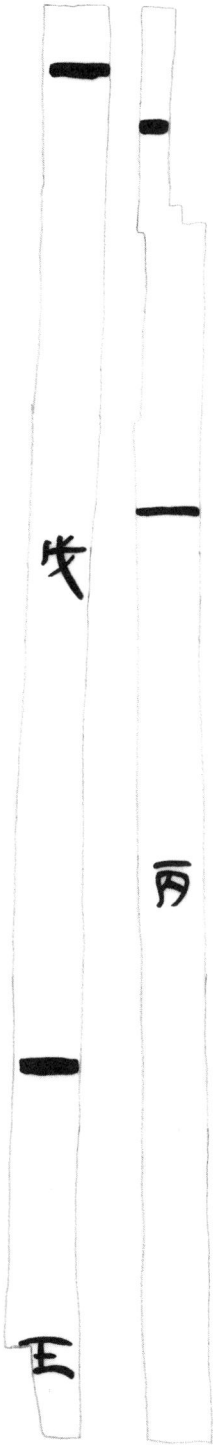

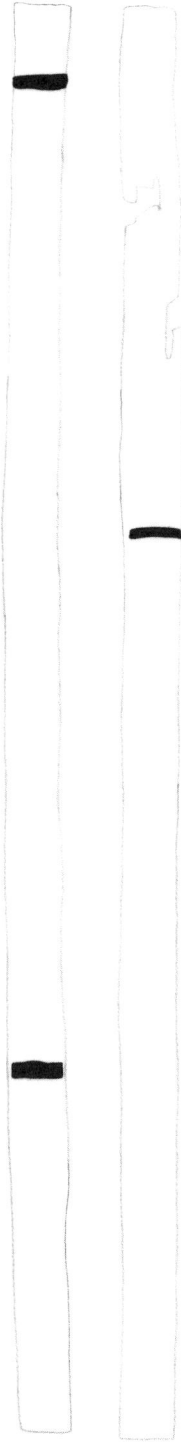

289　　288　　287

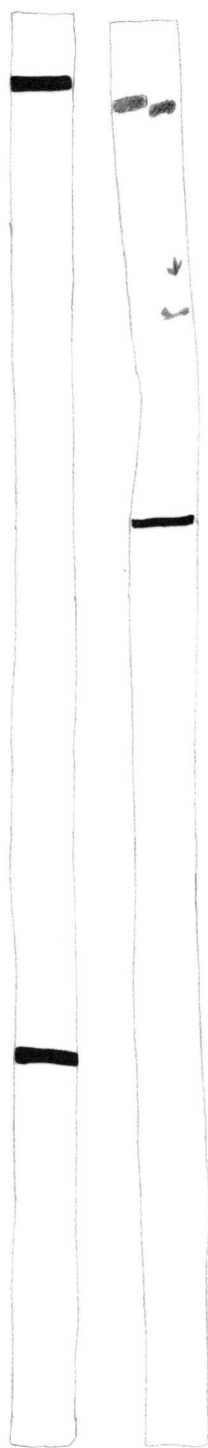

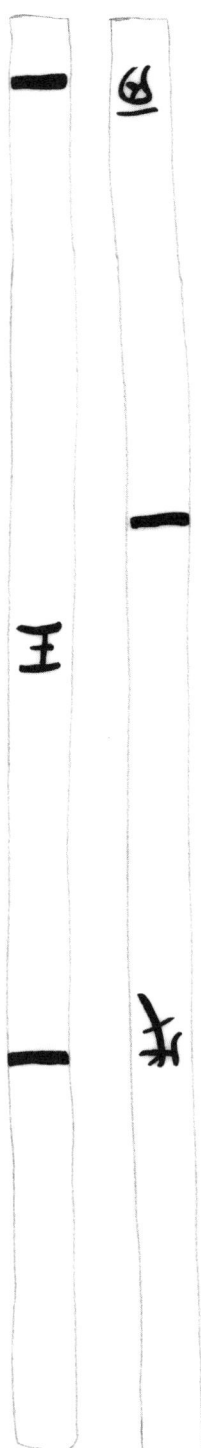

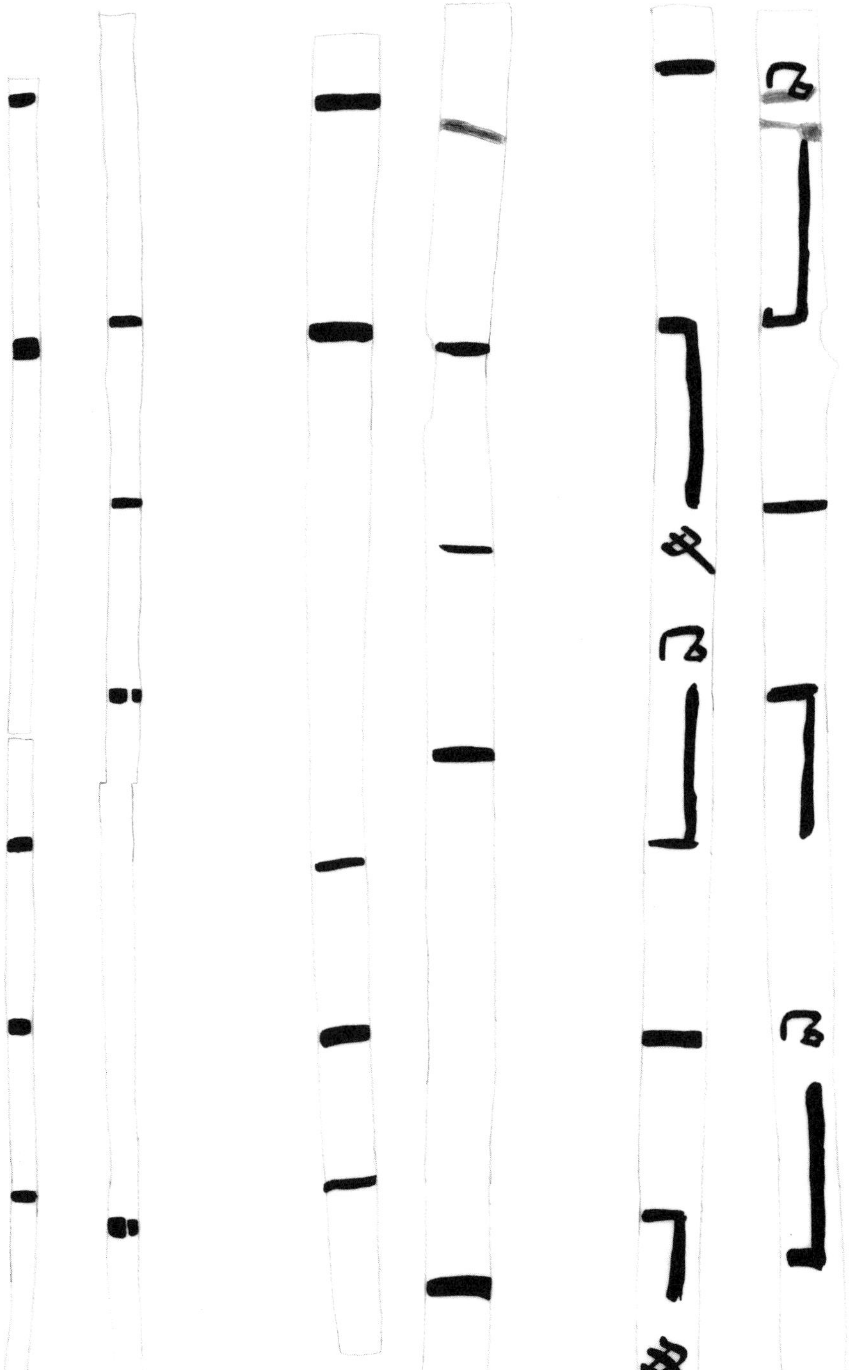

292 291 290

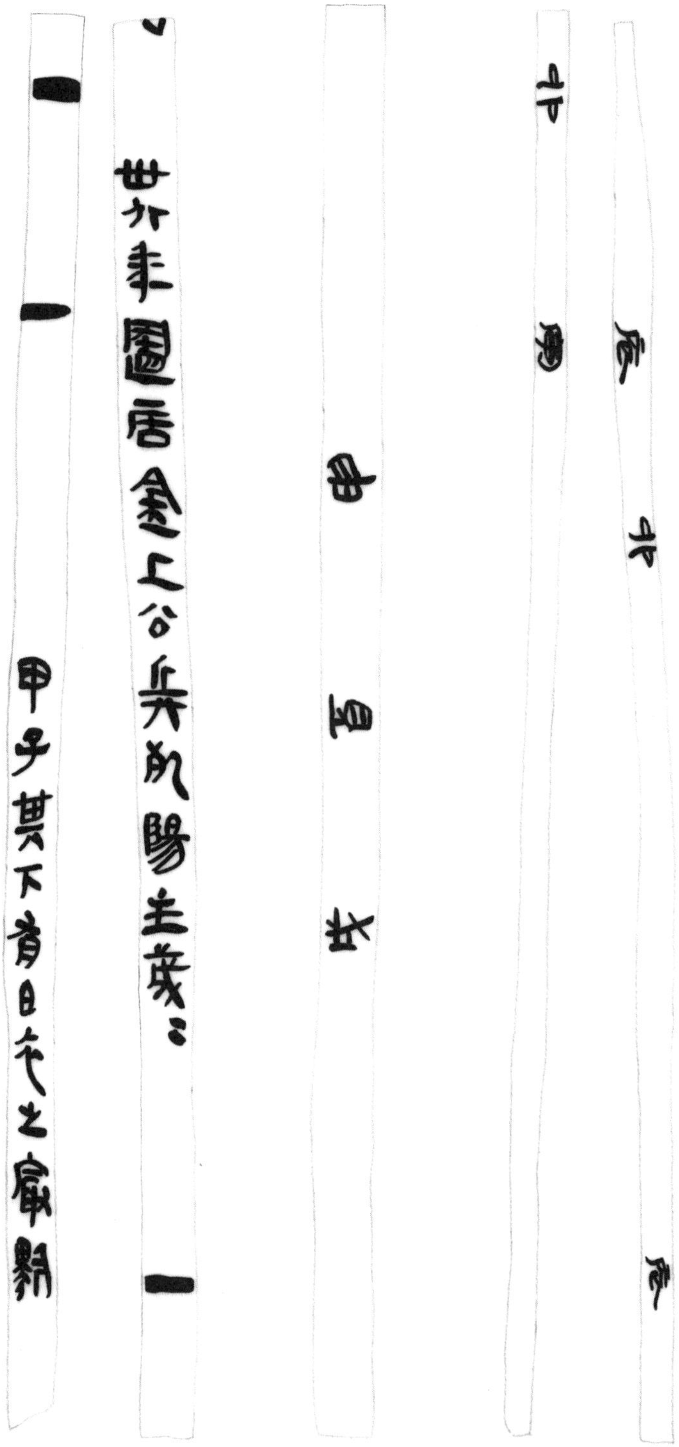

297　296　293

左中

隹疒疾

圖居小觀因作順宝戜三彔下

貞于其下育□

生子其下育大殷

300

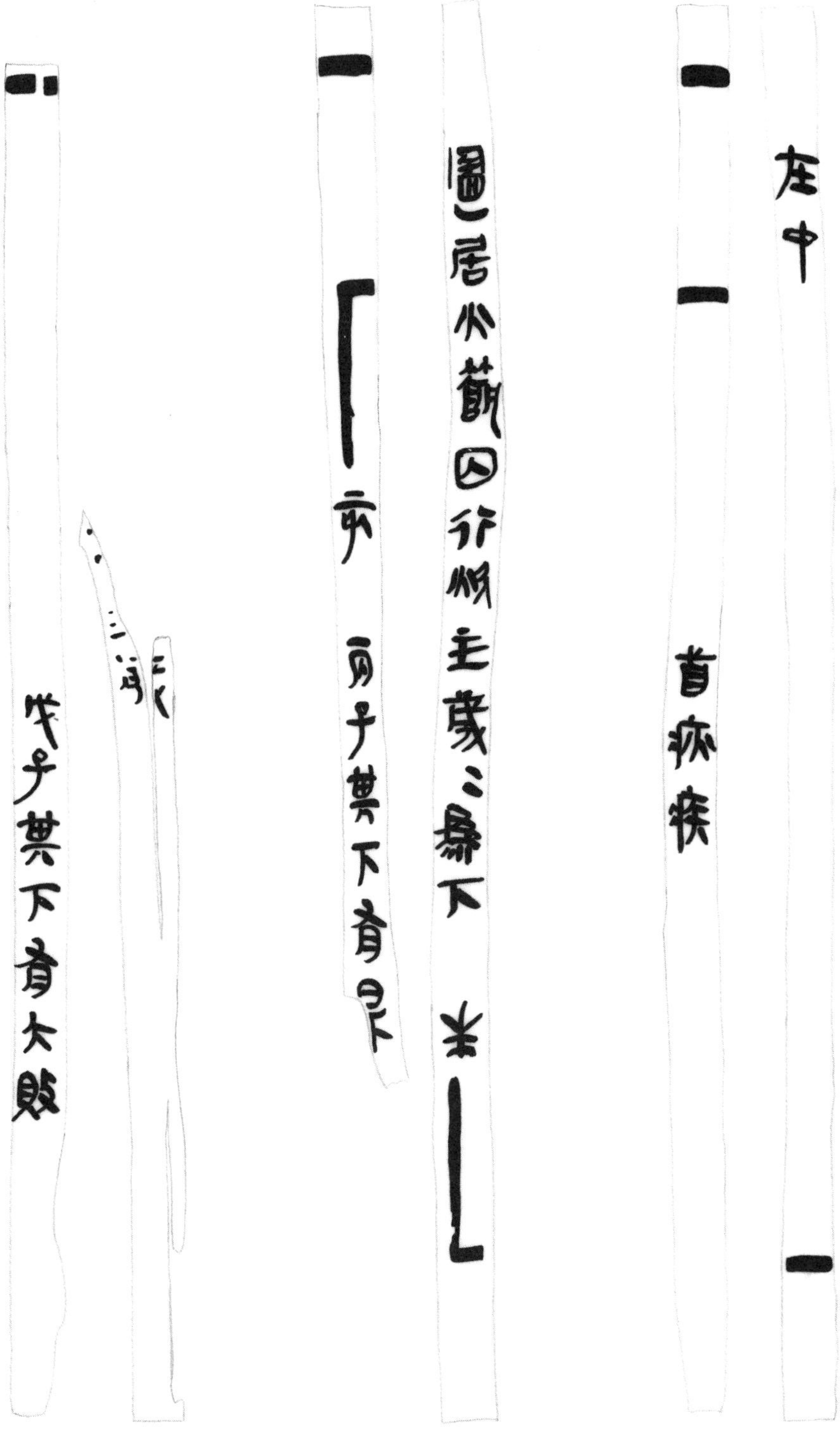

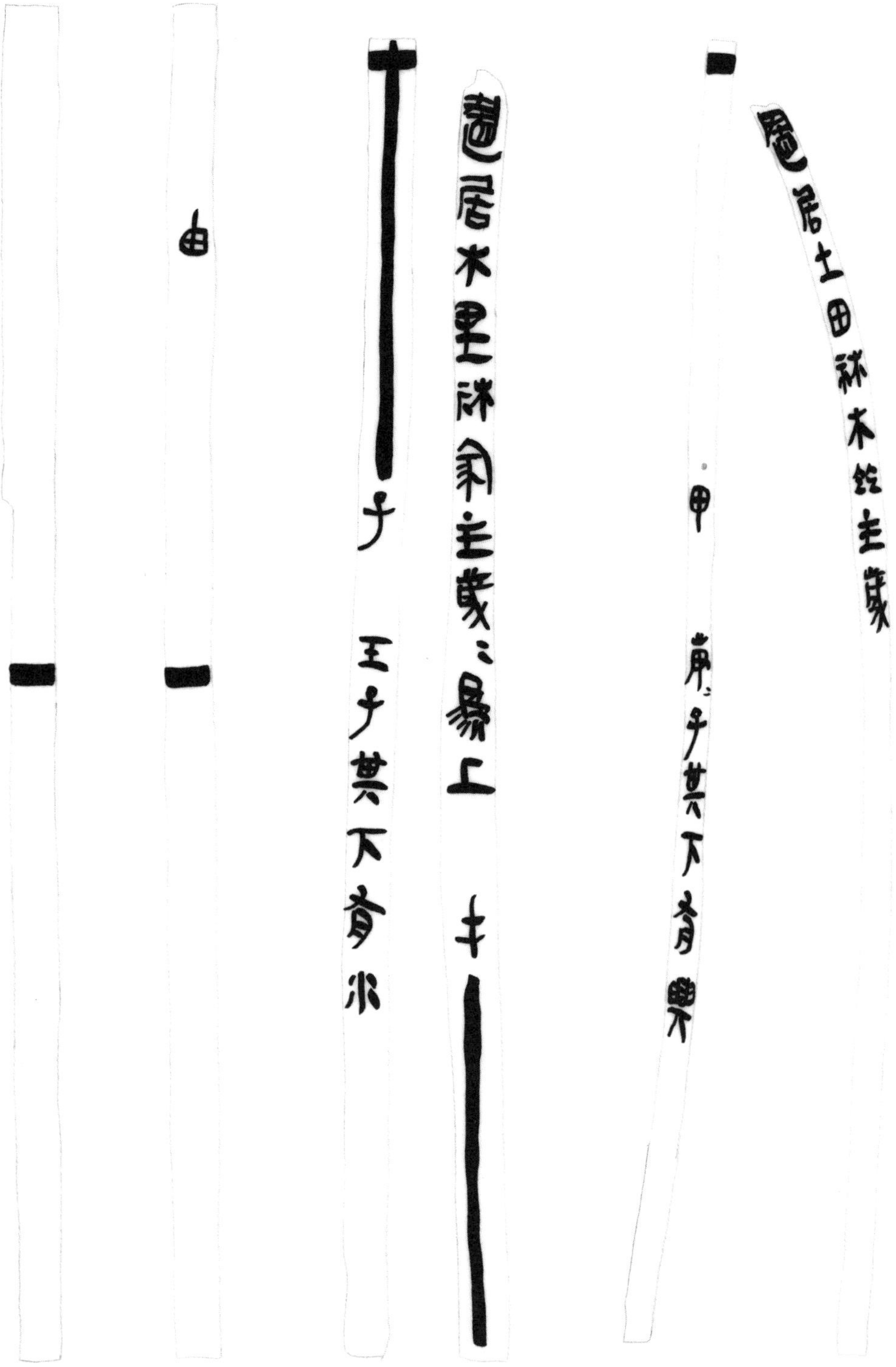

304　303　302　301

305　306　307　308　77

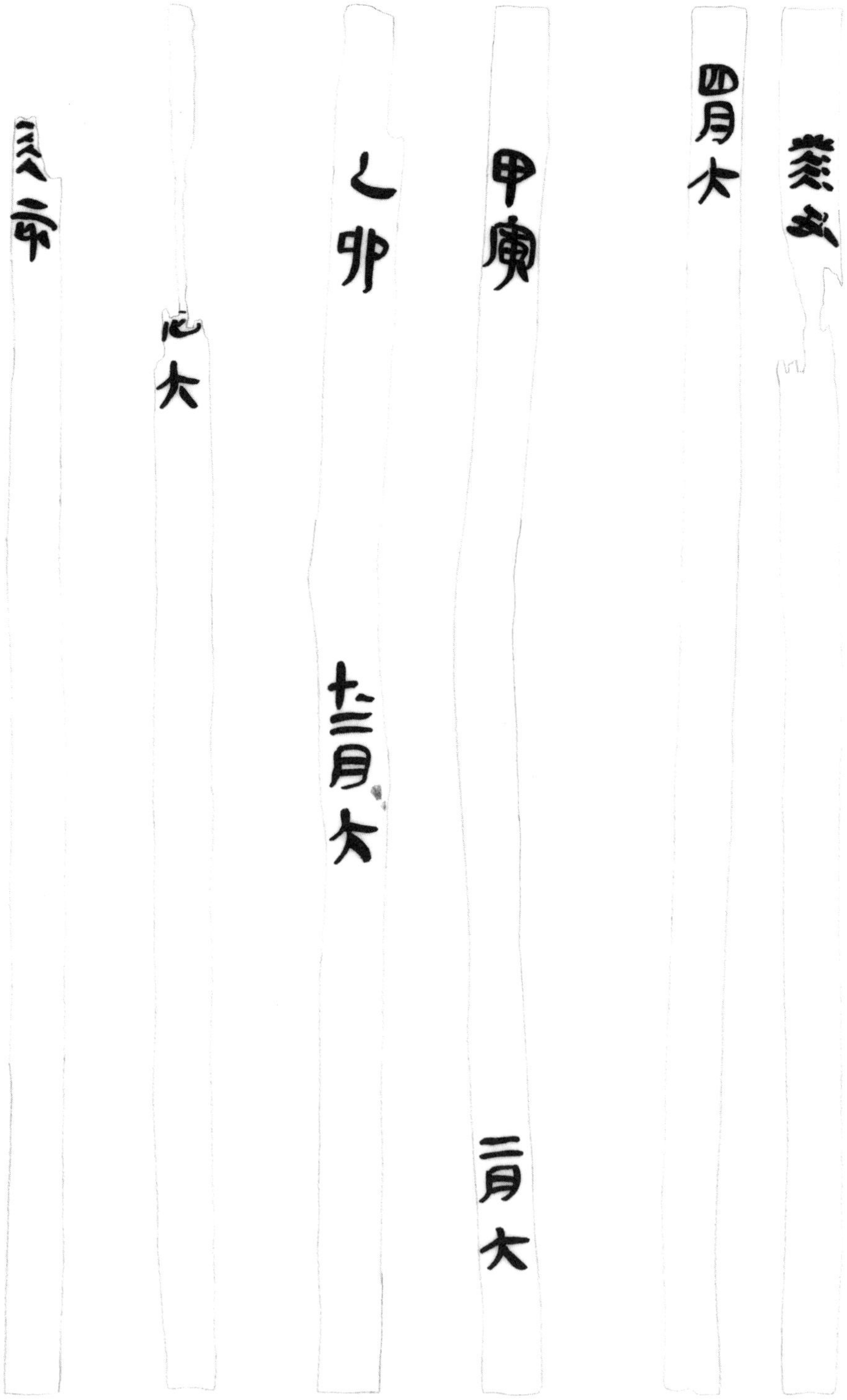

116　69　71　73　75

97 96 95 94 93 92

81 83 85 87 89 91

76　78　79

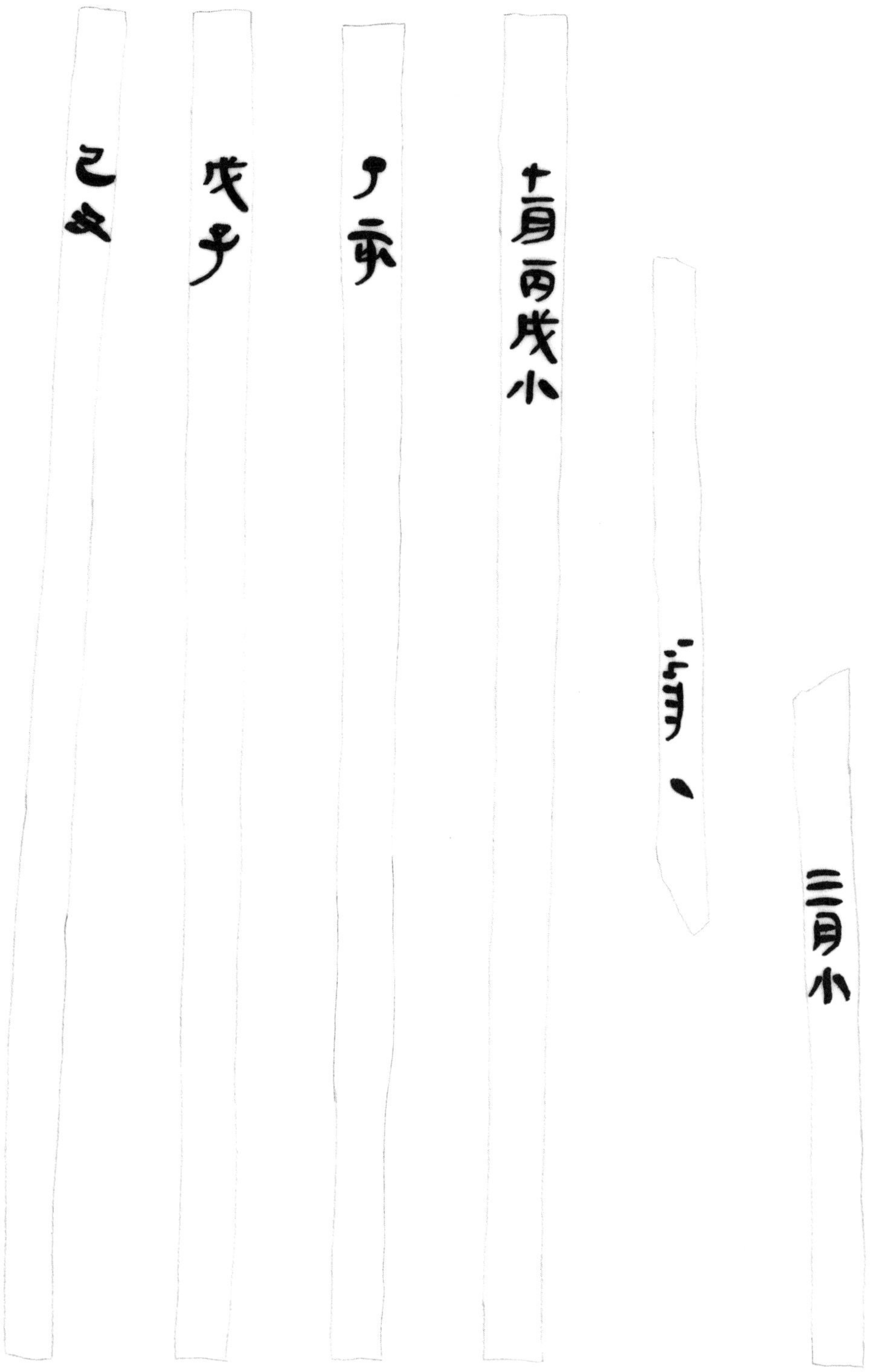

100 99 98 70 72 74

101 102 103 104 105 106

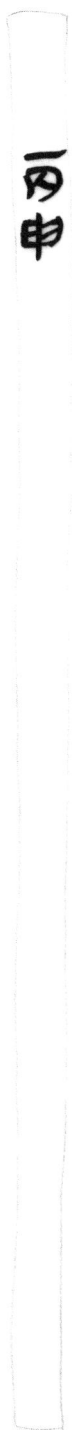

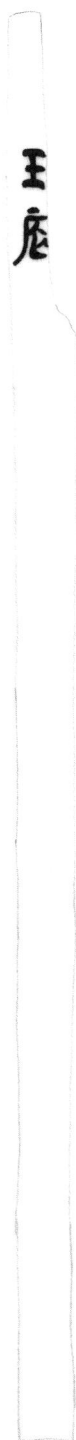

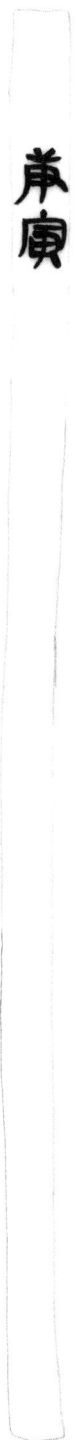

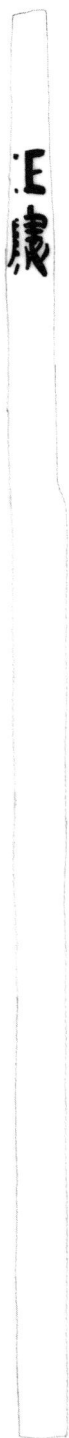

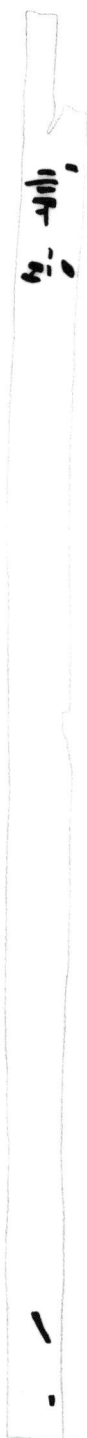

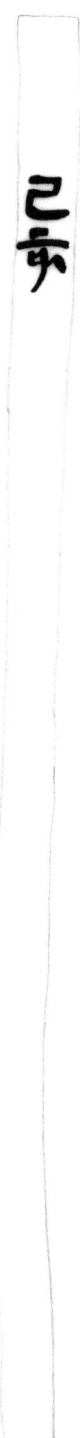

112 111 110 109 108 107

癸卯
甲辰
乙巳
一月丙午小
大月丁未小
113
114
115
90
88

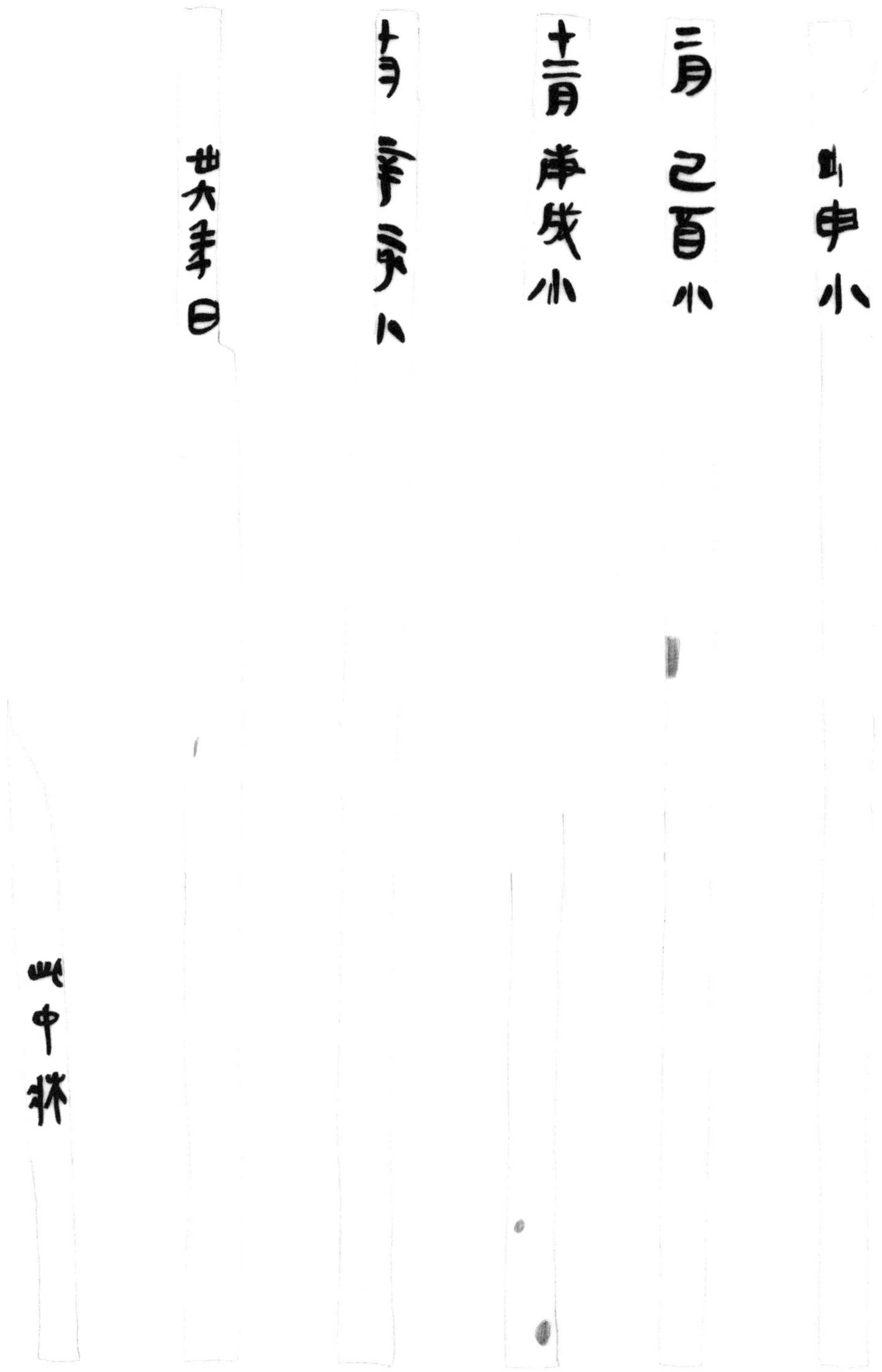

119 80反 80 82 84 86

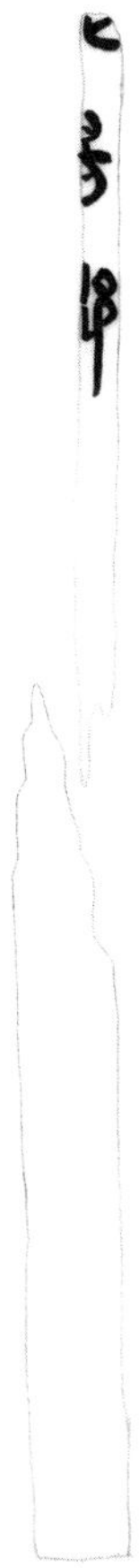

129

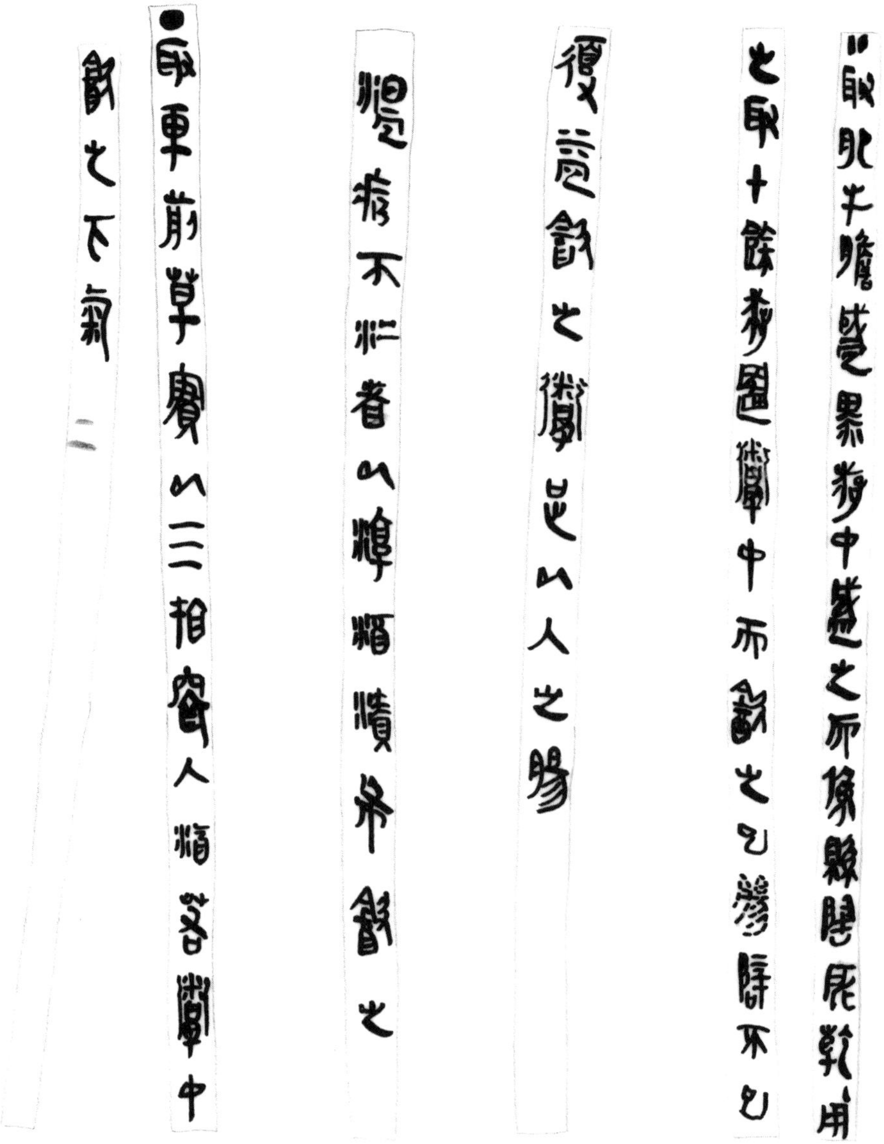

312 311 310 309

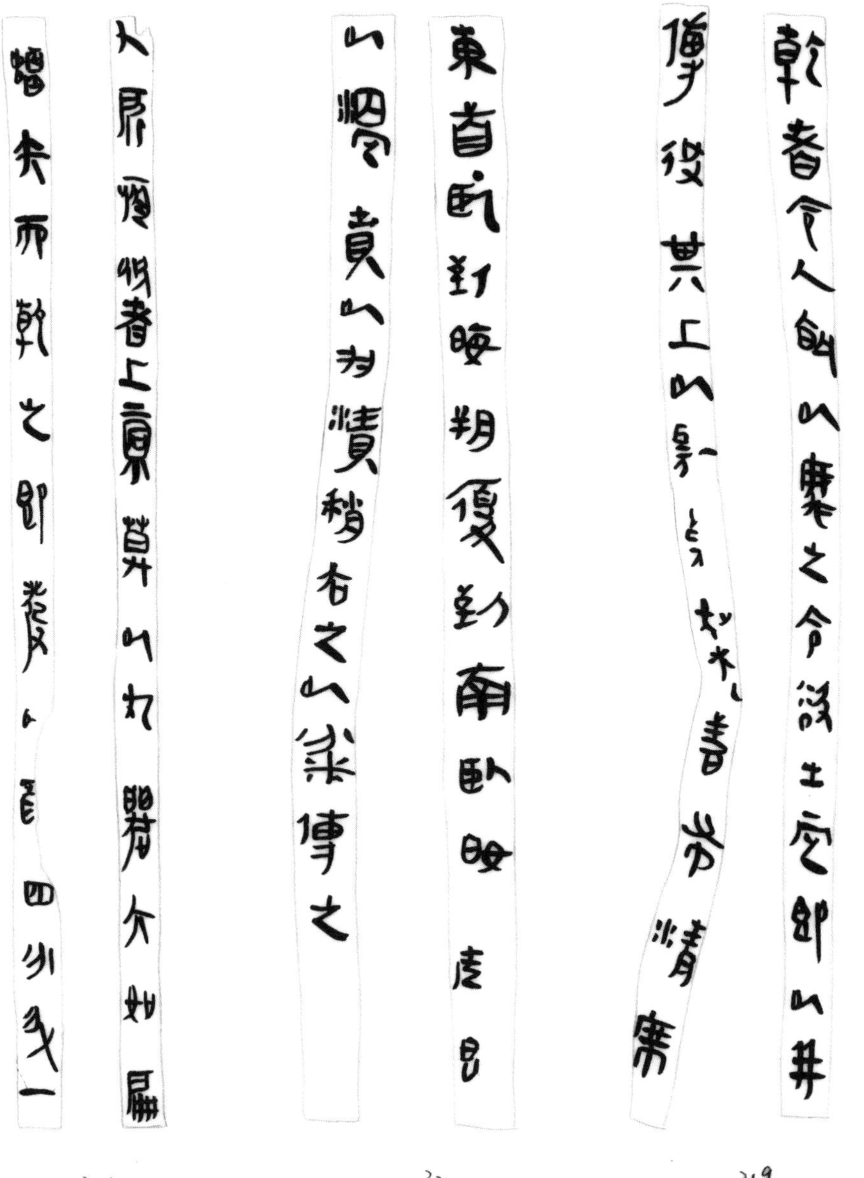

321 320 319

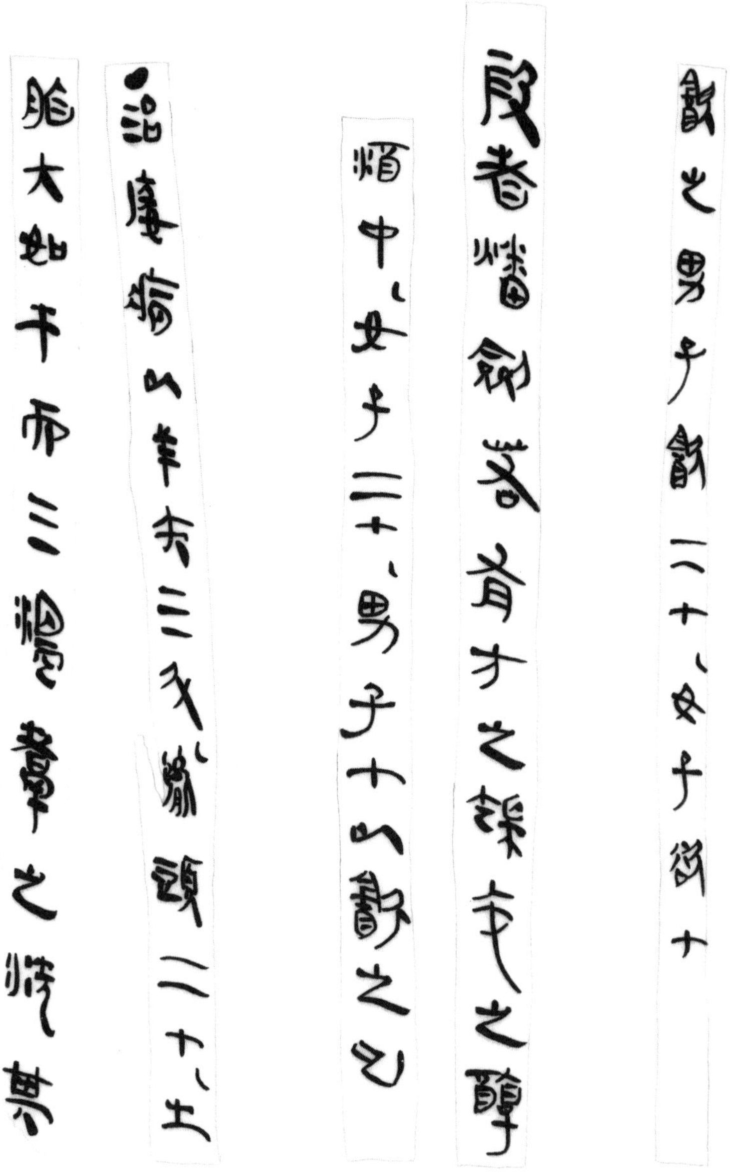

322

323

324

育巳了㫖死乙𥄂敢垣乙�東陳垣

獻𩦎于于牛、前見北乙操見垣

陳垣者于某病𩦎齒𢎨令某𩦎乙請

●乙𩦎才見東陳垣救死三死日㝬敢告東

●乙廋病死甚

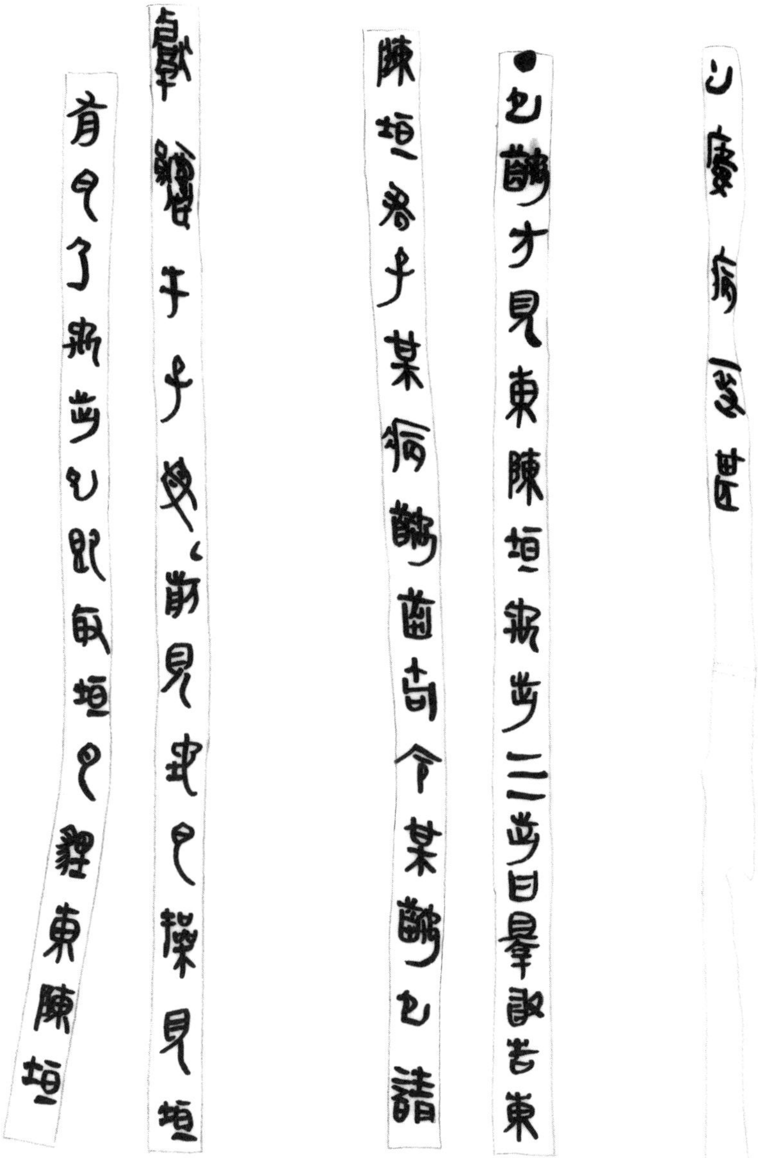

327　　326　　325

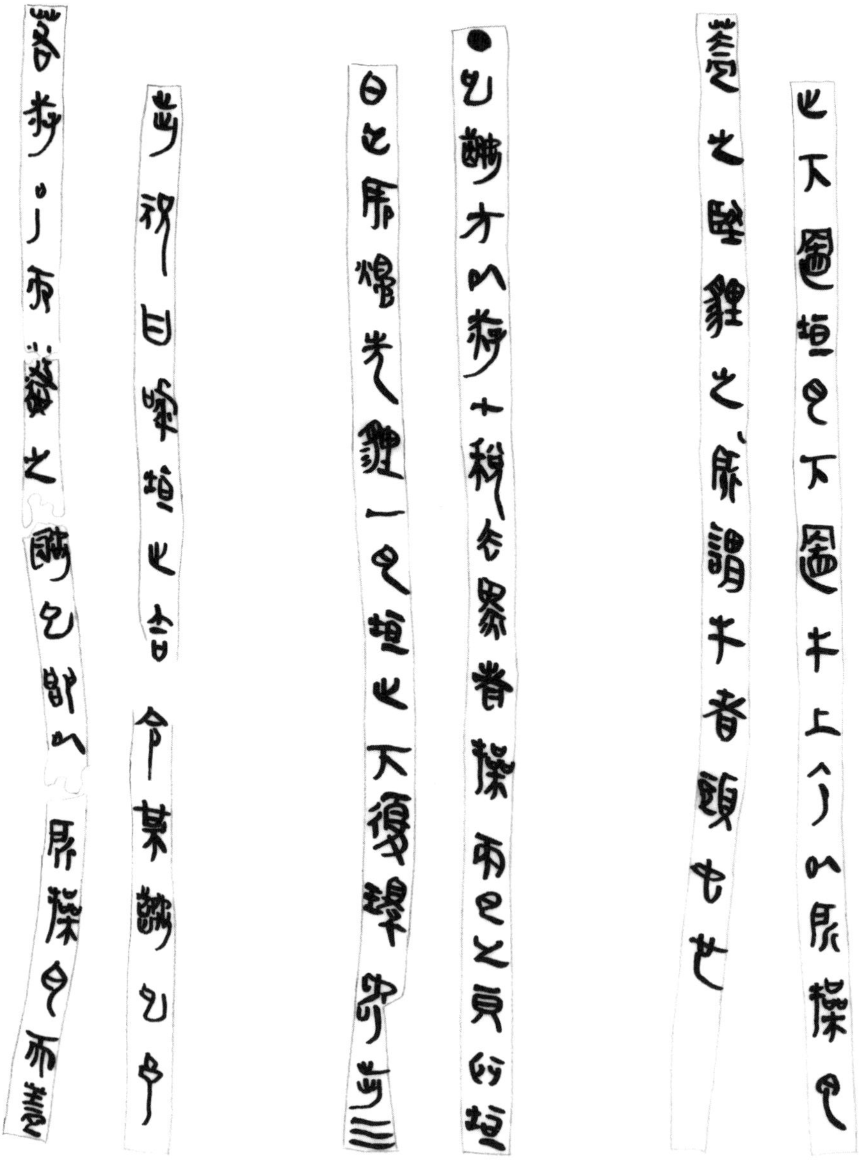

330　329　328

見之父母與人言探睡匿屋中令

莫安見母雨卧我車爰安令人

輔某病齒齗勾能入某齗卧令

乙齗才見車來止三步曰輔車

米二十

其一曰卧米來可男十卧米十卧安卧卧

333　　　332　　　331

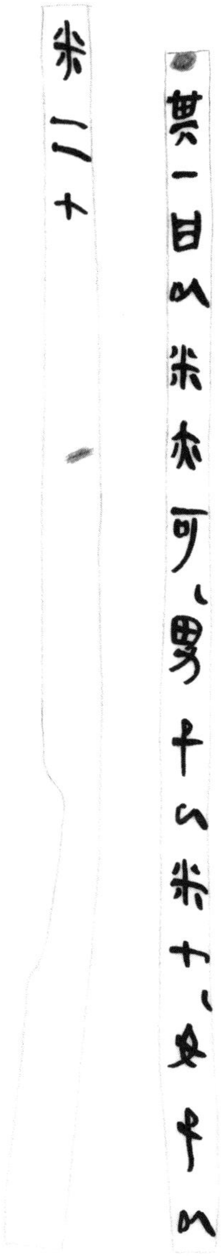

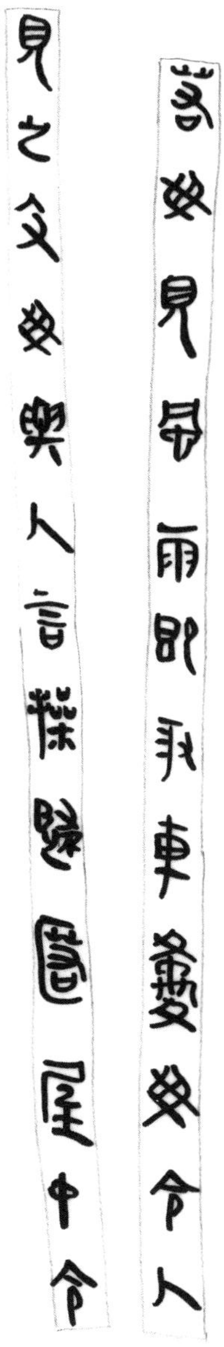

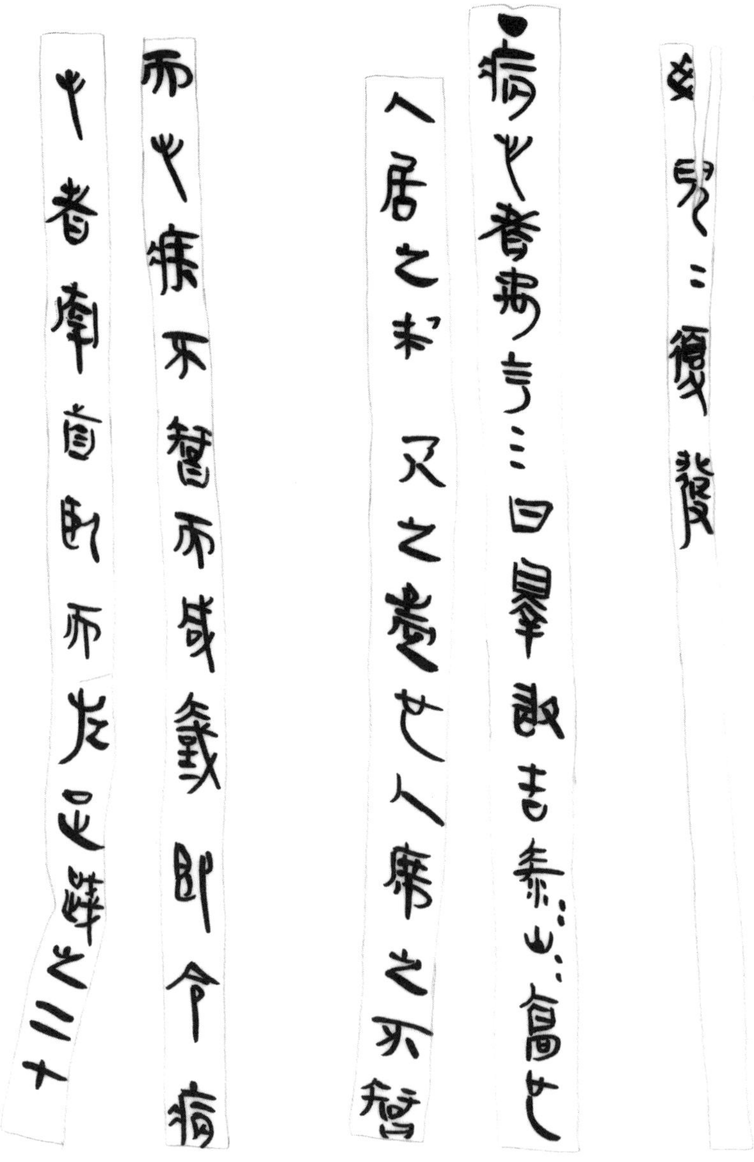

337 335 334

339　338　336

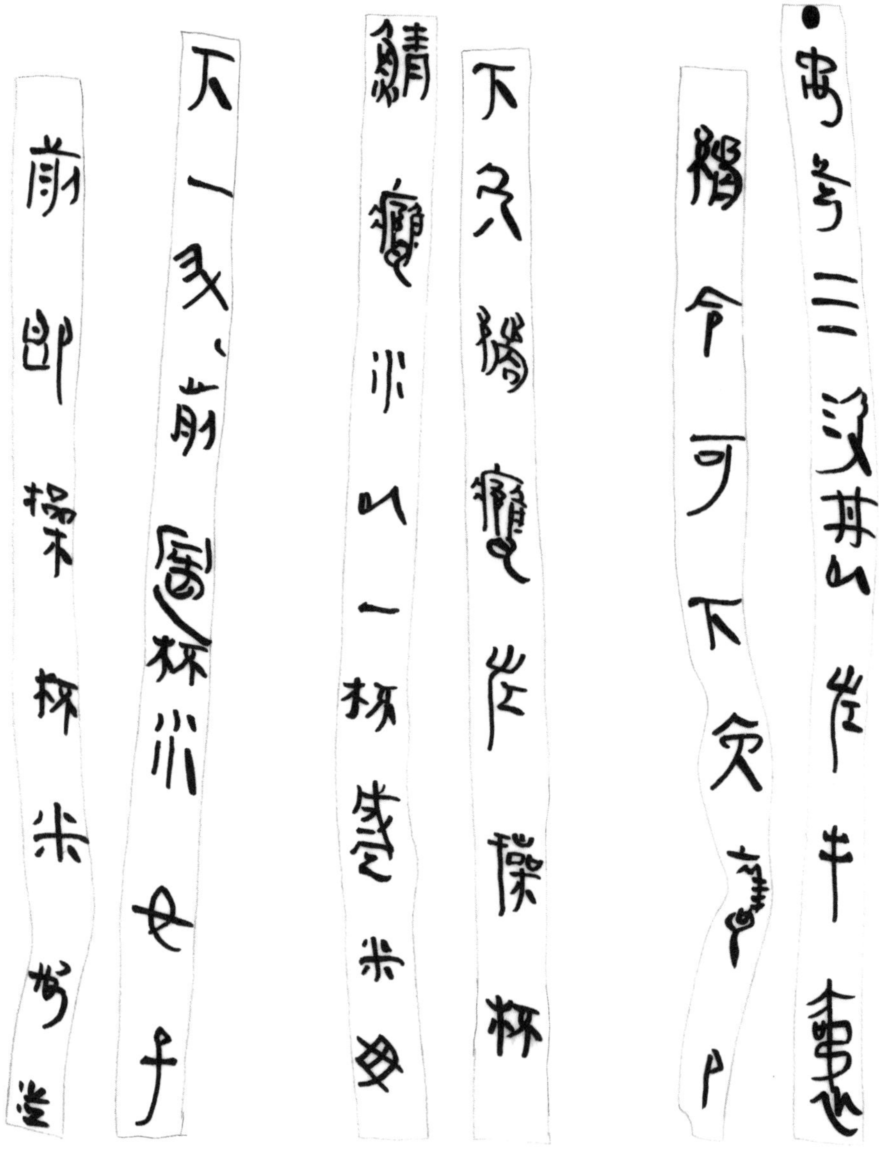

342　341　340

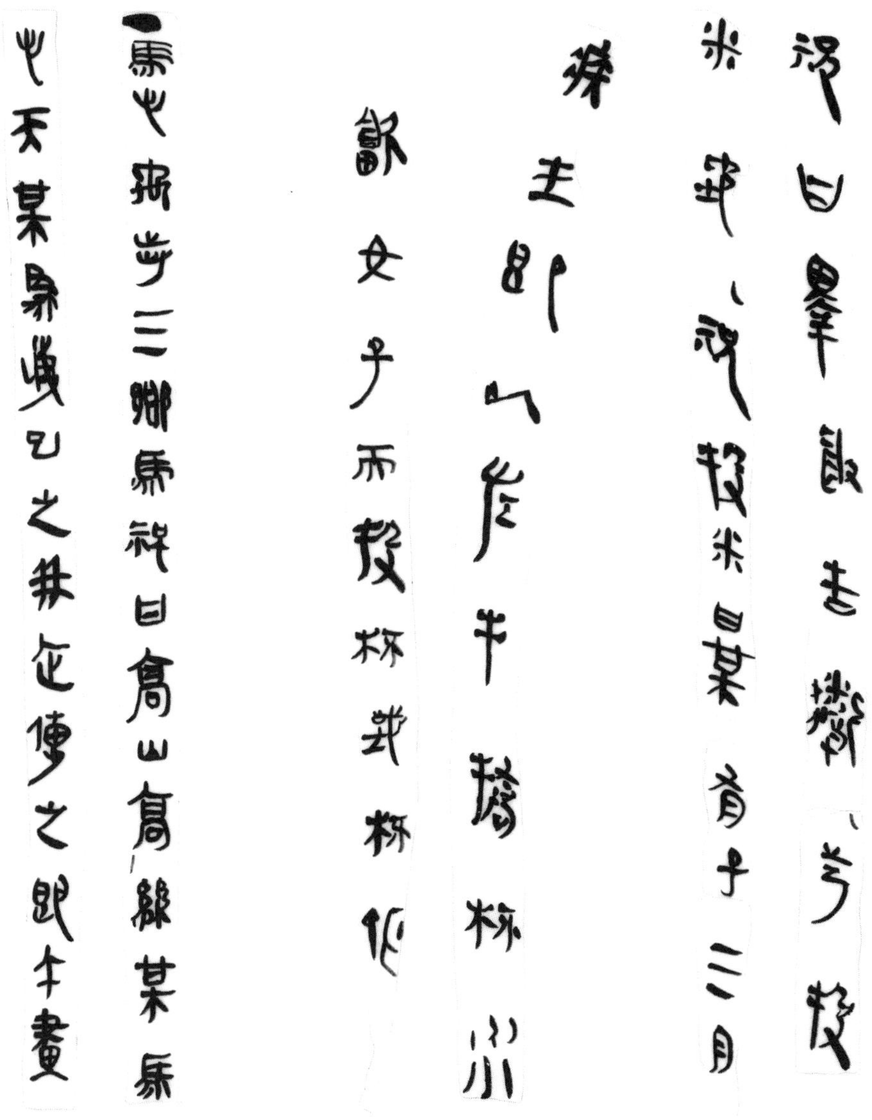

345　344　343

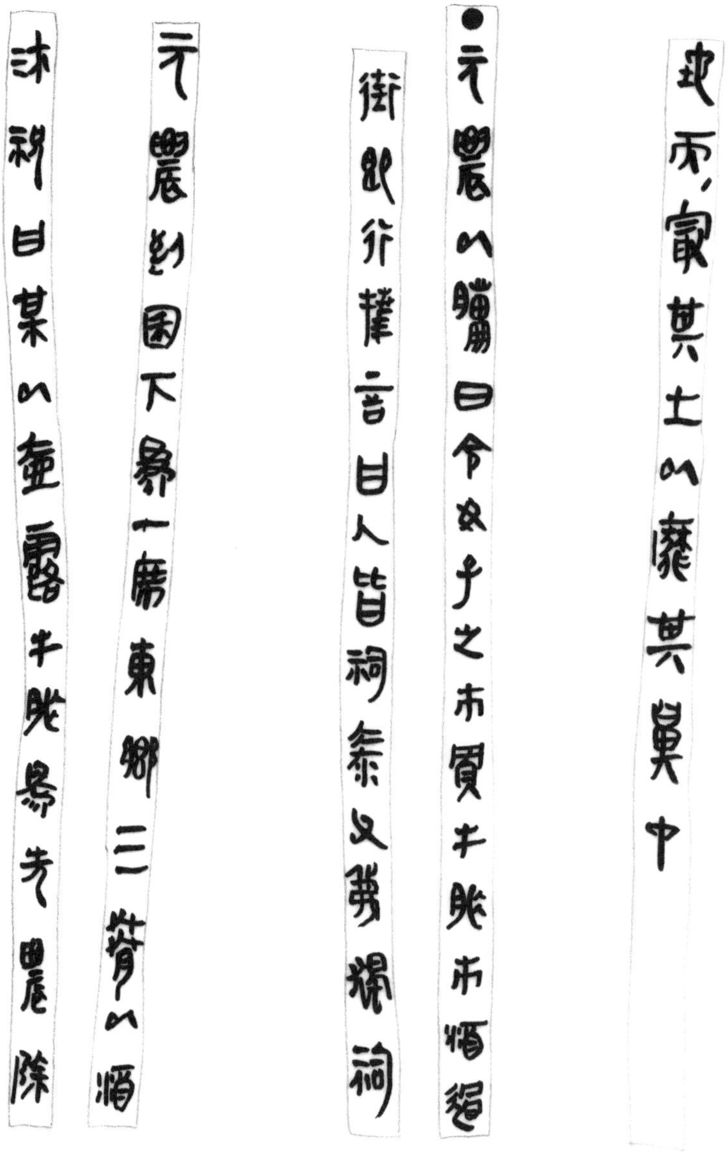

348 347 346

舍先農笱令某禾多一邑先農恒先泰父食，到明出種，即□邑最富者 349

與皆出種，即已，禹步三出種所，曰：臣非異也，農夫事也。即名富者名，曰：某不能 350

勝其富，農夫使其徒來代之。即取腏以歸，到囷下，先侍豚，即言囷下曰：某爲 351

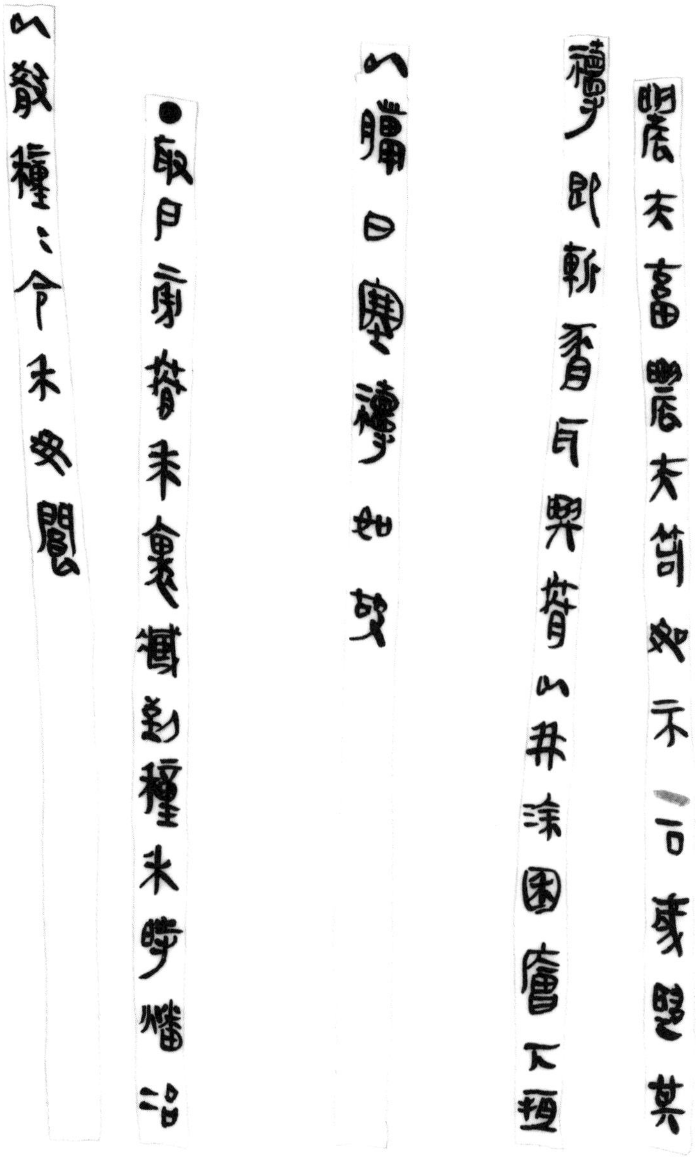

354 353 352

甲子旬戌亥為姑辰巳為□

適東南人

乙戊旬甲申為奴寅卯為□

宜西南人

甲申旬甲午未為婢子女為□

從宜才人

357　　356　　255

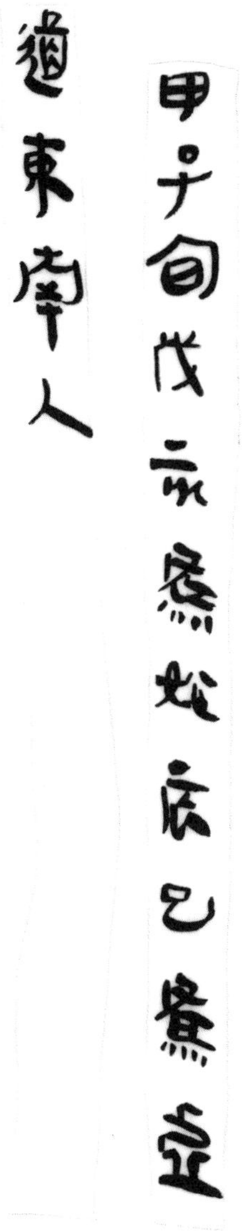

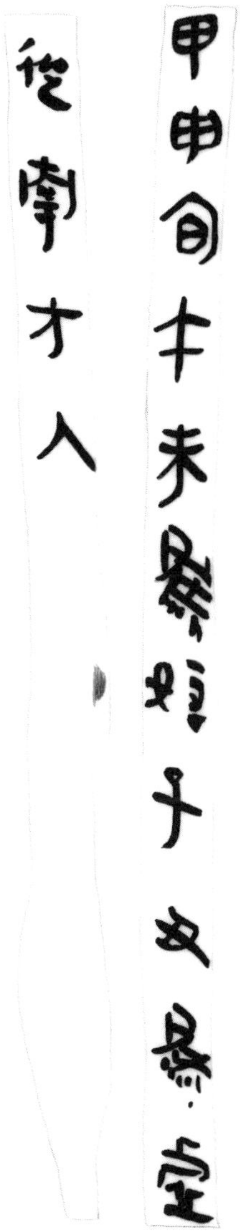

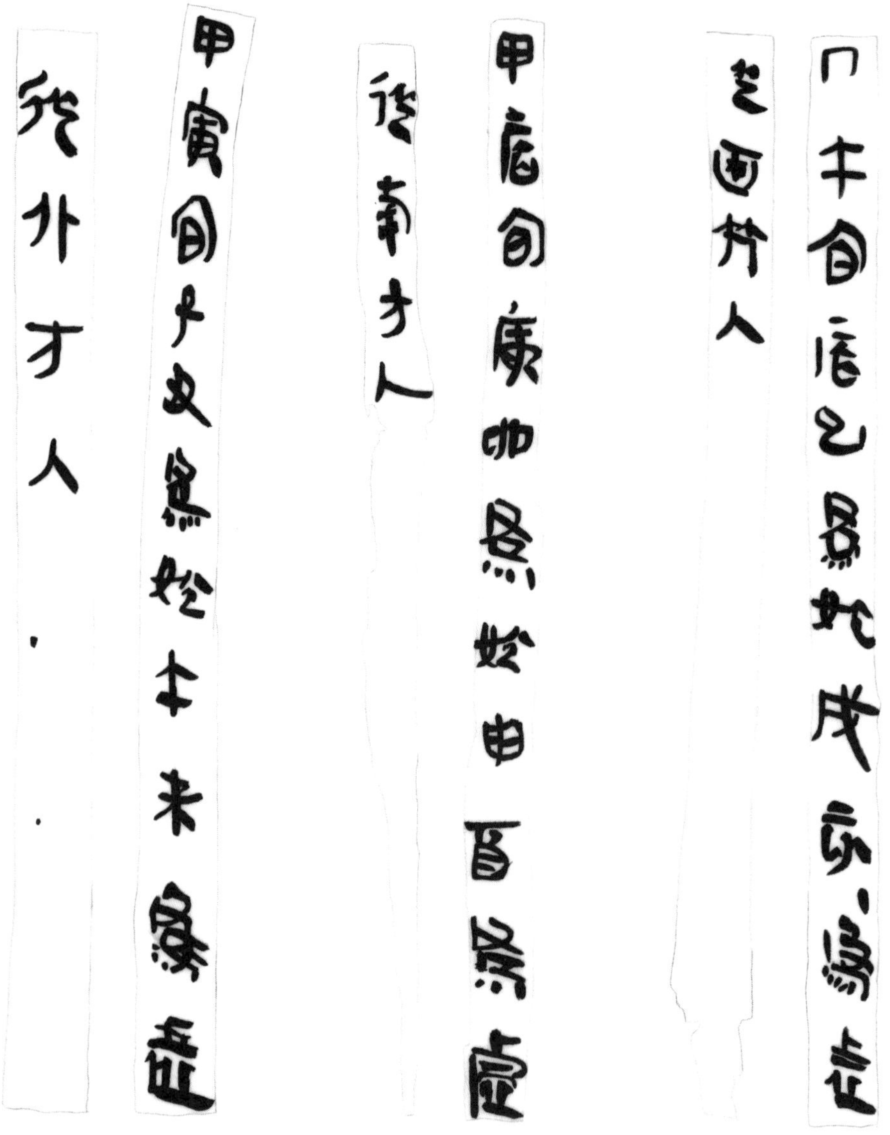

361　359　358

東方、甲寅旬米北方

甲子已爲木米囚北方、甲戌旬米囚方、甲申

旬米南方、甲午旬米東南方、甲辰旬禾

資行而希不得見長曰東行戲米、南行

辟公、囚行戲金、北行戲小幺原長曰可也

361

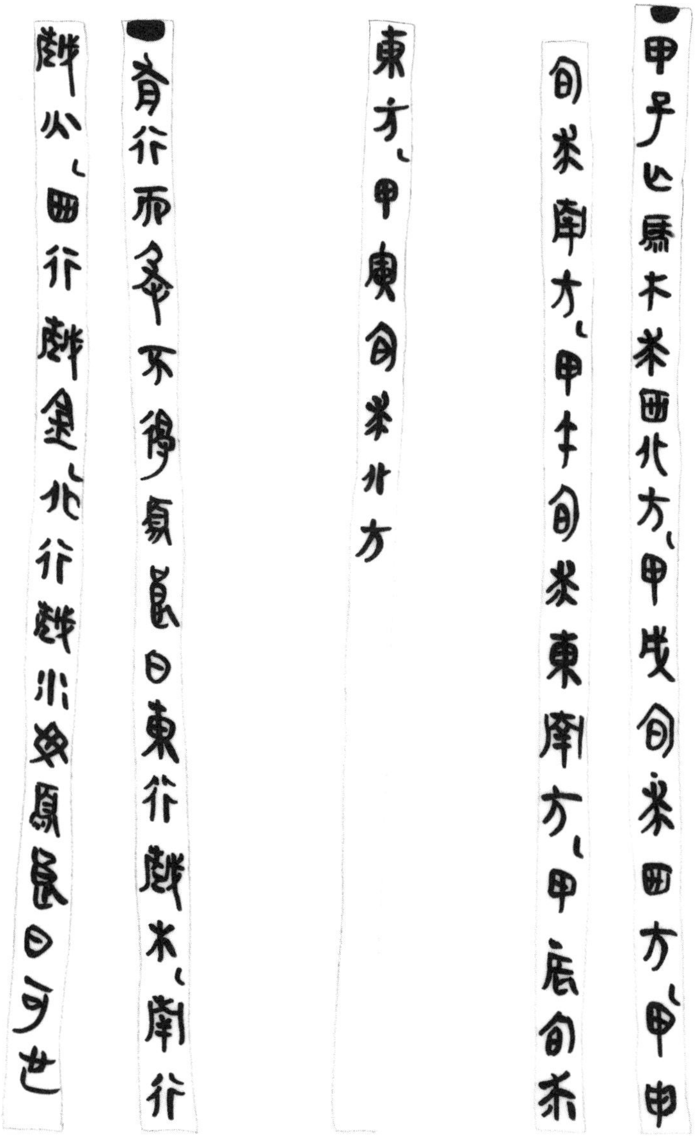

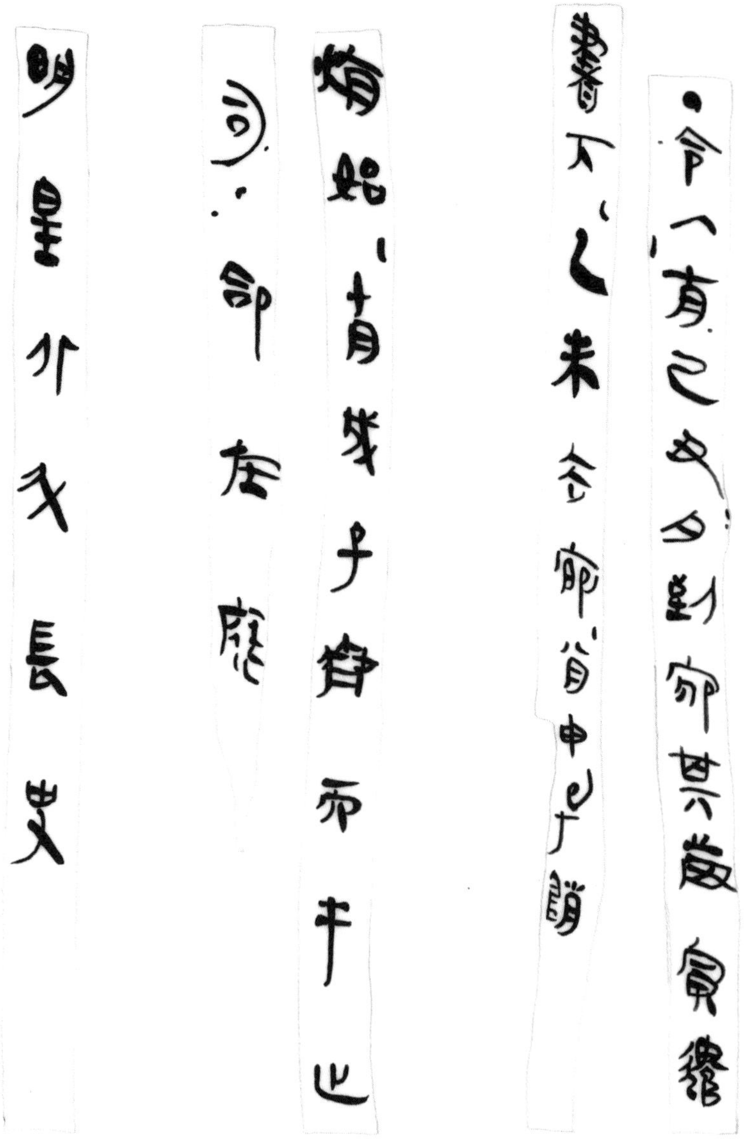

366　365　364

367

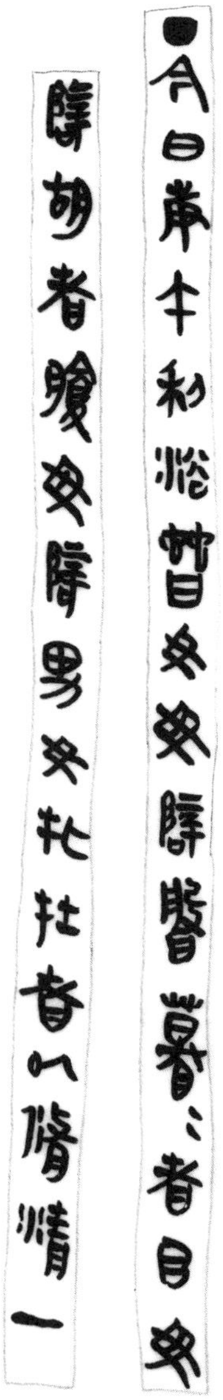

368

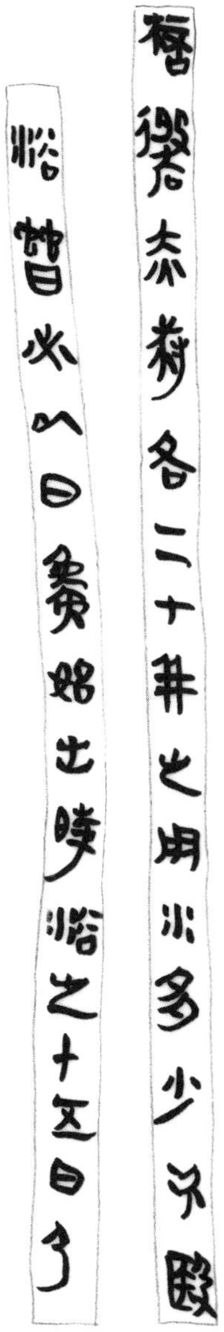

369

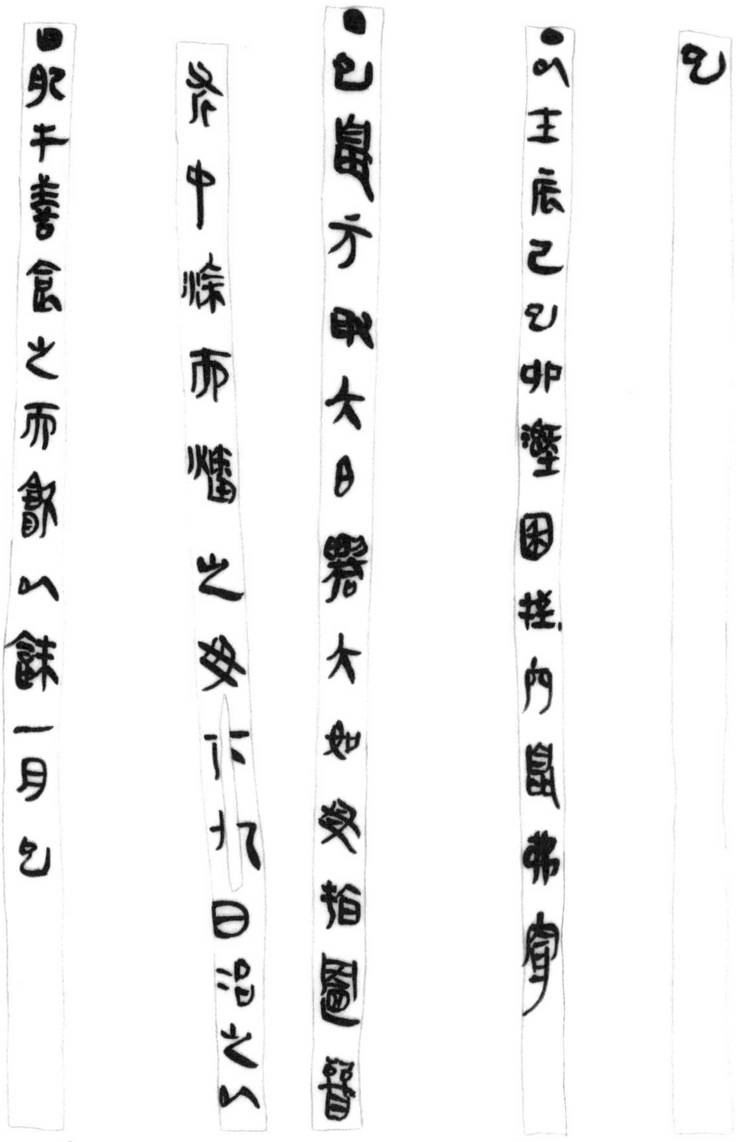

373 372 371 370

某也若句令某癭乙二乙二曰言若

介鄉勿三屮曰畔律智令某癭者

三欠欶藥而弓己

甲東荼一欠澤令安下

以給顛首林焜節井

戔焜辇之令

376　　　375　　　374

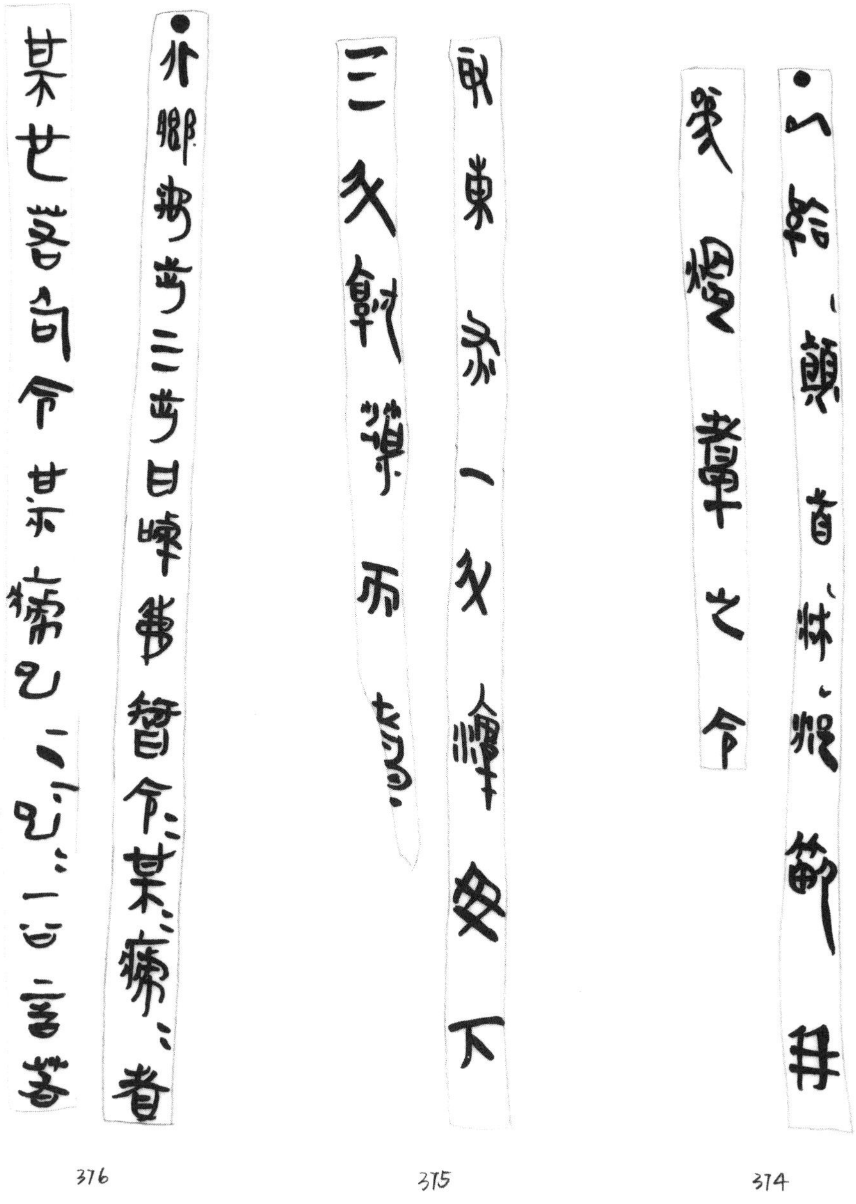

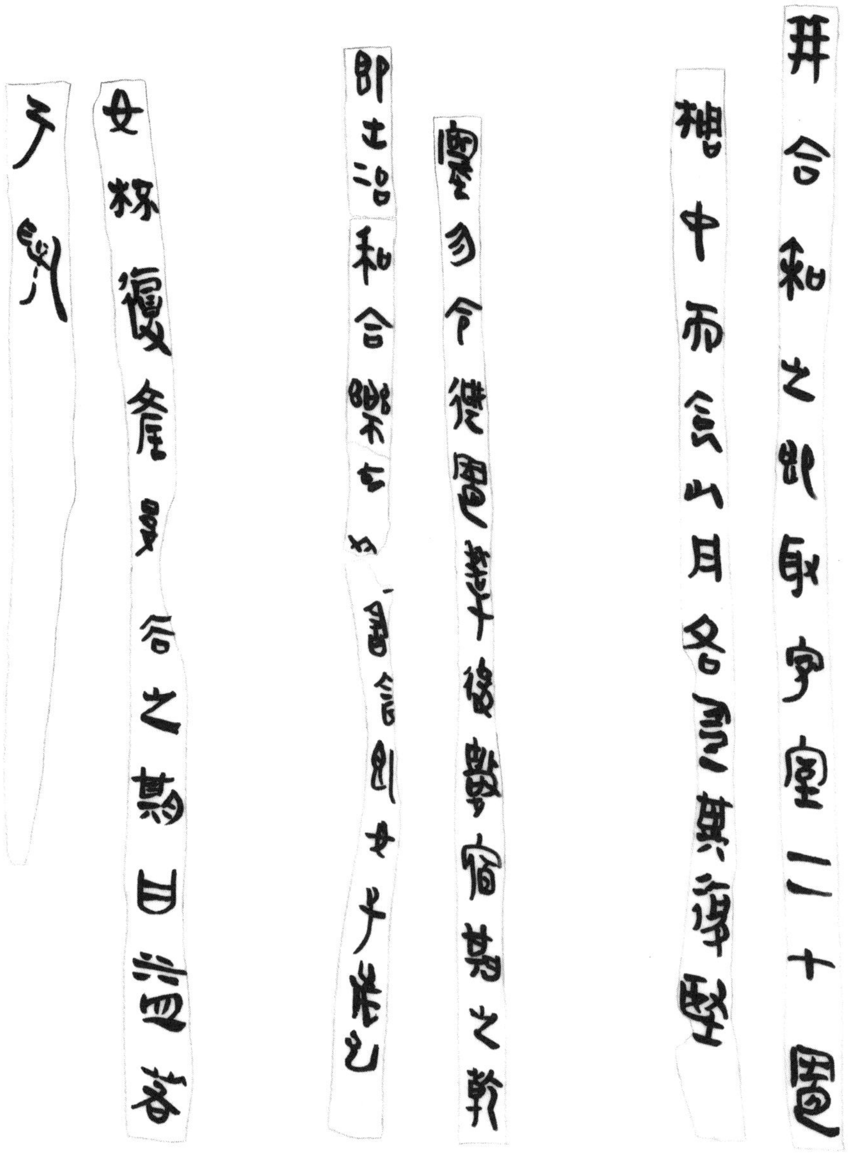

379　378　377

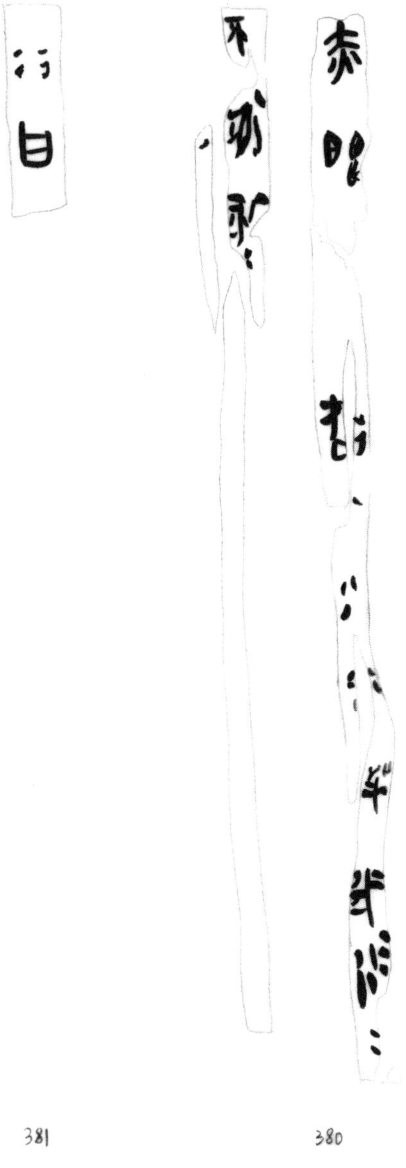

381　380

十月乙亥小
十一月甲辰大
十二月甲戌小
臘月癸卯大
二月癸酉小
三月壬寅大
四月壬申小

正月辛丑大
五月辛未小
六月庚子大
七月庚午小
八月己亥大

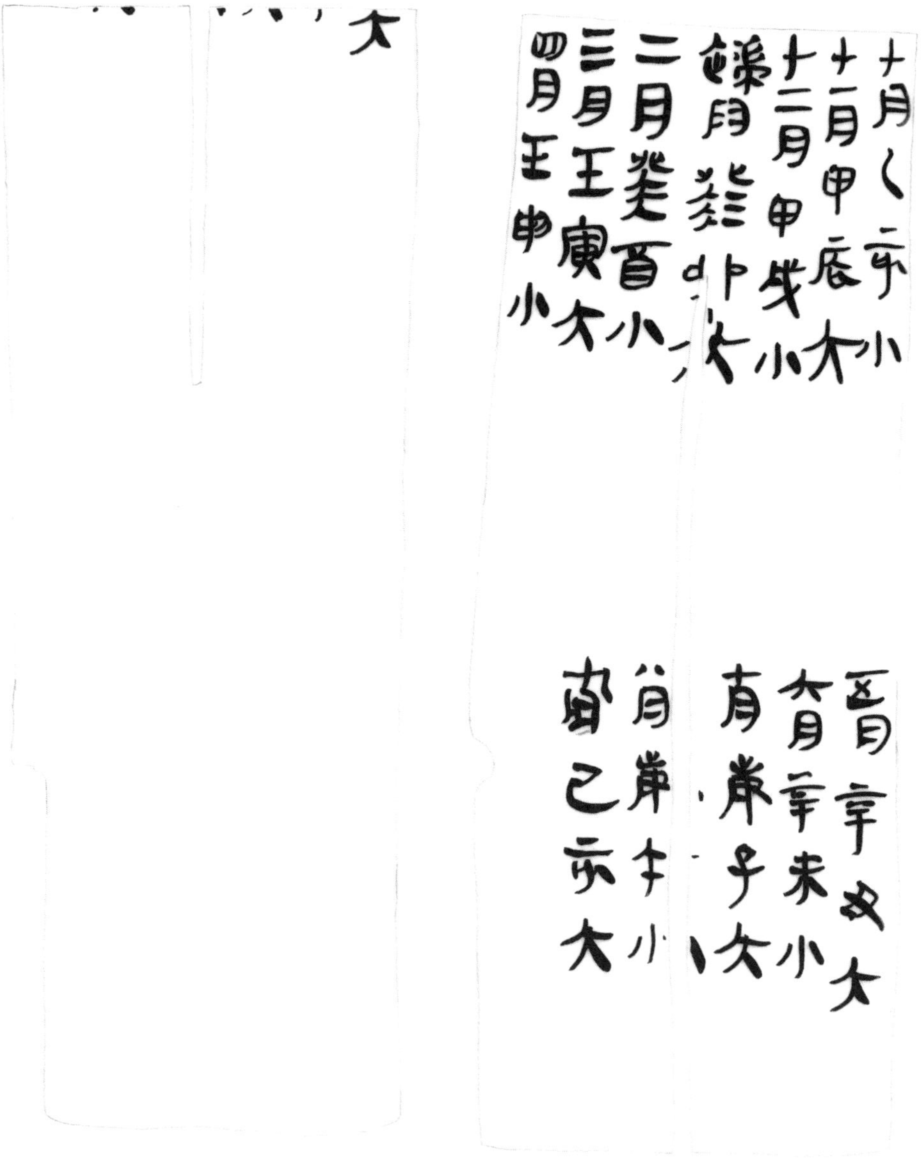

十二月戊戌㝅平月不肈四日

十二月己卯戊

戊　丙乙甲
庚　　子戊

㝅　　乙　甲癸壬辛庚己戊
　　　酉申未午辰卯寅子

戊　丙乙甲
庚　　子戊

㝅聽㞢一籍蔑廿

四日

戊　丙乙甲
庚　　子戊

己　辛
卯　辰

癸　壬辛
　　　　乙

甲　癸壬辛庚己戊
酉申未午辰卯寅子

己　庚
　　　子

癸　壬辛
　　戌

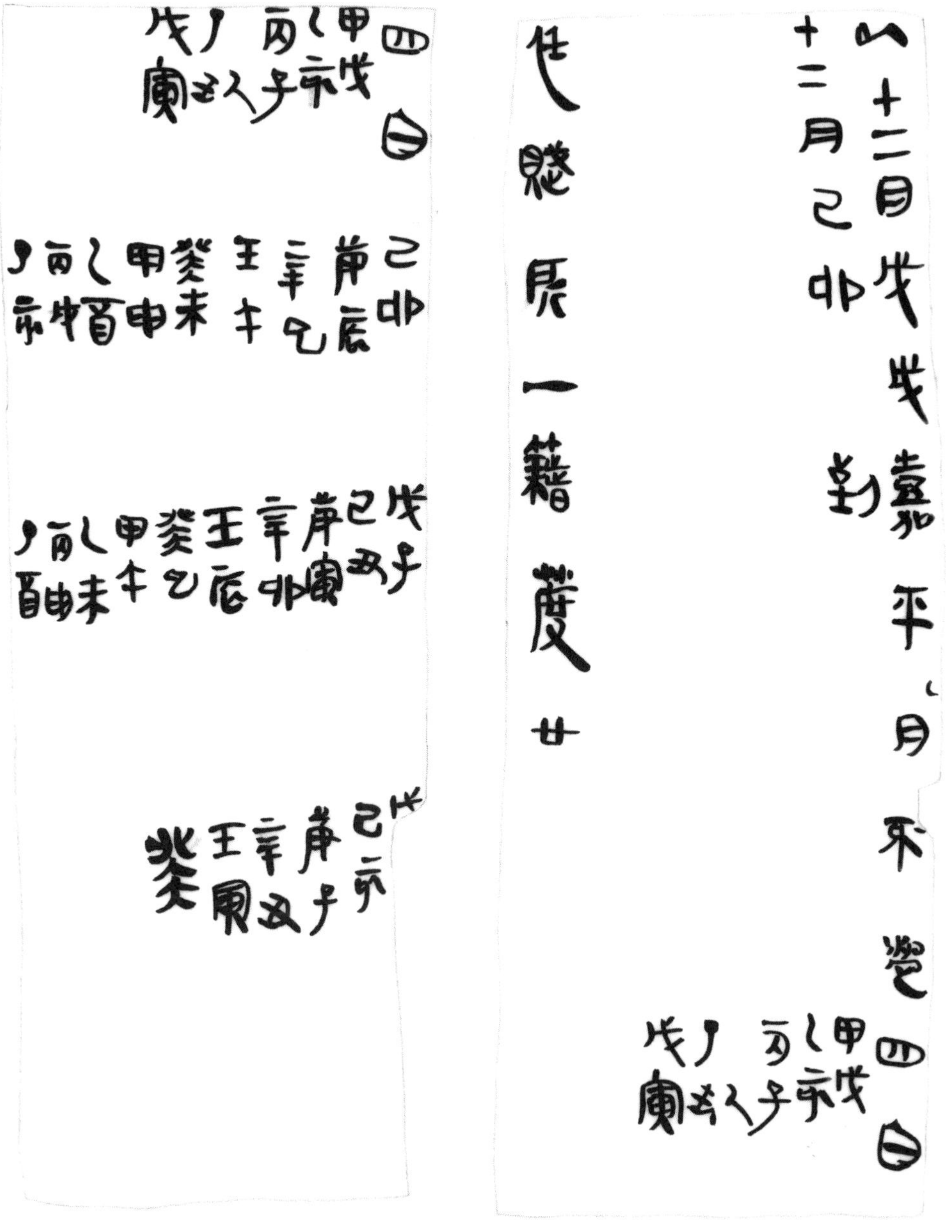

郝家坪秦墓木牘

二年十一月己酉朔朔日，王命丞相戊、内史匽民臂更脩為田律：道廣三步，封高四尺，大稱其高；捋高尺，下厚二尺。以秋八月，脩封捋，正彊畔，及癹千百之大草；九月，大除道及阪險；十月，為橋，脩陂堤，利津關，鮮草。

田廣一步，袤八則，為畛。畝二百四十步為畛，百畝為頃，一千道，百畝為畛。以秋八月，脩封捋，正彊畔，及癹千百之大草；九月……雖非除道之時而有陷敗不可行，輒為之。

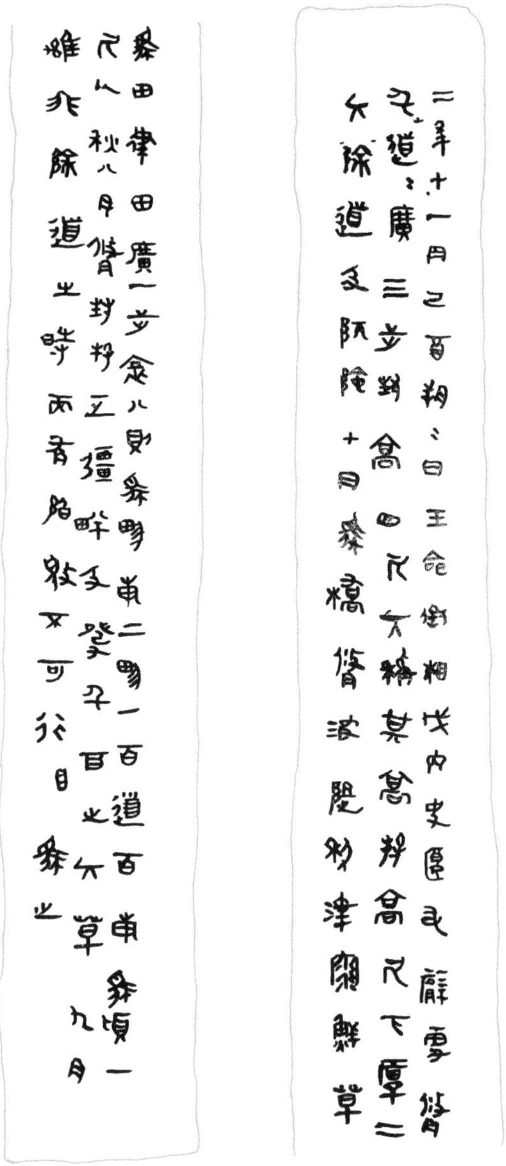

正面

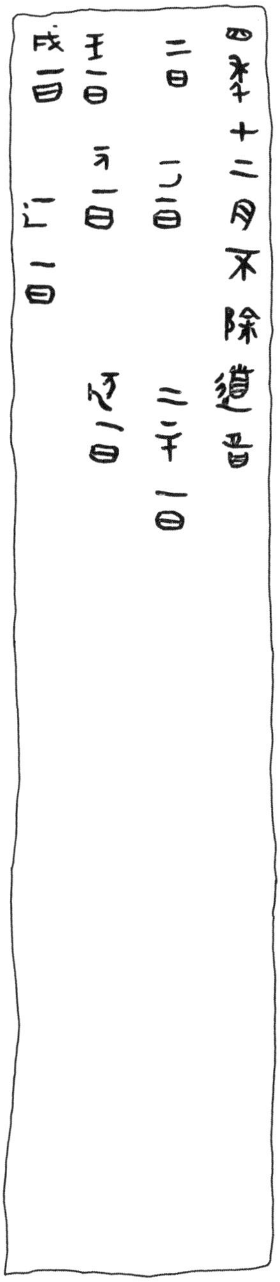

背面

嶽山秦墓木牘

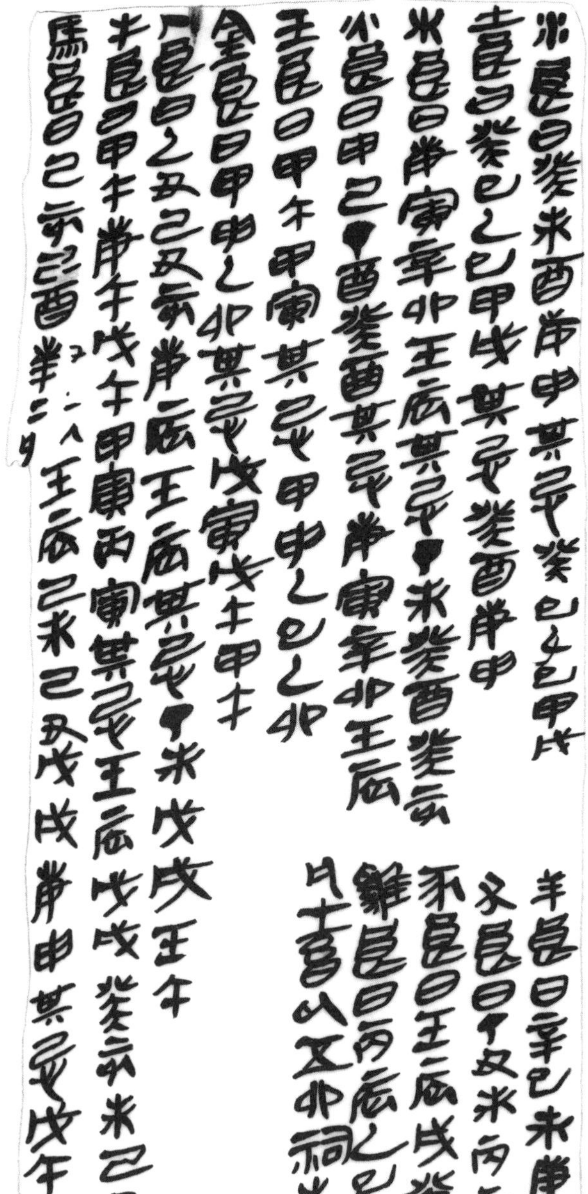

Ⅰ(上半)

辛巳未甲寅癸未甲辰　其巳乙巳丙午丁未
丁丑未丙辰己巳己酉　其巳辛巳未
壬辰戊癸未　其巳丁未女丙辰甲
丙辰乙巳丙午　其巳甲寅
以壬卯祠必青眔廿其人神行戌舟祠土吉

戊三卯未己亥乙卯
其巳戊午辛午甲寅丁未丙寅二

一（下半）

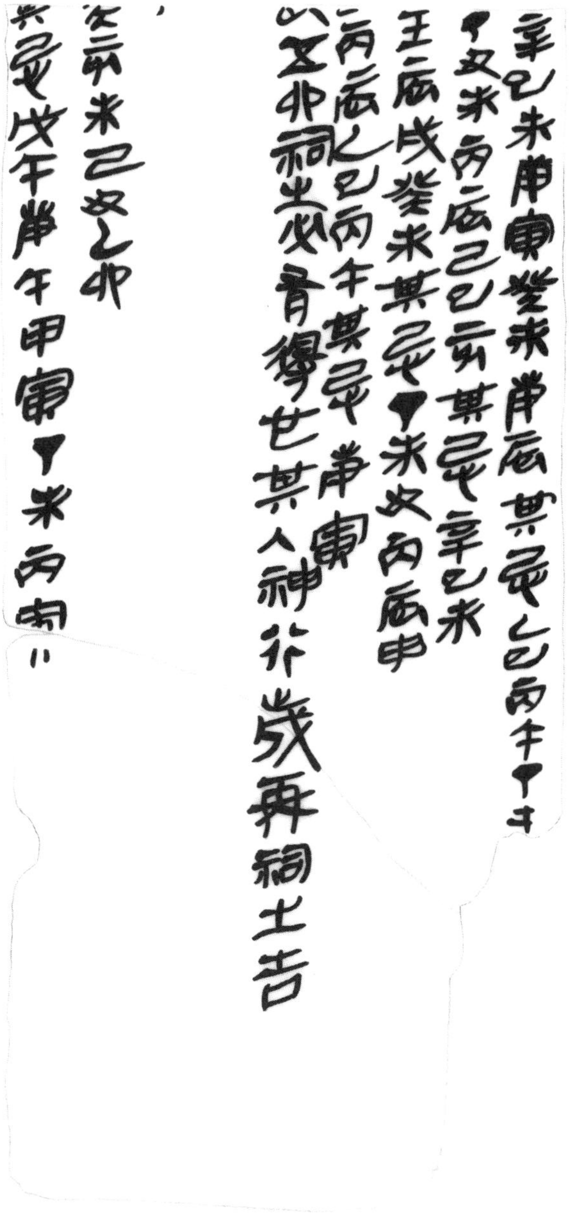

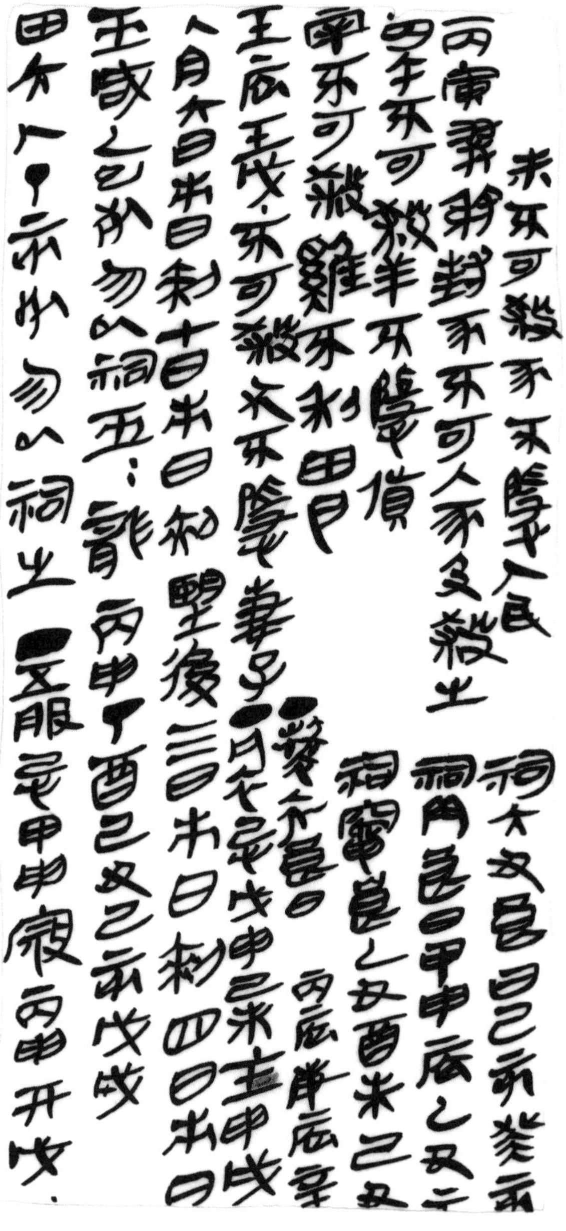

1反(上半)

乙亥癸亥辛亥

丁辰乙丑癸酉丁酉乙巳一丙

酉未乙丑酉癸亥甲辰乙巳辛壬

辰未辰辛未乙酉甲辰乙巳巳巳巳辛乙可以癸巳六巳吉

未壬甲戌丁辰勿八戌丙女此月八月丙辛癸巳寅卯村巳

四日未日脊卯包脊五利一番

戊戌

甲开戊甲带半甲常壬甲虔

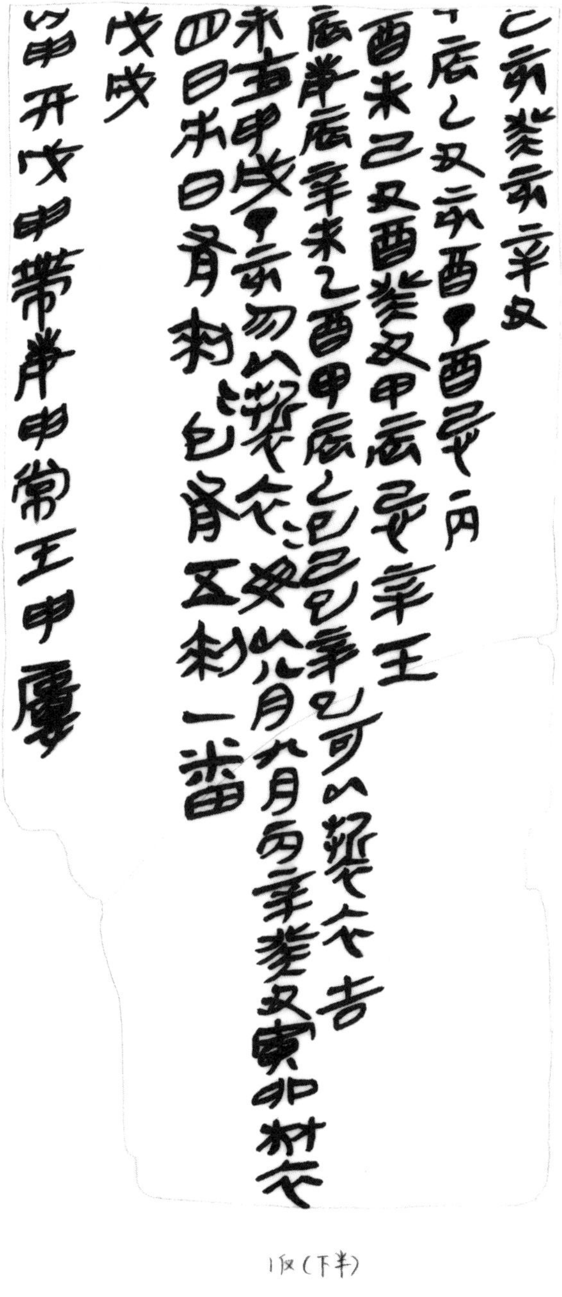

1反(下半)

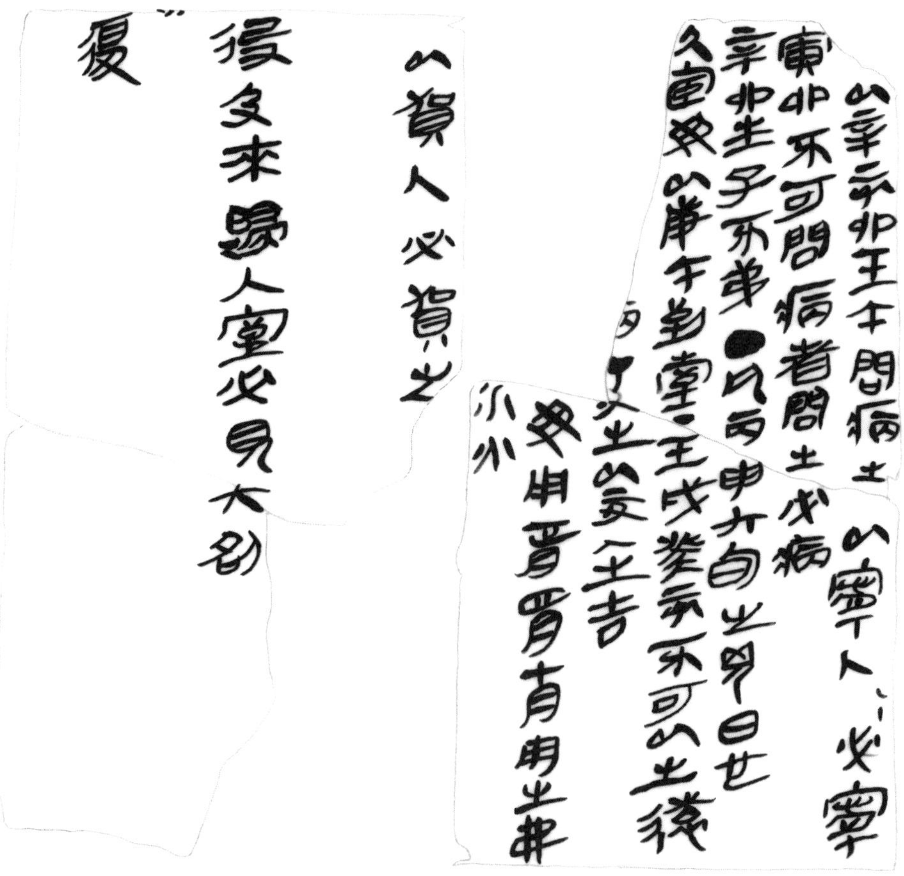

2

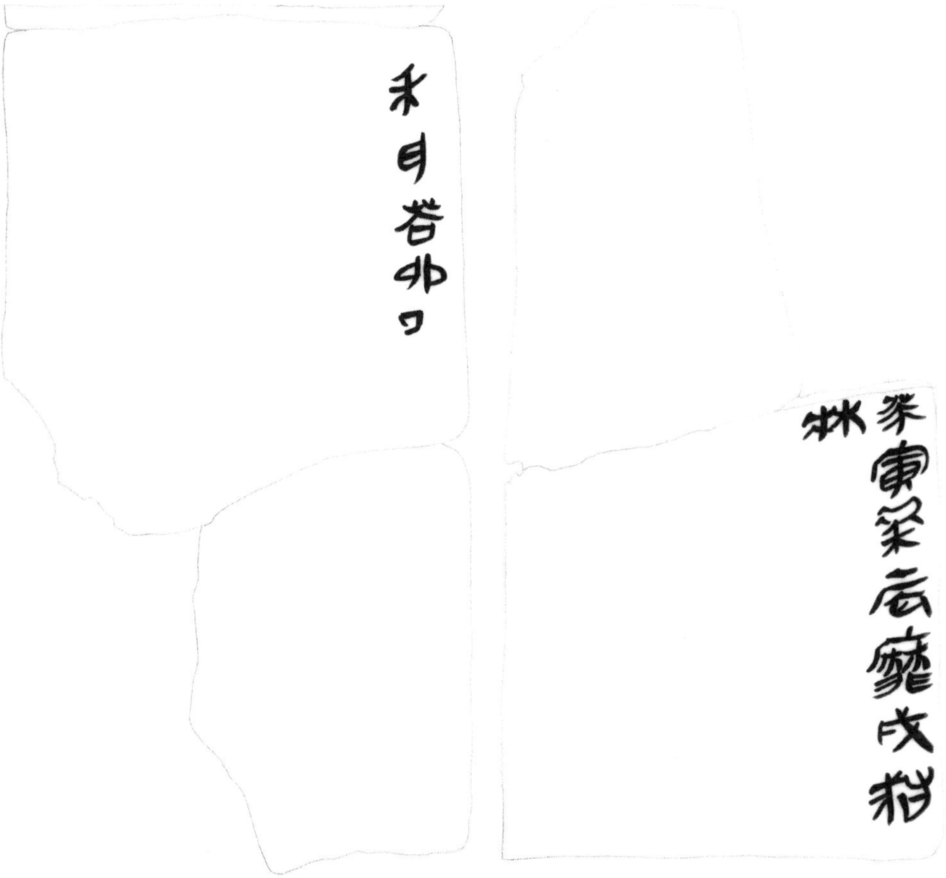

乙反

參考文獻

C

曹方向　2009A　《周家臺秦簡補釋一則》，武漢大學簡帛研究中心簡帛網，http：//www.bsm.org.cn/show_article.php？id＝985。

曹方向　2009B　《試說秦簡“垤穴”及出土文獻所見治鼠措施》，武漢大學簡帛研究中心簡帛網，http：//www.bsm.org.cn/show_article.php？id＝1126。

陳劍　2011A　《關於“營”與早期出土文獻中的“省代符”》，復旦大學出土文獻與古文字研究中網站論壇討論區，http：//www.bsm.org.cn/show_aticle.php？id＝1126。

陳劍　2011B　《讀秦漢簡札記三篇》，《出土文獻與古文字研究》第 4 輯，上海古籍出版社。

陳侃理　2013　《秦簡牘復生故事與移風易俗》，《簡帛》第 8 輯，上海古籍出版社。

陳斯鵬　2007　《簡帛文獻與文學考論》，中山大學出版社。

陳松長　《帛書〈出行占〉中的幾個時稱概念略考》，《出土文獻研究》第 7 輯，上海古籍出版社。

陳偉　2003　《讀沙市周家臺秦簡札記》，《楚文化研究論集》第 5 集，黃山書社。

陳偉　2011　《秦至漢初銷縣地望補說》，武漢大學簡帛研究中心簡帛網，http：//www.bsm.org.cn/show_article.php？id＝1432。

陳偉　2012　《嶽麓書院秦簡“質日”初步研究》，武漢大學簡帛研究中心簡帛網，http：//www.bsm.org.cn/show_article.php？id＝1755。

陳偉主編　2016　《秦簡牘合集：釋文注釋修訂本（叁）》，武漢大學出版社。

陳炫瑋　2007　《孔家坡漢簡日書研究》，（新竹）清華大學碩士學位論文。

程鵬萬　2006　《周家臺秦墓所出秦始皇三十六年、三十七年曆譜簡的重新編聯》，《史學集刊》第 3 期。

程少軒　2013　《周家臺秦簡〈日書〉與〈卅六年日〉編聯補說》，《簡帛》第 8 輯，上海古籍出版社。

D

鄧文寬　2003　《出土秦漢簡牘“曆日”正名》，《文物》第 4 期。

董珊　《讀珍秦齋藏秦銅器札記》,《珍秦齋藏金　秦銅器篇》, 澳門基金會。

F

方勇　2009A　《秦簡札記四則》, 武漢大學簡帛研究中心簡帛網, http://www.bsm.org.cn/show_article.php?id=1005。

方勇　2009B　《秦簡札記四則》,《長春師範學院學報(人文社會科學版)》第3期。

方勇　2009C　《讀關沮秦簡札記四則》, 武漢大學簡帛研究中心簡帛網, http://www.bsm.org.cn/show_article.php?id=1134。

方勇　2012　《秦簡牘文字編》, 福建人民出版社。

方勇　2015A　《讀秦簡札記(一)》, 武漢大學簡帛研究中心簡帛網, http://www.bsm.org.cn/show_article.php?id=2289。

方勇　2015B　《讀秦簡札記(二)》, 武漢大學簡帛研究中心簡帛網, http://www.bsm.org.cn/show_article.php?id=2294。

方勇、侯娜　2015　《讀周家臺秦簡"醫方"簡札記(二則)》,《魯東大學學報(哲學社會科學版)》第32卷第3期。

G

高大倫　2002　《張家山漢簡〈田律〉與青川秦木牘〈爲田律〉比較研究》,《簡帛語言文字研究》第1輯, 巴蜀書社。

郭濤　2012　《周家臺30號秦墓竹簡"秦始皇三十四年質日"釋地》,《歷史地理》第26輯, 上海人民出版社。

H

何有祖　2011　《釋張家山漢簡〈二年律令·田律〉"利津隧"——從秦牘、楚簡"澗"字說起》, 武漢大學簡帛研究中心簡帛網, http://bsm.org.cn/show_article.php?id=1578。

侯娜、方勇　2013　《〈青川木牘〉補釋一則》,《魯東大學學報(哲學社會科學版)》第3期。

湖北省荆州市周梁玉橋遺址博物館　1999　《關沮秦漢墓清理簡報》,《文物》第6期。

湖北省荆州市周梁玉橋遺址博物館　2001　《關沮秦漢墓簡牘》, 中華書局。

胡澱咸　1983　《四川青川秦墓爲田律木牘考釋——並略論我國古代田畝制度》,《安徽師範大學學報(哲學社會科學版)》第3期。

胡平生　1983　《青川秦墓木牘"爲田律"所反映的田畝制度》,《文史》第19輯, 中華書局。

胡平生、韓自強　1986　《解讀青川秦墓木牘的一把鑰匙》,《文史》第26輯,中華書局。

胡平生、李天虹　2004　《長江流域出土簡牘與研究》，湖北教育出版社。

黄菊珍　2009　《舍泰父而擇先農——由〈關沮秦漢墓簡牘〉看臘、蠟合一》，《咸陽師範學院學報》第1期。

黄盛璋　1982　《青川新出秦田律木牘及其相關問題》，《文物》第9期。

黄盛璋　1987　《青川秦牘〈田律〉爭論問題總議》，《農業考古》第2期。

黄文傑　1996　《秦系簡牘文字譯釋商榷（三則）》，《中山大學學報》1996年第3期。

黄錫全　2009　《楚都"鄢郢"新探》，《江漢考古》第2期。

黄一農　2001　《秦漢之際（前220—202年）朔閏考》，《文物》第5期。

K

孔慶典　2011　《10世紀前中國紀曆文化源流：以簡帛爲中心》，上海人民出版社。

L

李豐娟　2011　《秦簡字詞集釋》，西南大學博士學位論文。

李根蟠　1990　《簡述青川秦牘〈爲田律〉》，《農史研究》第10輯，農業出版社。

李國強　2016　《周家臺"祠先農"簡的釋、譯與研究》，《中國文化研究》夏之卷。

李家浩　1999　《睡虎地秦簡〈日書〉"楚除"的性質及其他》，《"中央研究院"历史语言研究所集刊》第七十本第四分冊。

李零　1987　《論秦田阡陌制度的復原及其形成綫索——郝家坪秦牘〈爲田律〉研究述評》，《中華文史論叢》第1期，上海古籍出版社。

李零　1998　《李零自選集》，廣西師範大學出版社。

李學勤　1982　《青川郝家坪木牘研究》，《文物》第10期。

李學勤　1989　《李學勤集》，黑龍江教育出版社。

李學勤　2005　《李學勤文集》，上海辭書出版社。

李昭和　1982　《青川出土木牘文字簡考》，《文物》第1期。

林劍鳴　1982　《青川秦墓木牘内容探討》，《考古與文物》第6期。

林雅芳　2009　《〈天水放馬灘秦簡〉〈周家臺秦簡〉及〈里耶秦簡〉詞語通釋》，華東師範大學碩士學位論文。

劉國勝　2009　《關於周家臺秦簡69—130號的簡序編排問題》，《簡帛》第4輯，上海古籍出版社。

劉國勝　2011　《秦簡〈日書〉零拾》，《簡帛》第6輯，上海古籍出版社。

劉國勝　2014　《孔家坡漢簡日書"五勝"篇芻議》，《簡帛》第9輯，上海古籍出版社。

劉洪濤　2008　《釋青川木牘〈田律〉的“利津關”》，武漢大學簡帛研究中心簡帛網，http：//www. bsm. org. cn/show_article. php？ id = 810。

劉金華　2007　《周家臺秦簡醫方試析》，《甘肅中醫》第 6 期。

劉樂賢　1994　《睡虎地秦簡日書研究》，文津出版社。

劉樂賢　2003　《簡帛數術文獻探論》，湖北教育出版社。

劉樂賢　2005　《從周家臺秦簡看古代的“孤虛”術》，《出土文獻研究》第 7 輯，上海古籍出版社。

劉樂賢　2006　《額濟納漢簡數術資料考》，《歷史研究》第 2 期。

劉樂賢　2010　《讀楚簡札記（三則）》，《戰國秦漢簡帛叢考》，文物出版社。

劉青　2010　《放馬灘秦簡〈日書〉乙種集釋》，武漢大學碩士學位論文。

劉信芳　2002　《周家臺秦簡曆譜校正》，《文物》第 10 期。

龍永芳　2005　《周家臺秦簡〈日書〉之“戎曆日”圖符說》，《出土文獻研究》第 7 辑，上海古籍出版社。

龍永芳　2007　《古代孤虛術小議——兼論周家臺秦簡中的孤虛法》，《荆門職業技術學院學報》第 2 期。

劉玉環　2013　《秦漢簡帛訛字研究》，中國書籍出版社。

呂亞虎　2010　《戰國秦漢簡帛文獻所見巫術研究》，科學出版社。

M

馬繼興　1992　《馬王堆古醫書考釋》，湖南科學技術出版社。

P

潘飛　2010　《〈關沮秦簡〉文字編》，安徽大學碩士學位論文。

彭邦炯　1987　《從出土秦簡再探秦內史與大內、少內和少府的關係和職掌》，《考古與文物》第 3 期。

彭浩　2007　《讀里耶“祠先農”簡》，《出土文獻研究》第 8 輯，上海古籍出版社。

彭錦華　1999　《周家臺 30 號秦墓竹簡“秦始皇三十四年曆譜”釋文與考釋》，《文物》第 6 期。

彭錦華、劉國勝　2001　《沙市周家臺秦墓出土綫圖初探》，《簡帛研究二〇〇一》，廣西師範大學出版社。

S

史志龍　2010　《秦“祠先農”簡再探》，《簡帛》第 5 輯，上海古籍出版社。

四川省博物館、青川縣文化館　1982　《青川縣出土秦更修田律木牘——四川青川縣戰國墓發掘簡報》，《文物》第 1 期。

宋超　2009　《“先農”與“神農炎帝”——以里耶、周家臺秦簡爲中心的討論》,《炎帝·姜炎文化與民生》，三秦出版社。

T

湯餘惠　1993　《戰國銘文選》，吉林大學出版社。

唐嘉弘　1988　《先秦史新探》，河南大學出版社。

陶安、陳劍　2011　《〈奏讞書〉校讀札記》,《出土文獻與古文字研究》第4輯，上海古籍出版社。

陶磊　2003　《〈淮南子·天文〉研究——從數術史的角度》，齊魯書社。

田宜超、劉釗　1982　《秦田律考釋》,《考古》第6期。

W

王貴元　2007　《馬王堆三號漢墓竹簡字詞考釋》,《中國語文》第3期。

王貴元　2009　《周家臺秦墓簡牘釋讀補正》,《考古》第2期。

王輝、王伟　2014　《秦出土文獻編年訂補》，三秦出版社。

王俊梅　2008　《秦漢郡縣屬吏研究》，中國人民大學博士學位論文。

王子今　2003　《睡虎地秦簡〈日書〉甲種疏證》，湖北教育出版社。

魏天安　1989　《“阡陌”與“頃畔”釋義辨析》,《河南大學學報（哲學社會科學版)》第4期。

魏天安　1992　《再談“阡陌與頃畔”——答袁林同志》，《河南大學學報(哲學社會科學版)》第4期。

吳良寶　2012　《十四年上郡守匽氏戈考》,《華夏文化論壇》第7輯，吉林文史出版社。

吳小強　2000　《秦簡日書集釋》，嶽麓書社。

X

夏德安　2007　《周家臺的數術簡》,《簡帛》第2輯，上海古籍出版社。

謝妍、沈澍農　2019　《周家臺秦簡〈病方〉“乾者”考》,《中華醫藥雜誌》第34卷第1期。

徐中舒、伍仕謙　1992　《青川木牘簡論》，《古文字研究》第19輯，中華書局。

禤健聰　2004　《上博簡（三）小札》，簡帛研究網，http：//www. jianbo. org/achmin3/html/xuejiancong01. htm。

Y

晏昌貴　2002　《〈日書〉札記十則》,《楚地出土簡帛文獻思想研究（一)》，湖北教育出版社。

楊芬　2010　《嶽山秦牘〈日書〉考釋八則》，《簡帛》第 5 輯，上海古籍出版社。

楊寬　1982　《釋青川秦牘的田畝制度》，《文物》第 7 期。

楊華　2006　《戰國秦漢時期的里社與私社》，《天津師範大學學報》第 1 期。

于豪亮　1982　《釋青川秦墓木牘》，《文物》第 1 期。

于洪濤　2013　《秦簡牘“質日”考釋三則》，《魯東大學學報（哲學社會科學版）》第 30 卷第 4 期。

袁林　1992A　《析“阡陌封埒”——同魏天安同志討論》，《河南大學學報（哲學社會科學版）》第 4 期。

袁林　1992B　《秦〈爲田律〉農田規劃制度再釋》，《歷史研究》第 4 期。

Z

曾磊　2013　《周家臺秦簡〈日書〉“占物”臆解》，《四川文物》第 2 期。

張光裕、陳偉武　2004　《簡帛醫藥文獻考釋舉隅》，《湖南省博物館館刊》第 1 輯，《船山學刊》雜誌社。

張金光　1985　《論青川秦牘中的“爲田”制度》，《文史哲》第 6 期。

張金光　1992　《秦簡牘所見內史非郡》，《史學集刊》第 4 期。

張金光　2004　《秦制研究》，上海古籍出版社。

張雷　2017　《周家臺秦簡“馬心”考》，《中國文字學報》第 8 輯，商務印書館。

張雷、張炯　2013　《簡帛經方醫學文獻詞語校釋三則》，《甘肅中醫學院學報》第 30 卷第 6 期。

张培瑜　2007　《根据新出曆日简牍试论秦和汉初的曆法》，《中原文物》第 5 期。

趙平安　《周家臺 30 號秦墓竹簡“秦始皇三十四年曆譜”的定名及其性質——談談秦漢時期的一種隨葬竹書“記”》，《長沙三國吳簡暨百年來簡帛發現與研究國際學術研討會論文集》，中華書局。

周波　2008A　《釋青川木牘“㴹”字及相關諸字》，復旦大學出土文獻與古文字研究中心網站，http：//www. gwz. fudan. edu. cn/SrcShow，asp? Src－ID＝393。

周波　2008B　《青川木牘䦷字補議》，《殷古籍研究》2008 卷（上），安徽大學出版社。

周一謀、蕭佐桃　1988　《馬王堆醫書考注》，天津科學技術出版社。

周祖亮、方懿林　2014　《簡帛醫藥文獻校釋》，學苑出版社。

朱湘蓉　2012　《秦簡詞彙初探》，中國社會科學出版社。

祝中熹　1996　《青川秦牘田制考釋》，《簡帛研究》第 2 輯，法律出版社。